ACCESO GRATIS *a la Lectura en la Nube*

Para visualizar el libro electrónico en la nube de lectura envíe junto a su nombre y apellidos una fotografía del código de barras situado en la contraportada del libro y otra del ticket de compra a la dirección:

ebooktirant@tirant.com

En un máximo de 72 horas laborables le enviaremos el código de acceso con sus instrucciones.

AF617368

La visualización del libro en **NUBE DE LECTURA** excluye los usos bibliotecarios y públicos que puedan poner el archivo electrónico a disposición de una comunidad de lectores. Se permite tan solo un uso individual y privado.

EL ESTATUTO JURÍDICO DEL GALGO EN LA CAZA

CONSEJO EDITOR COLECCIÓN ANIMALES Y DERECHO

Directora

Marita Giménez-Candela

Max-Planck Institut für ausländisches öffentliches Recht und Völkerrecht.
Heidelberg. Deutschland

Miembros

Diana Valentina Cerini

Università di Milano-Bicocca. Italia

David Favre

Michigan State University. USA

Lihong Gao

University of Economics and Law. China

Jean Pierre Marguénaud

Institut de Droit Européen des Droits de l'Homme.
Université de Montpellier. France

Anne Peters

Max-Planck Institut für ausländisches öffentliches Recht und Völkerrecht.
Heidelberg Deutschland

Francesca Rescigno

Alma Mater Bononiensis. Università di Bologna. Italia

Heron José de Santana Gordilho

Universidade Federal da Bahia. Brasil

Procedimiento de selección de originales, ver página web:

www.tirant.net/index.php/editorial/procedimiento-de-seleccion-de-originales

EL ESTATUTO JURÍDICO DEL GALGO EN LA CAZA

Laure Gisie

Prólogo de Will Kymlicka

tirant lo blanch
Valencia, 2025

Copyright ® 2025

Todos los derechos reservados. Ni la totalidad ni parte de este libro puede reproducirse o transmitirse por ningún procedimiento electrónico o mecánico, incluyendo fotocopia, grabación magnética, o cualquier almacenamiento de información y sistema de recuperación sin permiso escrito de la autora y del editor.

En caso de erratas y actualizaciones, la Editorial Tirant lo Blanch publicará la pertinente corrección en la página web www.tirant.com.

El presente trabajo, ha podido llevarse a cabo gracias a la financiación del Proyecto I+D de la Generalitat de Catalunya y del AGAUR – Resolució EMC/394/2019, de 19 de febrer, aprova les bases reguladores dels ajuts a doctorats industrials (DI) - en colaboración con la asociación SOS GALGOS.

Directora de la Colección

MARITA GIMÉNEZ-CANDELA

Senior Researcher Max Planck Institut for Comparative Public Law and International Law, Heidelberg. Deutschland

© Laure Gisie

© TIRANT LO BLANCH

EDITA: TIRANT LO BLANCH
C/ Artes Gráficas, 14 - 46010 - Valencia
TELFS.: 96/361 00 48 - 50
FAX: 96/369 41 51
Email: tlb@tirant.com
www.tirant.com
Librería virtual: www.tirant.es
DEPÓSITO LEGAL: V-3103-2025
ISBN: 979-13-7010-117-6
MAQUETA: Tink Factoría de Color

Si tiene alguna queja o sugerencia, envíenos un mail a: *atencioncliente@tirant.com*. En caso de no ser atendida su sugerencia, por favor, lea en *www.tirant.net/ index.php/empresa/politicas-de-empresa* nuestro procedimiento de quejas.

Responsabilidad Social Corporativa: http://www.tirant.net/Docs/RSCTirant.pdf

Índice

Capítulo II
ANÁLISIS DE LA NORMATIVA VIGENTE

Capítulo III
IMPACTO DE LA CAZA. PROPUESTAS DE FUTURO

Dedicatoria

A la memoria de mi querida galga Sampaca.

Sampaca no solo fue mi mejor amiga, sino también la fuente de inspiración que me impulsó a profundizar en la defensa de los derechos de todos los galgos. Espero que, desde su nueva casa en el cielo, siga iluminando mi camino y el de todos aquellos que luchan por un trato justo y compasivo para los galgos.

Agradecimientos

Siempre quise estudiar Derecho porque lo veía como una herramienta posible para cambiar el destino de los animales. No era consciente de lo cierto que era esto hasta que tuve uno de los encuentros más importantes de mi vida, el de la Doctora y Profesora Marita Giménez-Candela. Sin ella, nunca habría llegado a donde estoy hoy. Me ha proporcionado el conocimiento y el estímulo necesarios para dedicarme a mi pasión: los derechos de los animales. No tengo palabras para agradecerle la confianza que ha depositado en mí.

Me di cuenta de que somos muchas y muchos juristas interesados en este tema, y otra de las figuras clave para mí fue la Doctora Pilar López de la Osa Escribano, quien fue mi primer apoyo durante mi Trabajo de Fin de Máster y ha continuado brindándome su ayuda a través de mi tesis.

¿Y qué sería el Derecho sin la influencia de la filosofía? Seguramente no mucho. Por eso, estoy profundamente agradecida de haber tenido la oportunidad de conocer a Will Kymlicka y Sue Donaldson que me han acogido como investigadora visitante en la Queen's University de Canadá. Guardo un grato recuerdo de su hospitalidad, amabilidad y pasión por la filosofía política aplicada a los animales, que sirve como ejemplo a seguir.

Además, este trabajo no habría sido posible sin el apoyo financiero del AGAUR y de SOS GALGOS. Tengo un recuerdo especial del equipo del refugio, cuya dedicación a los galgos permite que estos animales revivan una hermosa vida tras años de sufrimiento.

Preface

This book provides a fascinating account of the shortcomings of existing animal law, and of the daunting challenges facing efforts to reform it. Focusing on the case of Spanish greyhounds used in hunting, Laure Gisie's analysis uncovers the dense web of social, cultural, economic, political and legal factors that explain the failure of existing law to protect the basic rights and interests of animals, and the many roadblocks to effective reform.

Indeed, her analysis raises profound questions about the very possibility of using law to protect animals. As many scholars have noted, the current legal framework in the West —and around the world— is premised on the assumption that humans have the right to use animals for our benefit so long as we avoid "cruelty" or "unnecessary suffering" in this use. This proviso against unnecessary suffering is sometimes described as a commitment to "animal protection," but the basic logic of such laws inherently subordinates animal protection to human use. We protect animals only if and insofar as this protection is consistent with our use of them. To take a familiar example, it is consistent with our interest in eating meat to require that cows be insensate when killed, but it is not consistent with our interest in eating wild fish to require that fish be insensate when killed. There is no way to kill most wild fish without inflicting intense pain, and to insist on a principle that fish be insensate when killed would require us to give up using fish as food. Since we assert the right to use fish in this way, we abandon the principle of "humane" slaughter.

Ani Satz famously called this the "interest-convergence" principle: we recognize the interests of animals only if and insofar as it is consistent with our prior claim to use them in a particular way.[1] This principle operates through what Jessica Eisen refers to as "human-use typologies": we categorize animals based on how we intend to use them, and then we define standards of protection that do not

---

1 SATZ, A., 'Animals as Vulnerable Subjects: Beyond Interest-Convergence, Hierarchy, and Property', *Animal Law* (2009) 16/2: 1-50.

interfere with that use.[2] This is quite explicit in animal law and policy. To take one example, Switzerland's Federal Animal Welfare Act (2005) says that animals have "intrinsic value" and so must be treated with respect, and that this requires that anyone who handles animals must ensure their wellbeing *insofar as their "designated use" (Verwendungszweck) permits*. We see versions of this in every Western country: we protect animals' interests insofar as this is compatible with their "designated use".

For this reason, it is arguably misleading to talk about "animal protection" policies: the fundamental purpose of these policies is not to protect animals, but on the contrary to assert the right to use animals. We have animal use laws, not animal protection laws. At its core, animal law authorizes the harming of animals.

Virtually everyone who studies animal law agrees that this framework is inadequate, sacrificing even the most basic interests of animals to the most trivial interests of humans. And Gisie's book provides further evidence for this, bringing to light the often-hidden suffering that characterizes the lives of so many Spanish greyhounds, and the cavalier way they are seen as simply expendable when they can no longer perform their "designated use".

But Gisie's aim in this book is not simply to diagnose the problems with existing animal law, but also to propose solutions. Indeed, a unique feature of her thesis, and of her PhD program, is that it has been funded as an industrial contract and designed in collaboration with a Spanish greyhound protection association (SOS Galgos), with the goal of informing practical change to the legal regulation of Spanish greyhounds.

So how then should animal law be reformed? As Gisie shows, there are multiple options. It is testament to the fundamental role that animals play in human lives and societies that there are in fact many different domains of law that are potentially relevant, including criminal law, civil law, and administrative law. And indeed, we can go further. Insofar as greyhounds are engaged in work in human spor-

---

2 EISEN, J., "Liberating Animal Law: Breaking Free from Human-Use Typologies", *Animal Law* (2010) 17: 59-76.

ting activities, we might think of them as workers, and ask how they might be protected by labour law. And insofar as rescued greyhounds become companion animals, we might think of them as members of the family, and so consider how they might be protected by family law.[3] There are also suggestions that animals might be protected within the quickly-developing legal field of the "rights of nature",[4] or within constitutional law.[5]

And as Gisie shows, there are not only different domains of law, but also different levels of jurisdiction, including the Autonomous Communities, the Spanish national state, and the European Union. And here too we might go further, and ask what role truly global bodies like the United Nations might play in formulating animal rights.[6]

In short, there is no shortage of legal tools that are available for protecting animals. The problem, as Gisie herself concludes, is that there has not yet been the "political courage" to actually use these tools. And this reminds us that law does not stand apart from society, but is an expression of the various forces and tendencies within society. So the question of legal reform is also inextricably a question of social reform, of the willingness of diverse social groups to fundamentally rethink their relations with animals. Looking to my

---

3 I discuss the possibilities of incorporating animal rights standards into the jurisprudence in family and labour law in KYMLICKA, W., "Membership Rights for Animals." *Royal Institute of Philosophy Supplements* 91 (2022): 213-244.

4 For interesting discussion of the prospects of incorporating animal rights standards into the jurisprudence around the rights of nature, see BERNET KEMPERS E., "Estrellita and the possibility of nature-based animal rights." *The Global Journal of Animal Law* 12, no. 4 (2024); TRUYENQUE CONDOY, M., "An Analysis of the Estrellita Constitutional Case from an Animal Rights Perspective." *Animal & Nat. Resource L. Rev.* 19 (2023): 21.

5 EISEN, J., 2017. Animals in the constitutional state. *International Journal of Constitutional Law, 15*(4): 909-954; KARLIN O'SULLIVAN, C., 2024. Ought Sweden to Protect Animals by the Constitution? A Comparative Constitutional Animal Law Study. In *Animal Law Worldwide: Key Issues and Main Trends Across 27 Jurisdictions* (pp. 399-432). The Hague: TMC Asser Press.

6 SCHAPPER, A., CEBUAN, B., "Transforming our world? Strengthening animal rights and animal welfare at the United Nations." *International Relations* 37, no. 3 (2023): 514-537. PETERS, A., "Rights of Human and Nonhuman Animals: Complementing the Universal Declaration of Human Rights". *AJIL Unbound.* 2018; 112: 355-360.

own country of Canada, it seems to me that this willingness is still a distant prospect, and Gisie's analysis suggests there is still work to do on social attitudes in Spain. But if and when the required political courage emerges, this book provides an excellent road map for the future of animal law.

Will Kymlicka

Canada Research Chair in Political Philosophy
Queen's University

Kingston February 2025.

Prólogo

Este libro ofrece un relato fascinante sobre las deficiencias del Derecho Animal a día de hoy y los enormes desafíos que enfrentan los esfuerzos por reformarlo. Centrándose en el caso de los galgos españoles utilizados en la caza, el análisis de Laure Gisie revela la compleja red de factores sociales, culturales, económicos, políticos y jurídicos que explican el fracaso de la legislación actual para proteger los derechos e intereses básicos de los animales, así como los numerosos obstáculos que impiden una reforma efectiva.

De hecho, su análisis plantea cuestiones profundas sobre la propia posibilidad de utilizar el derecho para proteger a los animales. Como han señalado muchos académicos, el marco legal vigente en Occidente —y en todo el mundo— se basa en la suposición de que los humanos tienen derecho a utilizar a los animales para su beneficio, siempre que se eviten la "crueldad" o el "sufrimiento innecesario" en dicho uso. Esta cláusula contra el sufrimiento innecesario a veces se describe como un compromiso con la "protección animal", pero la lógica fundamental de estas leyes subordina de forma inherente la protección animal al uso humano. Protegemos a los animales solo en la medida en que dicha protección sea compatible con nuestro uso de ellos. Un ejemplo conocido ilustra esta lógica, es compatible con nuestro interés en consumir carne exigir que las vacas estén insensibilizadas al ser sacrificadas, pero no es compatible con nuestro interés en consumir pescado silvestre exigir que los peces estén insensibilizados al ser sacrificados. No existe una forma de matar a la mayoría de los peces silvestres sin causarles un dolor intenso, y sostener el principio de que los peces deben estar insensibilizados al ser sacrificados nos obligaría a renunciar a su uso como alimento. Cuando afirmamos nuestro derecho a utilizar a los peces de esta manera, abandonamos el principio del sacrificio "humanitario".

Ani Satz denominó a esto, de una forma que se ha hecho famosa, el principio de "convergencia de intereses": los intereses de los animales solo si, y en la medida en que, esto sea compatible con nuestra pretensión previa de utilizarlos de una manera determinada.[1] Este principio opera a través de lo que Jessica Eisen denomina "tipologías de uso humano": categorizamos a los animales según la forma en que pretendemos utilizarlos y, a partir de ahí, definimos estándares de protección que no interfieran con ese uso.[2] Esto se manifiesta de manera explícita en el derecho y las políticas sobre animales. Por ejemplo, la Ley Federal de Bienestar Animal de Suiza (2005) establece que los animales tienen un "valor intrínseco" y, por lo tanto, deben ser tratados con respeto. Sin embargo, también señala que esto implica que cualquier persona que maneje animales debe garantizar su bienestar en la medida en que su "uso previsto" (*Verwendungszweck*) lo permita. Encontramos versiones de este principio en todos los países occidentales: protegemos los intereses de los animales solo en la medida en que esto sea compatible con su "uso previsto".

Por esta razón, hablar de políticas de "protección animal" puede ser engañoso: el propósito fundamental de estas políticas no es proteger a los animales, sino, por el contrario, afirmar el derecho a utilizarlos. Tenemos leyes de uso animal, no leyes de protección animal. En su esencia, el Derecho Animal autoriza el maltrato a los animales.

Prácticamente todos los estudiosos del Derecho Animal coinciden en que este marco es inadecuado, ya que sacrifica incluso los intereses más básicos de los animales en favor de los intereses más triviales de los humanos. Y el libro de Gisie aporta más evidencia de ello, sacando a la luz el sufrimiento, a menudo oculto, que caracteriza la vida de tantos galgos españoles, así como la despreocupada manera en que se les considera desechables cuando ya no pueden cumplir con su "uso previsto".

Sin embargo, el objetivo de Gisie en este libro no es solo diagnosticar los problemas del Derecho Animal existente, sino también proponer soluciones. De hecho, una característica única de su tesis, y de su programa de doctorado, es que ha sido financiada como un contrato industrial y diseñada en colaboración con una asociación

---

1 SATZ, A., 'Animals as Vulnerable Subjects: Beyond Interest-Convergence, Hierarchy, and Property', *Animal Law* (2009) 16/2: 1-50.

2 EISEN, J., "Liberating Animal Law: Breaking Free from Human-Use Typologies", *Animal Law* (2010) 17: 59-76.

de protección de galgos españoles (SOS Galgos), con el fin de contribuir a un cambio práctico en la regulación legal de estos animales.

Entonces, ¿cómo debería reformarse el Derecho Animal? Como muestra Gisie, hay múltiples opciones. El papel fundamental que los animales desempeñan en la vida y las sociedades humanas se refleja en la gran variedad de ámbitos legales potencialmente relevantes, que incluyen el Derecho Penal, el Derecho Civil y el Derecho Administrativo. Pero podemos ir aún más lejos. Dado que los galgos participan en actividades deportivas humanas, podríamos considerarlos trabajadores y preguntarnos cómo podrían ser protegidos por el Derecho Laboral. Y dado que los galgos rescatados se convierten en animales de compañía, podríamos verlos como miembros de la familia y analizar cómo podrían estar protegidos por el Derecho de Familia.[3] También existen propuestas para proteger a los animales dentro del emergente campo legal de los "Derechos de la Naturaleza"[4] o en el ámbito del Derecho Constitucional.[5]

Además, como demuestra Gisie, no solo existen distintos ámbitos del derecho, sino también diferentes niveles de jurisdicción, que incluyen las Comunidades Autónomas, el Estado español y la Unión Europea. Y aquí también podemos ir más allá y preguntarnos qué papel podrían desempeñar organismos verdaderamente globales,

---

3 Discuto las posibilidades de incorporar normas sobre derechos de los animales a la jurisprudencia en derecho de familia y laboral en KYMLICKA, W., "Membership Rights for Animals." *Royal Institute of Philosophy Supplements* 91 (2022): 213-244.

4 Para un interesante debate sobre las perspectivas de incorporar normas de derechos de los animales a la jurisprudencia en torno a los derechos de la naturaleza, véase BERNET KEMPERS E., "Estrellita and the possibility of nature-based animal rights." *The Global Journal of Animal Law* 12, no. 4 (2024); TRUYENQUE CONDOY, M., "An Analysis of the Estrellita Constitutional Case from an Animal Rights Perspective." *Animal & Nat. Resource L. Rev.* 19 (2023): 21.

5 EISEN, J., 2017. Animals in the constitutional state. *International Journal of Constitutional Law, 15*(4): 909-954; KARLIN O'SULLIVAN, C., 2024. Ought Sweden to Protect Animals by the Constitution? A Comparative Constitutional Animal Law Study. In *Animal Law Worldwide: Key Issues and Main Trends Across 27 Jurisdictions* (pp. 399-432). The Hague: TMC Asser Press.

como las Naciones Unidas, en la formulación de derechos para los animales.[6]

En resumen, no faltan herramientas legales para la protección de los animales. El problema, como concluye la propia Gisie, es que aún no ha existido el "coraje político" para utilizarlas realmente. Y esto nos recuerda que el derecho no está separado de la sociedad, sino que es una expresión de las diversas fuerzas y tendencias dentro de ella. Por lo tanto, la cuestión de la reforma legal está inextricablemente ligada a la cuestión de la reforma social, es decir, a la disposición de distintos grupos sociales a replantear de manera fundamental su relación con los animales. Mirando a mi propio país, Canadá, me parece que esa disposición aún está lejos de alcanzarse, y el análisis de Gisie sugiere que en España todavía queda trabajo por hacer en cuanto a las actitudes sociales. Pero si algún día surge el coraje político necesario, este libro ofrece un excelente mapa para el futuro del Derecho Animal.

Will Kymlicka

Cátedra de Investigación de Canadá en Filosofía Política
Queen's University

Kingston, febrero de 2025.

---

6 SCHAPPER, A., CEBUAN, B., "Transforming our world? Strengthening animal rights and animal welfare at the United Nations." *International Relations* 37, no. 3 (2023): 514-537. PETERS, A., "Rights of Human and Nonhuman Animals: Complementing the Universal Declaration of Human Rights". *AJIL Unbound.* 2018; 112: 355-360.

Abreviaturas

(cord.)	Coordinador/a
(dir.)	Director/a
APP	Autos de Audiencias Provinciales.
BOJA	Boletín Oficial de la Junta de Andalucía
CA	Comunidad Autónoma
CC	Código civil
CCAA	Comunidades Autónomas
COE	Comité Olímpico Español
CRCP	Cátedra de Recursos Cinegéticos y Piscícolas de la Universidad de Córdoba
CSD	Consejo Superior de Deportes
DGDA	Dirección General de Derechos de los Animales
FAG	Federación Andaluza de Galgos
Ha.	Hectárea
VAB	Valor añadido bruto
FCI	Federación Cinológica Internacional
FCMG	Federación de Galgos de Castilla la Mancha
OMT	Organización Mundial del Turismo
FCMG	Federación de Galgos de Castilla la Mancha
FEDENCA	Fundación para el estudio y la defensa de la naturaleza y la caza
FEG	Federación Española de Galgos
FIUS	Fundación de Investigación de la Universidad de Sevilla
HIIT	High Intensity Interval Training

IAPH	Instituto Andaluz de Patrimonio Histórico
IESA	Instituto de Estudios Sociales Avanzados
LC	Ley de Caza
LO	Ley orgánica
LEC	Ley de Enjuiciamiento Civil
STC	Sentencia del Tribunal Constitucional
BOE	Boletín Oficial del Estado
LOE	Libro Genealógico Español
LOFEC	Libro de Orígenes de la Federación Españolade Caza
LRO	Libro Registro de Orígenes
OIE	Oficina Internacional de Epizootia
OMT	Organización Mundial del Turismo
PNV	Partido Nacionalista Vasco
PP	Partido Popular
PSOE	Partido Socialista Obrero Español
RAE	Real Academia Española
REGA	Registro General de Explotaciones Ganaderas
REGA	Registro General de Explotaciones Ganaderas
RFEC	Real Federación Española de Caza
SAP	Sentencia Audiencia Provincial
CP	Código Penal
TC	Tribunal Constitucional
TFM	Trabajo Final de Máster
TS	Tribunal Supremo
UE	Unión europea
UGR	Universidad de Granada

UNAC	Unión Nacional de Asociaciones de Caza
UNESCO	Organización de las Naciones Unidas para la Educación, la Ciencia y la Cultura
UPRONA	Unidad de protección de la naturaleza
Vid. *Vide*	(Véase)
LD	Ley de deporte.
PIB	Producto Interior Bruto
RFHE	Real Federación Hípica Española
TFUE	Tratado Funcionamiento Unión Europea
WWF	World Wide Fund for Nature
CIEDA	Centro Internacional de Estudios de Derecho Ambiental

Introducción

Durante mi tercer año de Derecho en Madrid, tuve un encuentro que, aunque breve, marcó un antes y un después en mi vida. Paseaba por las calles cercanas al Palacio Real, disfrutando de la belleza de la ciudad, cuando mi mirada se detuvo en un perro impresionante. Era un galgo blanco, de porte elegante, que vestía un abrigo verde oscuro que resaltaba aún más su silueta esbelta y su andar majestuoso.

Nunca antes había visto un perro como ese. En Francia, de donde soy originaria, esta raza no es tan conocida, o al menos yo no había oído hablar de ella. Pero ese encuentro despertó algo en mí. Fue un auténtico flechazo: su belleza, su gracia y su mirada, que parecía transmitir una mezcla de nobleza y vulnerabilidad, me cautivaron por completo.

Impulsada por la curiosidad, empecé a investigar más sobre los galgos. Pero lo que inicialmente fue un descubrimiento lleno de entusiasmo, pronto se tornó en tristeza e indignación. Al profundizar en el tema, me encontré con una realidad oscura y dolorosa: la cruel explotación que esta raza sufre en muchas partes de España.

Ese contraste entre la elegancia de aquel galgo que vi en Madrid y la realidad que enfrentan miles de ellos me marcó profundamente. Desde entonces, no solo admiré a esta raza por su belleza, sino que sentí la necesidad de actuar. Aquel día no solo conocí a un galgo, conocí también una causa que llevaría conmigo para siempre.

No soy la única que ha quedado cautivada por los galgos. Esta raza ha fascinado a la humanidad desde tiempos inmemoriales. La presencia y relevancia de estos perros se extienden a través de diversas culturas y épocas, desde el arte cinegético de romanos y griegos hasta la literatura medieval y moderna. Es notable constatar la profusión de información que atestigua la importancia de los galgos en las civilizaciones antiguas, un contraste agudo con la relativa escasez de atención que reciben en la investigación contemporánea. De hecho, el ámbito de la caza con galgos permanece prácticamente en la penumbra en los estudios académicos actuales. Sin embargo, dada la innegable relevancia e influencia de esta práctica en el tejido cultural y social de España, se ha destacado la importancia de iluminar la situación actual de la caza con galgos en este país.

Cada año, las asociaciones de protección animal alzan sus voces para destacar la crítica situación de los galgos a través de los medios de comunicación y manifestaciones públicas. Un ejemplo emblemático es la protesta anual organizada por la Plataforma NAC, que congrega a miles de personas en las calles de las grandes ciudades españolas con el propósito común de denunciar la difícil situación de los perros de caza y la sobresaturación de las protectoras, las cuales se ven abrumadas por el elevado número de galgos abandonados. Además de estas manifestaciones, mediante entrevistas, artículos y reportajes en prensa, radio, televisión e internet, estas asociaciones buscan sensibilizar a la sociedad sobre la cruda realidad que enfrentan los galgos, destacando temas como el maltrato, el abandono, las condiciones de vida inadecuadas y las prácticas de caza. Ante esta preocupante situación, surge la pregunta: ¿están los galgos suficientemente protegidos por la ley? En este contexto, se hace necesaria una investigación que profundice en la situación actual de los galgos en España, explorando las prácticas y realidades que enfrentan a diario, así como el marco legal que debería salvaguardar sus derechos y bienestar.

Para llevar a cabo esta investigación, he contado con el valioso apoyo del doctorado industrial, que ha sido fundamental para llevar a cabo este manuscrito. El doctorado industrial es una iniciativa promovida por la *Generalitat de Catalunya* a través de la *Agència de Gestió d' Ajuts Universitaris i de Recerca* (AGAUR). El objetivo principal del *Pla de Doctorats Industrials* es contribuir a la competitividad e internacionalización del tejido industrial catalán, así como retener talento y situar a los estudiantes de doctorado en condiciones óptimas para desarrollar proyectos de I+D+i en empresas pioneras en su sector. En este contexto, he realizado este trabajo en colaboración con SOS GALGOS, una entidad catalana, sin ánimo de lucro dedicada a la protección y defensa de los galgos. Esta asociación trabaja a nivel gubernamental para mejorar la legislación en la protección de los animales de compañía y lleva a cabo actividades de denuncia de abandono y maltrato de animales, promoción de la defensa de los derechos de los animales y participación en proyectos normativos relacionados con la protección y bienestar de los animales de compañía. SOS GALGOS también se dedica a la recuperación de perros abandonados y maltratados, alojándolos en su centro con el fin de encontrarles un nuevo hogar. Además, la asociación ofrece cursos para niños con el objetivo de sensibilizar a los jóvenes sobre la protección y el bienestar de los animales. Gracias a esta colaboración, he podido realizar un trabajo de campo exhaustivo, obteniendo acceso a datos empíricos y casos concretos, lo que ha enriquecido significativamente la investigación y ha garantizado una conexión estrecha entre el proyecto académico y las necesidades prácticas del mundo de la protección animal. Trabajar con SOS GALGOS me ha permitido estar en el corazón de la problemática, viendo de primera mano cómo funciona tanto el mundo de la caza con galgos, al estar en contacto directo con los galgueros, como el mundo político, ya que hemos podido mantener reuniones con el Director General de los Derechos de los animales. Mi objetivo con esta obra no es solo contribuir al conocimiento académico, sino también tener un impacto positivo en la sociedad y en las políticas públicas.

Se debe tener presente que cuando inicié este mi trabajo de investigación en 2020, los animales aún eran considerados como bienes según el código civil español, ya que este trabajo se inició antes de las numerosas reformas que afectaron al derecho aplicable a los animales y a los galgos: (1) La reforma civil de 2021 (Ley 17/2021, de 15 de diciembre, de modificación del Código Civil, la Ley Hipotecaria y la Ley de Enjuiciamiento Civil, sobre el régimen jurídico de los animales) que reconoce a los animales como seres sensibles; (2) la reforma de 2023 del código penal relativa a los delitos contra los animales (Ley Orgánica 3/2023, de 28 de marzo, de modificación de la Ley Orgánica 10/1995, de 23 de noviembre, del Código Penal, en materia de maltrato animal); y (3) la promulgación de la ley administrativa (Ley 7/2023, de 28 de marzo, de protección de los derechos y el bienestar de los animales) que crea la primera normativa nacional sobre el derecho de los animales, pero que excluye de su protección a los perros de caza. Al analizar las reformas legislativas recientes y proponer cambios futuros, este libro ofrece una perspectiva crítica y detallada sobre cómo la normativa vigente puede y debe evolucionar para garantizar el bienestar de los galgos.

En cuanto al *status quaestionis*, he observado la existencia de algunos trabajos sobre la caza con galgos, los cuales resaltan su significado dentro del paisaje cultural de España. Sin embargo, hay una escasez notable de fuentes académicas. De hecho, apenas hay material disponible. En su lugar, predominan las fuentes no académicas, particularmente libros como *El gran libro de los galgos* de Antonio Romero. Si bien estos recursos son valiosos para familiarizarse con el tema, es importante destacar que su utilidad para un investigador es limitada. A menudo, estos libros ofrecen una visión parcial que puede no ser suficiente para satisfacer las necesidades de una investigación académica rigurosa.

Aunque la relevancia cultural y social de la caza con galgos es indiscutible, la investigación académica y jurídica sobre el tema es sorprendentemente pobre. Los únicos trabajos que han servido de base para este estudio son el artículo de GAMUZ y CHAMORRO (2021), que analiza la evolución de esta práctica desde el conflicto a la patrimonialización, y el TFM de PÉREZ GAMUZ (2021), que ofrece una etnografía de las relaciones humano-animales en este contexto de caza con galgos. Ambos estudios proporcionan una valiosa comprensión desde una perspectiva antropológica, pero la falta de investigaciones jurídicas destaca la necesidad urgente de llenar este vacío de conocimiento. La ausencia de estudios legales contrasta con la importancia de desarrollar un marco regulatorio claro que proteja los derechos de los animales y medie en los conflictos sociales.

Además, ante la escasez de un cuerpo doctrinal y jurisprudencial robusto en el área de estudio, la presente investigación a veces se ha visto confrontada con la necesidad de explorar fuentes no convencionales para sustentar su análisis.

La dificultad para encontrar fuentes adecuadas ha sido evidente, y los datos disponibles resultan limitados, a menudo provenientes de fuentes periodísticas o asociativas, en lugar de fuentes gubernamentales o confiables. Por ejemplo, aunque se tiene conocimiento de que anualmente se mata un número considerable de galgos, la falta de cifras precisas se convierte en una barrera para la comprensión profunda de la problemática. Lo mismo ocurre con los nacimientos de galgos, donde la carencia de datos fiables impide realizar un seguimiento preciso de la situación.

No obstante, quiero subrayar la magnitud del trabajo de investigación que ha sido necesario emprender, para abordar esta carencia de fuentes académicas sobre la caza con galgos. La investigación ha implicado un exhaustivo examen de documentos y normativas que abarcan diversos ámbitos del derecho, desde el penal y civil hasta el administrativo, así como el estudio de marcos legales específicos relacionados con la caza o el deporte. Esta amplia cobertura jurídica era necesaria para comprender plenamente el panorama jurídico en el que se desenvuelve esta actividad y para identificar las lagunas o áreas de mejora en la protección de los derechos de los galgos. Sin embargo, el proceso de recopilación y organización de esta vasta cantidad de información no ha estado exento de dificultades. La normativa referente a los galgos y a los animales en general se encuentra dispersa en una variedad de fuentes, que van desde leyes nacionales y autonómicas hasta regulaciones locales. Esta dispersión normativa dificulta la tarea de sistematizar la información y comprender plenamente el marco legal en su conjunto. Gracias al trabajo de investigación realizado en el contexto de esta obra, ahora disponemos de un hilo conductor que nos permite navegar por este complejo entramado normativo con mayor claridad y coherencia. Este enfoque holístico nos puede proporcionar una visión más completa y profunda de los desafíos legales y éticos asociados con la caza con galgos, así como de las posibles soluciones y medidas de protección que podrían implementarse.

Es clave saber que, aunque la Federación Española de Galgos (FEG) reconoce tres actividades principales relacionadas con los galgos: carreras de galgos en campo con liebre mecánica, carreras de galgos en campo y carreras de galgos en pista, en este libro nos centraremos únicamente en las carreras de galgos en campo. En esta modalidad, los galgos compiten en un terreno abierto, persiguiendo a una presa viva. Es una actividad particular porque se encuentra a caballo entre una actividad deportiva y una actividad cinegética.

Resulta esencial saber que el Galgo Español (*Canis Gallicus*, que, en realidad, debería traducirse como perro galo), es quien hace posible esta actividad. Es una raza canina fácilmente reconocible por su complexión esbelta, su elegante porte de cabeza y sus largas y delgadas patas. Si en este libro se utiliza el término “galgo” y “lebrel” como un sinónimo, el lebrel abarca una categoría más amplia. Según la Real Academia Española (RAE), el lebrel se define como "un perro que se distingue por tener el labio superior y las orejas caídas, el hocico recio, el lomo recto, el cuerpo largo y las piernas retiradas atrás." Por otro lado, la RAE también define al lebrel como un perro "muy apto para cazar las liebres." La presencia de galgos españoles en la Península Ibérica y su uso en la caza se remonta a períodos mucho anteriores al siglo I. Esta raza canina cuenta con una extensa tradición y una historia arraigada en la Península Ibérica, como lo evidencian las fuentes documentales, las expresiones artísticas y la transmisión oral de conocimientos.

Los galgos tienen muchas características físicas que los convierten en buenos cazadores por naturaleza. Tienen patas muy largas y pies fuertes, flexibles y huesudos. Tienen una cierta resistencia que les hace menos propensos a las lesiones. Los galgos también tienen la espalda recta y los cuartos traseros muy musculosos. Tienen el cuello largo y delgado y la caja torácica plana. Su cola es muy larga para ayudarles a cambiar de dirección rápidamente y mantener el equilibrio mientras corren. Su cabeza es muy alargada, parecida a la parte delantera de un avión, lo que le confiere un aspecto aerodinámico. Los estándares de la raza Galgo Español, como ocurre con la mayoría de las razas caninas, suelen ser establecidos por organismos reguladores caninos reconocidos nacional e internacionalmente, como la Federación Cinológica Internacional (FCI), que proporcionó el estándar para el Galgo Español en 1992[1]. Los estándares de raza del galgo español definen características específicas que reflejan no sólo su aspecto físico, sino también su temperamento y comportamiento. Los estándares de raza ayudan a preservar la identidad y la integridad de las razas caninas, orientan las prácticas de cría y garantizan la conservación e incluso la mejora de las razas caninas a lo largo del tiempo. Aunque estos estándares de raza intentan crear un molde único para los galgos, en toda España hay galgos que tienen un aspecto algo diferente entre sí. Esto se debe al diferente grado de cruce entre galgos españoles y galgos importados de Inglaterra e Irlanda a principios

---

[1] Estándar-FCI N° 285. Página web: https://www.fci.be/nomenclature/Standards/285g10-es.pdf [Última consulta: 9 de abril de 2024]. Ver Anexo 1.

del siglo XX. Se ha observado además que antes de esto, incluso dentro de la familia de los galgos españoles, también había variaciones en su apariencia dependiendo del tipo de terreno de caza en el que corrían y de la región en la que se encontraban en España.

En cualquier caso, la raza Galgo Español siempre se ha asociado a la caza. Como confirma su registro de la FCI, es un "perro de caza de liebres a la carrera, en rápida persecución y guiándose a la vista. Igualmente ha sido empleado y puede acosar otras piezas de pelo como conejos, zorros e incluso jabalíes; pero la primordial utilización de la raza ha sido y es la caza de liebres a la carrera"[2]. Son perros robustos que se han enfrentado a animales muy impresionantes, como jabalíes, pero hoy en día, los galgos sólo se utilizan para cazar liebres en España[3].

Además de los múltiples peligros a los que se enfrentan los animales salvajes en su hábitat natural, la caza con galgos ha sido objeto de fuertes críticas debido a las prácticas poco éticas que con frecuencia

---

2 *Ibidem.*

3 La liebre ibérica (*Lepus granatensis*) es un mamífero lagomorfo considerado como una especie cinegética. De mediano tamaño, más liviana y pequeña que su pariente la liebre europea. La liebre ibérica es capaz de alcanzar velocidades impresionantes. Se dice que puede correr a una velocidad de hasta 70 kilómetros por hora, es decir, a una velocidad comparable a la de los galgos españoles. Por el momento, las liebres ibéricas no están en peligro de extinción crítica, quizá porque las hembras alcanzan la madurez sexual muy pronto, sólo unos meses después de nacer, lo que les permite reproducirse durante todo el año. Además, por término medio, pueden tener de 3 a 4 camadas al año, con unas 3 ó 4 crías por parto, aunque a veces este número puede llegar a 8. Sin embargo, la liebre sigue siendo una especie que puede verse amenazada en el futuro. Al ser un mamífero pequeño, es presa de muchos depredadores, como carnívoros, aves rapaces, reptiles, etcétera. Además, la tasa de mortalidad de las liebres en los primeros días de vida es muy alta. También están sujetas a varias enfermedades mortales, como el síndrome de la liebre, causado por la bacteria *Francisella Tularensis*, que se transmite por la picadura de insectos que actúan como vectores. Esta enfermedad es una zoonosis, lo que significa que puede transmitirse a los perros de caza e incluso a los humanos. Sin embargo, lo más alarmante en estos momentos es la propagación de la mixomatosis, una enfermedad vírica que está causando estragos en las poblaciones de liebres. Combinada con la presión cinegética, la mecanización del campo, particularmente la recolección con cosechadoras la liebre ibérica podría verse amenazada de extinción en un futuro próximo.

están asociadas a ella, especialmente en lo que respecta a la utilización de los perros. A lo largo de los años, España ha sido testigo de numerosos casos alarmantes de abandono, maltrato, lesiones e incluso muerte de galgos, lo cual ha generado una profunda indignación en el país. A pesar de ello, el problema persiste subrayando la urgente necesidad de una reforma legislativa y un cambio cultural. Las aportaciones que hace este libro son significativas y pioneras, dado que el aspecto de los galgos utilizados para la caza nunca se ha estudiado desde un punto de vista jurídico. Esta investigación llena un vacío en la literatura jurídica y académica al abordar las deficiencias en la legislación española actual y destacar la necesidad de una mayor protección legal para estos animales.

El libro que se presenta está estructurado en una introducción, tres capítulos y un apartado de conclusiones sumarias. El primer capítulo, dividido en dos subapartados, se enfoca en establecer el contexto general de la caza, con especial énfasis en la caza con galgos. En el primer subapartado, como marco general, se analiza el ámbito económico y social de la caza con galgos. Para ello, llevamos a cabo un análisis exhaustivo de la caza en el contexto del deporte y la tradición, abordando además aspectos económicos clave. Esto incluye el estudio de documentos económicos relacionados con la caza y las subvenciones otorgadas a esta actividad, así como el examen de su potencial contribución al turismo y la evaluación de las granjas de liebres como posibles generadoras de riqueza en el sector. En el segundo subapartado, se ha estudiado de forma concreta el papel histórico-culturales de las carreras de galgos en campo. En esta parte del libro, exploramos la evolución cultural y regulatoria de la caza, con la aparición de reglas específicas como la permisión de cazar o no cazar en ciertos lugares o en determinados momentos del año. También examinamos el funcionamiento de esta actividad, su público y el desarrollo de las competiciones. Por último, nos sumergimos en la vida de los perros de caza, para comprender mejor las desviaciones a veces asociadas con esta práctica, especialmente en el contexto de las carreras de galgos en campo abierto.

En el segundo capítulo, compuesto por dos subapartados, se estudia la normativa vigente aplicable a los cazadores y a los galgos utilizados en la caza. En el primer subapartado de este capítulo se analizan las principales leyes que impactan al derecho de caza en España desde la ley de caza de 1970. Además, se aborda la división del derecho de caza entre las Comunidades Autónomas, junto con las prescripciones legales pertinentes para su ejercicio. En el segundo aparatado se estudia de forma concreta la protección de los perros de caza en el Derecho español. Se aborda con frecuencia el tema de los perros de caza en un sentido más amplio, aunque el enfoque del libro se centre en los galgos. Dado que no existe una legislación específica para los galgos, se examina de manera más general. Este subapartado proporciona una visión amplia de la protección de los galgos, ya sea a través del Derecho Civil, Penal, Administrativo o incluso del derecho de la Unión Europea. Hemos examinado si el marco legal de la UE puede servir como un mecanismo efectivo para mejorar el tratamiento de los galgos en España.

Finalmente, en el tercer y último capítulo, se aborda el impacto de la caza y los retos futuros posibles. Este capítulo no solo proporciona una visión amplia de la problemática, sino que también plantea nuevas perspectivas para investigaciones futuras en el tema, abriendo un abanico de posibilidades por explorar. El subapartado uno y el único del capítulo permite comprender como se podría proteger de manera óptima los galgos a través de la educación y de las reformas legislativas que podrían cuestionar el *statu quo* del derecho de caza como un derecho intocable, pero como un derecho que puede evolucionar con las necesidades actuales de la sociedad.

En definitiva, esta obra ofrece una visión detallada del funcionamiento de las carreras de galgos en campo, examina el impacto de la legislación española en esta actividad y evalúa si brinda una protección adecuada a los perros de caza. Esta investigación abre un nuevo campo de estudio sobre la protección de los galgos utilizados en la caza. Su relevancia se destaca aún más tras la inclusión de disposiciones específicas para la protección animal a nivel nacional en la Ley 7/2023, de 28 de marzo, de protección de los derechos y el bienestar de los animales, la cual, sin embargo, excluye a los perros de caza de sus medidas.

Capítulo I
Contexto

I. ÁMBITO ECONÓMICO Y SOCIAL DE LA CAZA CON GALGOS

La caza en España tiene muchas facetas. Se considera un deporte, una tradición y una actividad comercial. En este capítulo exploraremos estos aspectos de la caza, comenzando por su dimensión deportiva (Sección 1), para después examinar su papel como tradición cultural (Sección 2). Por último, nos adentramos en el mundo comercial de la caza, donde analizamos la economía de la industria cinegética, la financiación de la Federación Española de Galgos (FEG) y las subvenciones relacionadas con la caza, el impacto del turismo y la caza de liebres y conejos (Sección 3). Este capítulo pretende ofrecer una visión global del lugar que ocupa la caza en España y de las cuestiones que la rodean.

1. La caza como deporte

Con los avances en la agricultura y la cría de animales, la actividad cinegética se ha convertido en "una actividad deportiva (...) dejando de tener ese fin utilitarista"[4]. Este deporte estaba reservado a la clase alta[5], fue mucho más tarde cuando la caza adquirió su papel como forma de pasatiempo en una sociedad urbana más industrializada[6].

Esto condujo al desarrollo de nuevas prácticas, destacándose especialmente el desarrollo de armas más potentes, lo que a su vez permi-

---

4 Mesa Gutiérrez, MJ., Marco penal y administrativo de la caza y responsabilidad civil en derecho español. Tesis doctoral dirigida por el Dr. Fernando Santa Cecilia García. Universidad Complutense de Madrid. (2017), p. 28. Página web: *http://eprints.ucm.es/43048/* [Última consulta: 10 de enero de 2025].

5 Stilmann, D., Implicancia de la caza en el desarrollo humano. Página web: *http://ciervos.idoneos.com/353864/* [Última consulta: 10 de enero de 2025].

6 Remedios, M., Gálves, C., El derecho de caza en España. Granada. (2006).

tió la implementación de técnicas de caza más letales. Sin embargo, a pesar de estos avances en armamento, los cazadores continuaron requiriendo la asistencia de perros. Por aquel entonces también se crearon los concursos y, en particular, las competiciones de caza con galgos[7]. Las carreras de galgos tras liebre en campo es una modalidad en la cual el galgo es la figura principal "ya que compite prácticamente sin influencias externas" a diferencia de un caballo guiado por un jinete[8].

1.1. Marco general del deporte con animales y su aplicación a los galgos

El deporte tiene un importante papel en la sociedad contemporánea. Cada vez somos más sedentarios, y la práctica deportiva ayuda a combatirlo[9], más aún si se realiza al aire libre. Según la Ley de Deporte (LD)[10], el deporte, "se considera una actividad esencial" y "todas las personas tienen derecho a la práctica de la actividad física y deportiva, de forma libre y voluntaria."[11]

A primera vista, podría parecer que el deporte, es una actividad espontánea que no está llamada a una ordenación jurídica expresa, pero en realidad se puede observar que es una actividad muy organizada y regulada por la ley. Según PALOMAR OLMEDA "en cuanto lo espontáneo deja de serlo y existe una comunidad humana, se aprecia la necesidad del derecho."[12] Es cierto que las actividades físicas, por

---

7 En el año 1939 se constituyó la actual Federación Española de Galgos, que regula y organiza la práctica de las carreras de galgos en sus tres modalidades.

8 TEROL GÓMEZ, R., Los Animales en el Deporte. Revista Aranzadi de Derecho de Deporte y Entretenimiento. Thomson Reuters Aranzadi. (2010).

9 PÉREZ LÓPEZ, A., VALADÉS CERRATO, D., BUJÁN VARELA, J., Sedentarismo y actividad física. Revista de Investigación y Educación en Ciencias de la Salud (RIECS), vol. 2, n° 1, (2017), pp. 49-58.

10 BOE, núm. 314, de 31/12/2022. Ley 39/2022, de 30 de diciembre, del Deporte. Página web: *https://www.boe.es/buscar/act.php?id=BOE-A-2022-24430* [Última consulta: 10 de enero de 2025].

11 Artículo 2. Derecho a la práctica deportiva. LD.

12 PALOMAR OLMEDA, A., Las aportaciones del Derecho al Deporte federado o asociativo el S XXI. Aportaciones del Derecho al Deporte del S.XXI. Jornadas de derecho deportivo. Ciudad de valencia. (2011).

muy espontáneas que parezcan, necesitan ser organizadas y controladas. Si tratamos de un deporte en el que intervienen animales, este principio no debería escapar a la regla.

La antigua Ley 10/1990, de 15 de octubre, del Deporte[13] que fue derogada el 1 de enero de 2023, no hacía referencia a los animales contrariamente a la nueva Ley del Deporte 39/2022, de 30 de diciembre[14], que trata sobre los animales en sus artículos 10 y 14. Sin duda, es un paso adelante que, por primera vez, incluye los animales utilizados en actividades deportivas y establece el deber de su protección. El artículo 10 quedó redactado como sigue:

> "La protección de los animales utilizados para la práctica deportiva se regirá por lo dispuesto en los reglamentos federativos correspondientes, que velarán por la salvaguarda de las condiciones que garanticen su protección y bienestar. Asimismo, se garantizará la protección del medio ambiente y el respeto a los entornos naturales donde se desarrollen las prácticas deportivas."

Conforme a lo anterior, debe tenerse en cuenta la protección de los animales utilizados en el deporte, pero la ley traslada esta responsabilidad a los reglamentos federativos. En el caso de los galgos, es necesario remitirse a la Federación Española de Galgos (FEG) para acceder a los reglamentos[15] debido a que corresponde a la FEG la reglamentación del deporte con galgos[16]. En consecuencia, aunque es positivo que la protección de los animales aparezca en esta ley, se trata de un artículo bastante vacío de contenido, ya que se limita a remitir a lo dispuesto en las normas específicas sobre la materia y los reglamentos federativos.

---

13 BOE. núm. 249, de 17/10/1990. Ley 10/1990, de 15 de octubre, del Deporte. [disposición derogada]. Página web: *https://www.boe.es/buscar/act.php?id=BOE-A-1990-25037* [Última consulta: 10 de enero de 2025].

14 Ley 39/2022, de 30 de diciembre, del Deporte. *Op. Cit.*

15 Reglamento de Régimen Interno de Cargos Técnicos; Reglamento de carreras de galgos en campo con liebre mecánica; Reglamento de carreras de galgos en campo; Reglamento de carreras de galgos en pista; Reglamento control antidopaje; Reglamento de Disciplina Deportiva; Reglamento del LRO.

16 Artículo 4 de los Estatutos de la Federación Española de Galgos. Página web: *https://www.fedegalgos.com/wp-content/uploads/2020/11/ESTATUTOS-2019-1-DE-LA-FEDERACIO%CC%81N-ESPAN%CC%83OLA-DE-GALGOS.pdf* [Última consulta: 10 de enero de 2025].

Esto es de lamentar, sobre todo porque se presentaron enmiendas mucho más interesantes para integrarlas en el texto final, pero no fueron aceptadas. Para ilustrarlo, tomemos el ejemplo de la enmienda 66 de Pilar Calvo Gómez (Grupo Parlamentario Plural) que rechazaba la mera remisión normativa en la LD, justificando que la referencia que se realizaba en la redacción del Proyecto de Ley resultaba "tan genérica como limitada en su alcance."[17] La enmienda que proponía se articulaba de la siguiente manera:

> "1. La utilización de animales en el deporte se ajustará a lo dispuesto en la legislación sobre la materia relativa a la protección de los animales. 2. Sin perjuicio de lo anterior, la participación de animales en la actividad deportiva se realizará en condiciones que permitan garantizar su protección y bienestar, atendiendo a las necesidades propias de su especie. Asimismo, se llevará a cabo sin poner en riesgo la salud de los animales, evitando su maltrato, sufrimiento, abandono y/u omisión de cuidado. Lo anterior será de aplicación tanto en la competición o práctica de la actividad deportiva como fuera de ella, incluidas las condiciones de cría, alojamiento, entrenamiento, transporte y destino de los animales."[18]

La enmienda en cuestión buscaba una mejor protección de la actividad tanto dentro como fuera de la competición. También apoyaban esta postura otros grupos políticos como Ferran Bel Accensi y Sergi Miquel i Valentí (Grupo Parlamentario Plural) con la enmienda número 206[19], o el Grupo Parlamento Plural, mediante la enmienda 442 presentada por Néstor Rego Candamil[20]. Adicionalmente, se han presentado otras propuestas de enmienda con la idea de mejorar el texto, tales como la enmienda 463, del Grupo Parlamentario Socialista, del Grupo Parlamentario Confederal y de Unidas Podemos –En Comú– de PodemGalicia en Común[21].

---

17 Congreso de los diputados. 121/000082 Proyecto de Ley del Deporte. (2022), pp. 43 y 44. Página web: *https://www.congreso.es/public_oficiales/L14/CONG/BOCG/A/BOCG-14-A-82-3.PDF* [Última consulta: 10 de enero de 2025].

18 *Ibidem.*

19 *Ibidem,* p. 129.

20 *Ibidem,* p. 289.

21 *Ibidem,* p. 300

1. La redacción final del artículo 10 de la LD sobre Protección y bienestar de los animales y conservación del medio ambiente que se ha adoptado es, por tanto, bastante deficiente y deja todo el poder en manos de las federaciones, por lo que resulta sorprendente que la propia ley no establezca normas mínimas de bienestar para los animales utilizados en actividades deportivas. Como lo justifica Pilar Calvo Gómez, "los animales que son utilizados en actividades deportivas se encuentran sometidos a unas exigencias específicas que tampoco pueden ser obviadas: la práctica de entrenamientos, las condiciones de alojamiento y de transporte, las necesidades de supervisión veterinaria en función del tipo de deporte en el que se les implica, etc. requieren de unas especificidades que, lógicamente, difieren de las que pueden exigirse para animales que simplemente conviven en compañía de los seres humanos."[22] Es perfectamente comprensible dar una mayor protección a los galgos que a los perros de compañía, ya que son más vulnerables debido a su uso. Del mismo modo, los reglamentos que regulan la actividad de caza con galgos deberían tomar estas cuestiones en consideración para proteger a los galgos. No obstante, las federaciones no deberían tener plenos poderes como lo prevé la LD, por lo que, el control del cumplimiento de los requisitos mínimos relativos a los animales que participan en actividades deportivas debería ser estatal y no dejar estas funciones en las manos de las federaciones.

1.2. Las federaciones deportivas y su aplicación a los perros de caza y a los galgos

Con la antigua Ley del Deporte 10/1990 de 15 de octubre, se fundamentó el modelo de intervención pública en el deporte dado que el carácter privado de las federaciones deportivas hizo que permanecieran delegadas a los poderes públicos bajo la supervisión de la Administración[23]. Desde la entrada en vigor de la nueva Ley 39/2022, de 30 de diciembre se puede observar un cambio:

> "El modelo federativo español vive un momento de suficiente madurez que permite que el Estado no tenga que tutelar algunas de sus actividades más esenciales como venía sucediendo hasta la fecha. Sirve como ejemplo la autorización por el Consejo Superior de Deportes de los gastos plurianuales de las federaciones deportivas españolas. Con ello, se dota a las federaciones de un mayor grado de autonomía en

---

[22] *Ibidem*, p. 44.

[23] Palomar Olmeda, A., Las federaciones deportivas, en: Palomar Olmeda, A. (dir.) Manual de gestión de federaciones deportivas. (2006), pp. 29-72.

> su organización interna y en el cumplimiento de su objeto esencial, reduciendo las funciones que ejercen por delegación del Estado"[24].

Para desempeñar este papel en el ámbito de la caza, España cuenta con la Real Federación Española de Caza (RFEC), a la cual se añaden las Federaciones Autonómicas. La Real Federación Española de Caza, —es una entidad privada con personalidad jurídica propia "que agrupa con carácter obligatorio a los deportistas profesionales o aficionados, jueces y árbitros, a las sociedades o asociaciones, clubes o agrupaciones dedicados a la práctica del deporte de la caza o de actividades que con ella se relacionan"[25]. Esta Federación tiene el rango de entidad de utilidad pública[26].

Dado que los reglamentos de competición se aprueban y registran en el Consejo Superior de Deportes (CSD) en nombre de la Federación, es responsabilidad y potestad exclusiva de esta "autorizar y garantizar la seguridad y el desarrollo de (las) pruebas, sin que tengan otros obstáculos burocráticos que provengan de las diferentes leyes y de los conciertos establecidos."[27]

De este modo, las federaciones de caza están reconocidas por la ley como deportistas, lo que no deja lugar a dudas sobre el carácter deportivo de la caza. Como lo hemos visto, las federaciones gozan de una gran libertad de decisión y responsabilidad, aunque permanecen bajo la vigilancia del CSD. Las federaciones de caza, y en particular los responsables de la toma de decisiones son cazadores, lo que plantea un conflicto de intereses evidente: son juez y parte en la regulación de una actividad en la que tienen un interés personal. Este dilema no solo socava la credibilidad de las decisiones tomadas, sino que también puede resultar en políticas y prácticas que no nece-

---

24 Preámbulo. VI. Ley 39/2022, de 30 de diciembre, del Deporte.

25 Artículo 1. Denominación. Resolución de 14 de febrero de 2011, de la Presidencia del Consejo Superior de Deportes, por la que se publican los Estatutos de la Real Federación Española de Caza.

26 "La RFEC, como Federación deportiva española, está declarada entidad de utilidad pública, lo que conlleva el reconocimiento a los beneficios que el ordenamiento jurídico otorga con carácter general a tales entidades, y más específicamente a los reconocidos a las mismas en la Ley del Deporte." Art 2. *Ibidem.*

27 Real Federación Española de Caza. Competiciones. Página web: *https://www.fecaza.com/competiciones/#reglamentos* [Última consulta: 10 de enero de 2025].

sariamente priorizan el bienestar de los animales y el equilibrio ecológico, por lo que, una solución a este problema podría ser incluir a entidades de protección animal y del medio ambiente en el proceso de toma de decisiones de las federaciones de caza.

En el caso de las carreras en campo, que nos interesan en particular, se añade un actor más: la Federación Española de Galgos (FEG). La actividad de carreras en campo presenta una dinámica única que la distingue de otras formas de caza deportiva, en la medida que se caracteriza por la caza libre, donde los galgos persiguen a sus presas en un terreno abierto. Aunque el galguero sólo tiene un papel secundario, se le sigue considerando cazador y está sujeto de igual modo a las mismas obligaciones que las previstas por la federación de caza, pero añadiendo las consideradas por las federaciones de galgos.

Eso es lo que hace que esta actividad sea tan compleja. Nos enfrentamos a algo muy distinto de la caza en sentido estricto, sin prejuicio de que la caza con galgos sea considerada una modalidad de caza[28]. Tal como la RFEC, la FEG es una entidad asociativa privada, si bien de utilidad pública, y tiene personalidad jurídica, plena capacidad de obrar para el cumplimiento de sus fines y jurisdicción en los asuntos de su competencia[29]. La FEG ejerce actividades propias, bajo la jurisdicción y tutela del Consejo Superior de Deportes[30].

1.2.1. El régimen sancionador y disciplinario

La LD prevé un régimen sancionador en su Título VII. La ley propone una distinción entre el régimen sancionador que se ejerce por la Administración General del Estado sobre las personas físicas o jurídicas incluidas dentro del ámbito de aplicación de esta ley por las

---

28 García Romera, C., Las especies cinegéticas y fundamentos sobre la caza. Manual del cazador. Cazar para conservar. Régimen jurídico y especies cinegéticas. Adaptado a las leyes autonómicas de caza. Marcial Pons, Madrid. (2002), p. 110.

29 Estatutos de la Federación Española de Galgos. Página web: *https://www.fedegalgos.com/wp-content/uploads/2020/11/ESTATUTOS-2019-1-DE-LA-FEDERACIO%CC%81N-ESPAN%CC%83OLA-DE-GALGOS.pdf* [Última consulta: 10 de enero de 2025].

30 *Ibidem.*

infracciones previstas en el presente título y el régimen disciplinario, establecido por las federaciones deportivas españolas en sus propios estatutos y reglamentos y referido a la infracción de las reglas de juego o competición, su aplicación y la organización de las competiciones[31].

Esencialmente, el régimen disciplinario se deja en manos de las federaciones deportivas, que pueden establecer su propio sistema de infracciones, sanciones y forma de coerción respetando los principios esenciales del procedimiento administrativo sancionador, pero sin la intervención del poder público. La autoridad concedida por la ley a las federaciones de caza plantea interrogantes, ya que es cuestionable permitirles tener poder de decisión en un tema en el que tienen un interés personal evidente.

Remitiéndose a los estatutos de la FEG, se puede observar que, efectivamente, corresponde a la Federación Española de Galgos, como entidad propia, el gobierno, administración, gestión, organización y reglamentación de todas sus actividades deportivas[32], es decir, las carreras en campo abierto, las carreras en campo con liebre mecánica, y las carreras en pista, donde la FEG tiene la competencia de ejercer la potestad disciplinaria deportiva.

La FEG tiene su propio reglamento de disciplina deportiva[33]. La potestad disciplinaria deportiva se ejerce sobre todas las personas que formen parte de su estructura orgánica. Es decir, sobre los clubes y sus deportistas, sobre los técnicos, los directivos, los jueces y, en general, sobre todas aquellas personas y entidades federadas que desarrollen la actividad deportiva correspondiente en el ámbito estatal.

La potestad disciplinaria atribuye al Juez de Disciplina de la FEG[34], la facultad de investigar, sancionar o corregir a las personas o entida-

---

31 1. y 2. Del art. 97. De la LD.

32 Art. 4. Estatutos de la FEG.

33 Federación Española de Galgos. Reglamento de disciplina deportiva. Página web: https://www.fedegalgos.com/wp-content/uploads/2020/11/REGLAMENTO-DE-DISCIPLINA-DEPORTIVA-DE-LA-FEDERACION-ESPANOLA-DE-GALGOS-2019.pdf [Última consulta: 10 de enero de 2025].

34 Artículo 14. Órgano disciplinario de la FEG y Artículo 15. Juez de Disciplina del reglamento de disciplina deportiva de la FEG.

des sometidas a la disciplina deportiva según sus propias competencias. Respecto a las infracciones, el capítulo cuarto del reglamento de disciplina deportiva establece que se considerarán infracciones a las reglas del juego o competición las acciones u omisiones que, durante el curso del juego o competición, vulneren, impidan o perturben su normal desarrollo. En segundo lugar, existen las infracciones a las normas generales que son las acciones u omisiones que sean contrarias a la LD, a los Estatutos de la FEG o a otras disposiciones federativas[35]. Las infracciones deportivas se clasifican como muy graves, graves y leves[36]. Los acuerdos disciplinarios que agoten las instancias establecidas por la FEG serán recurribles ante el Tribunal Administrativo del Deporte que resolverá definitivamente en instancia administrativa[37].

Conviene señalar que la Real Federación Española de Caza también cuenta con sus propios reglamentos. Sin embargo, en el contexto de las modalidades de caza con galgos, esto resulta de menor relevancia, dado que la Federación Española de Galgos posee sus propias normativas específicas[38].

También hay que destacar que no toda la regulación del deporte se deja en manos de las federaciones RFEC/FEG. En este sentido, es necesario remitirse a la legislación autonómica, a las disposiciones administrativas y al Derecho Penal estatal para tener una visión más completa del régimen sancionador y disciplinario. El reglamento de disciplina deportiva de la FEG ofrece un procedimiento para abordar esta complejidad legal, instruyendo a los órganos disciplinarios

---

35 Artículo 18. Consideración de infracciones del reglamento de disciplina deportiva de la FEG.

36 Artículo 19. Clasificación de las infracciones por su gravedad del reglamento de disciplina deportiva de la FEG.

37 Artículo 5. Ejercicio y destinatarios de la potestad disciplinaria del reglamento de disciplina deportiva de la FEG.

38 El reglamento general de competiciones de la Real Federación Española de Caza, es aplicable a todas las actividades, competiciones, campeonatos, eventos y certámenes oficiales españoles de las especialidades previstas en el artículo 4 de este Reglamento: Caza menor con perro, Caza de becadas, Caza San Huberto, Perros de Caza (perros de muestra, perros de rastro y podencos), Cetrería, Pájaros de canto (silvestrismo), Recorridos de caza, Compack Sporting, Caza con arco, Perdiz con reclamo macho, Agility, Blancos lanzados, Field Target.

de la FEG a notificar al Ministerio Fiscal cualquier infracción que pueda implicar la comisión de un delito o falta penal.

El reglamento de disciplina deportiva de la FEG proporciona el modo de manejar este enredo legal, requiriendo a los órganos disciplinarios de la FEG que informen, en el momento de comunicar al Ministerio Fiscal, aquellas infracciones que pudieran revestir caracteres de delito o falta penal[39].

En caso de concurrencia de responsabilidades deportivas y administrativas, el órgano disciplinario de la FEG comunicará a la autoridad correspondiente los antecedentes de que dispusieran con independencia de la tramitación del procedimiento disciplinario deportivo, y si la FEG fuera conocedora de hechos que pudieran dar lugar exclusivamente a una responsabilidad administrativa, transmitirá sin demora a la autoridad competente la información que obre en su poder[40]. En estos casos, los órganos disciplinarios deportivos deberán suspender el procedimiento, según las circunstancias concurrentes, hasta que recaiga la correspondiente resolución judicial. Resulta positivo saber que en el caso de que se acordara la suspensión del procedimiento la FEG tiene la facultad de tomar medidas cautelares[41].

1.2.2. Ius puniendi y el efecto del bis in ídem

Nadie puede ser sancionado más de una vez por los mismos hechos y en base al mismo fundamento, por consiguiente, no siempre es fácil entender cómo funciona el mecanismo disciplinario, ya que las federaciones tienen este poder, pero también lo tienen el Estado y las Comunidades Autónomas a través de sus leyes.

Me pregunto, entonces, cuál es el enfoque legal más adecuado que debe adoptarse para proteger mejor a los galgos. Para ello, utilizare el ejemplo de una competición en Granada. Esta competición

---

39 Artículo 35. Concurrencia de responsabilidades deportivas y penales del reglamento de disciplina deportiva de la FEG.

40 Artículo 36. Concurrencia de responsabilidades deportivas y penales del reglamento de disciplina deportiva de la FEG.

41 Artículo 35.4. Concurrencia de responsabilidades deportivas y penales del reglamento de disciplina deportiva de la FEG.

es oficial y validada por la FEG. De pronto, uno de los participantes empieza a golpear con una barra de metal a su galgo y provoca una herida grave al can. A partir de este momento, nos encontramos frente a (1) una infracción administrativa ya que la Ley 11/2003, de 24 de noviembre, de Protección de los Animales de Andalucía[42], recoge en su artículo 4 la prohibición de maltratar o agredir físicamente a los animales o someterlos a cualquier otra práctica que les irrogue sufrimientos o daños injustificados. Se especifica en el artículo 39 que se trata de una infracción grave que podrá ser castigada con multas entre 501 a 2.000 euros. Además, los órganos competentes podrán imponer sanciones accesorias como el decomiso de los animales y la prohibición de la tenencia de animales por un periodo máximo de dos años. (2) Adicionalmente, nos encontramos confrontados a una infracción penal ya que estamos en un caso de lesiones hacia un animal. El artículo 340 bis 4 del Código Penal[43] prevé que "será castigado con la pena de prisión de tres a dieciocho meses o multa de seis a doce meses y con la pena de inhabilitación especial de uno a tres años para el ejercicio de profesión, oficio o comercio que tenga relación con los animales y para la tenencia de animales" el que cause a un animal, una lesión que requiera tratamiento veterinario para el restablecimiento de su salud. Cabe señalar que, en este caso, esta sanción se impondrá seguramente en su mitad superior porque se aplican circunstancias agravantes, como utilizar armas, instrumentos, objetos, medios, métodos o formas que pudieran resultar peligrosas para la vida o salud del animal y que se ha realizado por su propietario o quien tenga confiado el cuidado del animal durante un evento público. Si las lesiones causadas al animal no requieren atención veterinaria, o si se ha maltratado gravemente al animal sin causarle heridas, según el artículo 340 bis del Código Penal, "se impondrá una pena de multa de uno a dos meses o trabajos en beneficio de la comunidad de uno a treinta días. Asimismo, se impondrá la pena

---

42 BOE. núm. 303, de 19 de diciembre de 2003. Ley 11/2003, de 24 de noviembre, de protección de los animales. Página web: *https://www.boe.es/buscar/pdf/2003/BOE-A-2003-23292-consolidado.pdf* [Última consulta: 10 de enero de 2025].

43 BOE. núm. 75, de 29/03/2023. Ley Orgánica 3/2023, de 28 de marzo, de modificación de la Ley Orgánica 10/1995, de 23 de noviembre, del Código Penal, en materia de maltrato animal. Página web: *https://www.boe.es/buscar/act.php?id=BOE-A-2023-7935* [Última consulta: 10 de enero de 2025].

de inhabilitación especial de tres meses a un año para el ejercicio de profesión, oficio o comercio que tenga relación con los animales y para la tenencia de los animales”[44].

Tras haber estudiado los reglamentos y los estatutos de la FEG, se percibe que no se tiene en cuenta el maltrato de perros, por tanto, no se aplicará una infracción disciplinaria, en este caso. Sin embargo, el reglamento de disciplina deportiva de la FEG tipifica como infracción muy grave la agresión a cargos técnicos deportivos, directivos y demás autoridades deportivas[45]. El hecho de que sólo se refiera a los miembros humanos demuestra claramente que, aunque los galgos participen en el deporte, no se les considera participantes como deportistas, sino como medios para desarrollar el deporte, por lo que, las necesidades e intereses de los galgos no se tienen en cuenta y deben ser protegidos al tratarse de seres vivos sensibles. Su participación ha de ser cuidadosamente regulada a todos los niveles para que no se vean perjudicados de ninguna manera en relación con la práctica del deporte en cuestión.

El hecho de que no se incluya la protección de los galgos en la normativa de la FEG es una carencia manifiesta. A modo de comparación, si acudimos a los reglamentos de la Real Federación Hípica Española (RFHE), se considera infracción grave en las reglas de competición o a las normativas deportivas en general, el cometer un acto grave de crueldad o malos tratos a los caballos[46].

Sin embargo, los reglamentos de la FEG sancionan determinados malos comportamientos, como el suministro de drogas a los perros antes de la competición. Además, si la FEG decidiera sancionar de manera más amplia los malos tratos a los galgos, aun así, “en el seno de las relaciones de sujeción especial podrá haber dos sanciones en tanto nos hallemos ante dos diferentes intereses jurídicos.”[47] Esta

---

[44] El Derecho Penal aplicado a los galgos se desarrollará en el Cap. II.

[45] Art 20. Reglamento de disciplina deportiva de la Federación española de Galgos.

[46] Art 14. M). Reglamento disciplinario de la Real Federación Hípica Española. Página web: *https://rfhe.com/wp-content/uploads/2022/05/Disciplinario-2022.pdf* [Última consulta: 10 de enero de 2025].

[47] Redondo Andreu, I., Capítulo IV: El principio de *non bis in ídem*. Abogacía General del Estado, Manual de Derecho Administrativo Sancionador, tomo I, 2

duplicidad sancionadora entre la Federación y la potestad penal es posible "siempre que la sanción no disciplinaria tenga un fundamento distinto del propio de la impuesta en el seno de una relación de sujeción especial. Ahora bien, en la práctica es muy difícil que concurra en tanto que son pocas las normas administrativas sancionadoras que tipifican los mismos hechos recogidos en las diferentes normas que establecen sanciones en los ámbitos propios de las relaciones de sujeción especial."[48]

En efecto, no es frecuente encontrar una identidad de sujeto, hecho y fundamento tipificado en diferentes normativas, como en la reglamentación deportiva, en una LO y en el Código Penal. Sin embargo, en el ámbito de la protección animal y en el de las competiciones deportivas oficiales en las que participan animales, esta sigue siendo una situación posible. A modo de ejemplo, si en una competición en un campo de Toledo, validada por la FEG, un participante administra drogas a su galgo, nos encontramos frente a (1) una infracción disciplinaria en virtud del artículo 48 del Reglamento de Carreras de Galgos en Campo y del Reglamento de Control Antidopaje de la Federación Española de Galgos. Se considera infracción muy grave la conducta deportiva conforme a lo establecido en el artículo 123. epígrafe k) de los Estatutos de la Federación Española de Galgos, referente a las infracciones contempladas en el régimen disciplinario. El infractor podrá ser sancionado con la suspensión o privación de su licencia federativa con carácter temporal por un plazo de dos a cinco años o incluso de la privación de licencia federativa a perpetuidad, aunque sólo se concederá de manera excepcional, por la reincidencia en infracciones de extraordinaria gravedad. Se considera como una infracción grave que será sancionada con multas entre 3.001 a 9.000 euros. (2) Asimismo, nos encontramos frente a una infracción administrativa, puesto que la Ley 7/2020, de 31 de agosto, de Bienestar, Protección y Defensa de los Animales de Castilla-La Mancha[49]

---

edición, Thomson Aranzadi Ministerio de Justica, Navarra, (2009.) P. 345.

48 *Ibidem*, p. 350 y 351.

49 BOE. núm. 296, de 10 de noviembre de 2020. Ley 7/2020, de 31 de agosto, de Bienestar, Protección y Defensa de los Animales de Castilla-La Mancha. Página web: *https://www.boe.es/diario_boe/txt.php?id=BOE-A-2020-13916* [Última consulta: 10 de enero de 2025]. Leer: GISIE, L., Comentario jurídico de la Ley 7/2020,

prevé en su artículo 5 que está prohibido suministrar a los animales sustancias que puedan causarles sufrimientos o daños innecesarios y alteración de su salud y comportamiento. (3) Además, el dopaje constituye un delito penal, ya que drogar a un galgo podría reconocerse como una modalidad de daño a los animales que se encuentra tipificada en el artículo 340 bis del Código Penal. En este ejemplo ilustrativo, nos encontramos frente a una identidad de sujeto y de hecho lo que debería repercutir en el principio del *non bis in ídem*. No obstante, en este caso, los fundamentos de las diferentes normativas aplicables no son idénticos, conforme a los requisitos establecidos en el artículo 31 de la Ley 40/2015 del Régimen Jurídico del Sector Público, de 1 de octubre[50], es posible imponer sanciones adicionales, sin que ello vulnere el principio de *non bis in idem*.

En conclusión, en el ámbito del deporte y los galgos, se prevé la compatibilidad entre las sanciones administrativas o penales que pueda imponer la autoridad gubernativa y las sanciones disciplinarias de los órganos competentes de las federaciones deportivas, como la FEG. El régimen disciplinario deportivo debe estar, en todo caso, previsto en los Estatutos y Reglamentos de la FEG, con independencia del régimen disciplinario deportivo contenido en las disposiciones vigentes en los respectivos ámbitos autonómicos[51].

Los únicos órganos con poder sancionador o punitivo a nivel estatal son aquellos "integrados en la jurisdicción penal (...) constitucionalmente determinados" para este propósito[52]. Además, una

---

de 31 de agosto, de Bienestar, Protección y Defensa de los Animales de Castilla-La Mancha. [2020/6154] - Diario Oficial de Castilla-La Mancha de 07-09-2020, en dA. Derecho Animal (Forum of Animal Law Studies) 12/1 (2021). - DOI *https://doi.org/10.5565/rev/da.556*

50 Art 31. Concurrencia de sanciones. 1. No podrán sancionarse los hechos que lo hayan sido penal o administrativamente, en los casos en que se aprecie identidad del sujeto, hecho y fundamento. Ver:
BOE. núm. 236, de 02/10/2015. Ley 40/2015, de 1 de octubre, de Régimen Jurídico del Sector Público. Página web: *https://www.boe.es/buscar/act.php?id=BOE-A-2015-10566* [Última consulta: 10 de enero de 2025].

51 Art 92, de los Estatutos de la FEG.

52 Sentencia 2/2003, de 16 de enero del Tribunal Constitucional: "la decisión sobre qué hechos han de ser objeto de sanción, penal comete en exclusiva al poder legislativa (...) Pero, una vez que el legislador ha decidido que unos hechos

Sentencia del Tribunal Constitucional declaró que es imposible que "los órganos de la Administraciones lleven a cabo actuaciones o procedimientos sancionadores, en casos en que los hechos puedan ser constitutivos de delito según el Código Penal" mientras la autoridad judicial no se haya pronunciado aún sobre estos hechos[53], por lo que prevalece la jurisdicción penal[54].

1.2.3. La falta de consideración del bienestar de los galgos

Como hemos visto, en los reglamentos de la FEG, no existe una prohibición explícita del maltrato hacia los galgos. Los reglamentos parecen establecer, sobre todo, medidas para evitar la mala gestión administrativa[55] y proteger a las personas y los bienes, como, por ejemplo, la preservación contra el descuido en la conservación y cuidado de los locales sociales, instalaciones deportivas y otros medios materiales[56]. Según el artículo 21 del Reglamento de Disciplina Deportiva de la FEG, constituyen infracciones graves la realización de actos notorios y públicos que atenten al decoro o dignidad deportivas. Podríamos imaginar que pegar gravemente a un galgo es un acto notorio y público que atenta al decoro o dignidad deportivas y que debería castigarse como infracción grave[57]. Sin embargo, en casos tan graves, no se debería jugar con interpretaciones de la ley, para sancionar un acto tan grave, debe haber una disposición precisa en los textos.

---

merecen ser el presupuesto fáctico de una infracción penal y se configura una infracción penal en torno a ellos, la norma contenida en la disposición administrativa deja de ser aplicable y solo los órganos judiciales integrados en la jurisdicción penal son órganos constitucionalmente determinados para conocer de dicha infracción y ejercer la potestad punitiva estatal."

53 Sentencia del Tribunal Constitucional 77/1983, de 3 de octubre.

54 Se estudiará más en detalle en el Cap. II.

55 Solo es infracción muy grave, si se presenta un galgo que no estuviera inscrito en la prueba o competición y la incomparecencia o retirada injustificada de las pruebas o competiciones.

56 Artículo 22. f). Infracciones leves del reglamento de disciplina deportiva de la FEG.

57 Artículo 21. Infracciones gravesdel reglamento de disciplina deportiva de la FEG.

Es imprescindible que los reglamentos de la FEG se adapten a la nueva LD que ahora contempla la consideración del bienestar animal. Para fortalecer esta protección, se debería asentar un marco normativo dirigido a reforzar los valores asociados al deporte y que, al amparo de la Ley 19/2007 contra la Violencia, el Racismo, la Xenofobia y la Intolerancia en el Deporte, rechace también el maltrato a los animales por su condición de "deportistas" al participar en este tipo de actividades, lo que implica un deber de cuidado y protección hacia ellos. El preámbulo de esta ley, lo deja claro, existe "una radical incompatibilidad entre deporte y violencia."[58]

2. *La caza como tradición*

La caza es una práctica arraigada en la cultura[59], con una historia que se remonta a los primeros tiempos de la humanidad[60] y que ha perdurado de forma continua a lo largo del tiempo, dando forma a una posible tradición. Según la RAE, la tradición es ante todo "una transmisión"[61]. La caza pasa de generación en generación creando un poderoso vínculo que conecta el pasado con el presente y el futuro[62].

---

58 Ley 19/2007, de 11 de julio, contra la violencia, el racismo, la xenofobia y la intolerancia en el deporte.

59 LÓPEZ INTIVEROS, A., Algunos aspectos de la evolución de la caza en España. (1991), pp. 13-41.

60 La caza está documentada en yacimientos arqueológicos asociados al hombre de Neandertal. Leer, por ejemplo: MALIKA, R., RENDU, W., JAUBERT, J., Les chasseurs néandertaliens d'aurochs de La Borde (Livernon, Lot): apport de l'archéozoologie. Bulletin de la Société préhistorique française, tome 120, n°1. (2023), pp. 7-27.

61 RAE. Definición de tradición. "1. f. Transmisión de noticias, composiciones literarias, doctrinas, ritos, costumbres, etc., hecha de generación en generación; 2. f. Noticia de un hecho antiguo transmitida por tradición."
3. f. Doctrina, costumbre, etc., conservada en un pueblo por transmisión de padres a hijos.

62 La caza es el tercer deporte en términos de licencias federativas en España, superado únicamente por el fútbol y el baloncesto. Ver: ANDUEZA, A., LAMBARRI, M., URDA, V., PRIETO, I., VILLANUEVA, L.F., SANCHEZ-GARCÍA, C., Evaluación del impacto económico y social de la caza en España. Ciudad Real, Fundación Artemisan. (2018) y Estadística del gobierno. Deporte federado de 2022.

Este lazo social es fuerte, guía la identidad y el sentido de pertenencia de una comunidad[63].

La caza con galgos en particular se presenta por los galgueros como una "una larga tradición y arraigo"[64] y una forma de vida que se entiende identitaria y definitoria de su "razón de ser"[65]. Esta tradición es aún más importante para los galgueros porque se trata de una práctica muy antigua. Para ilustrarlo, observemos los escritos de Arriano de Nicomedia, escritor y político romano (c. 89-175), que en su obra *Cynegheticus*[66] relata cómo se cazaba con los galgos en aquella época. Se puede observar que algunas de las reglas que fueron recogidas por este autor, siguen practicándose hoy en día. Por ejemplo, la suelta de los galgos en el momento que "salta la liebre" en relación con la distancia que se le otorga al animal, cuántos galgos se pueden soltar a la vez o la prohibición de cazar las liebres jóvenes[67].

Esta antigua práctica, que aún encuentra apasionados, demuestra que es una verdadera tradición, "basados en una serie de valores patrimoniales."[68] Los "galgueros y galgueras reivindican la caza con galgos como patrimonio andaluz",[69] por eso, en 2021 la Federación Andaluza de Galgos, integrada en la FEG, solicitó la inclusión del registro "La caza de liebres con galgos en Andalucía" en el Atlas del Patrimonio Inmaterial de Andalucía. Esta petición se basa en un informe técnico de valoración etnológica de la actividad, encargado a la Fundación de Investigación de la Universidad de Sevilla (FIUS)

---

63 Sánchez Garrido, R., De caza y cazadores. Las construcciones teóricas sobre la actividad cinegética actual a partir de los discursos de sus actores. (2006).

64 Gamuz, P, H., Palenzuela, Chamorro, P., La caza de liebres con galgos en Andalucía: Desde el conflicto a la patrimonialización. Revista Andaluza De Antropología, (2021), p. 9.

65 *Ibidem.*

66 Arriano, F., [s. II a. c.] Cynegeticus. (1965) Traducido por Beatriz Seral Aranda con título: Tratado de la caza. Madrid. Colección el Mirlo Blanco. (2006).

67 Gamuz, P, H., Palenzuela, Chamorro, P., La caza de liebres con galgos en Andalucía: Desde el conflicto a la patrimonialización. Revista Andaluza De Antropología, (2021), p. 13.

68 Marvin, G., Martin, Dabezies, J., Perspectivas antropológicas sobre el estudio de la caza recreativa: consideraciones generales e introductorias. Revista Andaluza de Antropología. n° 21. (2021), p. 3.

69 *Ibidem.*

en colaboración con el Instituto Andaluz de Patrimonio Histórico (IAPH)[70]. Esta iniciativa es de carácter regional debido a la gran popularidad de la caza con galgos en Andalucía y en el sur de España, en comparación con el norte. Sin embargo, no se descarta que en el futuro pueda surgir una petición a nivel nacional. Un ejemplo de ello es la cetrería, una práctica que consiste en criar, domesticar y entrenar aves rapaces para la caza, y que ha sido declarada Patrimonio Humano Vivo por la UNESCO[71].

Aunque la declaración de la caza con galgos como parte del patrimonio tiene un impacto simbólico y no implicará cambios sustanciales, cuestionamos esta decisión porque conferiría a la caza con galgos una especie de consagración, otorgándole una dimensión inviolable. Ante las críticas contemporáneas dirigidas a esta práctica, sería prudente no concederle una protección adicional, sino más bien emprender una reflexión en profundidad sobre el futuro de esta modalidad de caza. En efecto, "la caza de liebres con galgos ha sido objeto de varias críticas por parte de diferentes colectivos —centrados en el trato hacia los perros principalmente, que han llevado a situaciones de emergencia de conflictos sociales"[72].

Existe un verdadero dilema entre tradición y ética, pero también entre tradición y modernidad. Solemos contraponer la tradición, que imaginamos fija, al cambio, que imaginamos al ritmo de la sociedad[73]. Si nos centramos en las ciencias jurídicas, algunos historiado-

---

70 CRUZADA, S. M., PALENZUELA, P., y PÉREZ GAMUZ, H., La caza de liebres con galgos en Andalucía. Informe para registro en el Atlas del Patrimonio Inmaterial de Andalucía. Sevilla: Federación Andaluza de Galgos e Instituto Andaluz de Patrimonio Histórico. Informe para registro en el atlas del patrimonio inmaterial de Andalucía. Sevilla. (2021), p. 11. Página web: *https://repositorio.iaph.es/bitstream/11532/342942/1/Iaph_Informe_tco_PCI_Caza_liebres_galgos_Andaluc%C3%ADa_2021.pdf* [Última consulta: 10 de enero de 2025].

71 UNESCO. Patrimonio Cultural Inmaterial. La cetrería, un patrimonio humano vivo. Página web: *https://ich.unesco.org/es/RL/la-cetreria-un-patrimonio-humano-vivo-01708* [Última consulta: 10 de enero de 2025].

72 MARVIN, G., MARTIN, DABEZIES, J., Perspectivas antropológicas sobre el estudio de la caza recreativa: consideraciones generales e introductorias. Revista Andaluza de Antropología. Número 21. (2021), p. 3. *https://dx.doi.org/10.12795/RAA.2021.21.1* [Última consulta: 10 de enero de 2025].

73 GOLTZBERG, S., 100 principes juridiques. 2° ed. Puf, Bruselas. (2018), p. 172.

res del Derecho aceptan que los cambios en esta ciencia son, en gran medida, resultado de las tradiciones jurídicas y de las interacciones entre juristas, y no simplemente el reflejo de los cambios sociales[74], por lo tanto, el Derecho debe adaptarse.

Incluso las tradiciones antiguas evolucionan, algunas para responder a nuevos retos, como ser menos contaminantes ante la crisis climática que se avecina, mientras que otras se abandonan para dar paso a planteamientos más éticos, sobre todo en lo que respecta a las cuestiones humanas, como ocurrió con la esclavitud.

La caza se encuentra actualmente entre la tradición y la transición, dos campos que se enfrentan sin encontrar soluciones. Quienes quieren seguir con su pasión sin tener que evolucionar en su práctica y los que quieren ver la caza de galgos extinguirse debido al maltrato que pueden sufrir los animales al hacerlo de esta manera[75].

Consideramos que la tradición no debe servir como justificación para eludir la censura de prácticas que ponen en entredicho los derechos de los animales; sin embargo este es, precisamente, el panorama actual. En este sentido, el artículo 13 del Tratado de Funcionamiento de la Unión Europea (TFUE)[76] reconoce la sintiencia[77] de los animales y se observan en el mismo ciertas excepciones.

En efecto, el artículo 13 precisa que la Unión Europea, mientras atiende al bienestar de los animales debe respetar las costumbres de

---

74 Leer: WATSON, A., Legal Transplant. An approach to Comparative Law, Arthens, The University of Georgia Press. (1974).

75 Statista Research Department. Porcentaje de la población que está a favor y en contra de la caza en España. (2020). Página web: *https://es.statista.com/estadisticas/1127210/porcentaje-de-la-poblacion-que-esta-a-favor-y-en-contra-de-la-caza-en-espana/#:~:text=Seg%C3%BAn%20una%20encuesta%20realizada%20por,no%20sabe%2Fno%20contesta%22.* [Última consulta: 10 de enero de 2025].

76 Versión consolidada del Tratado de Funcionamiento de la Unión Europea. Título II. Art. 13. Página web: *https://eur-lex.europa.eu/legal-content/ES/TXT/?uri=celex%3A12016E013* [Última consulta: 10 de enero de 2025].

77 Existen varias definiciones de la sintiencia. Leer: 2.1. Definición doctrinal de la sintiencia en VALDÉS ROCHA, J.D., Sintiencia animal: Necesidad de un reconocimiento jurídico material, y sus implicaciones teóricas y prácticas, dA. Derecho Animal (Forum of Animal Law Studies) 12/3. (2021). - DOI https://doi.org/10.5565/rev/da.575

los Estados miembros, en particular en lo que se refiere a las tradiciones culturales. Por lo tanto, esta disposición sigue siendo muy prudente, ya que multiplica los límites y las condiciones de aplicación, hasta tal punto que cabe preguntarse si supone un avance o si su alcance es meramente simbólico[78]. Mientras el bienestar animal no sea considerado un valor superior, y los intereses humanos justifiquen excepciones al buen trato de los animales, la sociedad no los tendrá suficientemente en cuenta[79].

Si bien es cierto que las tradiciones son elementos fundamentales de la cultura y la identidad, y pueden aportar un sentido de continuidad y cohesión a una sociedad, es importante recordar que las tradiciones deben evolucionar a la vez que lo hace la sociedad y, por tanto, es necesario reevaluar y cuestionar ciertas tradiciones. No se trata de negar una cultura, sino de reconocer la necesidad de adaptarse cuando, tanto seres humanos como animales, experimentan sufrimiento como resultado de esta práctica. La historia evidencia que el progreso de las sociedades se alcanza al cuestionar tradiciones arraigadas y adoptar valores más ilustrados. Este proceso, que demanda voluntad y reflexión, resulta esencial para el avance hacia una sociedad ética y respetuosa con todos los seres sintientes, ya sean humanos o animales.

3. La caza como actividad comercial

El sector cinegético se presenta como una actividad económica de relevancia en el entorno rural[80]. Aproximadamente el veinte por ciento de la población española reside en áreas rurales. La actividad de la caza tiende a monopolizar la representación del medio rural en sus comunicaciones, sin embargo, los cazadores no representan a ese veinte por ciento de la población, y la idea de que defender la

---

78 HERVOUËT, F., Sensibilité animale et droit de l'Union européenne, Sensibilité animale : perspectives juridiques, CNRS éditions. (2015), p. 213.

79 FRANCIONE, G.L., Animals Property & The Law. Temple University Press. (1995).

80 Ministerio de Agricultura, Alimentación y Medio Ambiente. Estadística anual de caza. Memoria. Página web: *https://www.mapa.gob.es/es/desarrollo-rural/estadisticas/5016%20Estad%C3%ADstica%20Anual%20de%20Caza_METODOLOGÍA_tcm30-287472.pdf* [Última consulta: 10 de enero de 2025].

caza equivale a defender la vida rural es una asimilación falaz[81]. El mundo rural y su economía son mucho más amplios, y los cazadores no representan por sí solos la vida rural. Son los habitantes rurales, los agricultores, los artesanos, las comunidades locales y organizaciones que trabajan en el desarrollo rural quienes representan en su conjunto la ruralidad.

Los cazadores utilizan el medio rural como recurso para llevar a cabo sus actividades de caza. Según los últimos datos proporcionados por el Ministerio de Agricultura, Pesca y Alimentación, en 2018 se registraban 669.614 licencias vigentes de caza[82]. Es cierto que constituye un número elevado de licencias, ya que España es el segundo país de Europa[83], después de Francia, con mayor número de cazadores. No obstante, estas cifras deben contraponerse a los 48.345.223 millones de residentes en España[84]. Según nuestros cálculos, la proporción de cazadores en España se sitúa por tanto entre el 1 y el 2% y si nos fijamos en los galgueros que cazan con galgos, el resultado de la cifra es muy marginal, ya que sólo hay 12.000 titulares con licencia.

A menudo se argumenta que los cazadores contribuyen significativamente a la economía rural al invertir dinero en la práctica de la caza. Como cualquier grupo involucrado en una actividad económica, el sector cinegético tiene intereses económicos en juego. La caza se ha convertido en una industria que abarca desde la venta de equipos de caza, perros de caza, licencias, hasta el turismo de caza. En

---

81 No se ha encontrado una fuente académica que respalde esta afirmación, ya que se trata de una percepción comúnmente expresada en la opinión pública. Para ilustrar esta idea, adjuntamos un artículo de prensa que aborda el tema: El Diario. "Basta ya de chulearnos": El mundo rural presiona en la calle, con los cazadores acaparando protagonismo. (2022). Página web: *https://www.eldiario.es/economia/basta-chulearnos-mundo-rural-presiona-calle-defensa-campo-caza-tradiciones_1_8844802.html* [Última consulta: 10 de enero de 2025].

82 Ministerio de Agricultura, Pesca y Alimentación. Estadística Anual de Caza. Página web: *https://www.mapa.gob.es/es/desarrollo-rural/estadisticas/Est_Anual_Caza.aspx*[Última consulta: 10 de enero de 2025].

83 Datos de la Federación de Asociaciones de Cazadores de la Unión Europea.

84 Instituto Nacional de Estadística. Página web: *https://www.ine.es/dyngs/INEbase/es/operacion.htm?c=Estadistica_C&cid=1254736177095&menu=ultiDatos&idp=1254735572981* (Sept, 2023). [Última consulta: 10 de enero de 2025].

este contexto, los cazadores se ven como consumidores de productos y servicios relacionados, lo que les otorga un papel importante en la economía de muchas regiones. La industria cinegética utiliza este argumento como palanca de influencia política para ganar interés público[85]. En esta sección, nos proponemos investigar y analizar en detalle el impacto económico que tienen los cazadores en el campo, examinando tanto los beneficios como las posibles limitaciones de su participación en la vida rural.

3.1. Estudio de documentos económicos cinegéticos

En las últimas décadas se han producido debates a torno de la caza, en particular sobre su contribución a la economía rural[86]. Los partidarios de la caza argumentan que es decisivo para el sustento de las poblaciones rurales, por lo que, para profundizar en la comprensión de la influencia económica del sector cinegético y determinar si la afirmación del sector sobre su relevancia está fundamentada, examinaremos detenidamente las investigaciones económicas más recientes relacionadas con la caza[87].

En estos últimos diez años, varios estudios han intentado evaluar la contribución de la caza a la economía en términos de gasto y empleo. En 2008, el valor de la caza en la Unión Europea rondaba los 16.000 millones de euros[88]. Sin embargo, para comprender mejor

---

85 ABC. La caza, motor económico de la España rural. (2019). Página web: *https://www.abc.es/deportes/caza/abci-importancia-economica-caza-espana-201903221430_noticia.html?ref=https%3A%2F%2Fwww.google.com%2F* [Última consulta: 10 de enero de 2025].

86 WARD, N., Foxing the nation: The economic (in)significance of hunting with hounds in Britain. Journal of Rural Studies. Vol.15. n° 4. (1999), pp. 389-403.

87 Es conveniente reconocer que la comprensión de asuntos económicos se encuentra restringida por la formación en derecho que tiene la autora.

88 Francia (año 1992): 1.950 millones de euros y 23.000 puestos de trabajo; Irlanda (año 2007) por 111,6 millones de euros; Reino Unido (año 2014), aproximadamente 2.600 millones de euros y 74.000 puestos de trabajo equivalentes a tiempo completo (ETC) e Italia (año 2011), 3.260 millones de euros y 43.000 puestos de trabajo. Ver MIDDLETON, A., The economics of hunting in Europe. Towards a conceptual framework. (2014) ; Datos FACE, European Federation for Hunting and Conservation.

la importancia de la caza en un país, hemos analizado su impacto en el Producto Interior Bruto (PIB), que proporciona una medida cuantitativa de su contribución a la economía nacional. Según datos estadísticos nacionales de 2016, en España la caza representaba el 13% del PIB generado por el sector primario, el 9% de las actividades financieras y de seguros, y el 4% del sector de la edificación y la construcción en la economía española[89].

No obstante, el PIB es un indicador controvertido de la actividad económica[90], y ofrece una imagen incompleta de la importancia de la caza en España. Esto se explica, en primer lugar, por su complejidad económica, ya que la caza suele estar vinculada a otros sectores económicos como el turismo, la agricultura, el transporte, la hostelería, etc. Además, los vínculos entre estos sectores dificultan el aislamiento de la contribución económica específica de la caza.

Otra dificultad se relaciona con la necesidad de utilizar precios para calcular el Producto Interior Bruto. No siempre contamos con precios de mercado para el segmento no mercantil. La caza, como actividad económica, genera daños que no se consideran en el cálculo del PIB, específicamente, las externalidades negativas. Estas incluyen la inseguridad de los peatones en el campo, el impacto ambiental, la crueldad hacia los animales y el maltrato de ciertos galgos utilizados para la caza, estas externalidades no están completamente reflejadas en el PIB[91].

Por tanto, dejemos de lado el enfoque en el Producto Interior Bruto (PIB) y prestemos atención al gasto del sector cinegético. En España, se estimaba que la caza generaba 30.028 empleos en 2002[92].

---

89 Instituto Nacional de Estadística y Andueza, A., Lambarri, M., Urda, V., Prieto, I., Villanueva, L.f., Sanchez-García, C. Evaluación del impacto económico y social de la caza en España. Ciudad Real. Fundación Artemisan. (2018).

90 Besançon, Y., L'hégémonie anachronique du PIB, Idées économiques et sociales, 2013/3, núm. 173, pp. 43-48. Página web: *https://www.cairn.info/revue-idees-economiques-et-sociales-2013-3-page-43.htm*[Última consulta: 10 de enero de 2025].

91 Para obtener una comprensión más profunda de la intersección entre la economía y el animalismo, se recomienda la lectura de: Espinosa, R., ¿Comment sauver les animaux?: une économie de la condition animale. PUF. (2021).

92 Garrido, J. L., La caza. Sector económico. Valoración por subsectores. FEDENCA-EEC. Madrid. (2012). Los empleos generados por la caza en España

Más tarde, en 2007[93] y en 2012[94] se realizaron estudios estimando que la caza representaba entre 2.700 y 3.600 millones de euros y entre 36.000 y 54.000 empleos. Con posterioridad, otro estudio reveló que la caza en España supuso 5.470 millones de euros de gasto anual en el país y creó 187.000 puestos de trabajo en 2016[95]. Actualmente, el gasto medio anual de un cazador en España es de 9.694 euros[96].

En comparación con otros sectores clave de la agricultura española en 2016, el gasto total en caza deportiva representó el 94 % de las ventas netas de vino y el 53 % de las ventas netas de aceite de oliva[97]. Estas cifras muestran que el número de puestos de trabajo en el sector de la caza ha aumentado de forma constante a lo largo de los años, que los cazadores disponen de un presupuesto anual de caza bastante importante, y que estas cifras son similares a las de las ventas de vino en España. La producción vitivinícola es un sector agrícola de primer orden en España, que genera un valor añadido bruto (VAB) de más de 23.700 millones de euros en España y genera y mantiene 427.700 puestos de trabajo, es decir, el 2,4% del empleo total del país[98]. No obstante, la comparación directa entre estos dos

---

se muestran en la Tabla 14, p. 24. web: *http://federacionarmera.com/wp-content/uploads/2018/05/informe-sector-caza-4.-JL-Garrido-Fedenca-2012.pdf* [Última consulta: 10 de enero de 2025].

93 FAES., La caza. Sector económico. (2007). Página web: *http://federacionarmera.com/wp-content/uploads/2018/05/Estudio-Economico-de-la-Caza-FAES-2002-1.pdf* [Última consulta: 10 de enero de 2025].

94 GARRIDO, J.L., La Caza. Sector Económico. Valoración por subsectores. (2012). Pagina web: *http://federacionarmera.com/wp-content/uploads/2018/05/informe-sector-caza-4.-JL-Garrido-Fedenca-2012.pdf* [Última consulta: 10 de enero de 2025].

95 ANDUEZA, A., LAMBARRI, M., URDA, V., PRIETO, I., VILLANUEVA, L.F., SANCHEZ-GARCÍA, C. Evaluación del impacto económico y social de la caza en España. Ciudad Real. Fundación Artemisan. (2018).

96 SÁNCHEZ-GARCIA, C., URDA, V., LAMBARRI, M., PRIETO, I., ANDUEZA, A., VULLANUEVA, L., Evaluation of the economics of sport hunting in Spain through regional surveys, International Journal of Environmental Studies. Vol. 78, n° 3, pp. 517-531, (2021).

97 ANDUEZA, A., LAMBARRI, M., URDA, V., PRIETO, I., VILLANUEVA, L.F., SANCHEZ-GARCÍA, C. Evaluación del impacto económico y social de la caza en España. Ciudad Real, Fundación Artemisan. (2018).

98 Federación Española del Vino (FEV). El sector en cifras. Página web: *https://www.fev.es/sector-cifras/* [Última consulta: 10 de enero de 2025] y Analistas Financieros Internacionales (AFI). Informe, Importancia del sector vitivinícola

sectores sigue siendo compleja y depende de los datos económicos utilizados. En efecto, los estudios económicos sobre el sector cinegético pueden cuestionarse en ciertos aspectos, ya que los datos se utilizan de forma muy amplia, aumentando de manera poco diligente su importancia económica.

Una crítica que podemos plantear hacia estos estudios es la incorporación de ingresos indirectos, como los beneficios de los hoteles rurales o el consumo de gasolina, lo que puede dar la impresión de que la caza genera más ingresos de los que realmente plasma, si nos limitamos a los ingresos directos. Además, es difícil determinar si el alojamiento rural es atribuible exclusivamente a la caza, ya que otras actividades rurales, como el senderismo o la recogida de setas, también pueden contribuir a estos ingresos. Asimismo, observamos que, según el estudio más reciente, en 2016, los empleos directos vinculados a la caza deportiva representaron solo el 6% de los empleos del sector agrario[99], lo que plantea dudas sobre la verdadera importancia de la caza como generadora de empleo en la economía rural.

Sin embargo, sabemos que el gasto anual de un cazador se estima en 9.694 euros para desarrollar su actividad en España[100]. Para entender cómo se distribuyen estos gastos, los estudios se han enfocado en los diversos subsectores de la actividad cinegética, como las armerías, las rehalas, la atención veterinaria y la comunicación, entre otros. La valoración de todos estos subsectores ascendió a 2.939.680.475 euros en 2003 y a 3.635.756.996 euros en los años 2010/2011[101].

---

en España, redactado para OIVE. (2020). Página web: *https://www.interprofesionaldelvino.es/publicaciones/informes-importancia-sector/nacional/* [Última consulta: 10 de enero de 2025].

99 Sánchez-Garcia, C., Urda, V., Lambarri, M., Prieto, I., Andueza, A., Vullanueva, L., Evaluation of the economics of sport hunting in Spain through regional surveys, International Journal of Environmental Studies. Vol. 78, n° 3. PP.517-531. (2021). DOI: 10.1080/00207233.2020.1759305

100 *Ibidem.*

101 Garrido, J.L., La Caza. Sector Económico. Valoración por subsectores. (2012). Pagina web: *https://sirdoc.ccyl.es/Biblioteca/Dosieres/DL185RecursosCinegeticos/pdfs/LIBRO-Garrido-CAZA_Sector_economico.pdf* [Última consulta: 10 de enero de 2025]. Los subsectores estudiados para este trabajo han sido los siguientes: 1. Flujo económico inducido por capturas cada temporada (caza menor y mayor). 2. Veterinarios (Capturas J + V). 3. Taxidermia. 4. Rehalas. 5. Armas y cartuche-

Entre los gastos desglosados por sectores, los que nos interesan en la presente investigación son los gastos relacionados con los perros destinados a la caza, así como los cotos de caza que se pueden utilizar en el contexto de la caza con galgos.

En primer lugar, en cuanto a los cotos de caza, se trata de terrenos designados específicamente para permitir la práctica de la caza conforme a las regulaciones vigentes[102]. Se estima que en España hay alrededor de 32.000 cotos de caza, siendo los cotos privados los más predominantes[103]. Les siguen los cotos deportivos, cotos sociales y otro tipo de cotos,[104] casi el 90% del total de la superficie del país es terreno cinegético[105].

La superficie mínima requerida para declarar un coto varía según la Comunidad Autónoma y las especies que se pretenden cazar. La identificación de un coto de caza se hace mediante un marcado y placas de señalización, que incluyen un número o código de matrícula único. Se ha calculado que el dinero generado por el alquiler de propiedades se puede estimar en 525.000.000€ calculando que 35.000.000 Ha x 15 euros[106]. A esto hay que añadir los Planes de Or-

---

ría. 6. Armería y complementos. 7. Perros utilizados en caza. 8. Gastos tenencia armas + federativas. 9. Licencias de caza + seguro RC. 10. Seguros RC cotos. 11. Arrendamiento de cotos. 12. Planes de ordenación. 13. Guarderías. 14. Medios de comunicación. 15. Sector restauración y hotelero. 16. Sector transporte. 17. Energía. 18. Gestión de cotos.

102 A modo de ejemplo: Artículo 31. Cotos de Caza. Ley 3/2015, de 5 de marzo, de Caza de Castilla-La Mancha. 1. Tiene la condición de Coto de Caza toda superficie continua de terreno no urbano susceptible de aprovechamiento cinegético conforme a un Plan de Ordenación Cinegética, que haya sido declarado y reconocido como tal mediante resolución del órgano provincial. 2. A los efectos previstos en el apartado anterior, no se considerará interrumpida la continuidad de los terrenos que constituyan el coto por la existencia de cursos de agua, vías pecuarias, vías de comunicación o cualquier otra construcción de características semejantes, excepto cuando existan barreras físicas artificiales ajenas o no a las infraestructuras del terreno cinegético que imposibiliten la comunicación de las especies cinegéticas objeto de aprovechamiento o de los cazadores, de forma que implique el fraccionamiento de la unidad de gestión a efectos cinegéticos.

103 Datos de la Fundación Artemisan.

104 FAES, La caza. Sector económico. (2007).

105 Datos de la Fundación Artemisan.

106 GARRIDO, J.L., La Caza. Sector Económico. Valoración por subsectores. (2012).

denación Cinegética, ya que todos los cotos españoles deben contar con un plan de estas características para obtener la autorización administrativa que les permita cazar. Como norma general, los cotos de caza menor con dimensiones inferiores a 3.000 hectáreas no requieren que el plan de ordenación cinegética sea elaborado por un técnico competente. Este suele ser el caso de los cotos de caza utilizados para los galgos. Sin embargo, para los cotos de más de 3.000 hectáreas, es obligatorio que un técnico competente elabore un plan de gestión. Se calcula que el 80% de los cotos de caza españoles requieren un plan técnico[107].

Por regla general, el plan de gestión debe revisarse cada cinco o seis años. El coste medio de elaboración del plan por hectárea es de 1 euro para la caza menor, como las liebres. Otro coste asignado en la caza a los cotos es el de su mantenimiento, que representa 336.000.000 de euros al año[108]. Una vez más, hay que interpretar esta cifra, ya que no todos los cotos de caza deben necesariamente tener una vigilancia a tiempo completo. Otro parámetro para tener en cuenta es el del seguro de responsabilidad civil, ya que, aunque los cazadores deben tener su propio seguro, los cotos también, y muy a menudo cuentan con uno. En este sentido y con el fin de aportar datos más concretos, el coste medio del seguro de un cazador español es de 49 euros, incluyendo el costo de las tarjetas y acciones de coto[109].

El otro sector de gran interés para esta investigación es el gasto asociado a los perros de caza. La adquisición y el mantenimiento de estos animales comprende una parte significativa de los costos, que incluyen su compra, alimentación e identificación mediante microchip. Además de los gastos relacionados con la adquisición y el cuidado diario, también se añaden los servicios veterinarios y el gasto en infraestructuras destinadas al cuidado adecuado de los animales. Los perros de caza representan una fuente importante de ingresos,

---

107 *Ibidem.*

108 GARRIDO, JL., La caza. Sector económico. Valoración por subsectores. (2012).

109 ANDUEZA, A., LAMBARRI, M., URDA, V., PRIETO, I., VILLANUEVA, L.F., SANCHEZ-GARCÍA, C., Evaluación del impacto económico y social de la caza en España. Ciudad Real. Fundación Artemisan. (2018).

especialmente cuando se considera el alcance de su uso en actividades cinegéticas.

Según un estudio conjunto realizado por la Real Federación Española de Caza, la Fundación para el Estudio y la Defensa de la Naturaleza y la Caza (FEDENCA) y el Gobierno de España en 2012, se estimaron los costes medios anuales asociados a los perros de caza en 408.000.000 euros. Estos costes incluyen una variedad de aspectos, como la compra inicial del perro, estimada en 60 euros. Además, el gasto en alimentación se estima en 120 euros al año. Los cuidados veterinarios, incluidas las vacunas y el microchip, cuestan 20 y 30 euros respectivamente. Por último, existen otros costes en operaciones, consultas, desinfección y gastos similares, estimados en 15 euros al año. El coste total anual por perro es, por tanto, de 170 euros, si éste se multiplica por el número estimado de perros de caza en circulación, es decir, 2.400.000 perros, se obtiene un total de 408.000.000 de euros[110].

Sin embargo, estas estimaciones pueden parecer relativamente bajas si se comparan con los costes reales asociados a una atención veterinaria de calidad y una alimentación adecuada, o con la compra del perro, que pueden ser bastante elevados para uno de pura raza. Por ejemplo, una asignación anual para comida de 120 euros probablemente apenas cubriría unos tres meses de comida para un galgo bien mantenido, dado el precio de la comida para perros en el mercado actualmente[111].

Según un estudio realizado por la Fundación Artemisan y Deloitte publicado en 2016, los gastos medios relacionados con los perros de caza ascendieron a 5.110,94 euros. Estos gastos comprenden la adquisición de los perros, los costes de su mantenimiento, los servicios veterinarios y las infraestructuras necesarias. Estos gastos representan aproximadamente el 50% del gasto total promedio de los cazadores

---

110 GARRIDO, JL., La caza. Sector económico. Valoración por subsectores. (2012).

111 RIVERA, A., La inflación afecta también a la comida de perros y gatos. La vanguardia. (2023). Página web: *https://www.lavanguardia.com/mascotas/20230417/8895049/inflacion-afecta-comida-perros-gatos-pvlv.html* [Última consulta: 10 de enero de 2025].

en España, lo que subraya la importancia económica de los perros en la actividad cinegética del país[112].

Un estudio más antiguo ofrece una estimación considerablemente diferente de los costes asociados con la propiedad de perros, incluyendo diversos aspectos como la atención veterinaria y alimentación, entre otros. Según este estudio, se estima que estos costes ascienden a 40.800.000.000 euros[113]. Este estudio señala un hecho interesante al decir que "cada cazador se auxilia de más de un ejemplar"[114] y añade que se puede estimar que "se usan 3.000.000 perros de caza". El uso de los términos "ejemplares" y "usar" es clara al percibir a los perros como objetos. Lo más sorprendente es que el estudio recoge lo siguiente "de un total de 3.000.000.000 de ejemplares, se produce una renovación de 300.000 al año". Esto corrobora el hecho de que los galgueros posean varios galgos al mismo tiempo, y pone de relieve una realidad observada sobre el terreno y poco documentada, a saber, que los perros se sustituyen con el tiempo, los motivos varían, pero en general se trata de remplazar la manada.

Como señala Anna CLEMENTS a la prensa, "a partir de los dos o tres años los cazadores empiezan a buscar ya perros más jóvenes"[115]. Esto se refleja especialmente en los refugios donde generalmente se acogen perros de hasta 4 años[116]. En su estudio, GARRIDO confirma este hecho afirmando que "no está muy desviada la estimación que considera tres perros de media por cazador, lo que representaría

---

112 ANDUEZA, A., LAMBARRI, M., URDA, V., PRIETO, I., VILLANUEVA, L.F., SANCHEZ-GARCÍA, C. Evaluación del impacto económico y social de la caza en España. Ciudad Real. Fundación Artemisan. (2018). Página web: *https://fundacionartemisan.com/wp-content/uploads/2021/08/estudio-completo-socioeconomia-caza.pdf* [Última consulta: 10 de enero de 2025].

113 FAES, La caza. Sector económico. (2007). Página web: *http://federacionarmera.com/wp-content/uploads/2018/05/Estudio-Economico-de-la-Caza-FAES-2002-1.pdf* [Última consulta: 10 de enero de 2025].

114 *Ibidem.*

115 Puede consultar las observaciones de Anna Clements en el periódico La Vanguardia. Galgos: usar y matar. (2018). Página web: *https://www.lavanguardia.com/vivo/mascotas/20181105/452737954134/galgos-sacrificados-caza-carreras.html* [Última consulta: 10 de enero de 2025].

116 Estudio de campo realizado durante mi contrato de doctorado industrial en relación con SOS GALGOS.

unos 2.400.000 perros" y añade que "los galgueros que deben seleccionar varios perros (3 ó 4) que cacen, manejan cada año alrededor de diez perros"[117]. Afirma también que "los perros de muestra tienen una esperanza de vida cazando de unos ocho años y los galgos menos". Aunque no explica este hecho, se puede establecer una relación con la tasa de renovación de los galgos que suelen llevar a cabo los galgueros.

Los frecuentes cambios de perros se explican por la edad de los galgos, pues según avanzan en ella, los galgos aprenden técnicas para cazar liebres con mayor facilidad y rapidez. A los galgos que aprenden trucos para atrapar la liebre se les denomina "galgos sucios". Los galgueros a menudo se deshacen de perros muy jóvenes que han desarrollado sus capacidades de caza y demostrado una cierta agilidad al acortar las curvas durante la persecución. Paradójicamente, la inteligencia y la maestría en la caza que demuestran estos perros pueden tener como consecuencia una disminución de su valor en competición, lo que lleva a su desvinculación cuando apenas tienen dos o tres años de vida. "En España hay muchísimos galgueros. Aquí en San Lúcar, casi medio pueblo es galguero, y tendrá 12 ó 14 galgos cada uno, o más, con una media de edad de 2 o 3 años", afirmaba una galguera entrevistada en el documental *Febrero, el miedo de los galgos*[118]. Su testimonio refleja la situación en España con los galgos y demuestra que se trata de un verdadero problema social, ya que existe mucho abandono en el sector de la caza con galgos.

Tras examinar detalladamente estos estudios, resulta evidente que los datos recogidos, aunque proporcionan indicaciones útiles, son sólo una estimación. Los resultados no pueden ser totalmente fiables debido a diversos factores potenciales, como la metodología utilizada, los datos disponibles y las limitaciones del muestreo. El propio GARRIDO señala en su estudio que las cifras presentadas de ingresos generados por la caza son sólo estimaciones razonadas[119].

---

117 GARRIDO, J.L., La Caza. Sector Económico. Valoración por subsectores. (2012), p. 15.

118 Febrero, el miedo de los galgos, documental producido por Waggingtale Films: *https://vimeo.com/74956745* [Última consulta: 10 de enero de 2025].

119 GARRIDO J, L., (2012). Los "datos que exponemos a continuación sobre el dinero generado por la caza son sólo una estimación razonada." P. 3.

La obtención de datos más precisos requeriría la disponibilidad de bases de datos que el sector cinegético español aún no ha desarrollado o nunca ha tenido. La caza es una actividad deportiva con muchas facetas económicas que permanecen opacas. El número de licencias de caza es significativamente superior al número de cazadores debido a que un porcentaje de ellos obtiene licencias y caza en dos, tres o más Comunidades Autónomas[120]. Esto dificulta la determinación del número exacto de cazadores, ya que no existe un cruce completo entre los datos sobre cazadores y las licencias. Además, se desconoce el número exacto de perros de caza que poseen los cazadores, entre otras cosas porque muchos galgos no están identificados a pesar de ser un requisito obligatorio[121].

Por estos motivos, los datos deben analizarse con cautela, por lo que resulta difícil evaluar con precisión el impacto económico de la caza en España, y en particular, el impacto de los perros de caza en la economía cinegética. Los datos actuales son orientativos, pero no pueden ofrecer una visión completa y precisa de esta actividad.

Tras un análisis exhaustivo de los estudios económicos sobre la caza en España, el Informe de la Fundación Artemisan se presenta como el más completo y detallado en su enfoque. Estudia los tres pilares de la caza que son: el capital económico, el capital social y el capital ambiental. Los autores hacen hincapié en que:

> "Los resultados alcanzados no dejan lugar a dudas: la caza contribuye a la generación de riqueza y empleo en España, tanto por la generación de gasto y empleo directo, indirecto e inducido, vinculado a la actividad de organización necesaria, como por su capacidad para atraer a cazadores que realizan un gasto que revierte en riqueza adicional para el país"[122].

---

120 Garrido, J, L., (2012). - El "número de licencias es muy superior al número de cazadores ya que hay un porcentaje de estos que obtienen licencia y cazan en dos, tres o más autonomías, sin que dispongamos de la intersección de cazadores y licencias para determinar el número exacto de cazadores." P. 6.

121 Artículo 26. Obligaciones específicas con respecto a los animales de compañía, en la Ley 7/2023, de 28 de marzo, de protección de los derechos y el bienestar de los animales. Además, esta obligación está presente en todas las leyes de protección animal de las diferentes Comunidades Autónomas (CCAA).

122 Andueza, A., Lambarri, M., Urda, V., Prieto, I., Villanueva, L.f., Sanchez-García, C., Evaluación del impacto económico y social de la caza en España.

Sin embargo, conviene matizarlo porque, como hemos subrayado, se observa que las cifras se han sido incrementado al incluir tanto los empleos indirectos como los directos. Los datos no siempre son precisos, lo que dificulta determinar si el gasto se destina realmente al sector cinegético o si se dirige a otro ámbito rural. Por ejemplo, ¿se incluyen en los resultados económicos de la caza, el alquiler de una habitación en un hotel rural, incluso si el cliente no participa en una actividad de caza?

Además, este estudio tiene un claro conflicto de intereses ya que detrás del trabajo está la Fundación Artemisan, una organización que pretende fomentar la caza. Según el informe financiero del año 2020, esta organización obtuvo financiación por un total de 1.028.907 euros destinados a una variedad de proyectos. Estos fondos procedían de diversas fuentes, como la Unión Europea, el Ministerio de Agricultura, Pesca y Acuicultura y la Fundación Española para la Ciencia y la Tecnología, dependiente del Ministerio de Ciencia, Innovación y Universidades. Además, se recibieron contribuciones por parte del sector privado, como la aseguradora Mutuasport[123].

Por otra parte, los estudios que hemos revisado proporcionan una perspectiva global del sector cinegético, ofreciendo una visión útil de los perros de caza que participan en general. Sin embargo, para obtener un dato más preciso del entorno económico de las actividades galgueras, es esencial recurrir a fuentes más especializadas. La Federación Española de Galgos se erige como la entidad líder en promoción de la caza con galgos en España, por lo que, al consultar directamente la actividad económica de la FEG se puede brindar una perspectiva más completa del impacto económico que esta actividad tiene en el país.

Fundación Artemisan, Ciudad Real. (2018), p. 36.

123 Fundación Artemisan. Cuentas Anuales del ejercicio 2020. Disponible en: *https://fundacionartemisan.com/wp-content/uploads/2021/08/Informe-Auditoria-2020.pdf* [Última consulta: 10 de enero de 2025].

3.2. La ayuda financiera de la Federación Española de Galgos y las subvenciones a la caza

Revisando las cuentas anuales de la FEG del año 2022, se observa que tienen 226.292,11 euros de patrimonio neto y 503.656,51 de patrimonio neto y pasivo[124]. Además, mediante la aplicación de la Ley de Transparencia, es factible examinar en la página web de la FEG la trayectoria de sus ingresos, donde se constata que la Federación obtuvo 671.073,00 euros de subvenciones del Consejo Superior de Deportes (CSD) en 2022 y 25.000 euros de "otras subvenciones", sin mencionar de dónde proviene el dinero, ni si se trata de una fuente privada o pública.

Las licencias federativas y las cuotas de los clubes aportaron 482.718,61 euros y las competiciones aportaron 10.490 euros en 2022. En el cuadro de la FEG se incluye una categoría bajo la denominación de "otros", sin embargo, no consta a qué corresponde; esta generó 149.364,69 euros en 2022, registrándose un total de 133.8418,30 euros.

Tabla 1. Evolución ingresos y gastos según cuentas de pérdidas y ganancias e imputados a patrimonio

	2022	%	2021	%	DIFERENCIA	TASA VARIACIÓN
INGRESOS.....	671.073,30 €	#¡DIV/0!	647.910,03 €	#¡DIV/0!	23.163,27 €	3,45 %
Subvención C.S.D.	25.000,00 €	#¡DIV/0!	24.859,39 €	#¡DIV/0!	140,61 €	0,56 %
Otras subvenciones	3.500,00 €	#¡DIV/0!	4.000,00 €	#¡DIV/0!	-500,00 €	-14,29 %
A.D.O. / A.D.O.P.		#¡DIV/0!		#¡DIV/0!	0,00 €	#¡DIV/0!
Publicidad		#¡DIV/0!		#¡DIV/0!	0,00 €	#¡DIV/0!
Licencias/cuotas clubes	482.718,61 €	#¡DIV/0!	472.797,77 €	#¡DIV/0!	9.920,84 €	2,06 %
Competiciones	10.490,00 €	#¡DIV/0!	3.025,00 €	#¡DIV/0!	7.465,00 €	71,16 %
Docencia		#¡DIV/0!		#¡DIV/0!	0,00 €	#¡DIV/0!
Otros	149.364,69 €	#¡DIV/0!	143.041,76 €	#¡DIV/0!	6.322,93 €	4,23 %
Financieros		#¡DIV/0!		#¡DIV/0!	0,00 €	#¡DIV/0!
Subvenciones en capital transferidas a resultados		#¡DIV/0!		#¡DIV/0!	0,00 €	#¡DIV/0!
Excepcionales		#¡DIV/0!	186,11 €	#¡DIV/0!	-186,11 €	#¡DIV/0!
Variación existencias		#¡DIV/0!		#¡DIV/0!	0,00 €	#¡DIV/0!

Fuente: Disponible en *https://www.fedegalgos.com/wp-content/uploads/2023/08/DETALLE-SUBV-PUBLICAS-E-INGRESOS-PROPIOS-2022-Y-2021.pdf*

---

124 Evolución ingresos y gastos según cuentas de pérdidas y ganancias e imputados a patrimonio. Disponible en: *https://www.fedegalgos.com/wp-content/uploads/2023/08/INDICADOR-AUTONOMIA-FINANCIERA-2022.pdf* [Última consulta: 10 de enero de 2025].

La FEG no es la única federación que recibe subvenciones, ya que las federaciones autonómicas[125] también son susceptibles de recibir dinero. A pesar de la Ley de Transparencia, es difícil encontrar las subvenciones asignadas a las diferentes federaciones autonómicas. El trabajo de recopilación es tedioso y resulta imposible conocer con exactitud la totalidad de las ayudas. Sólo la Federación de Galgos de Castilla la Mancha (FCMG) publica en su página web las subvenciones que ha percibido. Durante la temporada 2021-2022, la FCMG tuvo 151.975,44 de ingresos de los cuales 15.098,34 fueron subvenciones del Gobierno de Castilla-La Mancha[126]. La gran mayoría del dinero de la FEG y de las demás federaciones autonómicas procede de subvenciones y otras ayudas públicas.

3.3. La ayuda financiera de las federaciones de caza

Los datos son difíciles de conseguir y opacos, ya sea de las federaciones de galgueros o de las federaciones de caza en general. La memoria 2022[127] de la Real Federación Española de Caza (RFEC) detalla una serie de subvenciones que ha recibido durante el año y que proceden de diversas fuentes, algunas de ellas relacionadas con el mundo del deporte, la investigación y la conservación de la fauna. La RFEC cuenta con una subvención de 101.416,88 euros del Consejo Superior de Deportes, destacando que la caza se considera un deporte en España. Se han otorgados otras subvenciones con un importe de 3.500 euros del Comité Olímpico Español (COE), lo que supone un reconocimiento de la caza a nivel deportivo. También han percibido una subvención de 10.000 euros de la Diputación de Soria, que supone un apoyo económico local. Además, Se recibieron sub-

125 Federación Andaluza de Galgos; Federación Castellano Leonesa de Galgos; Federación de Galgos de Castilla la Mancha; Federación Extremeña de Galgos; Federación Madrileña de Galgos; Federación de Galgos Región de Murcia.

126 Federación de Galgos de Castilla la Mancha. Ingresos 2021-2022. Disponible en: *https://fcmg.es/wp-content/PDF/transparencia/INGRESOS-GASTOS-2021-2022(Asamblea2022).pdf* [Última consulta: 10 de enero de 2025].

127 Real Federación Española de Caza. Memoria 2022. Disponible en: *https://www.dropbox.com/s/wflfxbiqja46il9/RFEC-Memoria-2022-digital_low.pdf?dl=0* [Última consulta: 10 de enero de 2025].

venciones de diferentes grupos operativos, incluyendo 763,03 euros del Grupo Operativo Life Conejo, 15.781,03 euros del Grupo Operativo PREVPA y 18.015,46 euros del Grupo Operativo AGROCHEF, resaltando su conexión con proyectos agrícolas.

Las federaciones regionales de caza también tienen acceso a subvenciones disponibles en apoyo de sus actividades. Por ejemplo en Extremadura, según la sección de Transparencia de la Federación, se evidencia que en 2021, el sector de la caza recibió un total de 104.278 euros en ayudas, de los cuales 71.467 procedían de la Consejería de Educación y Empleo, 16.500 de la Diputación de Badajoz y 16.311 de la Diputación de Cáceres[128]. En Valencia, las subvenciones a la federación alcanzaron los 128.957 euros en 2020, distribuyéndose de la siguiente manera: 39.900 euros provenían del Servei Valencià d' Ocupació y Formació LABORA; 31.909 euros de la Conselleria de Educació; otros 4.148 euros de la Conselleria de Educació; 2.500 euros del Ayuntamiento de Pilar de la Horadada; 5.000 euros de la Diputación de Castellón; y 50.000 euros de la Diputación de València[129]. La mayoría de las federaciones autonómicas de caza reciben dinero.

3.4. El turismo cinegético internacional

El turismo es, sin duda, un sector vinculado al crecimiento económico de un país, por lo que el turismo de ocio, como la caza, puede considerarse un motor para incrementar el flujo de ingresos. La Organización Mundial del Turismo (OMT)[130] define el turismo como

---

128 Federación Extremeña de caza. Subvenciones recibidas administraciones públicas. Ejercicio 2021. Disponible en: *https://www.fedexcaza.com/wp-content/uploads/2022/02/Subvenciones-Admciones.-Publicas-2021.pdf* [Última consulta: 10 de enero de 2025].

129 Federación de Caza de la Comunidad Valenciana. Subvenciones. Disponible en: *https://federacioncazacv.com/wp-content/uploads/2021/06/SUBVENCIONES-FCCV-2020-1.pdf*[Última consulta: 10 de enero de 2025].

130 La Organización Mundial del Turismo (OMT) es una agencia especializada de las Naciones Unidas cuyo objetivo principal es promover el turismo sostenible y responsable a nivel global. España ha tenido una relación cercana con la OMT, ya que su sede se encuentra en Madrid.

un "fenómeno social, cultural y económico que supone el desplazamiento de personas a países o lugares fuera de su entorno habitual por motivos personales, profesionales o de negocios. Esas personas se denominan viajeros (que pueden ser o bien turistas o excursionistas; residentes o no residentes) y el turismo abarca sus actividades, algunas de las cuales suponen un gasto turístico"[131].

Los viajeros que visitan un país gastan dinero en una variedad de sectores, lo que genera ingresos para la economía nacional. Estos ingresos del turismo provienen de varias fuentes. España, rica por su diversidad geográfica y su fauna, atrae desde hace mucho tiempo la atención de los amantes de la caza. En efecto, España, alberga una amplia gama de ecosistemas naturales y destaca como el país más rico de Europa en lo que respecta a la diversidad de su vida silvestre y vegetación[132], de tal manera que España es conocida como el "Coto de Europa"[133] ofreciendo una gran variedad de cotos de caza, desde majestuosas montañas hasta extensas llanuras, lo que la convierte en un destino de elección para los cazadores que buscan una experiencia cinegética. Conocida por sus poblaciones de jabalíes, perdices, liebres, faisanes, ciervos y corzos, este país es todo un blanco para los cazadores extranjeros.

A partir de la década de los 50, se hizo referencia al turismo de caza. En 1977, se fundó en España la primera compañía turístico-cinegética de caza mayor con el propósito de atraer a cazadores extranjeros[134]. El turismo relacionado con la caza ha estado siempre estrechamente vinculado al crecimiento de la recreación rural en países desarrollados[135].

---

131 Definición en UNWTO. Disponible en: *https://www.unwto.org/es/glosario-terminos-turisticos* [Última consulta: 10 de enero de 2025].

132 FAES, La caza. Sector económico. (2007). Página web: *http://federacionarmera.com/wp-content/uploads/2018/05/Estudio-Economico-de-la-Caza-FAES-2002-1.pdf* [Última consulta: 10 de enero de 2025].

133 MEDEM SANJUAN, R., La promoción del turismo cinegético, en: I Jornadas Nacionales de Turismo Cinegético. (Almagro, 1983), p. 96.

134 MEDEM SANJUAN, R., Tras la estrella más alta. Agualarga Editores, Madrid. (2002).

135 MULERO MENDIGORRI, A., Turismo y Caza en España. Estado de la cuestión. (1991), p. 147.

España ha disfrutado de atractivos cinegéticos innegables, con datos que evidencian su abundancia y diversidad cinegética[136], a este respecto, existen estimaciones a partir del año 1975. En ese momento, había alrededor de 6.000 cazadores turistas extranjeros que gastaron un total de 200 millones de pesetas. Se estimó que, en 1982, el número de estos cazadores extranjeros había aumentado hasta alcanzar los 25,000 y los gastos se elevaron a 2.500 millones de pesetas[137]. Un estudio adicional que proporciona datos sobre el turismo cinegético en España fue coordinado por la Dirección General de Política Turística en 1985 y llevado a cabo por la empresa METRA SEIS[138].

Tabla 2. METRA SEIS (1985): Turismo cinegético en España

País	Número de extranjeros que cazan en España
Estados Unidos	2.109
Francia	4.425
Italia	10.337
Bélgica	1.284
Alemania	710
Inglaterra	381
Suiza	1.548
Otros (no conocidos)	1.466

Fuente: Madrid, secretaria general de Turismo. Número de extranjeros que cazan en España.

Por tanto, en 1985 llegaron al territorio 22.300 turistas extranjeros para cazar, lo que generó un total de 5.362,4 pesetas. Sin embargo, cabe señalar que este estudio ofrece diferentes modalidades de caza como (ojeo, al paso, en mano, montería, rececho) pero no

136 Chapman, A., Bluck, W.J., La España Agreste. Ediciones Giner, Madrid. (1893).

137 Moreno De Arteaga, I Algunos aspectos de la economía de la caza en España. En: Actas de las I Jornadas Nacionales de Turismo Cinegético (Almagro, 1983). Madrid, Dirección General de Empresas y Actividades Turísticas (1983), p. 71.

138 Metra Seis. Turismo cinegético en España. Madrid, secretaria general de Turismo. (1985).

menciona el turismo generado por la caza con galgos que, quizá, en ese momento simplemente no era relevante[139].

Además, los resultados de este estudio deben interpretarse con cautela, principalmente debido a su antigüedad. En el momento en que se recopilaron estos datos, el panorama de los viajes y el turismo no estaba tan democratizado como en la actualidad, lo que significa que las tendencias actuales pueden diferir considerablemente. Por otro lado, la metodología utilizada para obtener estos resultados pudo estar sujeta a posibles sesgos. La información se basa en respuestas de entrevistas y cuestionarios con empresas de turismo de caza, lo que podría influir en la forma en que se han recogido e interpretado los datos. Todo ello es esencial a la hora de analizar estos resultados y tener en cuenta cualquier cambio que haya podido producirse en el sector del turismo cinegético desde su realización.

Desde entonces, se han realizado otros estudios sobre turismo y caza[140], pero nunca se ha hecho referencia a la caza con galgos. Estos estudios subrayan la relevancia del turismo cinegético en España, destacando su posición como país líder a nivel mundial en cuanto al número de turistas extranjeros recibidos;[141] sin embargo, la caza con galgos no es un tipo de caza atractiva para cazadores de otros países.

Debido a la prohibición de la caza con galgos en la mayoría de los países, puede suponerse que España atraería a turistas cinegéticos interesados en esta actividad. Sin embargo, al examinar las modalidades de caza y las especies que generan mayor interés en esta

---

139 METRA SEIS (1985).

140 Por ejemplo: NOGUERAS, J., CARIDAD, J., GÁLVEZ, J., *et al.* El perfil del turista cinegético: un estudio de caso para Córdoba (España). International Journal of Scientific Management and Tourism, vol. 3, n° 4. (2017); DELGADO, L., GALLEGO, J., SÁNCHEZ MARTÍN, J., El turista cinegético. Una aproximación a su perfil en la comunidad autónoma de Extremadura. Investigaciones turísticas, n° 18. (2019), pp. 193-219.; RENGIFO GALLEGO, J., CAMPESINO FERNÁNDEZ, A., SÁNCHEZ MARTÍN, J., *et al.* La caza mayor como actividad económica sostenible en el proceso de despoblación del medio rural de Extremadura, en: Anales de Geografía de la Universidad Complutense. (2022).

141 RENGIFO GALLEGO, J. I., La oferta de caza en España en el contexto del turismo cinegético internacional: las especies de caza mayor. Ería. (78-79), pp. 53-68. *https://doi.org/10.17811/er.0.2009.53-68.* (2009).

actividad, se observa que es la perdiz roja (*alectoris rufa*) la que atrae a estos viajeros atípicos. El ojeo de perdiz es, la modalidad junto a la montaría[142] que más destaca por los numerosos recursos que genera, según señaló ALVARADO en 1991[143]. Asimismo, son las más relevantes para promover el turismo cinegético en algunos territorios de España como es el caso de Extremadura[144], reflejándose en las ofertas de viajes de caza que se pueden encontrar en páginas de internet[145].

Como hemos visto en líneas anteriores, el turismo cinegético se enfoca principalmente en la caza de la perdiz roja. Sin embargo, surge la pregunta: ¿qué sucede con el turismo acerca de la caza de liebres y la práctica de la caza con galgos? Parece que este tipo de caza no se ha consolidado, ya que es difícil encontrar ofertas turísticas para esta actividad. El motivo puede ser la complejidad de su ejecución, al estar prohibida en varios países la caza con galgos, los cazadores extranjeros no dominan las técnicas necesarias, no les interesa tanto como utilizar un arma de fuego y, sobre todo, no tienen galgos propios. En este sentido, la caza con galgos está muy arraigada en la tradición local[146], por lo que a nivel turístico no genera ingresos significativos.

---

142 La caza de montería en España es una forma de caza mayor en la que los perros de caza desempeñan un papel fundamental, llevada a cabo en grandes fincas.

143 Alvarado Corrales, E., Socioeconomía de la caza. El ejemplo de extremeño, en VV.AA. Manual de Ordenación y gestión cinegética, Badajoz, Ifeba, pp. 21-51. (1991).

144 Coca J.L., Alvarez P., Hernandez J.M., El turismo cinegético como recurso económico de primer orden para el desarrollo sostenible de Extremadura: modalidades de montería y ojeos de perdiz, en Hernández R. Y Postigo V. (Edit.) (2007).

145 Ejemplos: *https://www.chassatlas.com/petit-gibier-en-espagne*; *https://www.venarehunting.com/viajes-de-caza/ojeo-de-perdiz-roja-en-espana/*; *https://www.organisation-chassepeche.com/fr/chasse/66-chasse-aux-perdreaux-en-espagne.html*

146 Gamuz, P., Chamorro, P., La caza de liebres con galgos en Andalucía: Desde el conflicto a la patrimonialización. Revista Andaluza de Antropología, n° 21. (2021), pp. 8-44.

3.5. Las granjas cinegéticas de liebre ibérica y conejos

Finalmente, una de las fuentes económicas de la caza que podemos observar es la relacionada con las explotaciones productoras de animales salvajes y otras piezas de caza[147], cuya cría de animales se lleva a cabo en las granjas cinegéticas de España.

Una vez que estos animales criados alcanzan cierta edad y el tamaño suficiente, son liberados en áreas de caza especialmente diseñadas para permitir a los cazadores rastrearlos. La suelta de especies cinegéticas es una técnica extendida para incrementar la densidad de presas en España[148].

La Ley de Caza de 1970[149] estableció de manera explícita que las granjas cinegéticas se consideraban una actividad de carácter industrial y comercial[150]. Sin embargo, esta ley no incluyó disposiciones reguladoras específicas para estas granjas, por ende, comprender la definición de esta práctica requiere consultar las leyes de caza de las diversas Comunidades Autónomas. Son estas normativas las que proporcionan la orientación y las normativas correspondientes.

Para ilustrar este punto, la Ley 4/2021 de 1 de julio de Caza y de Gestión Sostenible de los Recursos Cinegéticos de Castilla y León, define las granjas cinegéticas como establecimientos cuya finalidad es "la producción de ejemplares de especies cinegéticas, con carácter intensivo para su comercialización, vivas o muertas, sin perjuicio de que se desarrolle completamente su ciclo biológico o solo alguna de sus fases"[151]. Las leyes autonómicas de caza establecen una serie de

---

147 "La actividad cinegética (...), genera un flujo económico importante tanto por la cría y venta de animales de granja", FAES, La caza. Sector económico. (2007).

148 SÁNCHEZ GARCÍA ABAD, C., ALONSO DE LA VARGA, E., PRIETO MARTÍN, R., GONZÁLEZ EGUREN, V., GAUDIOSO LACASA, V.R., Una visión sobre la avicultura para la producción de caza en España. (2009), pp. 1-15.

149 BOE. núm. 82, de 6 de abril de 1970. Ley 1/1970, de 4 de abril, de caza. *https://www.boe.es/buscar/doc.php?id=BOE-A-1970-369* [Última consulta: 10 de enero de 2025].

150 Artículo 27. De la caza con fines industriales y comerciales. Ley 1/1970, de 4 de abril, de caza.

151 Artículo 72. Granjas cinegéticas. Ley 4/2021, de 1 de julio, de Caza y de Gestión Sostenible de los Recursos Cinegéticos de Castilla y León. *https://www.boe.es/buscar/doc.php?id=BOE-A-2021-12058* [Última consulta: 10 de enero de 2025].

requisitos y obligaciones para las granjas cinegéticas. Estas instalaciones están sometida a una autorización administrativa[152]. Tienen que llevar un Libro-Registro como parte de sus obligaciones[153]. Asimismo, deben cumplir con los Planes Generales de Caza de su Comunidad Autónoma, que establecen las normas y regulaciones para la caza y la gestión de la fauna cinegética en el territorio. Estos planes suelen incluir disposiciones específicas para las granjas cinegéticas[154].

El incumplimiento de cualquiera de las medidas u obligaciones establecidas por la legislación autonómica y aplicables a las granjas cinegéticas, constituirá una infracción administrativa, entre las que se incluyen la explotación industrial de la caza sin la debida autorización, la cría de especies cinegéticas que difieran de las autorizadas y la falta de registro en el correspondiente registro autonómico[155]. Las instalaciones pueden ser de propiedad privada o pública. En este sentido, en 2019, el 96% de las instalaciones eran de carácter privado[156].

Las regulaciones de caza muestran una marcada diversidad entre las diferentes Comunidades Autónomas de España, lo que puede complicar la comprensión y aplicación de las normativas que rigen las operaciones en las granjas cinegéticas. Los requisitos específicos concernientes a la gestión de estas instalaciones, las autorizaciones requeridas, el bienestar animal, la seguridad, los controles sanita-

---

152 Ejemplo de Autorización de granjas cinegéticas en la CA de Andalucía: *https://www.juntadeandalucia.es/servicios/sede/tramites/procedimientos/detalle/733.html* [Última consulta: 10 de enero de 2025].

153 Art 57. 4. "Las granjas cinegéticas estarán obligadas a llevar un libro-registro, en el que se harán constar los datos que reglamentariamente se determinen." Ley 12/2006, de 17 de julio, de Caza de Cantabria.

154 Ejemplo de la CA Andalucía: *https://www.juntadeandalucia.es/medioambiente/portal/documents/20151/1174620/instrucciones_PTC.pdf/f3365d96-cfb8-2ea0-cd22-ea7fce0d3468?t=1295953462000* [Última consulta: 10 de enero de 2025].

155 Mesa Gutiérrez, Mj., Marco penal y administrativo de la caza y responsabilidad civil en derecho español. Tesis doctoral dirigida por el Dr. Fernando Santa Cecilia García. Universidad Complutense de Madrid. (2017), p. 265. Disponible en Internet: *http://eprints.ucm.es/43048/* [Última consulta: 10 de enero de 2025].

156 Ministerio de transición ecológica. Estadística Anual de Caza. (2019). Página web: *https://www.miteco.gob.es/content/dam/miteco/es/biodiversidad/estadisticas/aef2019_10_caza_tcm30-529162.pdf* [Última consulta: 10 de enero de 2025].

rios y otros aspectos relacionados con la actividad cinegética pueden variar significativamente de una región a otra. Mientras algunas regulaciones apenas mencionan las granjas cinegéticas, otras detallan exhaustivamente los procedimientos y requisitos que deben cumplirse[157]. La falta de información específica sobre el monitoreo de las granjas cinegéticas puede complicar la evaluación de su cumplimiento con las regulaciones de bienestar animal y la gestión sostenible de los recursos cinegéticos. Además, la opacidad en este ámbito plantea dudas sobre la efectividad en la aplicación de las normativas y la eficacia de las inspecciones.

Además, es difícil disponer de cifras exactas sobre el número de granjas cinegéticas existentes. Según la respuesta proporcionada por el Gobierno en 2020 a una pregunta del diputado ecologista de Unidas Podemos y presidente de la Comisión de Transición Ecológica y Reto Demográfico, Juantxo López de Uralde, en España están registradas 802 granjas cinegéticas, de las cuales 285 son para criar animales de caza mayor y 517 para caza menor[158]. La pregunta dirigida al Gobierno por López de Uralde señalaba la creciente proliferación de granjas cinegéticas en los últimos años en diversos puntos del territorio nacional, algunas de las cuales operan sin cumplir con la legislación vigente.

Las granjas cinegéticas tienen una presencia significativa en esta investigación, debido a la presencia de conejos y liebres criados en estas granjas que, posteriormente, se sueltan en zonas de caza para la caza con galgos[159]. Según el Registro General de Explotaciones Ganaderas (REGA), se registraron 237 granjas de cría de conejos en abril

---

157 Ejemplos: Capítulo II. De la cría de especies cinegéticas. Ley 8/2022, de 24 de junio, de caza y gestión cinegética de La Rioja; Capítulo I. Granjas cinegéticas. Ley 14/2010, de 9 de diciembre, de caza de Extremadura.

158 Congreso de los diputados. Pregunta al Gobierno con respuesta escrita. Proliferación de granjas cinegéticas. (184/011096) *https://www.congreso.es/es/iniciativas-diputado?p_p_id=iniciativas&p_p_lifecycle=0&p_p_state=normal&p_p_mode=view&_iniciativas_mode=mostrarDetalle&_iniciativas_legislatura=XIV&_iniciativas_id=184%2F011096* [Última consulta: 10 de enero de 2025].

159 SÁNCHEZ-GARCÍA, C., PÉREZ, J.A., ARMENTEROS, J.A., *et al.* Survival, spatial behaviour and resting place selection of translocated Iberian hares Lepus granatensis in Northwestern Spain. European Journal of Wildlife Research. vol. 67. (2021) PP. 1-8.

de 2011. Algunas de estas explotaciones también se dedican a la cría de liebres. En total, la producción se acerca a los 525.000 gazapos, generando ingresos que superan los seis millones de euros[160]. Según la Unión Nacional de Asociaciones de Caza (UNAC) se soltaron de manera oficial 830.367 conejos y liebres entre 2011 y 2015[161].

Para los cazadores, la cría en cautividad de liebres representa una oportunidad para abastecer los terrenos de caza de liebres ibéricas. Consideran que hacerlo se vuelve esencial debido al impacto negativo que la mixomatosis[162] ha tenido en las poblaciones de esta especie desde hace varios años[163].

En 2018, el Gobierno publicó las cifras de especies cinegéticas soltadas en la naturaleza[164]. Esta cifra se interpreta con una revisión a la baja, ya que algunos animales se sueltan sin autorización oficial por falta de controles, aunque las granjas cinegéticas están obligadas a informar sobre la producción anual. En España, es posible comprar liebres en páginas web de segunda mano para repoblar sus especies cinegéticas[165]. El Informe de UNAC publicado en 2018 sobre Conservación del Patrimonio cinegético español[166], establece que:

> "No solo crece el número de granjas cinegéticas legales. Al calor del dinero, surgen multitud de eco-delincuentes dispuestos a saltarse todas las

---

160 Garrido J.L, 2012, *op. cit.*

161 De José Prada, A., Conservar, Proteger y Fomentar el Patrimonio Cinegético Español (14 de junio de 2018). Página web: *https://www.mapa.gob.es/es/ganaderia/temas/sanidad-animal-higiene-ganadera/conservarprotegeryfomentarelpatrimoniocinegeticoespanolunac_tcm30-453116.pdf* [Última consulta: 10 de enero de 2025].

162 Referencia en el capítulo III de este libro.

163 López Espada, A., Martín, C., La cría de la liebre ibérica en la Comunidad de Madrid está garantizada en El Club de Caza. (febrero de 2023). Página web: *https://www.club-caza.com/article/art/27362* [Última consulta: 10 de enero de 2025].

164 Ministerio de Agricultura, Pesca y Alimentación/. Estadística Anual de Caza. Tablas resumen 2005-2018. (2018) Página web: *https://www.mapa.gob.es/es/desarrollo-rural/estadisticas/Est_Anual_Caza.aspx* [Última consulta: 10 de enero de 2025].

165 Ver Anexo 2.

166 De José Prada, A., Conservar, Proteger y Fomentar el Patrimonio Cinegético Español (14 de junio de 2018). Página web: *https://www.mapa.gob.es/es/ganaderia/temas/sanidad-animal-higiene-ganadera/conservarprotegeryfomentarelpatrimoniocinegeticoespanolunac_tcm30-453116.pdf* [Última consulta: 16 de octubre de 2023].

normas, abriendo granjas cinegéticas ilegales que, por desgracia y debido a la demanda existente, acaban colocando en el campo sus ejemplares, con los importantes riesgos que ello acarrea, entre otros, el sanitario".

Esta situación evidencia la problemática relacionada con el aumento de granjas cinegéticas no autorizadas y las repercusiones adversas que esto conlleva, tanto en lo que respecta a la fauna como a la salud pública. El abuso de repoblaciones y sueltas, así como la intensificación de la producción de especies de granja, tienen consecuencias significativas y pueden desencadenar problemas de salud importantes. Según el informe de la UNAC, debido a la influencia de las granjas cinegéticas, se han registrado casos de enfermedades en la fauna, como la introducción de cepas alóctonas de mixomatosis o EHV[167] en la población de conejos, así como la aparición de tularemia en las liebres. El primer caso documentado de tularemia en liebres se registró en Castilla y León en 1997[168].

La Estrategia Nacional de Gestión Cinegética[169] promueve el impulso y el reconocimiento de la gestión cinegética sostenible como medio para lograr niveles poblacionales adecuados. Esta estrategia se aleja de la práctica de aumentar las poblaciones a través de refuerzos y, en cambio, se centra en la normalización, la regulación y el control de la genética de las especies de granja[170]. Es legítimo plantearse pre-

---

167 VELARDE, R., ABRANTES, J., LOPES, A., ESTRUCH, J., CÔRTE-REAL, J., ESTEVES, P., GARCÍA-BOCANEGRA, I., RUIZ-OLMO, J., ROUCO, C., Spillover event of recombinant Lagovirus europaeus/GI.2 into the Iberian hare (Lepus granatensis) in Spain. Transboundary and Emerging Diseases. (2021). *https://onlinelibrary.wiley.com/doi/10.1111/tbed.14264* [Última consulta: 10 de enero de 2025].

168 DE JOSÉ PRADA, A., Conservar, Proteger y Fomentar el Patrimonio Cinegético Español (14 de junio de 2018). Página web: *https://www.mapa.gob.es/es/ganaderia/temas/sanidad-animal-higiene-ganadera/conservarprotegeryfomentarelpatrimoniocinegeticoespanolunac_tcm30-453116.pdf*[Última consulta: 10 de enero de 2025].

169 Ministerio de agricultura, pesca y alimentación. Estrategia Nacional de Gestión Cinegética. (2022). *https://www.mapa.gob.es/fr/prensa/20220307_engc_definitivo_tcm36-614256.pdf* [Última consulta: 16 de octubre de 2023].

170 Estrategia Nacional de Gestión Cinegética. (2022), p. 23. Página web: *https://www.mapa.gob.es/es/ganaderia/temas/gestion-cinegetica/engc_tcm30-623625.pdf* [Última consulta: 10 de enero de 2025].

guntas sobre el origen de estos animales[171] y el grado de control que ejerce actualmente el gobierno sobre el número de animales salvajes liberados de las granjas cinegéticas, por lo que, si este control no se aplica estrictamente, podría tener consecuencias catastróficas para el medio ambiente y provocar desequilibrios ecológicos.

4. Observaciones finales

En resumen, la caza en España se considera una actividad que provoca importantes impactos a nivel social, económico, cultural, ecológico, jurídico y político, lo que significa que la caza pasa a ocupar un primer plano[172]. Sin abordar la caza desde un punto de vista global, sino refiriéndonos sólo a la caza con galgos, nos damos cuenta de que el impacto es mucho menos significativo y por ello se trata de una actividad de ocio bastante restringida y local[173].

El estudio llevado a cabo sobre la economía relacionada con la caza revela que, si bien el dinero es un elemento clave en el mantenimiento de la caza y la industria cinegética, su importancia no es tan determinante como a menudo se presenta desde el sector de la caza. Esta perspectiva se refuerza especialmente al atender a la caza con galgos.

El sector cinegético se mantiene principalmente por la concesión de subvenciones, la dependencia predominante del sector de la caza de la actividad de fomento de la Administración Pública plantea la posibilidad de reasignar estos fondos hacia iniciativas que promuevan la conservación del medio ambiente o la protección de los animales. Además, la prohibición de las granjas de caza representaría un paso significativo hacia la protección de la vida silvestre y la preservación del ecosistema.

---

[171] Ejemplo de estructuras ilegales: Cava, M., Precintadas 4 granjas clandestinas de conejos destinados a la caza. Caza Visión. (2012). Página web: *https://archivo.cazavision.com/noticia/caza-menor/precintadas-4-granjas-clandestinas-conejos-destinados-caza-120704* [Última consulta: 10 de enero de 2025].

[172] González, López, A., Ejercicio del poder y política medioambiental: flujos y resistencias en el mundo de la caza. Tesis doctoral. (2013).

[173] Vargas, J. M., Farfán, M. A., Guerrero, J. C., *et al.* Caracterización de los aprovechamientos cinegéticos a escala macro espacial: un ejemplo aplicado a la provincia de Granada (sur de España). Ecología. Vol. 18. (2004), p. 63.

En cuanto al turismo, está claro que la caza con galgos no genera ingresos significativos, no es un sector económico importante en la atracción de turistas. Además, el fin del turismo cinegético no implicaría a su vez el del turismo de naturaleza en España. El país cuenta con una biodiversidad de incalculable valor y sigue atrayendo a amantes de la naturaleza, excursionistas, fotógrafos y observadores de la vida salvaje. El turismo de naturaleza sigue en constante crecimiento en España y es una fuente de ingresos económicos y de crecimiento para la población local[174].

Por último, la creciente mercantilización de la naturaleza es una cuestión preocupante, pone en entredicho la relación del hombre con el medio ambiente y puede tener consecuencias nefastas para la preservación de los ecosistemas y la salud de nuestro planeta. Es esencial replantearse el enfoque de la naturaleza, reconociendo su valor intrínseco y adoptando prácticas de conservación más sostenibles para proteger la biodiversidad y los equilibrios ecológicos esenciales que logren la supervivencia de la vida humana y animal en nuestro planeta.

II. LOS GALGOS EN CAMPO. NOTAS HISTÓRICO-CULTURALES

La caza con galgos es una modalidad de caza menor, en la que los cazadores, a pie o a caballo, se dedican activamente a rastrear y coordinar la persecución de las liebres por los galgos. Se trata de una modalidad de caza "donde se invierten los papeles habituales, ya que el perro no participa en la localización de la presa, sino que su papel

174 El impacto económico total asciende a 4,25 millones de euros al año en 2016, de los cuales el 60% se debe al gasto directo de los turistas que observan las tres especies en las zonas estudiadas. Ministerio de Agricultura y Pesca, Alimentación y Medio Ambiente. El Turismo de Naturaleza en España. Página web: *https://www.miteco.gob.es/content/dam/miteco/es/biodiversidad/temas/conservacion-de-la-biodiversidad/seriemedioambienten9_turismodenaturalezaenespana_tcm7-464178_tcm30-481336.pdf* [Última consulta: 10 de enero de 2025].

se centra en la captura final"[175]. Los galgos cazan a la vista, no por el rastro u olor. La tarea de buscar y levantar a la liebre es responsabilidad de varios batidores. Una vez que han cumplido con esta tarea, los galgos asumen la persecución y la captura final. La particularidad de esta caza es que se realiza sin armas, donde el cazador tiene un papel muy secundario. En la caza con galgos, se ponen a prueba las habilidades de los animales: "el predador y su presunta víctima"[176], antes que las habilidades humanas.

En este capítulo, emprendemos un viaje a través del tiempo para explorar, en un primer apartado, la compleja relación entre los galgueros y los galgos a través de la evolución cultural de la caza. Más tarde, en un segundo epígrafe, nos adentraremos en el mundo de la competición, analizando cómo la rivalidad ha influido en la cría y el entrenamiento de los galgos. La tercera sección nos llevará más allá de la competición, explorando la vida cotidiana de un galgo de caza. Finalmente, nos enfrentaremos a la cruda realidad del trágico desenlace que espera a muchos galgos al final de sus vidas. A través de un análisis profundo, examinaremos las condiciones que rodean este aspecto oscuro de la relación entre galgueros y galgos, arrojando luz sobre la necesidad urgente de comprender y abordar desde un punto de vista jurídico esta problemática.

1. Galgueros y galgos: Travesía a través del tiempo en la caza, reglamentación y perfil cultural

1.1. La evolución cultural de la caza con galgos

En las sociedades antiguas, la caza desempeñaba un papel esencial para la supervivencia de las comunidades, los primeros cazadores

---

175 Gobierno de Navarra. Manual preparatorio del examen del cazador en Navarra. (2013). Página web: *http://www.navarra.es/NR/rdonlyres/BD5CE34C-7489-4B43-8181-FCE-19B83A7B4/275164/ManualCaza2013navegable2.pdf* [Última consulta: 10 de enero de 2025].

176 Delibes, M., La caza con galgos. La Vanguardia. Disponible en: *https://hemeroteca-paginas.lavanguardia.com/LVE08/HEM/1989/04/22/LVG19890422-006.pdf* [Última consulta: 10 de enero de 2025].

dependían en gran medida de esta actividad para obtener alimento[177]. A largo de los tiempos la caza se ha consolidado y la caza con perros y, en particular, con galgos, se convirtió en una práctica de fácil acceso y de gran utilidad para comer. "Con galgos propios o prestados siempre se ha cazado y han cazado los ricos y los pobres, los aristócratas y los jornaleros"[178]. La caza con galgos ha demostrado ser una actividad accesible a personas de diversos estratos sociales. El "destino de muchas de las liebres capturadas constituía un aporte alimenticio para las familias más necesitadas"[179], subrayando así la relevancia histórica de esta actividad en la provisión de alimento en tiempos pasados.

> "En la época de la escasez de los años 50 y 60, los galgos eran como el plan de empleo rural de entonces porque los jornaleros no tenían dinero para comprar escopetas y cartuchos porque eran muy caros y con los galgos podían coger una liebre, quizás la única carne que llegaba a las mesas de estos trabajadores [...] Cuando alguien en el pueblo tenía un galgo con fama de bueno, la gente iba a pedírselo para salir con él al campo. En estos casos las peticiones eran tantas que el dueño tenía una especie de lista de espera y a duras penas lograba que el galgo descansara algún día"[180].

Sin embargo, a lo largo del siglo XX, a medida que las condiciones de vida de la población rural y jornalera mejoraron, la naturaleza de la caza con galgos experimentó una transformación significativa[181]. La caza con galgos dejó de ser una fuente de alimento principal y se

---

177 Leer: CANALS-SALOMÓ, A., CARBONELLL, E., La caza en la evolución humana: Una aproximación desde la Prehistoria: gestión, alimentación y procedimientos. (2022).

178 DEL POZO, R., La secta del galgo. En Federación Andaluza de Galgos (ed.), Un siglo de galgos. Catálogo de la Exposición Conmemorativa del Centenario de la Copa La Ina, Sevilla. Altagrafics. (2014), p. 30.

179 CRUZADA, S. M., PALENZUELA, P., y PÉREZ GAMUZ, H., La caza de liebres con galgos en Andalucía. Informe para registro en el atlas del patrimonio inmaterial de Andalucía. Sevilla. (2021), p. 7. Citando a ROMERO, A., Los siete galgueros de Écija. Málaga, Carmen Morillo. (2011).

180 ROMERO, A., El gran libro de los galgos. Editorial Almuzara. Sevilla. (2010), p. 69.

181 CRUZADA, S.M., PALENZUELA, P., PÉREZ GAMUZ, H., La caza de liebres con galgos en Andalucía. Informe para registro en el Atlas del Patrimonio Inmaterial de Andalucía. Sevilla: Federación Andaluza de Galgos e Instituto Andaluz de Patrimonio Histórico. (2021), p. 7.

convirtió en una actividad recreativa, deportiva y, en muchos casos, apasionada. Esta evolución refleja un cambio en la motivación que subyace de la caza con galgos en la sociedad moderna.

Con el tiempo, surgieron reglas y códigos de conducta en torno a la caza, y éstas aseguran un juego limpio y el cumplimiento de las leyes de caza, lo que contribuye a su desarrollo como una actividad cinegética más organizada. Sin embargo, es interesante destacar que, incluso en la antigüedad, figuras como Lucio Flavio Arriano, conocido como Arriano de Nicomedia, anticiparon la necesidad de establecer reglas y directrices específicas para esta práctica. Arriano, un prominente filósofo del Imperio Romano, redactó el tratado "*Cynegheticus*" en el siglo II d.C., en el que detalló una serie de pautas para la caza con galgos[182].

Las reglas propuestas por Arriano proporcionaron un marco para la caza con galgos, ayudando así a estandarizar y mejorar la actividad en su tiempo. Algunas de estas normas perduran en la actualidad, como la suelta de galgos en el momento que "salta la liebre"[183], la cantidad permitida de perros soltados simultáneamente, la distancia entre los perros y las liebres, la prohibición de cazar liebres jóvenes, aspectos como la cría de los perros, los momentos óptimos de madurez para los galgos machos y hembras, y las pautas sobre los terrenos apropiados para la práctica de la caza, entre otras consideraciones[184].

Hoy en día, la caza con galgos se centra en la emoción, la pasión por el deporte y la competencia y nos encontramos con dos categorías de galgueros que son: los deportistas y los cazadores[185]. Ambas categorías muestran enfoques notablemente distintos respecto a la práctica de la caza con galgos. "Existe una gran diferencia entre quienes cazan por afición, sin cuestionarse por qué, y aquellos quienes cazan por competición y por las repercusiones económicas

---

182 Arriano, F., [s. II a. c.] Cynegeticus. Traducido por Beatriz Seral Aranda con título Tratado de la caza. Madrid. Colección el Mirlo blanco. (1965).

183 Lenguaje coloquial utilizado por los galgueros.

184 Pérez Gamuz, H., y Palenzuela Chamorro, P., La caza de liebres con galgos en Andalucía: Desde el conflicto a la patrimonialización. Revista Andaluza de Antropología. (2021), p. 13.

185 *Ibidem*, p. 19.

íntegramente"[186]. Es una práctica antigua, sin embargo, no ha hecho más que evolucionar y adaptarse a las necesidades de la sociedad.

En este sentido, la caza con galgos ha adoptado diferentes formas a lo largo de los años, particularmente desde el "boom cinegético"[187]. Dentro de este panorama se han desarrollado diversas modalidades, entre las que destacan la caza de liebres en competición, la caza de liebres en cercones[188], la "caza" de liebre con bozales puestos a los perros y la carrera de galgos con liebre mecánica[189], esta última no será objeto de análisis en el presente libro, pues no constituye una forma de caza *stricto sensu.*

1.2. La evolución de la reglamentación de la caza con galgos

La caza de liebres con galgos se ha abordado con cierto descuido a lo largo de la historia[190]. Sin embargo, con la evolución de la caza con galgos, gradualmente han surgido algunas reglas. El Campeonato de la Copa de La Ina, celebrado en 1911, fue el "comienzo reglado de una práctica de caza convertida en deporte"[191]. Además, en 1939 se creó la Federación Española de Galgos, que dio una estructura a la práctica de esta actividad.

Sin embargo, fue a "partir de los años 60 donde se impuso un estilo de lance y carrera cinegética reglamentada"[192]. En efecto, a finales del siglo pasado, se produjo una transformación significativa en la

---

186 GAMUZ, H., Etnografía de las relaciones humano-animales en el contexto de la caza de liebres con galgos en Fuentes de Andalucía. Trabajo de Fin de Máster, Universidad de Sevilla. (2021), p. 31.

187 LÓPEZ ONTIVEROS, A., Caza, actividad agraria y geografía de España. Documents d'analisi Geográfica. (1994) PP. 111-130.

188 Un cercón es un lugar vallado, reservado para la reproducción de la libre.

189 PÉREZ GAMUZ, H., PALENZUELA CHAMORRO, P., La caza de liebres con galgos en Andalucía: Desde el conflicto a la patrimonialización. Revista Andaluza de Antropología. (2021), p. 12.

190 *Ibidem*, p. 17.

191 GAÑAN MEDINA, C., La Ina, el comienzo de un sueño. En Federación Andaluza de Galgos (ed.), Un siglo de galgos. Catálogo de la Exposición Conmemorativa del Centenario de la Copa La Ina. Sevilla. Altagrafics. (2014), p. 11.

192 CRUZADA, M. S., PALENZUELA CHAMORRO, P., PÉREZ GAMUZ, H., La caza de liebres con galgos en Andalucía. Informe para registro en el Atlas del Patrimonio

práctica de la caza con galgos, marcada por la "deportivización"[193] de la actividad.

Antes de este cambio, los galgueros cazaban de manera aleatoria, permitiendo que sus perros merodearan libremente sin regulaciones específicas en cuanto a sujeción en el campo. A este respecto, la captura de una liebre "encamada"[194] no seguía un protocolo específico. Lo esencial era asegurar una "liebre en el morral" para llevar comida a casa[195]. El reconocimiento social y el prestigio recaían principalmente en los cazadores que lograban capturar más liebres con sus perros. En efecto, se consideraba que un perro era bueno en la medida en que cazase muchas liebres.

Sin embargo, en la actualidad se celebra que los perros sigan fielmente las trayectorias y líneas de huida de la liebre. Los galgueros denominan "galgos limpios" a aquellos que siguen a la liebre sin recortarla ni anticiparse a sus movimientos, mientras que a los que intentan estrategias consideradas como trampa se les llama "galgos sucios"[196].

Con la creciente regulación de esta actividad y el establecimiento de normativas específicas para la caza con galgos en competición, los modelos de carrera competitiva se introdujeron en las prácticas populares. Hoy en día, la caza con galgos puede desarrollarse en un ambiente reglamentario, con normas estrictas en torno a puntajes y tiempos de carrera, así como amonestaciones por conductas indebidas. Asimismo, también puede llevarse a cabo de manera más informal y recreativa, con reglas de aplicación flexible. La combinación del aspecto competitivo y el disfrute de la afición destacan la versatilidad y diversidad de la práctica de la caza con galgos en la actualidad; sin embargo, sea cual sea el motivo, existen leyes que deben respetarse a la hora de cazar.

Inmaterial de Andalucía. Sevilla: Federación Andaluza de Galgos e Instituto Andaluz de Patrimonio Histórico. (2021), p. 58.

193 *Ibidem,* p. 60.

194 *Ibidem.*

195 *Ibidem.*

196 *Ibidem,* p. 63.

1.3. Aspectos temporales de la caza con galgos

En España, el enfoque principal es establecer regulaciones sobre la "periodicidad, más que su método" en el ámbito de la caza[197], para ello, los galgueros se basan en el período de veda, que es el periodo hábil para la caza. Este periodo hábil puede variar en función de las Comunidades Autónomas, por ejemplo, en Castilla y León, se puede cazar la liebre con galgos desde el día 12 de octubre hasta el cuarto domingo de enero del año siguiente[198]. El periodo hábil de caza con galgos "coincide con las estaciones de otoño e invierno y el tiempo de menor actividad agrícola en los cultivos de la campiña"[199].

El orden de vedas puede permitir la caza todos los días del periodo hábil establecido. Sin embargo, existen casos particulares, como el de las sociedades galgueras y los Planes Técnicos de Caza de los cotos con socios galgueros, donde pueden tomar restricciones adicionales, limitando la actividad de caza a algunos días específicos de la semana. Esta variación en las restricciones se justifica por diversas razones, siendo una de las principales la reducción de la densidad de liebres silvestres[200].

1.4. Aspectos espaciales de la caza con galgos

La caza de la liebre con galgos se desarrolla de manera óptima en terrenos específicos del paisaje campestre, es esencial que el terreno ofrezca un campo sin obstáculos, donde ni siquiera un olivo pueda entorpecer la veloz trayectoria del galgo, ya que la velocidad es cru-

---

197 *Ibidem*, p. 27.

198 BOE. núm. 172, de 20 de julio de 2021. Ley 4/2021, de 1 de julio, de Caza y de Gestión Sostenible de los Recursos Cinegéticos de Castilla y León. *https://www.boe.es/buscar/doc.php?id=BOE-A-2021-12058* [Última consulta: 10 de enero de 2025].

199 PÉREZ GAMUZ, H., y PALENZUELA CHAMORRO, P., La caza de liebres con galgos en Andalucía: Desde el conflicto a la patrimonialización. Revista Andaluza de Antropología. (2021), p. 18; CRUZADA, M. S., PALENZUELA CHAMORRO, P., PÉREZ GAMUZ, H., La caza de liebres con galgos en Andalucía. Informe para registro en el Atlas del Patrimonio Inmaterial de Andalucía. Sevilla: Federación Andaluza de Galgos e Instituto Andaluz de Patrimonio Histórico. (2021), p. 12.

200 *Ibidem*.

cial en esta actividad y cualquier impedimento podría herir al animal y conllevar su pérdida.

La liebre ibérica, objetivo de esta modalidad de caza, muestra una clara preferencia por espacios abiertos con escaso matorral[201], las grandes llanuras y campos de labor, típicamente asociados al cultivo del cereal, girasol, algodón y leguminosas, son escenarios ideales para la liebre[202]. Además, es "un medio óptimo tanto para la reproducción de la liebre como para el desarrollo de la persecución y captura de las mismas por parte de los galgos"[203].

Estos terrenos no solo proporcionan el espacio necesario para la carrera, sino que también actúan como lugares de refugio y reproducción para este ágil mamífero. Los olivares, además de formar parte del mismo ecosistema, cumplen la función de "perdederos"[204], sirviendo como refugios donde la liebre puede protegerse no solo de los galgos, sino también de la depredación de otras especies[205].

1.5. Las etapas de la actividad de caza

1.5.1. Batir el terreno in situ

Unos días antes de empezar a cazar con los galgos, los galgueros suelen reunirse para verificar directamente la cantidad de liebres en la zona de caza prevista. Para este propósito, se forma un grupo si-

---

201 Riqueni Barrios, J., Días de caza menor. Vida y caza de la liebre. Tertulias cinegéticas y añoranzas. Sevilla. Espuela de Plata. Riqueni Barrios, (2012), p. 173.

202 *Ibidem,* p. 20.

203 Pérez Gamuz, H., y Palenzuela Chamorro, P., La caza de liebres con galgos en Andalucía: Desde el conflicto a la patrimonialización. Revista Andaluza de Antropología. (2021), p. 9.

204 Se denomina "perdedero" al espacio donde la liebre perseguida se zafa o escapa. Estos espacios pueden ser parte del terreno, como las zonas labradas, olivares, etc., o bien construidas a partir del apilamiento de piedras o con cemento y ladrillos. Ver en Gamuz, H., Etnografía de las relaciones humano-animales en el contexto de la caza de liebres con galgos en Fuentes de Andalucía. Trabajo de Fin de Máster, Universidad de Sevilla. (2021), p. 34.

205 Pérez Gamuz, H., y Palenzuela Chamorro, P., La caza de liebres con galgos en Andalucía: Desde el conflicto a la patrimonialización. Revista Andaluza de Antropología. (2021), p. 21.

milar al que se organizará durante la caza, pero sin la presencia de los perros. Se cuentan las liebres que se levantan mientras el grupo avanza. Después de este censo visual, una vez elegida la ubicación de caza, solo resta determinar la fecha exacta para la jornada de caza y el lugar específico para la reunión de la cuadrilla y sus galgos[206].

El día de la caza los galgueros forman "la cuerda" o "la mano", se configura como una línea de cazadores en el terreno de caza, dispuestos estratégicamente a una distancia no mayor de diez metros entre ellos. Esta formación busca abarcar eficientemente el área de caza y optimizar las posibilidades de detectar y perseguir liebres.

Los galgueros y galgos van "barriendo" el terreno con la única intención de "levantar a la liebre"[207] para poder soltar los galgos y empezar la carrera. Este proceso implica avanzar de manera coordinada y organizada, cubriendo el terreno de manera sistemática para levantar y perseguir a las liebres, donde la expresión ir "en mano sobre mano" implica mantener una línea rigurosa y observar el suelo con sigilo[208].

La atención se centra en buscar la liebre en el suelo, ya que los cazadores, perros y, en algunos casos, los que están a caballo, adoptan una disposición específica al "barrer"[209] el terreno. Se trata de una actividad que requiere concentración porque la liebre, cuando está en su "cama"[210], puede permanecer quieta incluso cuando los "batidores" pasan por encima de ella, por lo que se debe observar el suelo para identificar a las liebres camufladas. La cama de las liebres, en el contexto de la caza con galgos, es un refugio natural, cuidadosamente seleccionado por las liebres, que se convierte en su escondite principal, un lugar donde buscan resguardo y seguridad ante la presencia amenazante de

---

206 CRUZADA, M. S., PALENZUELA CHAMORRO, P., PÉREZ GAMUZ, H., La caza de liebres con galgos en Andalucía. Informe para registro en el Atlas del Patrimonio Inmaterial de Andalucía. Sevilla: Federación Andaluza de Galgos e Instituto Andaluz de Patrimonio Histórico. (2021), p. 13.

207 Lenguaje galguero.

208 GAMUZ, H., Etnografía de las relaciones humano-animales en el contexto de la caza de liebres con galgos en Fuentes de Andalucía. Trabajo de Fin de Máster, Universidad de Sevilla. (2021), p. 32.

209 Búsqueda de la liebre en el terreno.

210 Agujero en el suelo donde reposa y se esconde la liebre.

los depredadores. Pueden ser montículos de tierra, matorrales densos, arboledas o cualquier otro lugar que permita a las liebres mantenerse camufladas y tener una vista clara de su entorno circundante.

En la formación de la "cuerda", se marca una distancia entre los cazadores para dominar el terreno. Esto se debe a que la liebre, estando en su "cama", puede encontrarse a pocos metros de distancia, y es necesario mantener un "paso normal" para poder observar el suelo y detectar la liebre[211]. En efecto, los galgueros, al mantenerse en línea y a una distancia estratégica, pueden explorar de manera eficaz el entorno, maximizando las oportunidades de avistar a las liebres y asegurando una caza más exitosa. La organización de la "cuerda" y de la "mano" en la caza de liebres es un proceso sistematizado y coordinado,[212] antes de formar la "cuerda", se realiza un sorteo para determinar el orden de suelta de cada collera[213], compuesta generalmente por dos perros de dueños diferentes.

Además, se designa a un responsable de la cacería para la jornada, la introducción del azar mediante el sorteo añade emoción y competencia al evento. Al juntar en la collera dos perros de distinto dueño que correrán la misma liebre, conlleva lo que se llama "el pique" —procedente del verbo picarse, es decir la competencia entre los miembros de la cuadrilla[214]. La composición de la "cuerda" se ajusta al número de galgueros y ojeadores, como la extensión del área de caza.

---

211 Cruzada, M. S., Palenzuela Chamorro, P., Pérez Gamuz, H., La caza de liebres con galgos en Andalucía. Informe para registro en el Atlas del Patrimonio Inmaterial de Andalucía. Sevilla: Federación Andaluza de Galgos e Instituto Andaluz de Patrimonio Histórico. (2021), p. 52.

212 *Ibidem,* p. 15.

213 Pareja de perros que se utilizan para la caza y persecución de la liebre.

214 Cruzada, S. M., Palenzuela, P., Pérez Gamuz, H., La caza de liebres con galgos en Andalucía. Informe para registro en el Atlas del Patrimonio Inmaterial de Andalucía. Sevilla: Federación Andaluza de Galgos e Instituto Andaluz De Patrimonio Histórico. (2021), p. 14.

1.5.2. La suelta de galgos

Al principio, todos los perros deben ir atados con "traílla"[215] o correa, siempre bajo la responsabilidad del dueño. En caso de que, por descuido o de manera intencionada, uno de los galgos se libere y se una a una carrera en curso, el dueño enfrenta una sanción impuesta por el grupo en forma de multa[216].

En la formación de "la mano", los galgueros ocupan el centro con sus colleras, mientras el "traillero" avanza ligeramente hacia adelante con los perros asignados. En los extremos de la formación, si están presentes, se colocan los batidores a caballo, listos para seguir de cerca la carrera una vez que los perros son liberados. Esta disposición táctica asegura una cobertura efectiva del terreno y una respuesta rápida en el momento crucial de la liberación de los galgos[217].

La identificación de la liebre en la "cama" para "levantar la liebre" es un momento importante, pues quien logra avistar la presa, la "canta", es decir, avisa al resto de los compañeros, generando un nivel de alerta y anticipación en toda la mano[218]. Cuando la liebre ha sido localizada, el soltador ocupa una posición estratégica para que los galgos puedan ver claramente a la presa.

El soltador, inicia una pequeña carrera sin liberar completamente la "traílla", con el objetivo de orientar a los perros en la dirección que tomará la liebre al huir[219], este gesto no solo proporciona una ventaja

---

215 Una correa que conecta a dos galgos destinados a perseguir una liebre y que facilita su liberación simultánea en el momento adecuado. Por lo general, se activa manualmente mediante un sistema de poleas. Permiten que los dos galgos persigan a la liebre en condiciones iguales una vez liberados.

216 CRUZADA, M. S., PALENZUELA CHAMORRO, P., PÉREZ GAMUZ, H., La caza de liebres con galgos en Andalucía. Informe para registro en el Atlas del Patrimonio Inmaterial de Andalucía. Sevilla: Federación Andaluza de Galgos e Instituto Andaluz de Patrimonio Histórico. (2021), p. 15.

217 *Ibidem.*

218 GAMUZ, H., Etnografía de las relaciones humano-animales en el contexto de la caza de liebres con galgos en Fuentes de Andalucía. Trabajo de Fin de Máster, Universidad de Sevilla. (2021), p. 32.

219 CRUZADA, M. S., PALENZUELA CHAMORRO, P., PÉREZ GAMUZ, H., La caza de liebres con galgos en Andalucía. Informe para registro en el Atlas del Patrimonio

de salida a la liebre, evitando su captura inmediata, sino que también añade emoción a los galgueros al anticipar una carrera prolongada.

Más tarde, los galgueros sueltan a los lebreles, siguiendo siempre la medida de "ventaja"[220] establecida por el *traillero*. Esta distancia, evaluada por los soltadores, tiene como objetivo garantizar la equidad en las carreras, según el juicio experto del encargado de los perros[221]. La liberación de los perros marca el inicio de la competición, donde la destreza y velocidad de los galgos se ponen a prueba contra la velocidad y la agilidad de la liebre, se sueltan dos galgos de manera simultánea y, en ocasiones excepcionales, se permite la participación de un tercer galgo en la carrera, siempre y cuando se trate del entrenamiento de un cachorro menor de 18 meses[222].

La integridad de la carrera en campo abierto radica en la capacidad del galgo para seguir la línea recta, sin desviaciones, y alcanzar a la liebre de manera justa. Esta exigencia impone un desafío adicional a la destreza del galgo, ya que se espera que siga la trayectoria de la liebre con precisión, sin atajos ni conductas que serían consideradas como desleales. Los animales que persiguen a la liebre deben hacerlo sin ir "sucio" —en el lenguaje propio de esta actividad, es decir, sin recurrir a tácticas que puedan afectar las normas de la carrera, esta regla fomenta una competencia entre los dos galgos basada en la habilidad y la velocidad[223].

Inmaterial de Andalucía. Sevilla: Federación Andaluza de Galgos e Instituto Andaluz de Patrimonio Histórico. (2021), p. 15.

220 Se trata de buscar una distancia prudencial —que dependerá del estado del terreno, o de la dirección que haya tomado la liebre, entre otros factores- que permita una carrera "justa" para la liebre. Ver en: PÉREZ GAMUZ, H., y PALENZUELA CHAMORRO, P., La caza de liebres con galgos en Andalucía: Desde el conflicto a la patrimonialización. Revista Andaluza de Antropología. (2021), p. 15.

221 *Ibidem.* PP.15-16.

222 Reglamento de Ordenación cinegética andaluz. Artículo 90 sobre protección de la caza, se menciona en el segundo apartado que, en la modalidad de caza de liebre con galgos, "los perros deberán ir debidamente atraillados y solo podrán soltarse simultáneamente dos perros por liebre, permitiéndose soltar un tercer perro, siempre y cuando éste sea menor de dieciocho meses de edad, para su adiestramiento."

223 Leer la sección 4.4. Galgo limpio y galgo sucio, en: CRUZADA, M. S., PALENZUELA CHAMORRO, P., PÉREZ GAMUZ, H., La caza de liebres con galgos en Andalucía. Informe para registro en el Atlas del Patrimonio Inmaterial de Andalucía. Sevi-

En el enfrentamiento entre galgos y liebres, lo que se despliega es una contienda entre animales, donde "un instinto ofensivo" se encuentra con otro "defensivo"[224]. En este enfrentamiento, cada uno de los participantes desata su repertorio de habilidades y tácticas, donde el galgo, impulsado por un instinto de caza agudo, despliega una velocidad extraordinaria y un enfoque ofensivo para tratar de alcanzar a la ágil liebre. Por otro lado, la liebre, con su instinto defensivo igualmente afilado, despliega una serie de movimientos esquivos y estrategias para eludir hábilmente los intentos del galgo. Es una interacción de fuerzas naturales contrapuestas, en la que "el hombre (...) únicamente actúa de espectador"[225]. Los animales desempeñan un papel fundamental en este tipo de caza, pero ¿qué ocurre con el ser humano cazador? La caza es ante todo una actividad impulsada y regulada por los cazadores.

1.6. El perfil del cazador y su papel en la caza con galgos

El carácter interclasista de la caza de liebres con galgos es una realidad palpable en la actualidad, y esta dinámica puede explicarse, en gran medida, por la ausencia de necesidad de armas o munición, donde el poder adquisitivo del galguero se convierte en un factor determinante para participar en la práctica[226].

Además, la distinción entre "galgueros deportistas" y "galgueros cazadores" refleja la diversidad de motivaciones dentro de la comunidad de cazadores con galgos. Este fenómeno está vinculado a lo que se conoce, como se ha adelantado en apartados anteriores, como la

---

lla. Federación Andaluza de Galgos e Instituto Andaluz de Patrimonio Histórico. (2021).

224 DELIBES, M., La caza con galgos. La Vanguardia. (1989). Disponible en: *https://hemeroteca-paginas.lavanguardia.com/LVE08/HEM/1989/04/22/LVG19890422-006.pdf* [Última consulta: 10 de enero de 2025].

225 PÉREZ GAMUZ, H., y PALENZUELA CHAMORRO, P., (2021). La caza de liebres con galgos en Andalucía: Desde el conflicto a la patrimonialización. Revista Andaluza de Antropología. (2021), p. 13.

226 *Ibidem.*

"democratización de la caza"[227], un proceso que se impulsó en España a partir de los años setenta, en un momento en el que el cambio que se asoció con el aumento significativo del poder adquisitivo de la clase media, permitiendo así que una gran parte de la población tuviera acceso a la caza como forma de recreo.

Los campeonatos regulados, que en sus inicios eran exclusivos de familias aristocráticas, experimentaron una transformación significativa a partir de 1911. Mientras que originalmente eran reservados para una élite, en la actualidad acogen a participantes de diversos estratos sociales. Esta evolución refleja un cambio en la percepción de la caza con galgos, pasando de ser una práctica elitista a una actividad que abarca una amplia gama de personas, independientemente de su posición social[228], convirtiéndose en un pasatiempo accesible para toda la sociedad, fusionando tradición y cambio en una sociedad contemporánea.

El perfil del cazador y, específicamente del galguero, revela una dinámica demográfica diversa y, al mismo tiempo, una marcada predominancia masculina en la actividad. Tras el Campeonato de Pozo Santo de 2020, Helena PÉREZ GAMUZ realizó un análisis que arrojó una notable amplitud en el rango de edad de los participantes, abarcando desde los 17 años hasta los 78[229]. Sin embargo, se destacó la ausencia de mujeres en la caza con galgos durante ese evento, ya que todos los participantes eran hombres. Esta observación resalta la naturaleza predominantemente masculina de la modalidad de caza con galgos, patrón que se refleja a nivel más amplio en las estadísticas de cazadores federados en 2022.

---

227 SÁNCHEZ, GARRIDO, R., Actividad Humana y naturaleza. La práctica cinegética y los usos del medio natural. El caso del parque natural de la sierra del carrascal de la Font Roja. Tesis Doctoral. Universidad de Murcia. (2007), p. 216.

228 Sobre el carácter interclasista del colectivo de galgueros, leer: CRUZADA, M. S., PALENZUELA CHAMORRO, P., PÉREZ GAMUZ, H., La caza de liebres con galgos en Andalucía. Informe para registro en el Atlas del Patrimonio Inmaterial de Andalucía. Sevilla: Federación Andaluza de Galgos e Instituto Andaluz de Patrimonio Histórico. (2021), p. 20.

229 GAMUZ, H., Etnografía de las relaciones humano-animales en el contexto de la caza de liebres con galgos en Fuentes de Andalucía. Trabajo de Fin de Máster, Universidad de Sevilla. (2021), p. 31.

Según las licencias federadas, el 98.7% de los cazadores son hombres, con un total de 329.600 licencias, mientras que las mujeres representan solo el 1.3%, con 4.245 licencias[230] y al examinar específicamente a los galgueros, se mantiene una tendencia similar. Los datos revelan que el 90% de los galgueros son hombres, con 11.137 licencias federadas, mientras que las mujeres representan el 10%, con 1.235 licencias[231], datos que subrayan la marcada disparidad de género en el mundo de la caza con galgos, donde la participación femenina es significativamente inferior a la masculina.

Cazar con galgos es ante todo un asunto de familia. Los galgueros adquieren conocimiento transmitido a lo largo de generaciones. "La sabiduría de las gentes del campo, la observación de los animales y de sus costumbres y creencias ha sido transmitida de padres a hijos, de abuelos a nietos"[232]. La adquisición de conocimientos de esta actividad no se limita a las habilidades técnicas de la caza, sino que implica la adopción de construcciones socioculturales compartidas por el grupo de cazadores, aprenden a batir el terreno, conocer el comportamiento de la liebre, a cuidar a los galgos, etc. Los galgueros interactúan con su entorno, con los animales y entre ellos, creando una comunidad unida por su compromiso con la práctica de la caza con galgos.

Sin embargo, el papel del galguero en la partida de caza es bastante indirecto, más bien, adopta un papel de observador, actuando como "un sujeto cuasi-pasivo que contempla la escena"[233]. Su participación activa se manifiesta a través de su conexión con el galgo, que se convierte en una extensión de "sí mismo" y asume el rol de cazador por sus cualidades y capacidades inherentes[234]. La idea recurrente de

---

230 MCUD. Anuario de Estadísticas Deportivas 2023. Deporte federado, p. 122 Pagina web: *https://www.culturaydeporte.gob.es/dam/jcr:68eb569f-ed5b-413f-b8ad-0e9071f320a2/anuario-de-estadisticas-deportivas-2023.pdf* [Última consulta: 10 de enero de 2025].

231 *Ibidem.*

232 ROMERO, A., El gran libro de los galgos. Editorial Almuzara. Sevilla. (2010), p. 75.

233 GAMUZ, H., Etnografía de las relaciones humano-animales en el contexto de la caza de liebres con galgos en Fuentes de Andalucía. Trabajo de Fin de Máster, Universidad de Sevilla. (2021), p. 34

234 *Ibidem.*

que la caza con galgos no se centra exclusivamente en la captura de liebres, sino en la observación y la conexión con la naturaleza, sugiere una evolución significativa en la perspectiva de los galgueros a lo largo del tiempo,[235] cambio que se evidencia también en la transformación de la caza, que dejó de ser simplemente una actividad alimentaria para convertirse en una pasión profunda, caracterizada por una experiencia contemplativa[236]. Una transición que implica a su vez la evolución de la caza hacia una actividad de ocio centrada en la comunión con la naturaleza, desplazándose del enfoque en la muerte de animales salvajes y el uso abusivo de perros de caza.

2. *Competición*

La caza con galgos en campo abierto presenta dos facetas distintas: una realizada con fines de puro entretenimiento y otra con objetivos competitivos. La institucionalización de las carreras de galgo en campo abierto ha sido fundamental para el desarrollo de esta práctica, transformándola en una actividad reglada y competitiva cuyas normas se han ido adaptando a lo largo del tiempo.

La evolución hacia una competición más estructurada ha dado lugar a la implementación de reglas más estrictas, nacidas directamente de las exigencias de las competiciones, lo que se busca son "perros limpios" y "carreras limpias"[237], "en la que el galgo sigue la línea y los movimientos de la liebre sin levantar la cabeza y vista de esta, sin cortarle el paso ni adelantar sus posibles movimientos"[238]. Se puede observar que "lo más importante para un buen aficionado a los galgos no es que se capture la liebre, sino que la carrera sea bonita"[239].

---

235 Como lo han dicho Ortega y Gasset, J., La caza y los toros. Madrid. (1962).

236 Romero, A., El gran libro de los galgos. Editorial Almuzara. Sevilla. (2010).

237 En el ámbito competitivo, una carrera dura entre 55 segundos a 3 minutos. Ver Articulo 55. Reglamento de carreras de galgos en campo de la Federación española de galgos.

238 Cruzada, M. S., Palenzuela Chamorro, P., Pérez Gamuz, H., La caza de liebres con galgos en Andalucía. Informe para registro en el Atlas del Patrimonio Inmaterial de Andalucía. Sevilla: Federación Andaluza de Galgos e Instituto Andaluz de Patrimonio Histórico. (2021), p. 34.

239 Romero, A., El gran libro de los galgos. Editorial Almuzara. Sevilla. (2010).

La excelencia en la persecución se convierte en el criterio central de valoración. La búsqueda de un galgo "limpio" no solo resalta la habilidad del perro, sino que también contribuye a la emoción y la intensidad de las carreras, marcando así la pauta para la práctica actual de la caza con galgos en campo abierto.

2.1. El papel de la Federación Española de Galgos en la competición

Las carreras de galgos tras liebre en campo, poseen un carácter oficial y se llevan a cabo en territorio español, se organizan a nivel estatal por la Federación Española de Galgos (FEG)[240] y, a nivel autonómico, por las respectivas federaciones de las Comunidades Autónomas[241]. Los Clubes Deportivos federados o reconocidos por la Federación Española de Galgos pueden organizar carreras de galgos tras liebre en campo, siempre y cuando cuenten con la autorización previa de la Federación correspondiente[242].

Los clubes federados, socios, deportistas federados, los cargos técnicos deportivos y, en general, todas las personas vinculadas o adscritas a estamentos y órganos federativos deben respetar disposiciones que configuran la legislación deportiva española en vigor, los estatutos y reglamentos de la FEG y las normas de orden interno que dicte la Federación Española de Galgos en el ejercicio de sus competen-

240 Resolución de 16 de septiembre de 1993, de la Secretaría de Estado-Presidencia del Consejo Superior de Deportes, por la que se dispone la publicación en el «Boletín Oficial del Estado» de los Estatutos de la Federación Española de Galgos: *https://www.boe.es/buscar/doc.php?id=BOE-A-1993-24309* [Última consulta: 10 de enero de 2025].

241 Reglamento de carreras de galgos en campo de la Federación española de galgos. Artículo 1.

242 Aunque estas carreras organizadas por clubes no tendrán carácter oficial. Cualquier organización de carreras que no obtenga la autorización necesaria, así como la participación en dichas competiciones en calidad de cargo técnico o propietario-presentador de galgo sin la debida autorización, será considerada una infracción muy grave. Las sanciones aplicables se regirán conforme a lo establecido en el régimen disciplinario deportivo de la Federación. Ver el Artículo 2. Reglamento de carreras de galgos en campo de la Federación española de galgos.

cias[243]. En este sentido, cumplirá con sus funciones y competencias mediante diversos órganos, que incluyen tanto los de gobierno y representación como los de gestión, administración, asesoramiento, y aquellos especializados en aspectos técnico-deportivos y técnico-jurídicos, trabajando en conjunto para garantizar el adecuado desarrollo y regulación de las actividades relacionadas con la caza de galgos[244].

(a) Los Comités

La FEG cuenta con dos comités, por un lado, el Comité de Disciplina Deportiva y, por otro, el Comité Nacional de Cargos Técnicos-Deportivos. El Comité de Disciplina Deportiva de la Federación Española es un órgano técnico-jurídico que permite la resolución de cuestiones contenciosas y disciplinarias dentro de la vida federativa. Su función principal es ejercer la potestad disciplinaria sobre todos los componentes de la estructura orgánica de la Federación, abarcando los clubes deportivos y sus deportistas, técnicos, directivos, cargos técnicos, y, en general, todas las personas y entidades federadas que participan en actividades deportivas a nivel estatal[245].

Por su parte, el Comité Nacional de Cargos Técnico-Deportivos, como órgano federativo, opera bajo la supervisión de la Junta Directiva de la Federación Española de Galgos, desempeñando un papel destacado en la inspección de los servicios ofrecidos por los cargos técnico-deportivos, su objetivo principal es garantizar la justa interpretación de reglamentos y obligaciones por parte de estos cargos, siendo considerada la autoridad inmediata superior a ellos[246]. Este Comité colabora con las Federaciones Galgueras Autonómicas para asegurar una coordinación eficiente, puede formular propuestas a la Junta Directiva sobre normas de ingreso y sugerencias que considere pertinentes para mejorar la organización y desarrollo de la gestión

---

243 Art 4. Reglamento de carreras de galgos en campo de la Federación española de galgos.

244 Art 5. Reglamento de carreras de galgos en campo de la Federación española de galgos.

245 Art 6. Reglamento de carreras de galgos en campo de la Federación española de galgos.

246 Art 9. Reglamento de carreras de galgos en campo de la Federación española de galgos.

de los cargos técnicos deportivos, contribuyendo al mejor funcionamiento del sistema. Asimismo, establece los niveles de formación y debe definir los requisitos necesarios para los cargos técnicos-deportivos, asegurando que cuenten con la preparación adecuada para desempeñar sus funciones. Tiene a su cargo el nombramiento y disposición de los cargos técnico-deportivos para servicios técnicos en competiciones de ámbito estatal y tiene que cuidar el proceso de reclutamiento y formación de los cargos técnicos-deportivos, asegurando que estén capacitados y preparados para cumplir con sus responsabilidades[247].

(b) Los Cargos técnicos-deportivos

Las competiciones en campo organizadas por la Federación Española de Galgos o las federaciones de las Comunidades Autónomas se llevan a cabo bajo la supervisión de los cargos técnico-deportivos, designados por el Comité Nacional de Cargos Técnico-Deportivos o por el Comité de Cargos Técnico-Deportivos de las federaciones Autonómicas que, específicamente, para competiciones en campo, incluyen al director de carreras, comisarios de carreras, jueces de campo, cronometradores, director de caza, veterinarios y soltadores.

En las carreras de competición oficial, participarán al menos un comisario, uno a tres jueces de campo y un cronometrador. En situaciones donde las carreras sean juzgadas por un único juez, la presencia del cronometrador no será imprescindible[248]. Este sistema tiende a la correcta ejecución y supervisión de las competiciones, manteniendo los estándares de calidad y cumplimiento de las normativas establecidas. A continuación, se abordarán en detalle los cargos técnicos-deportivos y sus respectivas funciones en el contexto de la competición.

247 Art 10. Reglamento de carreras de galgos en campo de la Federación española de galgos.

248 Art 12. Reglamento de carreras de galgos en campo de la Federación española de galgos.

(c) Los directores de carreras

Los directores de carreras asumen la responsabilidad de la parte deportiva en la competición rindiendo cuentas ante la Federación correspondiente[249]. Sus responsabilidades abarcan diversas áreas, incluyendo la divulgación de los terrenos donde se llevarán a cabo las carreras, la organización de la disposición del público según las directrices del director de caza, y la seguridad de que todo esté debidamente ordenado y funcione correctamente.

Además, el director de carreras se encarga de hacer cumplir las disposiciones y reglamentos federativos, distribuir los cargos técnico-deportivos para cada jornada de competición, comunicar los cargos que participarán en cada carrera y levantar acta detallada de las jornadas en las que ha intervenido También tiene la responsabilidad de identificar, junto con el veterinario oficial, a los galgos participantes según la documentación presentada en el momento de la inscripción. En casos particulares, puede designar a un cargo técnico-deportivo para actuar en un cargo distinto al inicialmente asignado y tomar decisiones como, por ejemplo, aplazar carreras debido a condiciones meteorológicas o del terreno, así como declarar retirado a un galgo que no se presente puntualmente en el lugar y hora establecidos[250].

(d) Los comisarios de carreras

Los comisarios de carreras deben supervisar la correcta ejecución de la collera asignada por el director de carreras y pueden realizar las observaciones y comentarios que consideren oportunos a los jueces, cronometrador y al resto de personas que intervengan en la carrera. Entre sus responsabilidades deberán registrar en las actas de carreras, elaboradas por los directores de carreras, las observaciones que consideren pertinentes; solicitar explicaciones a los demás cargos técnico-deportivos de su collera una vez desplegados los pañuelos[251]; computar el tiempo en la collera que participe y comunicar el resul-

---

249 Cada competición tendrá como mínimo un director de Carreras.

250 Art 13. Reglamento de carreras de galgos en campo de la Federación española de galgos.

251 Durante la carrera, los galgos llevan un pañuelo al cuello de color rojo o blanco, para distinguirlos.

tado al director de carreras en su función de inspector. Del mismo modo, deberán, llegado el caso, descalificar al galgo que se niegue a ir en el collar o que muestre agresividad, informando de su decisión al director de carreras para su divulgación, y antes de tomar esta decisión, podrá buscar asesoramiento del soltador. También debe designar al juez soltador, funciones que deberían asegurar el buen desarrollo y cumplimiento de las normativas en las competiciones[252].

(e) El juez de campo

El juez de campo[253] es el que determina con su juicio el resultado o fallo de una carrera y[254] su decisión es inapelable. Durante el desarrollo de la carrera, los adjuntos del juez de campo se ubican en la posición indicada por este, procurando elegir estratégicamente el lugar por donde se espera que la liebre pase, dada su querencia. En caso de ser solicitada su opinión, los adjuntos informarán sobre lo observado durante la carrera, aunque su parecer no posea la validez de un voto formal[255].

(f) Los cronometradores

Los cronometradores miden y certifican el tiempo de duración de una carrera,[256] en ausencia del cronometrador titular, cualquier cargo técnico-deportivo debidamente acreditado puede ocupar este rol. En situaciones excepcionales, cuando las carreras se juzguen con un único juez, el comisario puede asumir la responsabilidad del cargo de cronometrador[257].

---

252 Art 14. Reglamento de carreras de galgos en campo de la Federación española de galgos.

253 El Juez puede actuar de manera individual o en un trío. Cuando se desempeña como Juez único, tiene la opción de contar con uno o más adjuntos. En ausencia de adjuntos, el Comisario puede asumir esta función.

254 Art 15. Reglamento de carreras de galgos en campo de la Federación española de galgos.

255 Art 17. Reglamento de carreras de galgos en campo de la Federación española de galgos.

256 Art 18. Reglamento de carreras de galgos en campo de la Federación española de galgos.

257 Art 19. Reglamento de carreras de galgos en campo de la Federación española de galgos.

(g) El director de caza

El director de caza asume responsabilidades, siendo su cometido designar los terrenos para las carreras y comunicar esta información al director de carreras para su divulgación pública. Además, es el encargado de organizar "la mano" y sus decisiones deben ser acatadas por los participantes, pudiendo imponer sanciones, incluso la expulsión del corredero, en caso de incumplimiento. También tiene la tarea de designar el lugar de reunión del público, informando al director de carreras, y garantizando que todos los miembros de "la mano" posean una licencia federativa[258] válida[259].

(h) Los veterinarios

El veterinario oficial desempeña un papel crucial en las competiciones para garantizar el buen estado de salud del animal, es su responsabilidad reconocer a los galgos participantes, colabora con el director de carreras para identificar a los galgos de acuerdo con la documentación proporcionada durante la inscripción. Posee la exclusividad para diagnosticar la retirada de un galgo debido a enfermedad, lesión o anomalías físicas, reflejándolo en el acta elaborada por los directores de carreras. El veterinario oficial también brinda asistencia médica a los galgos en competición y es la única autoridad técnica competente para autorizar la atención médica por parte de los propietarios, siempre en su presencia[260].

(i) Los soltadores

Los soltadores, pieza clave en el desarrollo de las carreras, asumen la responsabilidad de acollar a los galgos participantes. El reglamento prevé que los soltadores cuidarán a los galgos "con el mimo, cariño y atención necesarios para no desgastarlos".

A la salida de la liebre, los soltadores, con los galgos debidamente acollarados, corren tras ella hasta recibir la orden del juez para sol-

---

[258] Distinta de la licencia de caza.

[259] Art 20. Reglamento de carreras de galgos en campo de la Federación española de galgos.

[260] Art 21. Reglamento de carreras de galgos en campo de la Federación española de galgos.

tarlos. El reglamento anticipa que "se realizará con la suavidad y la destreza necesaria para no molestar ni perjudicar a ningún galgo". Además, el soltador puede brindar asesoramiento al comisario en situaciones donde un galgo se niegue a ir en traílla o presente comportamientos agresivos[261].

2.2. Requisitos para participar en una competición

La inscripción de un galgo en una prueba oficial se llevará a cabo mediante un formulario proporcionado por la Federación Española de Galgos. Este formulario contendrá información detallada sobre el galgo, incluyendo su nombre, microchip, tatuaje oficial y número de registro en el Libro Registro de Orígenes (LRO) de la Federación Española de Galgos. Además, se proporcionarán los datos del propietario, los representantes, el Club Deportivo Federado y su presidente, con las respectivas firmas. Junto con el formulario de inscripción, se adjuntará la documentación que acredite la propiedad, identificación electrónica, tatuaje oficial y registro en el Libro Registro de Orígenes de la FEG.

Cualquier falsificación de datos en la inscripción se considerará como infracción muy grave por parte del propietario. Asimismo, la discrepancia entre los datos confirmados en el Libro Registro de Orígenes y los verificados por la Federación será también considerada infracción muy grave[262].

La participación en pruebas oficiales está reservada exclusivamente para galgos inscritos en el Libro Registro de Orígenes (LRO) de la Federación Española de Galgos. Este registro, destinado únicamente a propietarios federados, requiere la inclusión del número de tatuaje oficial federativo en la hoja de inscripción del galgo, junto con otros datos para su identificación. El proceso de inscripción en el Libro Registro de Orígenes consta de varios pasos, en primer lugar, tanto sementales como hembras reproductoras deben estar registrados y

---

261 Art 22. Reglamento de carreras de galgos en campo de la Federación española de galgos.

262 Art 37. Reglamento de carreras de galgos en campo de la Federación española de galgos.

tener una muestra de sangre en el banco de ADN de la Federación Española de Galgos[263].La notificación de cubrición es un requisito esencial, y tanto el semental como la hembra deben estar inscritos en el Libro Registro de Orígenes (LRO).

En segundo lugar, se incluirá el registro de nacimientos, donde el propietario de la hembra informa a la Federación el número y sexo de los "productos"[264] es decir de los cachorros en un plazo de treinta días desde el nacimiento. La confirmación de cachorros en el Libro Registro de Orígenes se realiza mediante el marcaje de la oreja izquierda por veterinarios oficiales antes de los dieciséis meses de edad. Estos datos se envían a la Federación Española de Galgos para su archivo informático, validando así la participación del galgo en competiciones oficiales[265].

El Libro Registro de Orígenes y, especialmente, el banco de ADN, ofrecen una trazabilidad eficiente de los galgos, constituyendo un punto fuerte en el ámbito de la competición. La identificación exhaustiva, que llega hasta el nivel del ADN, brinda una garantía sólida de la genealogía de cada animal. Este enfoque es particularmente valioso para los galgueros dedicados a la competición, donde la transparencia y la autenticidad de los linajes son aspectos importantes. Por otro lado, aquellos galgueros que se dedican exclusivamente a la caza y no participan en competiciones, no están obligados a llevar a cabo estos procedimientos, lo que dificulta el seguimiento detallado de los perros en esta modalidad. Este contraste entre los requisitos para la competición y la caza sin objetivo de competición sugiere que los problemas podrían surgir con mayor frecuencia en el sector no competitivo, donde la formalidad de los registros genéticos no

---

263 Solicitud servicio al banco de ADN (FEG): *https://www.fedegalgos.com/wp-content/uploads/2015/10/LRO-FEG-solicitud-banco-adn.pdf* [Última consulta: 10 de enero de 2025].

264 La Federación Española de Galgos (FEG), en su Reglamento de Carreras de Galgos en Campo, hace referencia a los cachorros recién nacidos como "productos". Este término objetiva a los animales, reduciéndolos a meros objetos o mercancías en lugar de reconocer su valor como seres vivos con intereses propios.

265 Art 3. Reglamento de carreras de galgos en campo de la Federación española de galgos.

es tan imperativa. Sin embargo, a pesar de llevar a cabo un mayor seguimiento en estos entornos, los abusos también ocurren, especialmente cuando la competición conlleva un aspecto económico significativo. La presencia de intereses financieros puede contribuir a situaciones cuestionables, subrayando la importancia de una supervisión adecuada y medidas para prevenir posibles irregularidades en este sector.

El binomio entre la caza en campo abierto y el deporte competitivo en campeonatos funciona actualmente como un divisor en el universo galguero, definiendo así dos grupos distintos: los galgueros dedicados a la caza y aquellos que participan en eventos deportivos[266]. Es importante destacar que la caza con galgos en competición representó en Andalucía en 2019 sólo el 7% del colectivo de aficionados a la caza de liebres con galgos[267], por tanto, se trata de una minoría respecto a los aficionados que salen a cazar con sus galgos sólo por diversión.

3. La vida de un galgo de caza

3.1. Inicio de la vida de un galgo: desafíos y realidades

Cada año, los galgueros, criadores, apasionados de galgos, empiezan a criar nuevos perros con la esperanza de encontrar entre ellos futuros campeones, quieren que la fase reproductiva tenga como resultado, galgos rápidos con el fin de perseguir liebres sin desviarse y que se conviertan en campeones[268].

---

266 Aunque muchos galgueros optan por practicar la caza en el campo mientras simultáneamente preparan a sus mejores galgos para competiciones oficiales.

267 CRUZADA, M. S., PALENZUELA CHAMORRO, P., PÉREZ GAMUZ, H., La caza de liebres con galgos en Andalucía. Informe para registro en el Atlas del Patrimonio Inmaterial de Andalucía. Sevilla. Federación Andaluza de Galgos e Instituto Andaluz de Patrimonio Histórico. (2021), p. 22.

268 GANDIA SORIANO, F., RODRIGUEZ DE LIÉBANA PRESA, P., URBÓN LÓPEZ DE LINARES, L. El mundo de los galgos. Deontología veterinaria 5° curso (2011/2012), p. 14. Página web: *https://ddd.uab.cat/pub/trerecpro/2011/85711/mungal.pdf* [Última consulta: 10 de enero de 2025].

Los perros representan "un grupo de animales que han sido criados por el humano para poseer ciertos caracteres uniformes que son heredables y distinguen a este grupo de otros dentro de la misma especie (los cuales son) incorporados a la estructura social de una comunidad humana (y se consideran como) objetos de propiedad, herencia, compra e intercambio"[269]. La cría, es una selección artificial provocada *ex profeso* por los seres humanos, en tanto que es funcional, porque cumple con las funciones que se buscan y esperan de ella, lo que la ha convertido en un refinamiento de la "zootecnia"[270].

Según el ritmo de cambio de las secuencias de ADN, la separación entre el lobo y el perro se habría producido hace unos 135.000 años[271]. Como todas las especies domesticadas, los perros han estado sometidos a una presión de selección continua y constante. Las razas caninas se han creado genéticamente y después se han mejorado para satisfacer nuestras expectativas específicas, con morfologías adaptadas. Como resultado, si los perros de caza son adecuados para la caza es principalmente porque los humanos hemos desarrollado determinadas características en algunas razas de perros. Los perros criados con fines cinegéticos fueron específicamente desarrollados para permitir al cazador adentrarse en un entorno antes inaccesible, ampliando así su área de acción"[272]. Se busca cualidades como la velocidad[273], la resistencia, una buena vista y un buen olfato para

---

269 Clutton Brock, J., Los animales silvestres y domésticos en el pasado y el presente. En Relaciones hombre-fauna. Una zona interdisciplinaria de estudio, coordinado por Joaquín Arroyo Cabrales y Eduardo Corona, 29-50. México: Plaza y Valdés, Instituto Nacional de Antropología e Historia. (2002), pp. 34 y 39.

270 Digard, J.p., L'Homme et les animaux domestiques, anthropologie d'une passion, Fayard, Le temps des sciences, (1990). Gómez, L., Digard, Jean-Pierre: L'homme et les animaux domestiques. Anthropologie d'une passion. Revista de Antropología. Vol. 46, n° 1. (1990).

271 Vilà, C., Savolainen, P., Maldonado, J., Amorim, I., Rice, J., Honeycutt, R., Crandall, K., Lundeberg, J., Wayne, R., Multiple and ancient origin of the domestic dog. Science, 276. (1997), pp. 1687-1689.

272 Kuhl, G., Human-sled dog relations: what can we learn from the stories and experiences of mushers? Society & Animals. Vol. 19, n° 1. (2011), pp. 22-37.

273 La "selección artificial del galgo se produjo y sigue produciéndose expresamente por los seres humanos para constituirse como los perros más veloces entre los de su especie." Ver en: Pérez Gamuz, H., y Palenzuela Chamorro, P., La caza

ayudarles a rastrear la caza, aunque, los galgos tienden a cazar más por la vista y menos por el olfato.

Los estudios realizados por investigadores de Harvard han demostrado que las modificaciones han moldeado incluso la propia estructura del cerebro de las distintas razas de perros[274]. HECHT descubrió características neuroanatómicas correlacionadas con distintos comportamientos, como la caza, la guardia, la cría y la compañía[275]. Los humanos intentan clasificar a los perros en función de su uso y hoy la Federación Cinológica Internacional reconoce 356 razas divididas en diez grupos[276]. El décimo grupo nos interesa especialmente en la presente investigación porque incluye a los lebreles, y en concreto a los lebreles españoles (galgos) que se utilizan para la caza en España.

Este perro es, por tanto, fruto de un "proceso socio-genético selectivo dilatado en el tiempo y que ha configurado lo que hoy conocemos como "galgo español puro"[277]. Son los galgueros quienes definen las alianzas, desencuentros, pertenencias y la utilidad de los galgos para la caza. Este vínculo entre el perro y los galgueros se puede llamar "acoplamiento"[278]. Con el fin de producir un buen galgo de caza, se han llevado a cabo cruces. Si bien es cierto que el galgo

---

de liebres con galgos en Andalucía: Desde el conflicto a la patrimonialización. Revista Andaluza de Antropología. (2021), p. 26.

274 Ver Anexo 3.

275 HECHT, E., SMAERS, J., DUNN, W., KENT, M., PREUSS, T., GUTMAN, D., Significant Neuroanatomical Variation Among Domestic Dog Breeds. Journal of Neuroscience. (2019). DOI: *https://doi.org/10.1523/JNEUROSCI.0303-19.2019* [Última consulta: 10 de enero de 2025].

276 Grupo 1. Perros pastores y boyeros (excepto boyeros suizos); Grupo 2. Pinscher y Schnauzer - Molosoides y Boyeros de montaña y suizos; Grupo 3. Terriers; Grupo 4. Teckels; Grupo 5. Spitz y tipos primitivos; Grupo 6. Sabuesos y perros de rastro y razas semejantes; Grupo 7. Perros de muestra; Grupo 8. Retrievers - Perros cobradores de caza y levantadores de caza - Perros de agua; Grupo 9. Perros de compañía y; Grupo 10. Lebreles. Ver: FCI *https://www.fci.be/es/Nomenclature/* [Última consulta: 10 de enero de 2025].

277 PÉREZ GAMUZ, H., y PALENZUELA CHAMORRO, P., La caza de liebres con galgos en Andalucía: Desde el conflicto a la patrimonialización. Revista Andaluza de Antropología. (2021), p. 26.

278 CRUZADA, SANTIAGO, M., Encuentros de vida y muerte. Antropología Transespecie y mundos ampliados entre cazadores y animales en el suroeste extremeño. Tesis Doctoral. Universidad Pablo de Olavide. Sevilla. (2019).

español desciende históricamente de un cruce entre el Sabueso Ibicenco y el Galgo Árabe, a partir del siglo XX se empezó a cruzar con el *Greyhound* o Galgo Inglés[279]. Los galgos españoles, por su resistencia y experiencia más robustas, cazaban liebres en persecuciones interminables, "mientras que los galgos ingleses, mejor adaptados a las carreras de canódromos, tenían salidas explosivas tras la liebre" y con una mayor velocidad[280].

El galgo español, en la actualidad, se distingue por su excepcional combinación de fuerza, velocidad y resistencia durante las carreras, su flexibilidad es también un factor importante, y cuando se suma a su tamaño medio, bajo peso y resistencia óptima, da como resultado un ejemplar singular capaz de participar en la caza de liebres en carreras que pueden extenderse por largos períodos de tiempo. Gracias a cruces cuidadosamente seleccionadas, la evolución del galgo español ha llevado a la creación de un perro ligero con una cabeza estrecha y afilada, reduciendo al mínimo la resistencia al viento. Estas características permiten al galgo alcanzar impresionantes velocidades, llegando a aproximadamente 65 km/h o más. La cola del galgo, larga y ligeramente curvada en la punta, actúa como timón durante las carreras, contribuyendo a su destreza y agilidad en la persecución de presas. En su conjunto, estas características hacen del galgo español un ejemplar único y altamente especializado para las carreras de caza[281].

En su Tratado de Caza (1845), Carlos HIDALGO y Antonio GUTIÉRREZ GONZÁLEZ proporcionaron valiosas descripciones del

---

279 Gamuz, H., Etnografía de las relaciones humano-animales en el contexto de la caza de liebres con galgos en Fuentes de Andalucía. Trabajo de Fin de Máster, Universidad de Sevilla. (2021), p. 36; Cruzada, M. S., Palenzuela Chamorro, P., Pérez Gamuz, H., La caza de liebres con galgos en Andalucía. Informe para registro en el Atlas del Patrimonio Inmaterial de Andalucía. Sevilla: Federación Andaluza de Galgos e Instituto Andaluz de Patrimonio Histórico. (2021), p. 33.

280 Cruzada, M. S., Palenzuela Chamorro, P., Pérez Gamuz, H., La caza de liebres con galgos en Andalucía. Informe para registro en el Atlas del Patrimonio Inmaterial de Andalucía. Sevilla: Federación Andaluza de Galgos e Instituto Andaluz de Patrimonio Histórico. (2021), p. 58.

281 Gamuz, H., Etnografía de las relaciones humano-animales en el contexto de la caza de liebres con galgos en Fuentes de Andalucía. Trabajo de Fin de Máster, Universidad de Sevilla. (2021), p. 37.

galgo, resaltando las características que consideraban fundamentales para su desempeño en la caza de liebres. Destacaron la importancia de que estos perros fueran de cuerpo largo y ligero, con un hocico alargado, orejas rectas y ligeramente dobladas en la punta, cuello regular, costillas fuertes y marcadas, patas altas, delgadas y nerviosas, manos puntiagudas con uñas negras, y cola larga y ligeramente enroscada hacia la punta. Enfatizaron que, debido a su estructura natural, los galgos están especialmente adaptados para la caza y que, para lograr un rendimiento óptimo, hay que prepararlos desde el principio en el campo junto con otros perros ya amaestrados[282]. Esta descripción del galgo refleja la atención detallada que los autores dedicaron a las características físicas y habilidades específicas que consideraban esenciales para la caza de liebres.

En línea con esta descripción, el físico es importante ya que son "seleccionados íntegramente en función de sus cualidades morfológicas"[283], el carácter y las habilidades de los padres son igualmente importantes, es lo que se denomina "la personalidad de la raza"[284]. Se busca una "sangre limpia"[285] que favorezca la reproducción y desarrollo de un galgo apto para la caza. Muchos criadores buscan perpetuar la línea de sangre de campeones. La "heredabilidad"[286] se refiere a la capacidad de transmitir características específicas de un galgo campeón a sus descendientes[287]. Al seleccionar cuidadosamen-

---

282 HIDALGO, C. y GUTIÉRREZ, A., Tratado de caza. Madrid: [s.n.] Imprenta de D. Manuel Álvarez. (1845), pp. 70-71.

283 GAMUZ, H., Etnografía de las relaciones humano-animales en el contexto de la caza de liebres con galgos en Fuentes de Andalucía. Trabajo de Fin de Máster, Universidad de Sevilla. (2021), p. 38.

284 CRUZADA, SANTIAGO, M., Encuentros de vida y muerte. Antropología Transespecie y mundos ampliados entre cazadores y animales en el suroeste extremeño. Tesis Doctoral. Universidad Pablo de Olavide. Sevilla. (2019).

285 CRUZADA, M. S., PALENZUELA CHAMORRO, P., PÉREZ GAMUZ, H., La caza de liebres con galgos en Andalucía. Informe para registro en el Atlas del Patrimonio Inmaterial de Andalucía. Sevilla: Federación Andaluza de Galgos e Instituto Andaluz de Patrimonio Histórico. (2021), p. 35.

286 GAMUZ, H., Etnografía de las relaciones humano-animales en el contexto de la caza de liebres con galgos en Fuentes de Andalucía. Trabajo de Fin de Máster, Universidad de Sevilla. (2021), p. 38.

287 FEG. El mundo del galgo. Selección genética en el galgo de campo. Ver en: *https://www.fedegalgos.com/el-mundo-del-galgo/seleccion-genetica-en-el-galgo-de-campo/*

te los padres con base en su desempeño y características deseables, los criadores aspiran a mejorar las cualidades genéticas de la próxima generación. Este enfoque estratégico busca maximizar la probabilidad de que los cachorros hereden las habilidades y atributos que han llevado a sus ancestros a la victoria en competiciones anteriores. La reproducción selectiva y la atención a la heredabilidad son prácticas comunes en la cría de galgos con el objetivo de criar perros que destaquen en el rendimiento atlético y las habilidades de caza. En cambio, la "suciedad" no se puede heredar según los galgueros. La clave, por tanto, será seguir con un buen adiestramiento, "hasta convertirse en galgos "cuajaos", es decir, con el cuerpo y la cabeza listos para la carrera"[288].

Una de las grandes ventajas de los galgos es su capacidad para producir grandes camadas, generalmente de cinco a quince cachorros. Esta prolificidad ofrece a todo criador la esperanza constante de obtener uno o más campeones que sobresalgan en los campeonatos de caza[289]. Con camadas grandes, los criadores tienen la oportunidad de observar una variedad de talentos y características dentro de cada camada, aumentando las posibilidades de seleccionar cachorros prometedores para perpetuar la línea de competidores excepcionales. Esta característica reproductiva de los galgos ayuda a alimentar el optimismo de los criadores respecto a que de cada camada surgirán futuros campeones, por no mencionar los beneficios económicos que les reportarán. Para tener oportunidad de tener un campeón, es mejor elegir entre los padres que ya son campeones. Por eso la FEG ofrece una clasificación de los mejores reproductores. En primer lugar, está el *ranking* de hembras reproductoras[290] y,

---

[Última consulta: 10 de enero de 2025].

288 Cruzada, M. S., Palenzuela Chamorro, P., Pérez Gamuz, H., La caza de liebres con galgos en Andalucía. Informe para registro en el Atlas del Patrimonio Inmaterial de Andalucía. Sevilla: Federación Andaluza de Galgos e Instituto Andaluz de Patrimonio Histórico. (2021), p. 39.

289 Gamuz, H., Etnografía de las relaciones humano-animales en el contexto de la caza de liebres con galgos en Fuentes de Andalucía. Trabajo de Fin de Máster, Universidad de Sevilla. (2021), p. 44.

290 FEG. Ranking reproductoras 2021/2022: *https://www.fedegalgos.com/ranking-reproductoras-2021-22/* [Última consulta: 10 de enero de 2025].

en segundo lugar, el listado de sementales que más crías han aportado al Nacional[291].

Además, no solo se trata de seleccionar una buena genética, sino también de tomar la decisión adecuada entre un galgo o una galga. Si bien en cierto que las hembras tienen la desventaja de que pueden estar en celo “dos celos al año si son regulares”[292], observamos que “las hembras suelen ser las favoritas llegado el momento de adquirir un galgo”, porque “maduran o se cuajan antes”[293] y pueden empezar a correr un año antes que los machos[294]. Además, las hembras tienen una “mayor capacidad para la recuperación postcarrera así como una mayor flexibilidad en el lomo, lo que favorece los quiebros sin lesión al perseguir a la liebre”[295]. Otro argumento avanzado por los galgueros para preferir las hembras es que la galga es más dócil que el galgo y esto no supone una amenaza a la masculinidad del hombre[296]. En efecto, según GAMUZ, “la hembra ante esta proyección sexo-género que presentan los galgueros, no es competidora directa del cazador-humano, sino facilitadora de ese momento de caza”[297]. A la imagen del hombre viril, “los machos suelen tener, según los galgueros, mayores problemas de control de comportamiento y rebeldía”[298] y los machos son conocidos por pelearse más entre ellos, y “pueden escapar si hay una hembra en celo cerca y revelarse ante el dueño con más asiduidad”[299].

---

291 FEG. Ranking de sementales del LRO de la FEG. (2022). *https://www.fedegalgos.com/ranking-de-sementales-del-lro-de-la-feg/* [Última consulta: 10 de enero de 2025].

292 SEIRUL-LO SOARES, F., Cincuenta años corriendo liebres; prólogo de Marcelo Carlos de Onís. Ed. Salamanca. (1964). PP.56-58.

293 CRUZADA, M. S., PALENZUELA CHAMORRO, P., PÉREZ GAMUZ, H., La caza de liebres con galgos en Andalucía. Informe para registro en el Atlas del Patrimonio Inmaterial de Andalucía. Sevilla: Federación Andaluza de Galgos e Instituto Andaluz de Patrimonio Histórico. (2021), p. 35.

294 *Ibidem,* p. 36.

295 *Ibidem,* pp. 35-36.

296 CERRO RAMÍREZ, J., La villa de Fuentes (1578-1800). Fuentes de Andalucía, Sevilla, España. (2011).

297 GAMUZ, H., Etnografía de las relaciones humano-animales en el contexto de la caza de liebres con galgos en Fuentes de Andalucía. Trabajo de Fin de Máster, Universidad de Sevilla. (2021), p. 55.

298 *Ibidem,* p. 56.

299 *Ibidem,* p. 55.

Afortunadamente, para los galgueros que quieren hembras sin tener la inconveniencia del celo en las perras de caza, la investigación veterinaria ha implementado un sistema innovador que combina avances en el ámbito de la veterinaria y la endocrinología. Se ha introducido la posibilidad de ejercer un control más preciso sobre los ciclos reproductivos de las hembras, con el objetivo de evitar el celo en momentos críticos, como la temporada de veda. Este enfoque implica la administración de inyecciones de progestágenos, que bloquean de manera continua el ciclo reproductivo cada cinco meses, proporcionando así una herramienta eficaz para regular la reproducción y adaptarla a las necesidades específicas de la actividad cinegética[300].

La búsqueda de un campeón o de una campeona conduce a una cría intensiva, y esta cría masiva tiene consecuencias directas ya que se desechan miles de galgos cada año y muchos de ellos no llegan a ser identificados[301]. Lamentablemente, la cría de galgos en España carece de un estudio exhaustivo, y ninguna fuente oficial ofrece una visión completa de las condiciones en las que se lleva a cabo, solo a través de estudios de campo realizados por asociaciones protectoras de animales o de activistas, se revela la cruda realidad de la cría de galgos[302].

---

300 Cruzada, M. S., Palenzuela Chamorro, P., Pérez Gamuz, H., La caza de liebres con galgos en Andalucía. Informe para registro en el Atlas del Patrimonio Inmaterial de Andalucía. Sevilla: Federación Andaluza de Galgos e Instituto Andaluz de Patrimonio Histórico. (2021), p. 40.

301 El senador, Carles Mulet García, al amparo de lo previsto en los artículos 160 y 169 del Reglamento de la Cámara, ha presentado la siguiente pregunta con respuesta escrita "Solo en Sevilla, se estima que se abandonan 5.000 de estos animales anualmente, y algunas estimaciones calculan que en España cerca de 50.000 galgos y otros perros para la caza son descartados como si fueran meras cosas. [...] ¿Qué actuaciones está ejecutando el Gobierno para proteger del maltrato a los galgos en todos los territorios del Estado español?" N° Registro Telemático: 133506_Mulet García, Carles (18997925V)_Id. de transacción de firma: TRANSAC_d907500260e94317ad21cde438edbab2. Pregunta n°219991. N° Registro: 119092 Expediente: 684/047881/0001/.

302 Por ejemplo: AnimaNaturalis y CAS International. Ver su campana "Salvamos a los galgos": *https://www.salvemosalosgalgos.org/es?referer=https%3A%2F%2Fwww.animanaturalis.org%2F* [Última consulta: 10 de enero de 2025].

"Febrero, el miedo de los galgos"[303], es un documental independiente realizado por Irene BLÁNQUEZ que refleja la situación que sufren los galgos en España. En esta fuente audiovisual tiene lugar una escena en la que un galguero revela tener doce perros nuevos y otros veinte en su finca. Este criador utiliza sus perros tanto para la caza como para la reproducción. Delante de la cámara, destaca la importancia de tener un campeón de España enfatizando la presión que existe en la comunidad de galgueros para alcanzar logros en el ámbito competitivo, escenario que plantea interrogantes sobre las condiciones de cría y el destino de aquellos galgos que no cumplen con las expectativas, subrayando la necesidad de una mayor transparencia y regulación en esta práctica.

Las medidas para criar galgos también son bastante sombrías en todos los sentidos de la palabra, generalmente se encierran en naves, perreras o búnkeres, lugares oscuros, lúgubres, hechos de piedras, metal y barrotes gruesos. Tampoco en este caso hay estudios oficiales o fundamentados, pero sí vídeos grabados directamente con los galgueros, como el vídeo "Búnker para galgos", grabado par Radio Televisión Española (RTVE), donde se observan los espacios donde habitan los galgos[304]. Los galgueros dicen guardar los galgos en búnkeres, "escondidos y bien guardados"[305]. Allí vemos cheniles/jaulas, que los galgueros llaman "dormitorios", pero de tamaño considerablemente pequeño.

Durante mi trabajo de campo con SOS GALGOS, recibimos vídeos de galgueros que querían ceder los galgos que ya no le servían a la protectora. Los videos fueron grabados en jaulas diminutas, con los galgos en el barro. Un galguero decía en su grabación "es la reina de la casa", dando a entender que la perra vivía en condiciones de tres estrellas. Acostumbrados a hacerlo por tradición, de generación

---

303 BLÁNQUEZ, I. Febrero. El miedo de los galgos. Waggingtale Films. (2013). Pagina web: *https://vimeo.com/74956745* [Última consulta: 10 de enero de 2025].

304 RTVE. (2011). Sinopsis: Finaliza la temporada de caza y proliferan los robos de galgos adiestrados. Pueden llegar a venderse hasta por cincuenta mil euros. Por eso, Sergio y Eugenio han construido auténticos búnkeres para guardar a sus perros. Disponible en: *https://www.rtve.es/play/videos/espana-directo/espana-directo-bunker-para-galgos/1027705/* [Última consulta: 10 de enero de 2025].

305 *Ibidem.*

en generación, se ha convertido en la norma y los galgueros creen que de esta manera lo hacen bien.

Por otro lado, los galgueros temen los robos, ya que un galgo puede llegar a alcanzar un valor relevante. En el citado documental afirman que un galgo puede "costar hasta 50.000 euros" y termina diciendo que "los dueños (…) aseguran que les duele tenerles escondidos pero que esto es mejor para ellos"[306]. Sin embargo, confinar a los perros en lugares tan lúgubres no es bueno para ellos, es una manera de abusar. El aislamiento puede provocar diversos problemas de bienestar a los perros, como estrés, ansiedad y frustración[307]. La afectividad de estos animales surge cuando se integran en la vida familiar y comparten tiempo con sus dueños[308], privarles de esta interacción puede tener consecuencias negativas para su salud mental y física, por lo que es fundamental atender a las necesidades sociales y emocionales de los perros y promover condiciones de vida que respeten su naturaleza, eligiendo alternativas al confinamiento. Si no se encuentran soluciones para abordar el problema de los robos, se plantea la necesidad de considerar la prohibición de la caza con galgos, una actividad que, si bien genera ingresos significativos, también implica riesgos para la salud y el bienestar de estos animales.

De momento, los galgueros no están preocupados y la cría de galgos está en pleno apogeo en España. Aunque desde la adopción de la Ley 7/2023, de 28 de marzo, de Protección de los Derechos y el Bienestar de los Animales[309] se han adoptados medidas "para evitar la reproducción incontrolada de los animales de compañía", desde

---

306 *Ibidem.*

307 Se puede leer "*There are several factors reported to be associated with canine separation anxiety. These include a history of long periods of being left alone, long periods with the owner without being left alone, periods of kennel housing*", en Sherman, B, L., y Mills, D., Canine anxieties and phobias: an update on separation anxiety and noise aversions. Veterinary Clinics of North America: Small Animal Practice. Vol.38, n° 5. (2008).

308 Utilizamos la palabra dueño o propietario porque es una realidad en la ley. Sin embargo, con el tiempo, este término podría ser sustituido por la palabra tutor o cuidador del animal.

309 BOE. Núm. 75, de 29 de marzo de 2023. Ley 7/2023, de 28 de marzo, de Protección de los Derechos y el Bienestar de los Animales. *https://www.boe.es/buscar/doc.php?id=BOE-A-2023-7936*[Última consulta: 10 de enero de 2025]

la entrada en vigor de la ley, "la cría sólo podrá ser llevada a cabo por personas responsables de la actividad de la cría de animales de compañía inscritas como tales en el correspondiente Registro"[310]. A pesar de que la ley prevé un sistema de inspección y vigilancia[311], junto con un sistema de sanciones[312], la cría en sótanos o búnkeres puede continuar sin que nadie se dé cuenta, porque es muy difícil saber lo que ocurre en estos lugares ocultos a la vista.

3.2. La venta de los galgos

La comercialización de perros de caza es un negocio lucrativo, tanto a través de criadores acreditados como criadores clandestinos. Para algunos, este atractivo negocio consiste en la venta de cachorros criados específicamente para la caza, que cumplen criterios particulares como la raza, las aptitudes para la caza y otras características interesantes para los compradores.

La diversidad de canales de venta refleja la continua demanda de estos animales de caza especializados, siendo los dos mercados más difíciles de vigilar, aquellos que se pueden denominar de crías familiares, muy a menudo no declaradas y, por tanto, no controladas; y el segundo, el mercado de galgos vendidos a través de páginas de internet[313].

Como se ha mencionado, para resolver este problema, o al menos mitigarlo, la reciente entrada en vigor de la Ley de Bienestar

---

310 Artículo 26. Obligaciones específicas con respecto a los animales de compañía. Ley 7/2023, de 28 de marzo, de Protección de los Derechos y el Bienestar de los Animales.

311 TÍTULO V. Inspección y vigilancia. Ley 7/2023, de 28 de marzo, de Protección de los Derechos y el Bienestar de los Animales.

312 TÍTULO VI. Régimen sancionador. Ley 7/2023, de 28 de marzo, de Protección de los Derechos y el Bienestar de los Animales.

313 La información recopilada se basa en parte en datos no verificados provenientes de páginas web y páginas de Facebook. Debido a la escasez de datos académicos disponibles sobre el tema, nos vimos obligados a realizar nuestras propias investigaciones para obtener una comprensión profunda de la problemática de la venta en línea de animales.

Animal[314] establece regulaciones específicas para la venta de perros, entre las disposiciones más destacadas se encuentra la obligación de que la venta se lleva a cabo directamente por la persona criadora registrada, sin intermediarios. Además, se exige un contrato escrito de compraventa que incluya información detallada del animal, con datos como su origen, raza, sexo, edad, necesidades de cuidado, así como las responsabilidades del comprador. La documentación que respalde esta comunicación debe conservarse durante al menos tres años. Además, se prohíbe la venta de animales no identificados. La venta debe ser comunicada y registrada en el Registro de Animales de Compañía dentro de un plazo máximo de tres días hábiles a partir de la fecha de la transacción.

Así mismo, la ley establece requisitos específicos para la venta en línea y anuncios de animales de compañía. Se prohíbe la venta directa a través de internet, y cualquier anuncio publicado debe incluir el número de registro del criador o el núcleo zoológico del establecimiento de venta, así como el número de identificación del animal. Las plataformas encargadas de la difusión de estos anuncios deben verificar la veracidad de los datos proporcionados por el vendedor, asegurando así la transparencia y el cumplimiento de las normativas de bienestar animal, lo que es un paso adelante, ya que muchos galgos se venden por internet[315].

Milanuncios.com, como ejemplo, aunque hay otros, es una plataforma de anuncios clasificados que ha ganado popularidad en España, ofreciendo a los usuarios la posibilidad de comprar y vender una amplia variedad de productos y servicios, desde la simple transacción de una escoba hasta la venta de un galgo. Esta plataforma sirve de intermediario en la venta y adopción de miles de animales de compañía cada año. Sólo en la página web de *Milanuncios* hemos descubierto más de 10.000 anuncios en la categoría "Perros", de los cuales 1.057 eran anuncios de "Perros galgos" en noviembre de 2021[316].

---

314 Ley 7/2023, de 28 de marzo, de Protección de los Derechos y el Bienestar de los Animales.

315 Articulo 57. Venta 'online' y anuncios de venta de animales de compañía.

316 Búsqueda realizada el 29/10/2021.

La venta en línea de animales impulsa el tráfico de perros[317] debido a la escasa supervisión, pero también facilita el abandono, ya que permite desprenderse del animal con mayor facilidad, algo habitual para los galgueros que venden o regalan sus perros al final de la temporada de caza o cuando el perro no caza bien.

La página web de *Milanuncios*[318] tiene una responsabilidad real y significativa, los animales deben ser tratados de manera diferente a la venta de electrodomésticos o automóviles. Resulta muy positivo que la página web realice acciones preventivas para informar a sus usuarios mediante la disponibilidad de información y guías. Esta información se modificó entre 2021 y 2023, principalmente porque las leyes que regulan la cría y venta de perros se endurecieron con la Ley de Bienestar Animal[319].

En 2021, se requería el uso de la herramienta *Milanuncios Pro,* para la publicación de tres o más anuncios de "mascotas," y los anunciantes debían proporcionar documentación, como CIF-NIF y núcleo zoológico, para garantizar la seguridad en las transacciones y prevenir el fraude.

En contraste, las normas de 2023 son más restrictivas y específicas, solo se permite la publicación de anuncios de venta de mascotas por parte de vendedores que sean centros autorizados y registrados de acuerdo con la normativa legal vigente[320]. La documentación del anunciante se requiere para cumplir con la Ley 7/2023 de Protección de los Derechos y el Bienestar de los Animales. La empresa de venta *online* se reserva la facultad de bloquear o borrar anuncios que no cumplan con las normas específicas de la categoría, aplicando

---

317 Resolución del Parlamento Europeo, de 12 de febrero de 2020, sobre la protección del mercado interior y los derechos de los consumidores de la Unión frente a las consecuencias negativas del comercio ilegal de animales de compañía (2019/2814) (RSP): *https://www.europarl.europa.eu/doceo/document/TA-9-2020-0035_ES.html* [Última consulta: 10 de enero de 2025].

318 *https://www.milanuncios.com/* [Última consulta: 10 de enero de 2025].

319 TÍTULO III. CAPÍTULO I. Cría, comercio, identificación y transmisión de animales de compañía. Ley 7/2023, de 28 de marzo, de protección de los derechos y el bienestar de los animales.

320 Ver 4.

regulaciones contenidas en las condiciones específicas para usuarios profesionales.

Además, en la categoría "Adopciones", solo pueden publicar anuncios las protectoras y/o organizaciones autorizadas y registradas de acuerdo con la normativa legal vigente. Estas medidas buscan reforzar el bienestar de los animales y prevenir posibles problemas asociados con la venta de animales en línea. Sin embargo, en noviembre de 2023, repetimos la misma revisión que en noviembre de 2021 y todavía encontramos 2.440 anuncios de galgos en esta página web[321]. Pero, a primera vista, los anuncios parecen más controlados y la plataforma indica con un pictograma de color verde que se respetan los criterios.

Lamentablemente, el desafío de las ventas por internet persiste, evidenciado por plataformas como *Facebook* que están saturadas de anuncios relacionados con galgos, algunos de los cuales son extremadamente cuestionables[322]. En este espacio virtual, se encuentran anuncios de ventas, donaciones e incluso trueques de galgos. La mayoría de estos anuncios no respetan en absoluto las condiciones éticas y legales de venta de animales, convirtiendo este entorno en un auténtico mercado descontrolado.

La ausencia de supervisión en estas plataformas propicia la proliferación de prácticas irresponsables, generando riesgos para el bienestar de los animales y obstaculizando la aplicación de estándares en las transacciones vinculadas a los galgos. Resulta alarmante contemplar la envergadura de estas operaciones, fácilmente accesibles en Internet, donde la impunidad para llevar a cabo tales actividades es patente. Los miembros de las fuerzas y cuerpos de seguridad enfrentan restricciones al intentar acceder a información sobre los titulares de líneas telefónicas y correos electrónicos en casos de posibles infracciones administrativas relacionadas con la venta de animales, lo que dificulta significativamente sus investigaciones. Esta situación es especialmente notable cuando se contrasta con la facilidad con la que pueden obtener información sobre la matrícula de un vehículo

---

321 Búsqueda hecha el 26 de noviembre de 2023.

322 Ver Anexo 5. El uso de las imágenes de *Facebook* no es una fuente académica; sin embargo, ilustra la problemática detectada.

y los datos relacionados, lo que resalta una discrepancia en la accesibilidad de datos críticos para la seguridad y el cumplimiento de la ley[323].

3.3. El entrenamiento

Como todo buen deportista, el galgo necesita un estricto entrenamiento para la caza y más aún para competir ya que "correr una liebre exige un gran esfuerzo para el animal"[324]. El proceso de entrenamiento de los galgos se enfoca en potenciar diversas habilidades fundamentales para su desempeño en la caza de liebres, entre las que se destacan la potencia, la resistencia y la velocidad del animal. Los galgueros distinguen claramente entre el entrenamiento y el adiestramiento. Mientras que el entrenamiento se centra en el desarrollo físico y las capacidades atléticas del galgo, el adiestramiento tiene como objetivo condicionar la conducta del animal y modificar sus rasgos comportamentales[325].

Aunque los galgos tienen una capacidad instintiva para correr la liebre[326] ya que "lo llevan en la sangre"[327], se adiestran a los galgos desde una edad temprana para lograr la excelencia. Los jóvenes suelen aprender de los galgos más aguerridos con la técnica de la "observación-imitación"[328]. El joven tiene que aprender de sus maestros en

---

[323] MORATALLA, MORATALLA, P.J., Policía local y protección animal: una visión práctica de la tarea policial. En: De animales y normas. Protección animal y derecho sancionador. Tirant lo Blanch, Valencia. (2021), p. 318.

[324] SEIRUL-LO SOARES, F., Cincuenta años corriendo liebres, prólogo de Marcelo Carlos de Onís. Ed: Salamanca. (1964). PP.75-78

[325] GAMUZ, H., Etnografía de las relaciones humano-animales en el contexto de la caza de liebres con galgos en Fuentes de Andalucía. Trabajo de Fin de Máster, Universidad de Sevilla. (2021), p. 48.

[326] Los galgueros los llaman "codicia", es decir las ganas y empeño que el galgo pone tras la liebre. Ver en ROMERO, A., El gran libro de los galgos. (2020), p. 183.

[327] CRUZADA, M. S., PALENZUELA CHAMORRO, P., PÉREZ GAMUZ, H., La caza de liebres con galgos en Andalucía. Informe para registro en el Atlas del Patrimonio Inmaterial de Andalucía. Sevilla: Federación Andaluza de Galgos e Instituto Andaluz de Patrimonio Histórico. (2021), p. 64.

[328] LUÑO MUNIESA, I., Problemas de comportamiento en la especie canina y actuación por parte de los propietarios. Trabajo de Fin de Máster. Facultad de

la tradición galguera[329], es una "forma de aprendizaje común entre los perros cazadores y los galgos en particular. El emparejamiento de galgos jóvenes con galgas viejas, para calmar el nerviosismo del primero, o soltar un cachorro o galgo joven con uno viejo para que este le mate la liebre y el joven aprenda y no se frustre, son algunos de los ejemplos de este tipo de aprendizaje"[330].

La desventaja es que los galgos son animales inteligentes y no se limitan a aprender comportamientos positivos, sino que también pueden adquirir conductas negativas desde el punto de vista de los galgueros, mediante la observación, como "saltar las perreras, romper bebederos, pelear o la suciedad en la carrera"[331]. Los galgueros buscan mantener el control sobre "el comportamiento del galgo, o sobre el pensamiento del galgo"[332]. Es importante que "el galgo no recorte a la liebre, que el perro corra con la cabeza agachada, que no tenga problemas de comportamiento con otros perros cuando va en la traílla, o que no se acobarde al ir atado".[333] Este control es especialmente importante durante los primeros meses del galgo, donde una exposición sin restricciones a la liebre podría intensificar sus instintos y llevarlo a ser "incorregible", "estropearse" o "ensuciarse", desviándose de las bases fundamentales de la carrera o perdiendo la "lógica galguera de la persecución de la liebre"[334].

Veterinaria, Universidad de Zaragoza. (2012).

329 ROMERO, A., El gran libro de los galgos. (2020), p. 95.

330 CRUZADA, M. S., PALENZUELA CHAMORRO, P., PÉREZ GAMUZ, H., La caza de liebres con galgos en Andalucía. Informe para registro en el Atlas del Patrimonio Inmaterial de Andalucía. Sevilla: Federación Andaluza de Galgos e Instituto Andaluz de Patrimonio Histórico. (2021), p. 39.

331 ROMERO, A., El gran libro de los galgos. (2020), p. 95 ; CRUZADA, M. S., PALENZUELA CHAMORRO, P., PÉREZ GAMUZ, H., La caza de liebres con galgos en Andalucía. Informe para registro en el Atlas del Patrimonio Inmaterial de Andalucía. Sevilla: Federación Andaluza de Galgos e Instituto Andaluz de Patrimonio Histórico. (2021), p. 40.

332 GAMUZ, H., Etnografía de las relaciones humano-animales en el contexto de la caza de liebres con galgos en Fuentes de Andalucía. Trabajo de Fin de Máster, Universidad de Sevilla. (2021), p. 43.

333 *Ibidem.*

334 GAMUZ, H., Etnografía de las relaciones humano-animales en el contexto de la caza de liebres con galgos en Fuentes de Andalucía. Trabajo de Fin de Máster, Universidad de Sevilla. (2021), p. 44.

La preparación física y las aptitudes para correr también son muy decisivas, se podría pensar que poner las liebres delante de los perros con el objetivo de cazarlas sería una forma de entrenarlos, pero no es aconsejable, ya que los perros pueden aprender técnicas para seguir la liebre haciendo menos esfuerzos y volverse "sucios." En su lugar, deben entrenarse como corredores de maratón junto con velocistas. Para ello, los galgueros utilizan el método *High Intensity Interval Trainning (HIIT),* un entrenamiento interválico de alta intensidad en el que se realizan cambios de ritmos o intensidad. El HIIT ha demostrado que puede mejorar el rendimiento y la composición corporal en humanos[335]. En este contexto, se proyecta una perspectiva centrada en el ser humano hacia el animal, al tratarlo como un atleta, ya que buscamos aplicar a los galgos los métodos de entrenamiento que funcionan con los humanos[336].

De hecho, el "Comité Olímpico Español (COE), otorgó a la FEG, la Placa Olímpica, máximo galardón reconocido a las entidades deportivas. Esto, sin duda, favorece el paralelismo que se da entre galgo y el atleta corredor, sobre todo ante los requerimientos físicos necesarios para la caza de liebre con galgo"[337]. Sin embargo, persiste un problema ya que los galgos son extraordinariamente veloces, alcanzando velocidades de hasta 72 km/h[338].

Ante esta velocidad, los galgueros han tenido que ajustar sus métodos y desarrollar técnicas que les permitan entrenar estos canes

---

335 BILLAT, L. V. Interval training for performance: a scientific and empirical practice special recommendations for middle- and long-distance running. Part I: Aerobic Interval Training. Sports Medicine. (2001), pp. 13-31; BILLAT, L. V., Interval training for performance: a scientific and empirical practice special recommendations for middle- and long-distance running. Part II: Anaerobic Interval Training. Sports Medicine, vol. 31, n° 2. (2001), pp. 75-90 ; FADER, F., Entrenamiento de Intervalos de Alta Intensidad (HIIT) en Corredores: Consideraciones Generales. PubliCE Standard. (2013); LAURSEN, P. B., JENKINS, D. G., The Scientific Basis for High-Intensity Interval Training. Optimizin Training Programmes and Maximising Preformance in Highly Trained Endurance Athletes. Sports Medicine, vol. 32, n° 1. (2002), pp. 53-73.

336 GAMUZ, H., Etnografía de las relaciones humano-animales en el contexto de la caza de liebres con galgos en Fuentes de Andalucía. Trabajo de Fin de Máster, Universidad de Sevilla. (2021), p. 47.

337 *Ibidem.*

338 *Ibidem.*

mucho más rápido que sus otros compañeros *Canis lupus familiaris*. El entrenamiento de los galgos con vehículos a motor se enfoca en aprovechar esta capacidad única del animal, que resulta inalcanzable para el ser humano a pie, por eso no es raro ver galgos atados a vehículos de motor en España.

> "Es controvertida la escena del galguero con sus galgos amarrados a un vehículo a motor, coches, motos o quads, sin embargo, el fundamento de esta práctica está centrada en ese desarrollo y concepto del "galgo como deportista". Para los galgueros, este tipo de entrenamiento es indispensable para el desarrollo del "fondo" o la resistencia, y prepararlos para el enfrentamiento a una "liebre dura" con gran potencia en carrera y de larga duración. Pero más que esto es indispensable para que el galguero pueda acompañar al galgo en esta preparación, pues como humanos, no disponemos de las capacidades fisiológicas que nos permitan seguir su ritmo ni velocidad"[339].

Aunque comprendemos que el entrenamiento de galgos con vehículos a motor se lleva a cabo con el propósito de preparar a los perros para perseguir liebres con potencia y resistencia, es importante señalar que esta práctica puede conllevar riesgos para los galgos. En este tipo de entrenamiento, los perros suelen correr a un ritmo sostenido mientras son remolcados por una cuerda sujeta al vehículo, todo ello conectado directamente al cuello del perro mediante un collar en lugar de un arnés[340].

En consecuencia, surge el interrogante sobre la legalidad de este método de entrenamiento. La respuesta no está claramente establecida y la "regulación del entrenamiento específico de perros para la caza de liebre con galgos es mínima"[341], a veces incluso inexistente. De hecho, si bien es difícil encontrar prohibiciones claras en la ley, hay Comunidades Autónomas que lo han autorizado. A modo de

---

339 Cruzada, M. S., Palenzuela Chamorro, P., Pérez Gamuz, H., La caza de liebres con galgos en Andalucía. Informe para registro en el Atlas del Patrimonio Inmaterial de Andalucía. Sevilla. Federación Andaluza de Galgos e Instituto Andaluz de Patrimonio Histórico. (2021), p. 38.

340 Carter, A., *et al.* Canine collars: an investigation of collar type and the forces applied to a simulated neck model, Veterinary Record (2020).

341 Gamuz, H., Etnografía de las relaciones humano-animales en el contexto de la caza de liebres con galgos en Fuentes de Andalucía. Trabajo de Fin de Máster, Universidad de Sevilla. (2021), p. 46.

ilustración, se puede revisar un caso en Andalucía en 2012. La Dirección General de Sanidad Animal de la Junta de Andalucía aprobó la legalización y adecuación del entrenamiento de galgos con vehículos a motor en esa comunidad. Se ha conseguido este objetivo con el apoyo de un estudio científico realizado por la Cátedra de Recursos Cinegéticos y Piscícolas de la Universidad de Córdoba (CRCP), encargado por la Federación Andaluza de Galgos (FAG), que ha demostrado que el entrenamiento con vehículos a motor, favorecen el desarrollo de las cualidades de la especie canina lo que, a su vez, ha permitido la regularización y normalización del uso de vehículos a motor para el entrenamiento de los galgos. El "Reglamento de entrenamientos de galgos usando vehículos a motor" prevé los tipos de vehículos autorizados, los caminos que se pueden usar, la velocidad, y otros requisitos como la edad de los galgos, el número máximo de animales a entrenar, las condiciones sanitarias, etc.

No obstante, no se ha encontrado una fuente oficial de esta autorización. No hay nada publicado en el BOE o en el BOJA, sin embargo, sí hay un reglamento firmado[342].

Hemos cuestionado la validez de este reglamento, pero nuestros intentos de obtener información, a través de correos electrónicos a la Federación Española de Galgos (FEG) y la Junta de Andalucía, han sido en vano. La FEG no respondió a nuestros correos y, al llamar, nos indicaron que solo brindan información a miembros registrados. Tras varios intentos de contacto telefónico a la Junta de Andalucía, finalmente fuimos dirigidos al Servicio de Legislación de la Junta de Andalucía, y nos pusieron en contacto con un técnico del servicio jurídico especializado en materia de cacería[343]. Él no tenía conocimiento del texto mencionado y no pudo proporcionar información adicional al respecto. Incluso sugirió que podría tratarse de una resolución, una decisión no normativa de una autoridad que resuelve un conflicto o proporciona pautas en una materia específica, pero sin tener valor legislativo. Un día después, la Junta de Andalucía, respondió por mail "el reglamento citado es un documento interno de la

342 Ver Anexo 6.
343 El 14/11/2021.

asociación que lo emitió. No se publicó en el BOJA como documento de esta Consejería"[344].

La persona encargada del Servicio de Legislación de la Junta de Andalucía añadió que, en cualquier caso, aunque se hubiera aprobado un texto, no sería necesaria su aplicación ya que el entrenamiento de los galgos con vehículos es una práctica muy común en el entorno rural y en particular en el sur de España y el hecho de hacerlo no está tipificado como infracción.

Si bien es cierto que no hay autorización en los textos, tampoco hay prohibiciones, por lo que entendemos que se deja a la elección de los galgueros que entrenen a los perros con coches, motos o bicicletas.

En el momento que se hizo esta consulta[345], estaba en elaboración la Ley de Bienestar Animal[346] que podría poner en peligro este método de entrenamiento. En efecto, el Anteproyecto de la Ley de Protección y Derechos de los Animales preveía en su "Artículo 32. Prohibiciones" que "1. Quedan expresamente prohibidas las siguientes actividades sobre los animales: ñ) Llevar animales atados a vehículos a motor en marcha." La mención explícita en la ley, pretendía erradicar este tipo de conductas que ponen en riesgo la integridad física y el bienestar de los animales, quienes podrían sufrir lesiones graves o incluso la muerte al ser arrastrados por un vehículo en movimiento. Sin embargo, esta disposición específica no se mantuvo en el texto final de la ley, que, por lo demás, excluyo de forma explícita a los perros de caza[347].

En cualquier caso, si esta prohibición hubiera permanecido, no necesariamente habría preocupado a los galgueros ya que el técnico del servicio jurídico especializado en materia de cacería nos explicó que todavía se podía utilizar la técnica del carrusel mecánico, tam-

---

344 Correo "Respuesta a su consulta nº 8719 Consejería de Agricultura, Ganadería, Pesca y Desarrollo Sostenible." 15/11/2021.

345 Vid. Consulta hecha el 14/11/2021 por teléfono.

346 BOE núm. 75. Ley 7/2023, de 28 de marzo, de protección de los derechos y el bienestar de los animales.

347 Vid. Capítulo II. "5. La Ley 7/2023, de 28 de marzo, de Protección de los Derechos y el Bienestar de los Animales y la exclusión de los perros de caza".

bién llamado noria, que permite estimular los movimientos del perro de forma mecánica[348]. Esto suele ser un gimnasio casero sin ninguna regulación. Se trata entonces de un grave vacío legal que puede dar lugar a todo tipo de prácticas abusivas, aunque efectivamente no existe ninguna normativa específica sobre el uso de carruseles para adiestrar perros, hay regulaciones relativas al adiestramiento de perros acoplados a vehículos de motor.

Como ya hemos visto, existía el reglamento andaluz, que, según nuestras investigaciones, no tiene alcance legal. Sin embargo, a nivel nacional, existen leyes vigentes, que inciden en la regulación de esta práctica, dependiendo de la región específica. En función de la Comunidad Autónoma, las leyes pueden adoptar diferentes posiciones con respecto al adiestramiento de perros en vehículos. Algunas Comunidades prohíben explícitamente esta práctica, considerándola potencialmente peligrosa para la seguridad vial y el bienestar animal[349]. Otras Comunidades la autorizan con condiciones, estableciendo determinados requisitos o restricciones[350]. También hay casos donde la legislación no aborda específicamente esta actividad, dejando un vacío normativo que puede generar interpretaciones diversas.

Comunidad Autónoma	**¿Qué dice la ley? Llevar animales atados a vehículos en movimiento**
Andalucía Ley 11/2003, de 24 de noviembre, de Protección de los Animales	No hay ninguna disposición en la ley
Aragón Ley 11/2003, de 19 de marzo, de Protección Animal en la Comunidad Autónoma de Aragón.	Artículo 68. Infracciones leves. Tienen la consideración de infracciones leves. 12. Llevar animales atados a vehículos en movimiento o, estando sueltos, hacerles marchar detrás de aquéllos

348 Modelo copiado de lo existente para caballos.

349 Véase la tabla abajo para el listado completo de las leyes de cada Comunidad Autónoma.

350 BOE, núm. 296. Ley 7/2020, de 31 de agosto, de Bienestar, Protección y Defensa de los Animales de Castilla-La Mancha.

Comunidad Autónoma	¿Qué dice la ley? Llevar animales atados a vehículos en movimiento
Asturias Ley 13/2002, de 23 de diciembre, de Tenencia, Protección y Derechos de los Animales.	No hay ninguna disposición en la ley
Cantabria Ley 3/1992, de 18 de marzo, de Protección de los Animales.	No hay ninguna disposición en la ley
Castilla-La-Mancha Ley 7/2020, de 31 de agosto, de Bienestar, Protección y Defensa de los Animales de Castilla-La Mancha.	Artículo 5. Prohibiciones. Se prohíben las siguientes prácticas: ñ) La sujeción de animales a vehículos de motor en movimiento, *salvo en los casos de galgos en los que el animal esté sujeto en la parte delantera del vehículo y la velocidad de este no supere los 15 km/hora.*
Castilla y León Ley 5/1997, de 24 de abril, de Protección de los Animales de Compañía.	Artículo 28. 2. Son infracciones leves: u) Llevar animales atados a vehículos a motor en marcha
Cataluña Decreto Legislativo 2/2008, de 15 de abril, por el que se aprueba el Texto refundido de la Ley de Protección de los Animales.	No hay ninguna disposición en la ley
Comunidad Valenciana Ley 2/2023, de 13 de marzo, de Protección, Bienestar y Tenencia de Animales de Compañía y otras Medidas de Bienestar Animal.	Artículo 7. Prohibiciones en cuanto a los animales de compañía. Queda prohibido: p) Llevar animales de compañía atados a vehículos de motor en marcha en todo caso, o a cualquier otro medio de transporte que exceda de sus capacidades fisiológicas de desplazamiento y que perjudique su salud.
Extremadura Ley 5/2002, de 23 de mayo, de Protección de los Animales en Extremadura.	No hay ninguna disposición en la ley
Galicia Ley 4/2017, de 3 de octubre, de Protección y Bienestar de los Animales de Compañía en Galicia.	Artículo 39. Infracciones graves. Tienen la consideración de infracciones administrativas graves las siguientes: e) Llevar animales atados a vehículos a motor en marcha.

Comunidad Autónoma	¿Qué dice la ley? Llevar animales atados a vehículos en movimiento
La Rioja Ley 6/2018, de 26 de noviembre, de Protección de los Animales en la Comunidad Autónoma de La Rioja. [Disposición derogada] Ley 10/2023, de 7 de agosto, de derogación de la Ley 6/2018, de 26 de noviembre, de Protección de los Animales en la Comunidad Autónoma de La Rioja.	Artículo 55. Infracciones muy graves. Tendrán la consideración de infracciones muy graves: 13. Llevar animales atados en vehículos a motor en marcha, y trasladar o mantener animales vivos suspendidos de las patas. **[Disposición derogada] Se sebe remitir a la ley nacional de protección animal.**
Madrid Ley 4/2016, de 22 de julio, de Protección de los Animales de Compañía de la Comunidad de Madrid.	Artículo 28. Infracciones graves. Son infracciones administrativas graves las siguientes: k) Llevar animales atados a vehículos a motor en marcha.
Murcia Ley 6/2017, de 8 de noviembre, de Protección y Defensa de los Animales de Compañía de la Región de Murcia.	Artículo 5. Prohibiciones. Se consideran actuaciones prohibidas: u) Llevar animales atados a vehículos a motor en marcha
Navarra Ley Foral 19/2019, de 4 de abril, de Protección de los Animales de Compañía en Navarra.	Artículo 26. Infracciones. 2. Son infracciones graves: o) Llevar animales, de cualquier especie, atados a un vehículo a motor en marcha
País Vasco Ley 9/2022, de 30 de junio, de Protección de los Animales Domésticos.	Artículo 4. Obligaciones de las personas titulares o responsables de los animales. 3. Queda prohibido: f) Llevar animales atados a vehículos en marcha.
Islas Baleares Ley 1/1992, de 8 de abril, de Protección de los Animales que viven en el Entorno Humano.	No hay ninguna disposición en la ley
Islas Canarias Ley 8/1991, de 30 de abril, de Protección de los Animales.	No hay ninguna disposición en la ley

Una región llama especialmente la atención. Es Castilla-La-Mancha que prohíbe esta práctica, pero prevé una excepción para los galgos. En efecto, esta ley establece en su apartado sobre prohibiciones, la interdicción de atar animales a los vehículos de motor en movimiento, salvo en los casos de galgos en los que el animal esté sujeto en la parte delantera del vehículo y la velocidad de este no supere los 15 km/hora. Por lo tanto, el principio es la prohibición consistente en el hecho de respetar al animal, pero, como sucede a menudo, está seguido de una excepción. Es una decisión escandalosa desde el punto de vista de la protección de los galgos[351].

Óscar HERNÁNDEZ, preparador de galgos muy reconocido en el medio galguero, apoya este método porque dice que permite "simular la velocidad a la que van a someterse en la competición con un vehículo que nos permita ir a esta velocidad, a 60, a 65 (km)"[352]. Es cierto que la limitación de velocidad a 15 km/h podría percibirse como una salvaguarda para no herir a los galgos. Sin embargo, surge el interrogante sobre la efectividad de los controles. Los propietarios de galgos, cuya práctica implica altas velocidades, podrían optar por utilizar el vehículo para hacer correr a los galgos a velocidades mucho mayores, más allá de los 15 km/h establecidos.

Además, "para que la excepción sea verdaderamente protectora, falta una cierta cantidad de elementos, como la prohibición del ejercicio en tiempo de calor, una edad mínima para el perro (cuando sabemos que un cachorro debe tener una actividad muy moderada durante la duración de su crecimiento) e incluso protección para perros ancianos. Tampoco hay limitación de tiempo o de kilómetros recorridos. Esta excepción no tiene cabida en una ley de protección animal"[353]. Es la única ley autonómica que permite esta excepción hacia los galgos, lo cual sugiere que el grupo de presión de la caza y

---

351 GISIE, L., Comentario jurídico de la Ley 7/2020, de 31 de agosto, de Bienestar, Protección y Defensa de los Animales de Castilla-La Mancha. [2020/6154] - Diario Oficial de Castilla-La Mancha de 07-09-2020, en dA. Derecho Animal (Forum of Animal Law Studies) 12/1 (2021). DOI *https://doi.org/10.5565/rev/da.556 p.115.*

352 Youtube. Iniciasport. Carreras de galgos en campo 8. Preparación física del galgo. (2013). *https://www.youtube.com/watch?v=9jkKf9kymio* [Última consulta: 10 de enero de 2025].

353 GISIE, L., Comentario jurídico de la Ley 7/2020, de 31 de agosto, de Bienestar, Protección y Defensa de los Animales de Castilla-La Mancha. [2020/6154] - Diario Oficial de Castilla-La Mancha de 07-09-2020, en dA. Derecho Animal (Forum of Animal Law Studies) 12/1 (2021). - DOI *https://doi.org/10.5565/rev/da.556* p. 116.

los galgueros han logrado influir en la redacción de la ley, a pesar de que el texto reconoce inicialmente que esta práctica no debería ser permitida[354].

4. Fin de la vida deportista de los galgos y ausencia de regulación

Tan solo hay que pasear por el campo español y encontrarse con galgueros para comprobar que los cazadores poseen un gran número de galgos, pero la mayoría de ellos tienen menos de 4/5 años. Por ende, surge la interrogante: ¿qué destino aguarda a estos perros una vez que envejecen, dejan de ser eficientes en la caza o sufren alguna lesión?

4.1. El abandono

La problemática inicial y más apremiante a la que se enfrentan los galgos en España es la alarmante tasa de abandono. Al concluir la temporada, algunos dueños de galgos se deshacen de aquellos animales a quienes ya no se consideran útiles, bien porque han sufrido alguna lesión, bien porque no han alcanzado el rendimiento esperado[355]. "La penosa situación de los galgos tanto durante como después de la temporada de caza, se hace más visible en febrero, cuando se cierra la veda" afirma la Dra. GIMÉNEZ-CANDELA[356].

Un obstáculo significativo para abordar este problema radica en la ausencia de un registro único que proporcione datos oficiales sobre los abandonos de galgos utilizados en la caza. A pesar de las alertas continuas de diversas asociaciones durante años, la falta de

---

354 Comunicado de la FEG que agradece el trabajo de los cazadores para la implantación de esta medida. Página web: *https://www.fedegalgos.com/la-ley-de-bienestar-animal-castellano-manchega-permite-el-entrenamiento-de-galgos-con-vehiculos-a-motor/* [Última consulta: 10 de enero de 2025].

355 Lo que observé durante mi estudio de campo en SOS GALGOS. Aunque los perros llegan en gran número durante todo el año.

356 GIMÉNEZ-CANDELA, T., Galgos. 2014. *https://www.raco.cat/index.php/da/article/view/v5-n1-gimenez-candela/440727.* [Última consulta: 10 de enero de 2025].

recopilación de información centralizada dificulta la comprensión completa de la magnitud de este desafío.

Los refugios destinados a acoger a estos perros de caza se encuentran desbordados y carecen de espacio suficiente para albergar a todos los galgos abandonados. Paradójicamente, España cuenta con un considerable número de protectoras, pero la saturación de estos centros revela una brecha crítica entre la oferta de ayuda y la creciente demanda de rescate y protección para los galgos desfavorecidos. Sólo mediante un censo total en España, se podría controlar y proteger a los galgos, así como perseguir la irresponsabilidad de quienes están a su cargo.

La Dirección General de Derechos de los Animales asegura que, desde su creación en 2019, se está realizando un proceso de recogida de datos. Los resultados deberían haberse conocido a lo largo de 2022, pero los resultados de este esfuerzo, a día de hoy, aún no han salido a la luz. De todos modos, la metodología prevista y empleada para la recogida de datos sobre el abandono de galgos en España ha generado varias dudas, obviando en ocasiones el rigor y la transparencia ya que se trata de la recogida de datos a través de un formulario en Internet.

La información proporcionada por el SEPRONA, como entidad competente en casos de abandono de animales en España, puede parecer oficial, pero presenta limitaciones que suscitan interrogantes sobre la exhaustividad y actualización de los datos. Este departamento de la Guardia Civil, responsable de la conservación de la naturaleza y el medio ambiente, señaló que en 2019 se registraron solo 8 casos de abandono de galgos en el país. Sin embargo, la Jefatura del SEPRONA reconoce el contenido incompleto de sus estadísticas, ya que solo reflejan intervenciones derivadas de hallazgos casuales o informes recibidos, excluyendo muchos casos gestionados por ayuntamientos u organizaciones privadas. La falta de obligación por parte de estas entidades de informar al SEPRONA sobre sus actuaciones contribuye a que los datos no reflejen la totalidad de los casos de abandono o maltrato hacia los galgos[357].

Además, la falta de actualizaciones desde 2020 añade otra capa de opacidad, limitando la perspectiva sobre la evolución de la problemática en los últimos tres años. Los datos más recientes disponibles, correspondientes a 2020, revelan un considerable número de actuaciones relacionadas con animales de compañía y caza[358], destaca en estos casos la necesidad de una revisión y mejora en la recopilación y difusión de información para comprender de manera completa la situación del abandono de galgos en España[359].

Ante la falta de datos gubernamentales sólidos, diversos intentos por recopilar información sobre el abandono de galgos en España se han dirigido a fuentes alternativas, como contactar directamente con refugios. Sin depender de las fuentes gubernamentales, organizaciones comprometidas con la protección animal, como *Anima Naturalis* o *CAS International*, han contribuido a dar visibilidad a la dimensión del problema. Según estas asociaciones, particularmente en Sevilla, se estima que, con carácter anual, tienen lugar alrededor de 5.000 abandonos de galgos. Además, cálculos más amplios sugieren que en todo el país aproximadamente 50.000 galgos y otros perros destinados a la caza son abandonados cada año. Estas cifras, alarmantes, aunque no oficiales, señalan la magnitud del desafío del abandono de galgos en España y resaltan la necesidad urgente de medidas más efectivas y una mayor colaboración entre organizaciones civiles, refugios y autoridades para abordar esta problemática[360].

---

357 RAMÍREZ, R., El número de galgos ahorcados se triplicaron en 2014. Elmundo. es. (Actualizado en 2015): *https://www.elmundo.es/espana/2015/02/28/54f08f332 68e3eb36b8b4575.html* [Última consulta: 10 de enero de 2025].

358 Especifican que se realizaron 10.459 actuaciones relacionadas con animales de compañía, además de 8.427 relacionadas con sanidad animal. En cuanto a la caza se registraron 5.711 infracciones de la normativa cinegética.

359 Informe del SEPRONA sobre actuaciones en 2020.

360 Anima Naturalis. Salvemos a los galgos: *https://www.salvemosalosgalgos.org/es?referer=https%3A%2F%2Fwww.animanaturalis.org%2F* [Última consulta: 10 de enero de 2025].

Otra fuente en la que podemos basarnos, y que hasta la fecha parece ser el estudio más completo, es el de la *Fundación Affinity*[361]. Aunque este estudio no se centra específicamente en el caso de los galgos, proporciona una visión integral, especialmente en relación con los perros de caza. Este análisis revela los cuatro motivos principales de abandono declarados por los centros de acogida de animales en España. Entre ellos, destacan las camadas no deseadas, los problemas de comportamiento, la pérdida de interés por el animal y el fin de la temporada de caza. Resulta significativo observar que, según este estudio, el fin de la temporada de caza ocupa el cuarto lugar en los motivos de abandono, siendo notable el descenso desde la segunda posición en 2021.

Este cambio podría relacionarse con diversos factores, como las alteraciones provocadas por la pandemia de COVID-19 y la propagación de la mixomatosis de las liebres, que han afectado negativamente a la práctica de la caza en los últimos años. Aun así, resulta particularmente alarmante que, según las entidades de protección animal que participaron en el estudio, el final de la temporada de caza se señale como uno de los motivos más relevantes de abandono de animales de compañía. Este dato adquiere mayor peso al considerar que la segunda causa global de abandono está vinculada específicamente con los perros que participan en actividades de caza, un segmento que representa una pequeña fracción de los aproximadamente 7.000.000 de perros que residen en España. Este hallazgo subraya la complejidad y la necesidad de abordar de manera integral las problemáticas asociadas al abandono de animales de compañía en el contexto de la caza[362].

Entre las filas de quienes practican la caza con galgos, hay una división evidente, algunos galgueros aceptan abiertamente que, cuando un galgo ya no cumple con sus expectativas o cuando hay una falta de "acoplamiento", la solución es deshacerse de él. Alegan

---

361 Estudio "Él nunca lo haría" de la *Fundación Affinity* sobre el abandono, la pérdida y la adopción de animales de compañía en España 2023 : *https://static.fundacion-affinity.org/cdn/farfuture/B2NkLYrE3PO5U7V_o8zsDP67WuJqvssaF_xGDZL7sjc/mtime:1686214884/sites/default/files/white-paper-abandono-2023.pdf.* [Última consulta: 10 de enero de 2025].

362 *Ibidem.*

que, a pesar de los intentos de corrección y negociación, a veces las medidas desesperadas de abandono o incluso la muerte del galgo se convierten en la última opción[363]. La justificación de este acto, según algunos galgueros, radica en la creencia de que la utilidad de un galgo se limita a dos o tres temporadas, y en algunos casos, no más allá de los cinco años. Argumentan que, incluso los galgos más limpios y entrenados, eventualmente desarrollan una inteligencia y astucia que los lleva a buscar atajos en las carreras, adoptando estrategias consideradas "sucias" en la persecución de la liebre[364].

La parte de los galgueros que niegan esta realidad, por otro lado, sugiere que el abandono o la crueldad hacia los galgos se deben a actos de robo[365]. Es cierto que se dan casos de robo entre galgueros con bastante frecuencia. Esta problemática ha sido confirmada no solo por relatos anecdóticos, sino también respaldada por la jurisprudencia que ha identificado casos concretos de este delito. En un caso concreto que refleja la oscura realidad de los robos entre galgueros, se acusa a individuos que, actuando de común acuerdo y con el ánimo de obtener un beneficio ilícito, llevaron a cabo acciones delictivas, rompiendo el candado de una puerta de acceso a una finca de La Solana, y se apoderaron de una perra de raza galgo, identificada por microchip en 2015[366].

El caso del robo de un galgo y su posterior valoración en términos económicos pone de manifiesto las complejidades y limitaciones del sistema jurídico en relación con los animales. Después de que el ladrón huyera en su vehículo y tuviera un accidente, el galgo no

---

363 GAMUZ, H., Etnografía de las relaciones humano-animales en el contexto de la caza de liebres con galgos en Fuentes de Andalucía. Trabajo de Fin de Máster, Universidad de Sevilla. (2021), p. 51.

364 CRUZADA, M. S., PALENZUELA CHAMORRO, P., PÉREZ GAMUZ, H., La caza de liebres con galgos en Andalucía. Informe para registro en el Atlas del Patrimonio Inmaterial de Andalucía. Sevilla: Federación Andaluza de Galgos e Instituto Andaluz de Patrimonio Histórico. (2021), p. 63.

365 PÉREZ GAMUZ, H., y PALENZUELA CHAMORRO, P., La caza de liebres con galgos en Andalucía: Desde el conflicto a la patrimonialización. Revista Andaluza de Antropología. (2021), p. 32.

366 SAP CR 1338/2020 - ECLI:ES: APCR: 2020:1338. Página Web: *https://www.poderjudicial.es/search/AN/openDocument/ab51f4d63ad6f2b7/20201023*[Última consulta: 10 de enero de 2025].

ha sido encontrado desde entonces, y su tasación se convierte en un elemento central en la sentencia de los acusados. La tasación de 380 euros refleja la aplicación del principio de animal/cosa arraigada en el sistema jurídico, que trata a los animales como objetos con un valor de mercado en lugar de reconocer su naturaleza como seres sensibles capaces de experimentar sufrimiento y bienestar. Es notable que, en este caso, la decisión judicial prioriza el aspecto del animal como propiedad, pasando por alto el sufrimiento potencial del galgo, que puede perderse, lesionarse o incluso morir como consecuencia del robo. La ausencia de consideración del sufrimiento animal en su valoración legal resalta una brecha ética y moral en la protección de los derechos de los animales en el sistema judicial.

La preocupante estadística proporcionada por la Guardia Civil señala que más del 50% de los perros robados en España son galgos, arroja luz sobre un fenómeno inquietante que afecta a estos nobles animales[367]. Sin embargo, la falta de transparencia en la evaluación de esta cifra plantea preguntas sobre la metodología utilizada para llegar a tal conclusión. La ausencia de estudios de acceso público y la falta de respuestas tras intentos de contacto generan incertidumbre sobre la base de esta información. La Guardia Civil atribuye estos robos a "mafias especializadas" que operan con impunidad, vendiendo los galgos a personas "sin escrúpulos."[368]

Los casos de detención de grupos delictivos dedicados al robo de galgos, como el incidente en Sevilla, ilustran la seriedad y complejidad de esta problemática. Este clan criminal, con numerosas condenas previas y especializado en el robo de perros de caza, evidencia la existencia de organizaciones delictivas dedicadas específicamente a esta clase de delitos. La implicación de menores en estos robos, descubierta por la Guardia Civil, subraya la naturaleza alarmante y despiadada de estas actividades. La relación con casos previos de maltrato animal y la conducción temeraria durante la fuga resaltan la

---

367 Twitter. Guardia Civil. 1 de febrero de 2021. Página Web: *https://twitter.com/guardiacivil/status/1356195596625829889?ref_src=twsrc%5Etfw%7Ctwcamp%5Etweetembed%7Ctwterm%5E1356195596625829889%7Ctwgr%5E%7Ctwcon%5Es1_&ref_url=https%3A%2F%2Frevistajaraysedal.es%2Fguardia-civil-perros-robados-espana-galgos%2F* [Última consulta: 10 de enero de 2025].

368 *Ibidem.*

gravedad de estos delitos. Además, el líder del grupo fue catalogado por las Fuerzas y Cuerpos de Seguridad como persona violenta, tenía una orden de detención en vigor por el Juzgado de Instrucción nº 14 de Sevilla, relacionado también con un delito de maltrato animal[369].

El Plan de Lucha Contra el Robo en Explotaciones Agrícolas y Ganaderas desplegado por la Guardia Civil demuestra la capacidad de movilizar importantes recursos para abordar problemas específicos. En este contexto, surge la pregunta sobre la necesidad de emplear recursos similares para vigilar el campo y combatir el maltrato y el abandono de galgos con la misma determinación.

Aunque hay robos y estas acciones son graves, no se deben subestimar los abandonos directos. GAMUZ presenta hallazgos significativos basados en testimonios recopilados de galgueros, donde destacan dos anécdotas reveladoras, entre las que sobresale una comparación inesperada entre un galgo y un vehículo, ilustrando así la peculiar perspectiva y la relación entre el hombre y el animal en este contexto. Según M.B, un herrero de 43 años, el galgo se percibe como una inversión que mueve mucho dinero. Desde su perspectiva, si el galgo no cumple con las expectativas, es preferible deshacerse de él, utilizando una analogía con un automóvil inservible. La lógica subyacente es económica: no tiene sentido seguir invirtiendo en un galgo que no genera ganancias, al igual que uno no seguiría invirtiendo en un vehículo que ya no sirve.

> "El galgo es una inversión que mueve mucho dinero. A mí si el galgo no me vale, me deshago de él, como quien tiene un coche que ya no le vale. No vas a estar pagando seguro, y ruedas, y gasolina si te hace perder dinero, ¿no? Pues lo mismo, no está la cosa pa' echar el dinero por tierra." (M.B 43 años, herrero)[370].

El segundo testimonio, proporcionado por J.M, un trabajador del campo de 29 años, destaca una evolución en la mentalidad de algu-

---

369 LÓPEZ ESPADA, A., Detenido el cabecilla de un grupo criminal que robaba galgos. Club de caza (2021). Página web: *https://www.club-caza.com/actualidad/actualver.asp?nn=12903*[Última consulta: 10 de enero de 2025].

370 GAMUZ, H., Etnografía de las relaciones humano-animales en el contexto de la caza de liebres con galgos en Fuentes de Andalucía. Trabajo de Fin de Máster, Universidad de Sevilla. (2021), p. 51.

nos galgueros. Aunque en el pasado parecía estar justificado colgar un galgo en un olivo si no cumplía con las expectativas durante la caza, J.M señala un cambio de actitud. Ahora, afirma que, si realmente no se desea tener un galgo, existen opciones más éticas, como contactar con protectoras que se encargan de llevarse al animal.

> "Hombre antes no te digo yo que no se colgase un galgo en el olivo si arremetía recortando a la liebre, pero las cosas cambian, ahora, si de verdad, de verdad, no quieres uno, las protectoras se lo llevan... a ti de qué te vale dejar al animalito si está cojo o lo que sea por ahí, para nada, eso es un susto en la carretera. Aquí llamas, y te llegan y se lo llevan p' ahí, a Noruega, al norte... ahí los cuidan." (J.M, 29, trabajador del campo)[371].

Sin embargo, las asociaciones no pueden asumir "la jubilación"[372] de todos los galgos desechos de la caza.

4.2. Los actos de maltrato y crueldad hacia los galgos: ¿Mito o realidad?

A pesar de que algunos galgos tienen la "afortunada" oportunidad de ser abandonados y acogidos por asociaciones tras la temporada de caza, lamentablemente, otros sufren un destino mucho más trágico. Algunos galgos son víctimas de tortura y/o son matados después de haber cumplido su función en la caza, revelando la oscura realidad de maltrato en este sector de la caza con galgos. Según las estadísticas de los casos atendidos por el Servicio de Protección de la Naturaleza de la Guardia Civil, entre 2012 y 2016, el 40 % de los perros que sufren de maltrato son perros de caza[373].

---

371 GAMUZ, H., Etnografía de las relaciones humano-animales en el contexto de la caza de liebres con galgos en Fuentes de Andalucía. Trabajo de Fin de Máster, Universidad de Sevilla. (2021), p. 63.

372 La jubilación, un término legal del Derecho laboral, se utiliza en este contexto para señalar que los galgos merecen un período de retiro después de su dedicada actividad en la caza. Este enfoque reconoce la importancia de proporcionar a estos animales la oportunidad de disfrutar de un merecido descanso y cuidado tras prestar sus servicios.

373 Informe del SEPRONA. Ver en: Publico. El 40% de los perros que sufren maltrato, abandono o robo son perros de caza. (2017). Página Web: *https://www.pu-*

En 2014, la Izquierda Plural, representada por la voz del señor Sanz, expresó ante el Congreso de los Diputados el hecho de que "una vez que acaba la época de caza, (los galgos) acaban ahorcados o en pozos o abandonados en carreteras, (y) evidentemente no favorecen para nada nuestra marca exterior, una marca exterior que hace muchos años —y hoy aún— que se sigue relacionando con el maltrato animal"[374]. La inquietud de los políticos respecto a la situación de los galgos no es un tema reciente, sin embargo, a lo largo del tiempo esta preocupación no ha sido abordada de manera efectiva ni se ha encontrado una solución satisfactoria.

Cada año, las asociaciones se ven obligadas a documentar con fotografías y vídeos las atrocidades cometidas por algunos galgueros hacia estos perros[375]. Estos impactantes registros visuales exponen la crueldad extrema a la que son sometidos algunos galgos, que, entre otras formas, son descubiertos dentro de bolsas de basura, condenados a una muerte asfixiante, otros son sumergidos, enfrentándose a un destino de ahogamiento, algunos padecen la brutal técnica del "pianista," siendo colgados de las patas traseras hasta que se estrangulan, provocándoles una muerte lenta y angustiosa. También se encuentran galgos muertos en pozos, víctimas de actos inhumanos. En 2018, se descubrió una fosa común llena de cadáveres de galgos[376]. El macabro hallazgo reveló una escena desgarradora, con galgos en estado de descomposición. Algunos llevaban allí pocos días, mientras que otros, el tiempo transcurrido desde su muerte era desconocido, varios de ellos habían sido ahorcados antes de ser arrojados allí y a

---

blico.es/sociedad/maltrato-animal-40-perros-sufren-maltrato-abandono-robo-son-perros-caza.html [Última consulta: 10 de enero de 2025].

374 DS. Congreso de los Diputados, Pleno y Dip. Perm., núm. 243, de 25/11/2014. Del Grupo Parlamentario Socialista, por la que se insta al Gobierno a combatir el maltrato animal. 'BOCG. Congreso de los Diputados', serie D, número 524, de 26 de septiembre de 2014. (Número de expediente 162/001036).

375 La Plataforma NAC ha publicado un resumen de los casos de animales recogidos en 2023 en todo el territorio nacional. Estos son algunos de esos animales: https://www.plataformanac.org/victimas-caza/ [Última consulta: 23 de enero de 2024].

376 Para ver el video: Moonleaks. Galgos Mass Grave. (2018): *https://www.youtube.com/watch?v=x–c9BmKBAA* [Última consulta: 10 de enero de 2025].

todos los que pude ver, les habían extraído el chip abriéndoles el cuello.

Estas acciones son ilegales. No obstante, los galgos se enfrentan a un desafío significativo, en primer lugar porque "la práctica de estos ajusticiamientos esta tan extendida en muchos pueblos, que los hechos no se denuncian y los vecinos de las poblaciones donde se producen estas muertes, no les dan la importancia que tienen"[377]. Además, no siempre es fácil iniciar un proceso judicial contra los autores ya que, a pesar de que la conciencia sobre el maltrato animal está en aumento en nuestra sociedad, estos casos a menudo se manejan con lentitud o, en algunos casos, nunca se consideran.

Con el objetivo de abordar de manera efectiva la preocupante problemática del maltrato animal, proponemos diversas iniciativas. En primer lugar, la creación de Unidades Específicas de Policía en cada ciudad, estas unidades especializadas se dedicarían exclusivamente a investigar y enfrentar casos de maltrato animal, proporcionando recursos y conocimientos especializados para la resolución de estos delitos. Asimismo, proponemos el establecimiento de Fiscalías Especializadas en cada tribunal, las cuales se encargarían de abordar de manera específica los delitos cometidos contra los animales, medida que garantizaría una atención focalizada y especializada en casos de maltrato animal, agilizando los procesos judiciales y aumentando la probabilidad de llevar a juicio a los responsables. Con estas propuestas, buscamos fortalecer y sistematizar la respuesta institucional frente al maltrato animal, promoviendo un enfoque más efectivo y comprometido con la protección de los derechos de los animales.

Sin embargo, estas medidas solo serían efectivas si se complementan con acciones dirigidas a prevenir la falta de identificación de los perros, ya que en la mayoría de los casos la falta de castigo se debe a la ausencia de microchip en los animales. Esta situación dificulta la localización de los responsables o propietarios de los galgos involucrados. Los datos proporcionados por el SEPRONA son reveladores

---

[377] GIMÉNEZ-CANDELA, T., Galgos. 2014. *https://www.raco.cat/index.php/da/article/view/v5-n1-gimenez-candela/440727* [Última consulta: 10 de enero de 2025].

ya que, en 2016, de los 4.300 perros que fueron víctimas de maltrato, 3.300 no contaban con identificación, lo que equivale a tres de cada cuatro perros afectados. Esta alarmante falta de identificación complica aún más la labor de las autoridades para rastrear y responsabilizar a los autores de estos actos de crueldad. Paralelamente, según los datos del *Estudio Affinity* de 2023, la situación persiste, ya que el 76.1% de los animales acogidos por refugios no cuentan con identificación[378].

La obligatoriedad de identificar a los perros se encuentra establecida tanto en las leyes de bienestar animal de las Comunidades Autónomas como en la legislación nacional de protección animal. En efecto, la normativa sobre la identificación comenzó a ser obligatoria a finales de los años 80, si bien la aplicación específica varía según la regulación de cada Comunidad Autónoma. A pesar de ello, la falta de control por parte de las autoridades y posiblemente la falta de priorización, han llevado a la persistencia de un elevado número de perros sin chip. Resulta desconcertante observar, por ejemplo, que en la ciudad de Valencia, más del 60% de los perros recogidos no llevaban chip, a pesar de que la ley lo establece como obligatorio[379]. Esta contradicción sugiere una falta de aplicación de la ley por parte de los ayuntamientos. Aunque se clasifica como una infracción administrativa grave con sanciones de multas significativas, es importante destacar que estas penalizaciones podrían constituir una valiosa fuente de ingresos destinada a la protección animal[380].

Aunque algunos dueños de galgos respetan esta obligación, al abandonar o matar a los galgos, no dudan en arrancar la parte de la piel del perro que contiene el chip o el tatuaje de identificación. El Club del Podenco Andaluz ha propuesto una solución innovadora al asociarse con una empresa japonesa, que consiste en la utilización

---

378 Sin embargo, es necesario tener en cuenta el hecho de que los datos proporcionados por el Estudio Affinity también incluyen a los gatos, una especie que comúnmente no suele ser identificada.

379 AMPARO, REQUENA, M., Las entidades de protección de animales ante el maltrato: posibilidades y límites de actuación, en: CUERDA ARNAU, M., (dir.), De animales y normas. Protección animal y derecho sancionador. Tirant lo Blanch, (2021), p. 432.

380 *Ibidem.*

de un chip electrónico líquido que, según se afirma, ha sido desarrollado originalmente para el control de serpientes en libertad en Francia. Este microchip tiene la característica única de ser absorbido por huesos y cartílagos, lo que haría virtualmente imposible su extracción de los perros. Además de esta característica de fijación, el chip también incorpora un localizador GPS, lo que resolvería dos de los problemas más críticos asociados con el robo de galgos: la capacidad de identificación permanente y la posibilidad de rastreo en tiempo real. Sin embargo, a pesar de los beneficios aparentes, el proyecto se encuentra actualmente estancado debido a problemas administrativos y la falta de autorización para su implementación[381]. Se intentó obtener más información sobre este proyecto contactando al Club del Podenco Andaluz, pero lamentablemente, no se recibió respuesta a la solicitud. Una de las barreras que podemos destacar es la falta de estudios científicos que respalden la seguridad y la salud de los perros después de la implantación de este tipo de identificación, por lo que, este vacío en la evidencia científica podría ser uno de los motivos detrás de la reticencia a otorgar la aprobación necesaria para el uso generalizado de este método.

Otro método que podemos destacar es el de la nariz y la inteligencia artificial, un enfoque innovador y no invasivo para la identificación de perros que ha surgido con el desarrollo de la aplicación *Petnow* por parte de una empresa coreana. Esta aplicación utiliza la inteligencia artificial para escanear y reconocer la huella única de la nariz de cada perro, ofreciendo así una alternativa a los métodos tradicionales que involucran tatuajes, chips u otros procedimientos más invasivos[382]. La idea detrás de esta técnica radica en la singularidad de la nariz de cada perro, de manera similar a cómo las huellas dactilares humanas son únicas para cada individuo. La aplicación *Petnow* emplea algoritmos de inteligencia artificial avanzados para analizar y registrar las características específicas de la nariz de un perro, creando así una identificación única y confiable. A diferencia de otros métodos que requieren la implantación de dispositivos en el cuerpo del

---

381 Club de Caza. La realidad que envuelve a los robos de galgos (2018). Página Web: *https://www.club-caza.com/article/art/18663* [Última consulta: 10 de enero de 2025].

382 *https://petnow.io/* [Última consulta: 10 de enero de 2025].

animal, el escaneo de la nariz simplemente implica el uso de una aplicación y no causa molestias ni riesgos para la salud del perro. A pesar de sus beneficios, es importante reconocer que este método no está exento de posibles desafíos. Uno de ellos es la vulnerabilidad a la manipulación por parte de personas malintencionadas y la posibilidad de que los maltratadores puedan arrancar la nariz del perro para evitar su identificación plantea preocupaciones.

4.3. El trabajo de las asociaciones de protección de los galgos

La labor de las asociaciones de protección de galgos en España es inmensa. Cada año, estas entidades se embarcan en la tarea de rescatar a los galgos víctimas de la explotación, el abandono y/o el maltrato. Estos perros, que a menudo han experimentado condiciones adversas, reciben atención médica y el tratamiento necesario para abordar cualquier problema de salud derivado de su pasado.

La fase de tratamiento no se limita solo a lo físico, sino que también se centra en el aspecto emocional. Muchos galgos llegan a estas asociaciones con secuelas psicológicas debido a experiencias traumáticas. Así, las organizaciones trabajan arduamente para ayudar a estos animales a recuperar la confianza en el ser humano. *In fine*, las asociaciones tratan de encontrar un nuevo hogar para cada galgo, a través de procesos de adopción responsable se aseguran de que los perros sean colocados en hogares adecuados, lo cual implica una cuidadosa evaluación de las necesidades y personalidad de cada galgo, así como la compatibilidad con los adoptantes.

Las asociaciones de protección de galgos en España enfrentan una dificultad constante debido al elevado número de perros que necesitan rescate, con frecuencia, la magnitud de la tarea desborda la capacidad de los refugios, llevando a las asociaciones a buscar soluciones para evitar la eutanasia por falta de espacio.

Una estrategia que se ha vuelto común es la colaboración con asociaciones especializadas en otros países[383], este enfoque no solo salva vidas, sino que también amplía las posibilidades de encontrar hogares permanentes para los galgos rescatados. Asociaciones especializadas, como *Galgos sans Famille*[384], desempeñan un papel clave ya que se dedican a coordinar el traslado de galgos con carácter mensual desde las protectoras españoles hacia distintas regiones de Francia en este caso. Durante mi trabajo de campo en SOS GALGOS pude ayudar a la preparación de viajes en avión entre Barcelona y diferentes ciudades de Estados Unidos para enviar galgos con sus nuevas familias estadounidenses. Este tipo de colaboraciones internacionales sensibiliza a comunidades fuera de España sobre la situación de los galgos y fortalece la red de apoyo global para la protección de estos animales, mostrando cómo la solidaridad y la colaboración, una vez más, pueden marcar la diferencia en la vida de los galgos que han enfrentado situaciones difíciles.

Como hemos explorado en este capítulo, hay un cambio significativo en las actitudes y mentalidades de los galgueros, quienes optan por no abandonar a los perros y prefieren llevarlos a protectoras para asegurarlos un futuro seguro. Este cambio en las mentalidades es un importante paso hacia una mayor conciencia del bienestar animal. No obstante, es importante destacar que la responsabilidad financiera asociada a los rescates y cuidados de los galgos no debería recaer en las asociaciones protectoras de animales. En lugar de ello, proponemos que el Estado español o incluso los propios galgueros asuman dicha responsabilidad a través de la implementación de una tasa específica.

La intervención de las asociaciones permite encontrar un nuevo hogar al perro en una familia no cazadora para darle una segunda oportunidad, algunos galgueros, plantean dudas sobre la pertinencia de tener un galgo como animal de compañía. La crítica se dirige hacia la tendencia de convertir a los perros en simples "peluches de la

---

383 Público. La vergüenza ajena por los galgos españoles (2017). Página Web: *https://www.publico.es/sociedad/maltrato-animal-vergueenza-galgos-espanoles.html* [Última consulta: 10 de enero de 2025].

384 *https://www.galgossansfamille.com/* [Última consulta: 10 de enero de 2025].

casa"[385], para "la autosatisfacción humana de saberse custodio/a de una vida que evidentemente está en sus manos". Este análisis invita a plantearse la verdadera naturaleza de la relación entre humanos y animales de compañía[386].

La relación perro-humano es mucho más que una relación de propiedad. Es cierto que sólo la terminología "dueño," "amo del perro" o "dueño" es preocupante si queremos darles a los animales un mayor reconocimiento en la legislación, ya que esto los remite a un estatus de propiedad[387]. En realidad cuando una adopción se realiza con éxito, lo que ocurre entre el perro y su adoptante se parece más a una relación familiar que a una relación entre propietario y dueño.

Un estudio publicado en *Science*, mostró un pico de oxitocina (la hormona del amor) en perros que se reunían con su adoptante tras haber estado separados media hora[388]. Además de la oxitocina, sabemos que durante las interacciones entre el adoptante y el adoptado, como las miradas o las caricias, se segregan otra serie de hormonas, como la prolactina, que prolonga el apego desencadenado por la oxitocina, pero también dopamina, que es el neurotransmisor que desempeña un papel importante en el circuito de recompensa y permite al animal experimentar placer y apego. La noradrenalina también contribuye a mantener la vigilancia y, por tanto, el recuerdo de la voz, el olor o el aspecto de su adoptante[389].

Ante esta situación, la justicia se adapta a este vínculo cada vez más relevante entre humanos y animales y los tribunales reconocen, cada vez más, que un perro forma parte de la familia. Para ilustrar

---

385 GAMUZ, H., Etnografía de las relaciones humano-animales en el contexto de la caza de liebres con galgos en Fuentes de Andalucía. Trabajo de Fin de Máster, Universidad de Sevilla. (2021), p. 71.

386 *Ibidem.*

387 FRANCIONE, G., Animales ¿propiedad o personas? Teoría & Derecho. Revista de pensamiento jurídico, no 6. (2009), pp. 31-59.

388 NAGASAWA, M., MITSUI, S., EN, S., *et al.* Oxytocin-gaze positive loop and the coevolution of human-dog bonds. Science, (2015), vol. 348, n° 6232, PP. 333-336.

389 COOK, P. F., PRICHARD, A., SPIVAK, M., *et al.* Awake canine fMRI predicts dogs' preference for praise vs food. Social Cognitive and Affective Neuroscience, 2016, vol. 11, n° 12, pp. 1853-1862.

este punto, el Tribunal Superior de Bogotá dictó una sentencia sobre la relación que tenemos con los perros, al considerar que forman parte de una familia *multiespecie*[390], evidenciando que en los últimos años se ha producido un verdadero cambio de mentalidad.

390 Tribunal Superior de Bogotá. 10013-103027-2023-00229-00 (0327). (2023).

Capítulo II

Análisis de la normativa vigente

I. EL SUJETO CAZADOR EN LA CAZA CON GALGOS

El desarrollo de la agricultura y la domesticación de los animales, convirtieron a la caza en una actividad recreativa, adquiriendo su papel actual de ocio en una sociedad urbana cada vez más industrializada. Este cambio de enfoque hacia la caza como forma de entretenimiento propició el desarrollo de las nuevas tecnologías, particularmente en lo que respecta a la fabricación de armas cada vez más efectivas, innovaciones que permitieron, a su vez, la adopción de técnicas de caza más letales. A pesar de disponer de armas de gran potencia, los cazadores han continuado empleando perros en sus actividades cinegéticas debido a su capacidad para rastrear presas y seguir el rastro gracias a su aguda percepción olfativa y visual.

Si bien varias modalidades de caza integran el uso de perros, la caza con galgos se clasifica de manera exclusiva como forma de caza menor. Esta diferencia resalta la diversidad de prácticas cinegéticas y subraya la importancia de comprender las particularidades de cada una en el contexto más amplio de la actividad de caza y su legislación. Por su parte, la caza con galgos constituye una práctica específica que prescinde del uso de armas de fuego, lo que justifica su consideración independiente de otras modalidades de caza. No obstante, desde el primer momento, es esencial reconocer que un galguero es un cazador como cualquier otro, quien debe acatar la legislación cinegética vigente que proporciona el marco legal y regula todas las formas de caza, incluyendo la caza con galgos.

En este capítulo, abordaremos el origen de la regulación de la caza en España a partir de los años 70, un período que ha dado forma al actual panorama del derecho de caza. Más tarde, en un segundo epígrafe, nos adentraremos en la división del derecho de caza entre las Comunidades Autónomas, examinando cómo esta distribución ha impactado en la gestión cinegética a nivel regional y nacional.

Continuaremos nuestro análisis con un tercer apartado, explorando las prescripciones legales que rigen el ejercicio del derecho de caza, destacando los requisitos y obligaciones que deben cumplir los cazadores para operar dentro del marco legal establecido. Por último, veremos en qué territorios está permitido que los galgueros practiquen la caza con galgos.

1. Los fundamentos de la regulación de la caza en España a partir de los años 70

Desde 1970, la actividad cinegética en España ha experimentado un crecimiento y una extensión notables, dando lugar a lo que se podría describir como un "boom" cinegético[391]. "No se puede entender el extraordinario desarrollo alcanzado por la caza en España durante el periodo del boom cinegético sin el apoyo jurídico de la Ley de Caza de 1970 que modernizó los preceptos cinegéticos contenidos en la anterior Ley de Caza de 1902"[392].

La Ley de 16 de mayo de 1902 y su reglamento de aplicación de 3 de julio de 1903, fueron los puntos de referencia en el derecho de la caza durante casi setenta años[393]. Esta Ley se abordó desde una perspectiva muy general y no se adaptó a todos los casos y situaciones, lo que generó importantes lagunas legales[394].

En noviembre de 1967 se elaboró un nuevo anteproyecto que fue sometido a información pública por orden del entonces Ministerio de Agricultura. Tras este proceso de consulta, el proyecto definitivo de ley fue aprobado en el Consejo de Ministros el 21 de julio de 1969[395]. Posteriormente, se presentaron más de un centenar de en-

---

391 LÓPEZ ONTIVEROS, A., Algunos aspectos de la evolución de la caza en España. (1991), pp. 13-50; MARTÍNEZ GARRIDO, E., Visiones territoriales del Boom cinegético español. 1970-1989. Boletín de la A.G.E. n° 51. (2009), pp. 325-351.

392 *Ibidem*, p. 326.

393 La Ley de Caza de 1902 ha sido reformada por el Real Decreto del 13 de junio de 1924, la Ley del 25 de junio de 1935, el Decreto del 9 de abril de 1931, el Real Decreto del 4 de marzo de 1913 y el decreto del 22 de noviembre de 1912.

394 ABELLA POBLET, M., Manuel del Derecho de caza. (1973) P. 14.

395 Boletín Oficial de las Cortes Españolas. Número 1.065, de 8 de octubre de 1969.

miendas, y finalmente la ley fue aprobada en el Pleno de las Cortes el 4 de abril, entrando en vigor el 1 de abril de 1971[396]. El 25 de marzo de 1971 se aprobó el Decreto 506/1971[397], por el que se aprobó el Reglamento para la ejecución de la Ley de Caza.

La Ley de Caza de 1970 (en adelante, LC) ha sido un factor determinante en las transformaciones experimentadas por la actividad cinegética en España, influyendo en su evolución y en el modo en que se ha gestionado hasta la actualidad, pues esta legislación sigue hoy en vigor. Esta ley, concebida durante el régimen franquista, "optó por un modelo que buscaba producir más caza y no poner demasiadas limitaciones administrativas"[398]. En ese momento, la caza era una actividad ampliamente practicada y valorada en la sociedad española y, por este motivo, esta ley reflejó una determinada postura con el fin de fomentar y facilitar la participación en la actividad cinegética. La LC buscaba rapidez y facilidad en el procedimiento de obtención de la licencia de caza, con el objetivo de no restringir ni disminuir la creciente cantidad de cazadores de ese momento. Recuérdese que en 1970 había aproximadamente 700.000 licencias en circulación[399], y hubo hasta 847.935 licencias en 1973[400].

No obstante, llegó el punto de inflexión en el auge de la caza, cuya fecha exacta es difícil de determinar con precisión. Algunos indicadores, como la disminución en el número de licencias de caza a partir de 1985, sugieren que el interés por la caza se redujo en la segunda mitad de la década de los ochenta[401]. Fue precisamente en esa misma época, en 1989, cuando se promulgó la Ley 4/1989, de 27 de marzo, de Conservación de los Espacios Naturales y de la Flora y

---

396 Se dispone en el Decreto 505/1971, de 25 de marzo.

397 Boletín Oficial del Estado del 30 y 31.

398 Martínez Garrido, E., Visiones territoriales del Boom cinegético español. 1970-1989. Boletín de la A.G.E. N° 51. (2009), p. 327.

399 *Ibidem*, p. 329.

400 Anuario de Estadística agraria. Instituto Nacional de Conservación de la Naturaleza. Serie histórica del número de licencias de caza expedidas. Capítulo 25. Caza y pesca. (1975), p. 568.

401 Martínez Garrido, E., Visiones territoriales del Boom cinegético español. 1970-1989. Boletín de la A.G.E. N° 51. (2009), p. 328.

Fauna Silvestres[402]. Este texto introdujo dos cambios significativos en la regulación de la caza en España, que fueron la implementación de la licencia regional de caza y la obligatoriedad de los planes técnicos de caza. Además, la primera ley autonómica de caza, implementada en Asturias, contribuyó a marcar un nuevo rumbo en la evolución reciente de la caza en el país[403].

2. *El Derecho de caza en las Comunidades Autónomas*

La Constitución de 1978 aportó un modelo de Estado descentralizado y permitió a las distintas Comunidades Autónomas (CC. AA.) tener la competencia para desarrollar legislaciones sobre la caza en cada uno de sus territorios como se prevé en el artículo 148.1. 11ª[404].

Las CC.AA. se caracterizan por su diversidad en términos de funcionamiento, sus territorios tienen orígenes, historias, estructuras económicas y productivas muy diferentes entre sí. Además, existen disparidades en los niveles de desarrollo, en las demografías, y se hablan diversos dialectos y lenguas y se expresan diversas tradiciones en cada una de ellas. Por esta razón, España adoptó un modelo de descentralización y autogobierno territorial desde la promulgación de su Constitución en 1978 hasta la actualidad, bajo el modelo de Estado de las Autonomías.

El Tribunal Constitucional (TC) ha precisado el alcance de las competencias autonómicas[405] y se observa cierto desequilibrio en la

---

402 BOE. núm. 74, de 28 de marzo de 1989. Ley 4/1989, de 27 de marzo, de Conservación de los Espacios Naturales y de la Flora y Fauna Silvestres. [Disposición derogada] https://www.boe.es/buscar/doc.php?id=BOE-A-1989-6881.

403 MARTÍNEZ GARRIDO, E., Visiones territoriales del Boom cinegético español. 1970-1989. Boletín de la *A.G.E.* N° 51. (2009), p. 328.

404 Título VIII. De la Organización Territorial del Estado. Capítulo tercero. De las Comunidades Autónomas. Artículo 148. "Las Comunidades Autónomas podrán asumir competencias en las siguientes materias: 11.ª La pesca en aguas interiores, el marisqueo y la acuicultura, la caza y la pesca fluvial".

405 STC 102/1995, de 26 de junio de 1995, (fundamento jurídico 2°); STC 147/1991, de 4 de julio (fundamento jurídico 4°); STC 329/1993, de 12 de noviembre de 1993 (fundamento jurídico 4°).

gestión del territorio español. Incluso, hay Comunidades Autónomas que no cuentan con normativa y carecen de leyes de caza especiales, por lo que se recurre a la legislación estatal de 1970 que, como se ha adelantado en líneas anteriores, sigue en vigor para regular esta actividad.

Sin embargo, en un informe de 1992, el abogado SÁNCHEZ GASCÓN, especialista en Derecho cinegético y medio ambiente, afirmaba que las diecisiete leyes de caza "estarán vigentes en un plazo muy corto de tiempo"[406] ; actualmente, aún observamos que algunas CC.AA. han decidido no desarrollar su propia legislación en materia de caza, como es el caso de Cataluña, la Comunidad de Madrid o Ceuta y Melilla. En el texto constitucional se contempla que la caza es competencia de las Comunidades Autónomas y que estas "pueden" establecer sus propias normativas. Dado que no es obligatorio para las CC.AA. contar con su propia legislación, corresponde aplicar la ley estatal en esta materia, a pesar de que la ley es de 1970.

Si bien el sistema de descentralización en España ofrece respuestas positivas para atender las necesidades específicas de cada Comunidad Autónoma, también pone de manifiesto ciertas disfunciones, entre las que destacan las duplicidades competenciales, desequilibrios y asimetrías[407]. Estos aspectos se hacen especialmente evidentes en el ámbito de la caza, donde la descentralización se refleja en las diferentes leyes y en las múltiples órdenes de vedas que son dictadas anualmente por las autonomías.

Según SÁNCHEZ GASCÓN, "el problema más grave de la legislación cinegética autonómica, de entre muchos otros, es el de la disparidad y el de la contradicción: lo que es en una comunidad no es en otra y lo que es en ambas no es en el resto del Estado"[408]. En efecto, en España existe una verdadera dispersión y fragmentación

---

[406] SÁNCHEZ GASCÓN, A., Análisis y comentarios sobre la Ley de Caza. Dossier Mundo Ganadero. (1992) P. 41.

[407] PEDRAJA CHAPARRO, F. y SUÁRES PANDIELLO, J., La arquitectura del sistema descentralizado en España: Comunidades Autónomas y Corporaciones Locales, en Papeles de Economía Española, 143 (2015), pp. 15-27.

[408] SÁNCHEZ GASCÓN, A., Análisis y comentarios sobre la Ley de Caza. Dossier Mundo Ganadero. (1992), p. 42.

de la normativa en relación con la caza, así como en relación con las normas de protección de los animales. El hecho que cada Comunidad Autónoma pueda tener un régimen de infracciones diferente, distintas calificaciones y distintas sanciones, dificulta el entendimiento del Derecho cinegético.

3. Las prescripciones legales para ejercer el derecho de caza

Se considera acción de cazar, aquella realizada por el ser humano mediante el uso de técnicas, armas o dispositivos adecuados para rastrear, atraer, perseguir o acorralar a los animales considerados presas, con el propósito de abatirlos, apropiarse de ellos o facilitar su captura por parte de terceros[409].

El tercer artículo de la Ley de Caza de 1970, titulado "Del cazador", reconoce este derecho a cazar. A primera vista, puede parecer sencillo convertirse en cazador ya que se asocia a un derecho natural e innato a la personalidad humana[410]. Sin embargo, existen ciertos requisitos subjetivos que deben cumplirse para llevar a cabo esta actividad[411]. El reconocimiento del derecho a cazar suele estar condicionado a la satisfacción de ciertos criterios, por lo tanto, una vez otorgado este derecho está sujeto a determinadas restricciones o limitaciones.

3.1. La edad

La edad es el primer requisito que hay que cumplir antes de poder cazar. De acuerdo con el artículo 3 de la Ley de Caza estatal, cualquier persona mayor de catorce años[412] que esté en posesión de

---

409 LC, de 1970. Artículo 2. De la acción de cazar.

410 CUÉLLAR MONTES, T., El Derecho de Caza. Análisis y consideraciones desde la óptica del Derecho Civil (2018).

411 FERNANDEZ GRAU, S., El actual derecho de caza en España. Revista de Estudios Agrosociales, n° 85, (1973), pp. 20 s.

412 Antes era quince años. LC 1902, art 8.

la licencia de caza, tiene autorización para cazar[413]. En caso de que un menor de edad no emancipado solicite una licencia de caza, será necesario obtener una autorización por escrito de la persona que ejerza su representación legal, puede ser uno de los padres o su tutor legal en circunstancias específicas[414].

Para el uso de armas de fuego o armas accionadas por aire u otros gases comprimidos, es requisito ser mayor de edad, es decir, tener al menos dieciocho años, o bien estar acompañado de un cazador mayor de edad[415]. Sin embargo, este requisito no se aplica en el caso de la caza con galgos, ya que en esta modalidad no se utilizan armas de fuego, sino que se hace uso de los galgos. No resulta infrecuente ver a niños, algunos de ellos muy jóvenes, acompañando a los galgueros durante las cacerías.

En ocasiones, determinar si un menor puede participar activamente en la caza puede ser una cuestión complicada, ya que, aunque en términos generales las regulaciones prohíben que los jóvenes menores de catorce años participen en la caza, la interpretación de

---

413 LC, de 1970. Titulo I. Principios generales. Artículo 3. Del cazador. "1. El derecho a cazar corresponde a toda persona mayor de catorce años que esté en posesión de la licencia de caza y cumpla los demás requisitos establecidos en la presente Ley".

414 LC, de 1970. Titulo I. Principios generales. Artículo 3. Del cazador. "2. Para obtener la licencia de caza el menor de edad no emancipado necesitará autorización escrita de la persona que legalmente le represente".

415 LC, de 1970. Titulo I. Principios generales. Artículo 3. Del cazador. "3. Para cazar con armas de fuego o accionadas por aire u otros gases comprimidos será necesario haber alcanzado la mayoría de edad penal o ir acompañado por otro u otros cazadores mayores de edad"; Ley Orgánica 10/1995, de 23 de noviembre, del Código Penal. Artículo 19. "Los menores de dieciocho años no serán responsables criminalmente con arreglo a este Código. Cuando un menor de dicha edad cometa un hecho delictivo podrá ser responsable con arreglo a lo dispuesto en la Ley que regule la responsabilidad penal del menor." Página web: *https://www.boe.es/buscar/act.php?id=BOE-A-1995-25444* [Última consulta: 10 de enero de 2025]. Aunque, en la práctica, esto significa que los españoles y extranjeros residentes en España mayores de 14 años y menores de 18 pueden recibir legalmente una autorización especial para el uso de armas. Formulario de solicitud para formar parte de las pruebas para obtener la licencia de armas. Página web: *https://www.guardiacivil.es/web/web/documentos/iarmas/formularios/solicitudpruebas.pdf* [Última consulta: 10 de enero de 2025].

la edad mínima varía en diferentes regiones de España. En el caso de Galicia, la edad requerida es diferente y prevé que el menor debe tener dieciséis años mínimo[416]. La edad sigue siendo un objeto de estudio de la doctrina y crea debates, especialmente en el ámbito del Derecho Administrativo[417]. En particular, se genera discrepancia de opiniones para determinar el momento en que un menor adquiere la capacidad de culpabilidad y responsabilidad, todo ello con el objetivo de determinar cuándo es apropiado imputar subjetivamente una conducta tipificada como infracción a su autor[418]. Sin ello, la persona no podrá ser sujeto activo de la infracción[419] y la ley no dice nada al respecto; aunque, lógicamente, están sometidos a la potestad sancionadora, ya que se le reconoce la capacidad de obrar —*operans*—.

La opción de permitir la caza con menores de edad suscita también interrogantes en el ámbito educativo. Las federaciones de caza aspiran a involucrarlos en esta actividad desde temprana edad y quieren fomentar la participación de las nuevas generaciones en la actividad, considerándolos como cazadores en potencia[420].

Esta práctica plantea cuestiones éticas y de integridad moral de los menores, quienes tienen prohibido comprar alcohol o tabaco, pero, sin embargo, pueden asistir a eventos donde se persigue y se mata a animales salvajes. La exposición de los niños al maltrato animal puede obstaculizar el correcto desarrollo del niño. Esta experiencia puede conllevar en ocasiones cierta falta de sensibilidad ante

---

416 Articulo 58 sobre los requisitos para el ejercicio de la caza en Ley 13/2013, de 23 de diciembre, de caza de Galicia. Página web: *https://www.boe.es/buscar/pdf/2014/BOE-A-2014-887-consolidado.pdf*[Última consulta: 10 de enero de 2025].

417 DE PALMA DEL TESO, A., El principio de culpabilidad en el Derecho Administrativo Sancionador. Tecnos. (1996), pp. 179-188.

418 REMEDIOS, GALVEZ, CANO, M., El Derecho de Caza en España. (2006), p. 7.

419 LESMES, SERRANO, C., et al. Derecho Penal Administrativo. Ordenación del territorio, patrimonio histórico y medio ambiente. Comares. (Granada, 1997), pp. 6 s.

420 Real Federación Española de Caza. Iniciándose en la caza menor con perro, a los 14 años y con su padre, así es el perfil del joven cazador en España. (2024). Página web: *https://fecaza.com/iniciandose-en-la-caza-menor-con-perro-a-los-14-anos-y-con-su-padre-asi-es-el-perfil-del-joven-cazador-en-espana/*[Última consulta: 10 de enero de 2025].

el sufrimiento y la muerte de los animales, lo que podría dar lugar a una insensibilidad generalizada hacia la violencia. Un estudio sobre la relación entre la caza y la violencia en los seres humanos encontró una conexión significativa con "correlaciones inquietantes entre la violencia de los niños o los adultos contra los animales y la violencia contra sus compañeros más vulnerables"[421].

El estudio mencionado resalta un aspecto importante en el debate sobre la caza y su relación con la violencia. La probabilidad de que los cazadores hayan crecido en entornos familiares donde se practica la caza sugiere la influencia significativa en su la educación y el ejemplo de los padres en la formación de valores y trato hacia los animales. Los niños son altamente receptivos a las actitudes y comportamientos de los adultos que los rodean, especialmente de sus padres. En este sentido, al crecer en un ambiente donde la caza se considera una actividad normal y se practica regularmente, es probable que interioricen estos comportamientos y perciban la caza como una actividad socialmente aceptable.

3.2. Licencias de caza

Un paso administrativo imprescindible para practicar la actividad cinegética consiste en poseer una licencia de caza; así queda recogido en la legislación estatal de caza y en la de cada Comunidad Autónoma. Esta licencia constituye el reconocimiento oficial de la capacidad y aptitud necesarias para llevar a cabo esta práctica[422].

El artículo 34 de la LC de 1970 establece que la licencia de caza es un documento personal e intransferible requerido para practicar la caza dentro del territorio nacional. Esta licencia no puede ser transferida a otra persona para que ejerza la actividad en su lugar.

Más que una simple autorización administrativa, la licencia de caza se erige como una certificación que atestigua el reconocimiento

---

421 FLYNN, C., Hunting and Illegal Violence Against Humans and Other Animals: Exploring the Relationship. Society & Animals. Vol. 10, n° 2. (2002).

422 LAGUNA DE PAZ, J.C., Libertad y Propiedad en el Derecho de la Caza. Marcial Pons, Madrid. (1997), p. 68.

por parte de la Administración española de que su titular cumple con los requisitos necesarios para participar en esta actividad cinegética. Son las Comunidades Autónomas las que pueden conceder las licencias y las pueden renovar[423]. Este sistema permite a las autoridades locales evaluar y mantener actualizadas las aptitudes de los cazadores, garantizando así que cumplen con las normativas vigentes preservando el equilibrio entre el ejercicio de la caza y la conservación de la vida silvestre.

3.2.1. Los tipos de licencias de caza

Existen diferentes tipos de licencias de caza que varían según el método utilizado y las especies objeto de caza. Hay licencias (A) que se piden para cazar con arma de fuego, las licencias (B) para la caza sin arma de fuego, y las (C) para las modalidades con rehalas o jauría de perros. Algunas Comunidades Autónomas sólo cuentan con la licencia (A) para la caza mayor y la (B) para la caza menor, en este último caso la licencia básica sin armas o de caza menor (B) permite la práctica de modalidades de caza de liebres con galgos.

Existen licencias que tienen un mayor grado de versatilidad y alcance, lo que permite a los cazadores obtener una única licencia que abarca múltiples modalidades de caza. Esto se basa en las disposiciones legales de cada Comunidad Autónoma y en las regulaciones vigentes. Para ilustrar este concepto, podemos hacer referencia a Andalucía donde se establecen los tipos de licencias de caza y pesca mediante la Ley 10/2021, de 28 de diciembre, que regula las Tasas y los Precios Públicos en la Comunidad Autónoma de Andalucía[424]. En

---

423 La "Ley 4/1989 de Conservación de los Espacios Naturales y de la Flora y Fauna Silvestres al sustituir las licencias nacionales por las licencias autonómicas, que han de ser expedidas por los órganos competentes de las Comunidades Autónomas y serán válidas exclusivamente para el ámbito territorial de cada una de ellas". Leer en: MARTÍNEZ GARRIDO, E., Visiones territoriales del Boom cinegético español. 1970-1989. Boletín de la A.G.E. N° 51. (2009), pp. 334-335.

424 BOE. núm. 15, de 18 de enero de 2022. Ley 10/2021, de 28 de diciembre de Tasas y Precios Públicos de la Comunidad Autónoma de Andalucía. *https://www.boe.es/buscar/doc.php?id=BOE-A-2022-758* [Última consulta: 10 de enero de 2025].

esta región, un cazador puede solicitar una licencia básica con arma (A+B) que incluye tanto la caza mayor como la menor con armas de fuego. La peculiaridad radica en que, en esta licencia básica, se incorporan también las licencias para la caza mayor y la caza menor sin armas, lo que brinda al cazador la posibilidad de practicar diferentes modalidades cinegéticas, como la caza con galgos, sin necesidad de obtener licencias adicionales. En este contexto, la licencia de caza sin armas para cazar con galgos generalmente se considera de menor importancia o prioridad que las licencias de caza mayor y caza menor con armas de fuego, ya que la caza sin armas es menos peligrosa para los humanos.

El precio de la licencia puede variar según el tipo de licencia solicitada y el territorio. La licencia para cazar con galgos suele ser la más barata de todas. En Andalucía, la licencia cuesta 9,59€ al año[425], en Castilla y León también es la licencia más barata de todas las modalidades de caza, incluso por debajo de la de pesca, en este caso se deben pagar 15,20€, mientras que por una licencia de caza con galgo se pagan 13,70€[426].

La licencia se solicitará en una o en varias Comunidades Autónoma en la que el solicitante desee ejercer, por lo que será necesario realizar varias solicitudes si el cazador quiere realizar su actividad en distintas regiones. Se estima que aproximadamente el 29% de los cazadores poseen licencias para cazar en dos o más Comunidades[427]. Como consecuencia, un cazador puede ser titular de varias licencias de caza, por lo que contabilizar a los cazadores por el número de licencias expedidas es un mal indicador que conlleva sesgos, aunque

---

425 *Ibidem.*

426 Sede electrónica de Castilla y León. Licencias de caza y pesca. Página web: *https://www.tramitacastillayleon.jcyl.es/web/jcyl/AdministracionElectronica/es/Plantilla100Detalle/1251181050732/Tramite/1230983945808/Tramite* [Última consulta: 10 de enero de 2025].

427 Andueza, A., Lambarri, M., Urda, V., Prieto, I., Villanueva, L.f., Sanchez-García, C., Evaluación del impacto económico y social de la caza en España. Ciudad Real, Fundación Artemisan. (2018).

"expresa el grado de afición o de demanda para practicar esta actividad en cada provincia o región"[428].

Cabe señalar que la licencia no está otorgada *ad vitam æternam*, y debe renovarse con mayor o menor regularidad, dependiendo, una vez más, de la Comunidad Autónoma. Este sistema de renovación tiene el propósito de garantizar que los cazadores continúen cumpliendo con los requisitos legales y de seguridad establecidos por las autoridades. La periodicidad de renovación puede variar, pero suele oscilar entre uno o varios años, dependiendo de la jurisdicción y las regulaciones específicas, las licencias podrán expedirse por uno, tres o cinco años.

3.2.2. La naturaleza de la licencia de caza

Existe un amplio debate en la doctrina sobre la naturaleza de esta autorización administrativa. Resulta difícil saber si es un documento constitutivo o meramente declarativo. Se puede argumentar que la Administración no confiere al demandante ningún derecho que no tenga ya y, por tanto, sólo tiene carácter declarativo[429]. Aunque, según BOQUERA OLIVIER, es un acto constitutivo, ya que la ley de caza ha creado un malentendido sobre la naturaleza de la licencia de caza y "da la impresión de querer convertir a la licencia de caza en un elemento constitutivo del derecho a cazar"[430]. En la misma línea, LÓPEZ RAMÓN ha analizado históricamente la licencia de caza y consigue desprender su carácter constitutivo, ya que está vinculada a una concepción noble de la caza, en un linaje regaliana[431].

---

428 MARTÍNEZ GARRIDO, E., Visiones territoriales del Boom cinegético español. 1970-1989. *Boletín de la A.G.E.* N° 51. (2009), p. 334.

429 DE LOS MOZOS, J.L., Precedentes históricos y aspectos civiles del Derecho de Caza. Revista de derecho privado, vol. 56, n° 4 (1972). PP.300-301; PELLISÉ, PRATS, B., Caza. Enciclopedia Jurídica Seix, Tomo III. Barcelona (1951), pp. 941 s.; PANTALÉON, PRIETO, Comentario al art. 611 del Código Civil (Madrid, 1987).

430 BOQUERA OLIVIER, J.M., Aspectos administrativos de la Ley de Caza. Revista de Estudios de la Vida Local, núm. 177. (1973), p. 87.

431 LOPEZ RAMON, F., La protección de la fauna en el Derecho Español. Instituto García Oviedo. Universidad de Sevilla. (1980). PP.48 s.

Hoy en día, la licencia de caza se percibe más como un documento que otorga el derecho a practicar la caza durante un período de tiempo determinado. Este enfoque refleja una evolución en la conceptualización de la caza y la regulación de esta actividad en España[432]. A medida que la sociedad y las regulaciones cinegéticas han evolucionado, la licencia de caza se ha convertido en un instrumento más integral. Además de otorgar derechos, también implica responsabilidades y compromisos por parte de los cazadores.

La obtención de la licencia no debe conferir ningún derecho *ex novo* al particular, es decir que la licencia facilita el uso de derechos existentes. Se trata de no confundir el derecho a ejercer la actividad, que es un derecho del ciudadano ordenado por las normas de policía, con el derecho subjetivo a obtener la autorización, que depende del cumplimiento o no de los requisitos que establece la regulación, como condición para la autorización de la licencia de caza[433].

La licencia de caza se considera un acto administrativo reglado, en línea con la distinción general entre actos administrativos reglados y discrecionales en el Derecho Administrativo. La consideración como un acto reglado significa que la Administración debe otorgar la licencia de caza de manera obligatoria si el solicitante cumple con todos los requisitos previstos en la legislación vigente. No se permite una valoración subjetiva o discrecional sobre la oportunidad de su otorgamiento. Es decir que, si un individuo satisface todos los criterios legales, tiene derecho a obtener la licencia de caza sin que las autoridades puedan ejercer discreción para denegarla injustamente[434].

La consideración de la licencia de caza como un acto administrativo reglado subraya la importancia de la igualdad y la aplicación uniforme de la ley para todos los solicitantes que cumplan con los requisitos legales. La Administración debe obligatoriamente conceder la

---

432 *Ibidem.*

433 Remedios, Galvez, Cano, M., El Derecho de Caza en España. Granada. (2006), p. 16.; Laguna De Paz, Jc., Libertad y propiedad en el Derecho de la Caza. Marcial Pons. Madrid. (1997), pp. 106-107 ; Garrido Falla, F., Tratado de Derecho Administrativo. Vol. II, 10°.Tecnos. (1992).

434 Boquera Oliver, J. M., Aspectos administrativos de la Ley de Caza. Revista de Estudios de la Administración Local y Autonómica. (1973), pp. 29-50.

licencia de caza si en el solicitante concurren los requisitos previstos en la Ley, no se debe ignorar la relevancia que tiene la concesión de una licencia de caza[435]. Aunque esta licencia se clasifica como reglada, es importante recordar que, en el ámbito de los actos administrativos, existe un cierto grado de discrecionalidad, incluso en los actos más reglados. "Los actos administrativos son más o menos reglados y más o menos discrecionales"[436], y la Administración debe contar con un "margen técnico de apreciación a la hora de valorar lo aptitud del peticionario"[437].

3.3. Examen del cazador

Para obtener la licencia de caza, tanto los galgueros como otros cazadores deben superar un examen[438]. Este examen está diseñado con el fin de demostrar los conocimientos necesarios y superar las pruebas de aptitud requeridas para obtener la licencia por primera vez.

Cada Comunidad Autónoma organiza estos exámenes mediante órdenes específicas[439]. Dado que la competencia para la caza recae en las Comunidades Autónomas, son ellas las encargadas de establecer la realización del examen como requisito para obtener la licencia, práctica que es común en muchos países europeos y que se recomienda desde la Unión Europea[440].

---

435 PEREZ, VICENTE, I., Consideraciones jurídico-administrativas sobre la actividad cinegética. Revista andaluza de administración pública. núm. 45. (2002), pp. 325-326.

436 ARIAS DE VELASCO citado por GARRIDO FALLA, Tratado de Derecho Administrativo. Instituto de Estudios Políticos, vol. I, n. 416. Madrid. (1964.)

437 SANZ LARRUGA, J., BARRIO GARCÍA, G., La regulación de la caza y la pesca deportiva y su dimensión ambiental. V Jornadas Nacionales de Derecho Deportivo. (2001).

438 Información confirmada por teléfono por la unidad "caza y pesca" de la CA de Madrid en marzo de 2024.

439 Por ejemplo, ORDEN MAV/440/2023, de 30 de marzo, por la que se convoca el examen del cazador y se determinan los aspectos para su desarrollo para el año 2023 en la CA de Castilla y León.

440 Consultar la recomendación núm. R (85) 17, de 23.9, del Comité de ministros del Consejo de Europa que sugiere vincular la concesión de la licencia de caza a la realización previa de exámenes teóricos y prácticos.

A través de este examen, los aspirantes a cazadores adquieren conocimientos sobre la legislación cinegética y ambiental, las especies de caza, la gestión cinegética y los aspectos éticos y de seguridad relacionados.

Los estudiantes que aprueban el examen reciben un certificado de aptitud al finalizar. Aquellos que no logran superar la prueba tienen oportunidad de repetir el curso o de presentarse al examen en futuras convocatorias. Una vez superado el examen, se procede a tramitar la licencia.

4. Territorios de aprovechamiento cinegético

La LC de 1970 enmarca la actividad cinegética en terrenos específicos, estableciendo una clasificación que distingue entre terrenos de aprovechamiento cinegético común y terrenos sometidos a un régimen especial[441]. Por su parte, el artículo 9 especifica que, en los terrenos cinegéticos de aprovechamiento común, la caza puede practicarse sin más limitaciones que las generales establecidas en la ley y su reglamento.

Los terrenos sometidos a régimen especial, según la Ley de Caza, requieren la elaboración de planes de uso y gestión específicos, adaptados al tipo de aprovechamiento que lleve a cabo el titular cinegético. Este enfoque garantiza una gestión personalizada de áreas de gran importancia, como los parques nacionales, refugios de caza, reservas nacionales de caza, zonas de seguridad, cotos de caza y cercados.

La caza de liebres con galgos suele llevarse a cabo en cotos de caza[442] que son a menudo alquilados con ese propósito específico. Los cotos de caza en España son extensiones continuas de terreno designadas para la práctica de la caza, reconocidas oficialmente por

---

441 Artículo 8 de la Ley de Caza de 1970.

442 Cerca del 90 % del territorio, unos 44 millones de hectáreas, está declarado como coto de caza en España. Es decir, que, salvo la superficie urbana y zonas industriales, la práctica totalidad del territorio es coto de caza. Ver: *https://fundacionartemisan.com/investigacion/preguntas-y-respuestas-sobre-la-caza-en-espana/* [Última consulta: 10 de enero de 2025]..

la autoridad administrativa competente. Estas áreas deben cumplir con ciertos requisitos, incluyendo una superficie mínima[443].

Los propietarios de fincas tienen la opción de establecer cotos privados de caza, los cuales pueden ser propiedad de uno o varios dueños que se asocien de manera voluntaria. La aprobación por parte del Ministerio de Agricultura es necesaria para aquellos cotos privados de caza que tengan más de un titular[444]. En el caso de los cotos de propiedad pública, se clasifican en cotos municipales o locales y cotos sociales[445].

Los cotos sociales, administrados por los órganos competentes de las CCAA, ofrecen precios asequibles y son ampliamente utilizados en la práctica de la caza con galgos. Estos cotos permiten "facilitar el acceso a cazar al innumerable colectivo de cazadores modestos, otro de los principales objetivos teóricos asumidos por la Ley de Caza de 1970"[446].

En la práctica, los galgueros interesados en la caza con galgos suelen adquirir tarjetas de caza en coto. Estas tarjetas les otorgan el derecho de participar en esta modalidad de caza en terrenos específicos designados como cotos. Las tarjetas de caza en coto son documentos que autorizan a los cazadores a practicar la caza en terrenos específicos, conocidos como cotos de caza. Estas tarjetas se emiten por los titulares de los cotos y otorgan el derecho de cazar dentro de los límites y las regulaciones establecidas para ese terreno en particular[447].

---

443 La extensión mínima requerida para designar un coto varía según las Comunidades Autónomas y las especies que se pretenden cazar, aunque comúnmente, se establece alrededor de las 250 hectáreas.

444 ÁLVAREZ, C.C., La protección y la utilización de los animales en el derecho administrativo español: regulación actual y metas pendientes. Doctoral disertación, Universidad de Zaragoza. (2018), p. 213.

445 *Ibidem.*

446 MARTÍNEZ GARRIDO, E., Visiones territoriales del Boom cinegético español. 1970-1989. Boletín de la A.G.E. N° 51. (2009), p. 333.

447 Anualmente, se elabora una orden de vedas que se ajusta a la situación de las especies cinegéticas, estableciendo los períodos hábiles para la caza de cada especie.

5. Observaciones finales

Como se ha podido comprobar, es posible cazar en España siempre que se cumpla con la legislación vigente, ya sea nacional o autonómica. Los cazadores y galgueros deben tener una edad determinada, recibir formación, estar en posesión de una licencia de caza y cazar en terrenos autorizados, generalmente cotos.

Los cazadores que utilicen perros para sus actividades también deben comprobar que cumplen la legislación relativa a sus perros, incluidas las obligaciones generales que se aplican a todos los animales domésticos, como la obligación de cuidarlos e identificarlos. En su caso, inscribir al perro en el Registro de Animales de Compañía de su Comunidad Autónoma o en otros registros como el Libro Genealógico Español (LOE), o en el Libro de Orígenes de la Federación Españolade Caza, el LOFEC, o en el Libro de Orígenes de la FEG (LRO).

Sin embargo, en España no existe una normativa específica que aborde de manera exhaustiva las obligaciones y responsabilidades relacionadas con los perros de caza o los galgos. Esta ausencia de regulación detallada ha generado, en varias ocasiones, situaciones de vacío legal.

II. LOS PERROS DE CAZA

En un primer apartado, de este capítulo, se llevará a cabo un análisis exhaustivo del estatus legal de los perros en la caza y su protección legal, abordando diversos aspectos relacionados con su regulación jurídica. En segundo lugar, se analizará detenidamente el estatuto jurídico de los animales en el Derecho Civil, destacando las disposiciones relevantes que afectan a los perros utilizados en actividades cinegéticas. Además, en un tercer epígrafe. se examinará el tratamiento legal de los animales en el ámbito penal, centrándonos especialmente en los delitos de maltrato animal y las penas asociadas. Así mismo, en un cuarto apartado, se abordará el papel del Derecho Administrativo en relación con los animales de caza, para a continuación, analizar las disposiciones específicas de la Ley de Bienestar Animal. Finalmente, en un último apartado, se estudiará el marco legal de la Unión Europea en lo que respecta a la protección y regulación de los perros utilizados en actividades cinegéticas. Este capítulo tiene como objetivo brindar una visión integral de la regulación jurídica que rodea a los perros en la caza, considerando tanto aspectos civiles como penales, así como la legislación administrativa y la normativa europea.

1. *Perros de caza: Análisis del estatuto jurídico*

La diversidad de leyes que abordan el bienestar animal en España, sumada a la facultad de las Comunidades Autónomas para determinar sus reglas de protección animal y de caza, plantea un desafío para lograr una comprensión integral y coherente en el marco legal.

Cada Comunidad Autónoma establece sus propias normativas de protección animal, ofreciendo definiciones específicas para distintas categorías de animales[448]. La ausencia de uniformidad en estas definiciones refleja una clara falta de consenso entre los legisladores autonómicos.

En medio de estas complejidades, el perro de caza ocupa una posición única, a caballo entre dos categorías distintas. La cuestión de si se trata de un perro como cualquier otro destinado a otros fines se convierte en un reto cuando se examina su estatuto jurídico. Desde un punto de vista biológico, no hay diferencias significativas entre un perro de caza y otros perros; sin embargo, la ley introduce dificultades en su clasificación[449]. En efecto, a menudo los perros adquiridos con el fin de ayudar a la caza no gozan de los mismos beneficios que los perros adoptados o comprados para ser sencillos compañeros. Los perros de caza suelen encontrarse en perreras o *bunkers*, mientras que los animales de compañía generalmente residen en el interior, protegidos de las inclemencias del tiempo y rodeados por su

---

[448] DE ROJAS MARTÍNEZ-PARETS, F., La protección de los animales domésticos y en cautividad en las normativas autonómicas. Revista Aranzadi de Derecho Ambiental. (2005), p. 254.

[449] GISIE, L., Uncovering the legal vulnerability of hunting dogs in France and Spain. Global Journal of Animal Law. Pendiente de publicación (2024).

"familia"[450]. Por tanto, las condiciones de vida de los perros varían considerablemente.

La tensión surge de su doble papel como animal de trabajo y compañía, que desafía la interpretación convencional de lo que constituye un animal de compañía. Esta ambigüedad en la categorización plantea una laguna potencial en la protección jurídica, situando a los perros de caza en una posición matizada que realmente exige una consideración específica en los marcos jurídicos.

1.1. El estatuto jurídico de los perros de caza en las leyes autonómicas de protección animal

Como hemos señalado previamente, desde una perspectiva biológica, no existen diferencias significativas entre un perro de caza y otros perros. Sin embargo, la clasificación de estos animales se complica por la propia legislación. En este análisis, nos enfocaremos en las definiciones proporcionadas por las leyes de protección animal de diversas Comunidades Autónomas en España. Cabe señalar que este epígrafe sólo tratará las definiciones dadas por los textos autonómicos; sin embargo, a nivel nacional también existe una ley de protección de los animales que desde la reforma de marzo de 2023 proporciona definiciones y destaca determinados aspectos de la situación jurídica de los animales según su categoría[451].

A modo de ejemplo, examinemos la Ley 11/2003, de 24 de noviembre, de Protección de los Animales de Andalucía[452]. Según esta ley, se definen como animales de compañía aquellos que son "albergados por los seres humanos, generalmente en sus hogares" y están

---

[450] La familia como núcleo formado por diferentes especies es cada vez más aceptada por el derecho. Ver: Sáez-Olmos, J., Caravaca Llamas, C., Molina Cano, J., La familia multiespecie: cuestión y reto multidisciplinar. Aposta 97 (2023); Pérez, Carmona, E.C., Zapata, Puerta, M., López Pulgarín, S.E., Familia multiespecie, significados e influencia de la mascota en la familia. Revista Palobra, palabra que obra 19.1 (2019).

[451] Se estudiará en el apartado 5.

[452] BOE. núm. 303. Ley 11/2003, de 24 de noviembre, de Protección de los Animales de Andalucía. Página web: *https://www.boe.es/buscar/doc.php?id=BOE-A-2003-23292* [Última consulta: 10 de enero de 2025].

principalmente destinados a brindar compañía, sin que el ánimo de lucro sea el elemento esencial que determine su tenencia. Por otro lado, se clasifican como animales de renta[453] aquellos que, aunque no convivan con el ser humano, son mantenidos, criados o cebados por este con el propósito de producir alimentos u otros beneficios. Sin embargo, para los perros de caza, cuyo propósito abarca tanto la compañía como el desempeño de funciones específicas en la caza, la aplicación de estas categorías puede resultar ambigua.

Para tomar otro ejemplo, la Ley 7/2020, de 31 de agosto, de Bienestar, Protección y Defensa de los Animales de Castilla-La Mancha[454], ofrece definiciones esclarecedoras sobre esta cuestión. El "animal de producción" engloba a aquellos destinados a la producción, reproducción, cebo o sacrificio, como los utilizados en peletería o en actividades cinegéticas. Respecto a la definición del "animal de compañía" se considera aquel que está bajo la posesión del ser humano, siempre y cuando su tenencia no tenga como destino su consumo, aprovechamiento de sus producciones, o se realice con fines comerciales o lucrativos. Esta categoría incluye a todos los perros, gatos y hurones, sin importar su propósito original o el lugar en el que habiten[455]. Esta especificación proporciona, por parte del legislador, una mayor claridad en la clasificación de estos animales.

Las leyes autonómicas contemplan una serie de obligaciones generales para quienes poseen o son propietarios de animales[456], además de establecer prohibiciones tanto generales como específicas, las cuales, según se señala, "constituyen la base y esencia del bienestar de

---

453 *Ibidem.*

454 BOE. Núm.296. Ley 7/2020, de 31 de agosto, de Bienestar, Protección y Defensa de los Animales de Castilla-La Mancha. Página web: *https://www.boe.es/diario_boe/txt.php?id=BOE-A-2020-13916*[Última consulta: 10 de enero de 2025]; GISIE, L., Comentario jurídico de la Ley 7/2020, de 31 de agosto, de Bienestar, Protección y Defensa de los Animales de Castilla-La Mancha. [2020/6154] - Diario Oficial de Castilla-La Mancha de 07-09-2020, en dA. *Derecho Animal. Forum of Animal Law Studies* 12/1 (2021). DOI *https://doi.org/10.5565/rev/da.556*

455 Artículo 3. Definiciones. Animales de compañía. "A tales efectos se incluyen entre ellos todos los perros, gatos y hurones independientemente del fin para el que se destinan o lugar en el que habiten".

456 Identificación, buenas condiciones higiénico-sanitarias, asistencia veterinaria, etc.

los animales desde el punto de vista jurídico"[457]. Por tanto, resulta necesario que el estatus del perro de caza sea reconocido siempre como animal de compañía o asignarle un estatuto propio únicamente si esto conllevara a normativas específicas de bienestar altamente protectoras. Sin embargo, otorgarle un estatus propio también puede tener repercusiones negativas, ya que esto establecería una distinción entre los perros de caza y los de compañía, y como resultado, podrían ignorarse determinadas normativas bajo el pretexto de que el perro se utiliza para una actividad específica. Esta diferenciación podría socavar la protección y el bienestar de estos animales, permitiendo que se les trate de manera diferente o se les prive de los mismos estándares de cuidado que se aplican a otros perros de compañía.

No obstante, como hemos adelantado en párrafos anteriores, las leyes de protección animal en las diferentes Comunidades Autónomas no muestran uniformidad en sus definiciones[458], lo que ocasiona dificultades para establecer de manera clara la posición legal de los perros de caza. Esta evidente disparidad en las definiciones conduce a notables diferencias entre territorios, donde un perro de caza puede considerarse un animal de compañía o no[459], dependiendo de la Comunidad Autónoma en cuestión. Esta situación provoca una "inseguridad jurídica"[460]. La variabilidad en las normativas de protección animal ha generado incertidumbre, creando un escenario en el que la misma categoría de animal puede recibir un trato legal dispar según la región geográfica. Esta falta de coherencia ha tenido como consecuencia la entrada en vigor de una ley estatal de protección ani-

---

457 Arana García, E., Animales de compañía y administración local. Derecho del medio. (2005), p. 733.

458 De Rojas Martínez-Parets, F., La protección de los animales domésticos y en cautividad en las normativas autonómicas. Revista Aranzadi de Derecho Ambiental, nº 8, (2005), p. 254; Pérez Monguió, J.M., El concepto de animal de compañía: un necesario replanteamiento, en Revista Aragonesa de Administración Pública, núm. 51. (2018), pp. 260-265.

459 Pérez Monguió, J.M., El concepto de animal de compañía: un necesario replanteamiento, en Revista Aragonesa de Administración Pública, núm. 51. (2018), P. 274.

460 Casado, Casa, L., La protección del bienestar animal a través del ordenamiento jurídico-administrativo, en Cuerda Arnau, M.L., (dir.) De animales y normas. Protección animal y Derecho Sancionador. Tirant lo Blanch, (2021), p. 59.

mal, que responde a la necesidad de establecer un marco normativo unificado que abarque todo el territorio nacional[461].

1.2. El estatuto jurídico de los perros de caza en las leyes de caza

El análisis del estatuto jurídico de los perros de caza en las leyes que regulan dicha actividad se inicia con el examen de la Ley estatal de caza de 1970[462]. En esta legislación, la atención específica a los perros se refleja en el artículo 28, el cual se centra en la utilización de estos animales en el contexto de la caza y su tránsito por terrenos cinegéticos. Sin embargo, es importante destacar que esta ley no proporciona definiciones específicas respecto a los perros de caza.

> "Artículo 28. De los perros y de la caza. 1. La utilización de perros para cazar y el tránsito de perros sueltos por terrenos cinegéticos de aprovechamiento común o régimen especial, se acomodará a los preceptos que reglamentariamente se dicten. No se considerarán incluidos en el párrafo anterior los que utilicen los pastores y ganaderos para la custodia y manejo de sus ganados. 2. El Ministerio de Agricultura promoverá la conservación y fomento de las razas de perros de caza existentes en nuestro país, estableciendo a estos efectos los Libros de Orígenes de Perros de Caza Españoles y los Genealógicos correspondientes."

El artículo 28 establece que la utilización de perros para cazar y su tránsito por terrenos cinegéticos se regirá por los preceptos que se dicten reglamentariamente. Además, el Ministerio de Agricultura tiene la obligación de promover la conservación y fomento de las razas de perros de caza existentes en el país, recogidos en los Libros de Orígenes de Perros de Caza Españoles y los Genealógicos correspondientes. La atención principal de la ley se enfoca en la regulación de la utilización y conservación de las razas de perros de caza, más que en la protección específica de estos animales. Esta perspectiva puede interpretarse como una prioridad de la función cinegética de los perros sobre la consideración integral de su estatuto jurídico. La incorporación de disposiciones específicas que aborden la calidad

---

461 Esta ley será examinada en la sección 5 de este capítulo.

462 BOE. Núm.82. Ley 1/1970, de 4 de abril, de Caza. Página web: *https://www.boe.es/buscar/doc.php?id=BOE-A-1970-369* [Última consulta: 10 de enero de 2025].

de vida, la atención veterinaria y otras necesidades de los perros de caza podrían mejorar significativamente la LC y proporcionar una protección más completa en el marco legal.

La ausencia de una definición clara de los perros de caza en la Ley de Caza de 1970 ha generado la necesidad de analizar las leyes de las Comunidades Autónomas para obtener una visión más detallada del estatuto jurídico de los perros utilizados para fines cinegéticos. Sin embargo, la legislación regional, al igual que la ley estatal de caza, no aporta una definición explícita de los perros de caza. Un ejemplo evidente de esta falta de definición se encuentra en la Ley 3/2015, de 5 de marzo, de Caza de Castilla-La Mancha[463]. Con respeto a los animales, solo se definen las especies de caza menor y mayor, el resto de las definiciones se refieren a los humanos que participan en la actividad de caza o conceptos cinegéticos[464].

Otras Comunidades Autónomas, a pesar de no proporcionar definiciones específicas, reconocen la importancia del bienestar de los perros de caza. La Ley 14/2010, de 9 de diciembre, de Caza de Extremadura[465], ejemplifica esta perspectiva en su artículo 55[466]. Esta disposición subraya que los propietarios de perros utilizados para la caza están obligados a cumplir con los requisitos generales establecidos por las autoridades competentes en aspectos como tenencia, identificación, sanidad, bienestar, transporte y desinfección de los vehículos pertinentes.

La ausencia de disposiciones específicas en las leyes de caza respecto a la definición y estatus legal de los perros utilizados para esta

---

463 BOE. Núm. 148. Ley 3/2015, de 5 de marzo, de Caza de Castilla-La Mancha. Página web: *https://www.boe.es/buscar/act.php?id=BOE-A-2015-6877* [Última consulta: 10 de enero de 2025].

464 Artículo 2. Definiciones. *Ibidem.*

465 BOE. Núm. 314. Ley 14/2010, de 9 de diciembre, de caza de Extremadura. Página web: *https://www.boe.es/buscar/pdf/2010/BOE-A-2010-19851-consolidado.pdf* [Última consulta: 10 de enero de 2025].

466 Artículo 55; "Utilización de perros y de otros medios auxiliares en el ejercicio de la caza. 1. Los dueños de perros utilizados para el ejercicio de la caza quedan obligados a cumplir las prescripciones generales dictadas por las autoridades competentes sobre tenencia e identificación, sanidad, bienestar, transporte y desinfección de los vehículos que en cada momento les afecte."

actividad refleja la orientación centrada principalmente en aspectos cinegéticos y de conservación de estas normativas, dejando en segundo plano los derechos y el bienestar de los canes involucrados en tales actividades. Esta carencia de claridad sobre el estatus de los perros en las leyes de caza resalta la necesidad de recurrir a textos legales más generales. No obstante, esta situación también subraya la urgencia de actualizar y fortalecer las leyes de caza mediante la incorporación de disposiciones específicas que definan con precisión el estatus legal de los perros y establezcan estándares para su bienestar. De esta manera, se lograría una regulación más exhaustiva y justa que reconociera la importancia de salvaguardar y tratar con consideración a estos animales, cuya función en la actividad cinegética es importante. En la modalidad de caza con galgos es el perro quien desempeña el papel principal en la actividad, mientras que el ser humano o galguero adquiere un papel secundario.

2. Estatuto jurídico de los animales en el Derecho Civil

El Código Civil español es un pilar fundamental en el sistema legal de España y tiene profundas raíces históricas que se remontan a diversas fuentes, entre las cuales destacan la influencia del Código Napoleónico y la impronta del Derecho Romano. Estas conexiones históricas han dejado una marca indeleble en la configuración del sistema legal español. Uno de los momentos cruciales en la evolución del Código Civil español se encuentra en la promulgación del Código Civil francés en 1804, también conocido como el Código Napoleónico. Este código, que reflejó la visión justiniana[467], fue un intento de consolidar y unificar las leyes civiles en Francia después de la Revolución.

---

[467] La visión justinianea hace referencia a los principios jurídicos establecidos durante el reinado del emperador romano Justiniano en el siglo VI, principalmente a través de su principal obra, el *Corpus Juris Civilis.* El Código Civil francés, promulgado en 1804 bajo Napoleón Bonaparte, se inspiró en diversas fuentes jurídicas, entre ellas el Derecho romano, del que la obra de Justiniano era una referencia principal.

El Código Civil español, que vio la luz en 1889, se inspiró en gran medida en el modelo francés, adoptando muchas de sus disposiciones y principios fundamentales[468]. La *summa divisio* personas/ cosas[469], que ha sido una contribución significativa del legado de Napoleón y que se refleja en el Código Civil español, plantea algunos desafíos y dudas cuando se aplica a los animales. Esta clasificación distingue entre sujetos de derechos (personas) y objetos sin derechos inherentes (cosas)[470]. La Dra. GIMÉNEZ-CANDELA precisa que "el Derecho, a través de la Codificación, se ha ocupado de los animales —dentro de la lógica de la pertenencia a las cosas—, en la medida en que aquéllos han cubierto las necesidades más elementales de la vida: como productos, medios de transporte, medios para la investigación, compañía, como parte de los espectáculos dirigidos a divertir al ser humano"[471]. Sin embargo, esta dicotomía presenta un problema ético y legal, dado que resulta difícil considerar que los animales son meramente objetos sin derechos. A medida que la conciencia sobre el bienestar animal ha ido creciendo en la sociedad y en el ámbito legal, se ha cuestionado la aplicabilidad de esta distinción estricta entre personas y cosas a los seres vivos. Sin embargo, "los romanos consideraban a los animales, respetando su esencia de seres vivos, como *res sui generis*"[472]. Por lo tanto, no hace falta decir que, el legado del Código Civil de Napoleón desconocía, o al menos no se dignó a tener en cuenta, los avances científicos sobre la naturaleza de los animales ni la reflexión filosófica que los consideraba como seres intrínsecos y el reconocimiento de su capacidad de sufrimiento[473].

---

468 Pazos Baró, J., La codificación del derecho civil en España, 1808-1889. Vol. 4. Ed. Universidad de Cantabria, (1993); Peset, M., Los antecedentes de la unión de la tutela y la curatela en el Código civil español. (1971).

469 GAYO, Instituciones, II, 8 y III, 9, De Abellán Velasco, M, Arias Bonet, J.A., Iglesias Redondo, J., Roset Esteve, J., dir. por Hernández Tejero, F., Civitas, Madrid. (1985), PP. 32 y 33.

470 *Vid.* Giménez-Candela, M., Derecho Privado Romano, 2ª Edición. Valencia. (2020). PP.163 s.

471 Giménez-Candela, M., La descosificación de los animales. Revista Eletrônica do Curso de Direito da UFSM vol. 12, n° 1. (2017), p. 301.

472 Giménez Candela, T., Estatuto jurídico de los animales en el Código Civil. La esperada descosificación animal. (2021), p. 10.

473 Giménez Candela, T., Informe sobre los animales en el derecho civil: cuestiones básicas para una legislación marco en bienestar animal. (2014), p. 7, nt. 9.

Afortunadamente, desde los años sesenta se ha producido un "giro animal"[474] trayendo consigo un proceso de descodificación. A pesar de este reconocimiento, muchos sistemas jurídicos que han estado históricamente influidos por el Derecho Romano han enfrentado dificultades para llevar a cabo modificaciones sustanciales en sus Códigos Civiles. Aunque algunas reformas reconocen explícitamente que los animales "no son cosas"[475], las relaciones legales con ellos a menudo continúan siendo reguladas desde la misma conceptualización que establecía la *res romana*[476]. Esta resistencia al cambio puede deberse a diversas razones, como la tradición arraigada en la concepción romana, la resistencia a alterar estructuras legales establecidas y la falta de consenso sobre cómo abordar integralmente los derechos de los animales en el marco legal.

Esto es lo que pasó en España, donde el proceso de descodificación empezó en febrero de 2017[477]. En aquél momento, el Ple-

---

De este informe, presentado en un acto de trabajo, se hace eco un libro más reciente: GIMÉNEZ-CANDELA, M., Transición animal en España. (2020.) PP.159 s.

474 RITVO, H., On the Animal Turn. En Daedalus. Journal of the American Academy of Arts & Sciences. Daedalus. Vol.136, n° 4. (2007), pp. 118 s.

475 "(...) la reforma austriaca de 10 de marzo de 1986; la reforma alemana de 20 de agosto de 1990, seguida de la elevación de la protección de los animales a rango constitucional en 2002 al introducir en su Ley Fundamental el artículo 20 a); la regulación en Suiza, país que también incluye en su Constitución la protección de los animales y que modificó el Código Civil y el Código de las Obligaciones a este objeto; la reforma belga de 19 de mayo de 2009; y las dos más recientes: la reforma francesa de 16 de febrero de 201513 y, de manera muy especial por la proximidad con esta que ahora se presenta, la Ley portuguesa de 3 de marzo de 201714, que estableció un estatuto jurídico de los animales y modificó, tanto su Código Civil, como el Código Procesal Civil y el Código Penal" Ver CERDEIRA BRAVO DE MANSILLA, G., ¿Un nuevo Derecho civil para los animales?: Elogio (no exento de enmiendas) a la nueva Proposición de Ley sobre el régimen jurídico de los animales, en España, dA. Derecho Animal Forum of Animal Law Studies 12/2 (2021). DOI *https://doi.org/10.5565/rev/da.573.*

476 SÁNCHEZ NAVARRO, D., De la *res romana* al pleno reconocimiento de la personalidad jurídica: el avance imparable del Derecho Animal, en : FALCON, M. y MILANI, M., A New Role for Roman Taxonomies in the Future of Goods? Atti del convegno di Padova (2022), p. 344.

477 Proposición de Ley de modificación del Código Civil, la Ley Hipotecaria y la Ley de Enjuiciamiento Civil, sobre el régimen jurídico de los animales. (122/000134): *https://www.congreso.es/es/busqueda-de-iniciativas?p_p_id=iniciativas&p_p_lifecycle=0&p_p_state=normal&p_p_*

no del Congreso de los Diputados aprobó por unanimidad instar al Gobierno la modificación del régimen jurídico de los animales[478], tras someter a debate y votación una proposición de tenor prácticamente idéntico al que se ha aprobado[479]. Lamentablemente, dicha iniciativa legislativa, que había recibido la aprobación unánime del Congreso en las dos sesiones en que se sometió a votación, no pudo seguir adelante y culminar la reforma propuesta, debido a cuestiones políticas por las que se disolvieron las Cámaras y que dejaron en un momento de espera las propuestas legislativas existentes en aquel momento[480]. Posteriormente, el Grupo Parlamentario Popular presentó en el Congreso el día 7 de septiembre de 2020 la Proposición de Ley de modificación del Código Civil, la Ley Hipotecaria y la Ley de Enjuiciamiento Civil, sobre el régimen jurídico de los animales[481], que se acordó admitir a trámite y dar traslado al Gobierno, sin que la misma prosperara.

Finalmente, tras superar una serie de obstáculos políticos, la descodificación se llevó a cabo y en fecha 16 de diciembre 2021 se pu-

---

mode=view&_iniciativas_mode=mostrarDetalle&_iniciativas_legislatura=XII&_iniciativas_id=122%2F000134[Última consulta: 10 de enero de 2025]; Leer Aláez Corral, B., Algunas claves de la futura reforma del Estatuto Jurídico civil del animal en España, en dA. Derecho Animal (Forum of Animal Law Studies) 9/3 (2018), pp. 48-55; Giménez-Candela, M., Animales en el Código Civil español: una reforma interrumpida, dA. Derecho Animal Forum of Animal Law Studies 10/2 (2019). DOI *https://doi.org/10.5565/rev/da.438*

478 *Vid.* ICALP (*International Center for Animal Law and Policy*). Dossier monográfico sobre el cambio de estatuto jurídico de los animales en el código civil. dA. Derecho Animal. Forum of Animal Law Studies. Página web: *https://www.derechoanimal.info/sites/default/files/attachments/Estatuto%20Jur%C3%ADdico%20de%20los%20Animales%202010-2021.pdf* [Última consulta: 10 de enero de 2025].

479 Diario de Sesiones del Congreso de los Diputados, pleno y diputación permanente, Año 2017, N° 29, XII Legislatura, sesión plenaria N° 27, martes, 14 de febrero de 2017, PP. 43-50. *http://www.congreso.es/public_oficiales/L12/CONG/DS/PL/DSCD-12-PL-29.PDF*[Última consulta: 10 de enero de 2025]; El País. El Congreso apoya por unanimidad considerar a los animales seres vivos y no cosas. (2017). Página web: *https://elpais.com/politica/2017/12/12/actualidad/1513066545_704063.html*[Última consulta: 10 de enero de 2025].

480 Olivera Oliva, M., Los animales de compañía en las crisis de pareja. Tesis doctoral. Universidad Autónoma de Barcelona. (2022), pp. 40-45.

481 Que puede verse en *https://www.congreso.es/public_oficiales/L14/CONG/BOCG/B/BOCG-14-B-99-1.PDF#page=1* [Última consulta: 10 de enero de 2025].

blicó en el Boletín Oficial del Estado (BOE) la Ley 17/2021, de 15 de diciembre, de modificación del Código Civil, la Ley Hipotecaria y la Ley de Enjuiciamiento Civil, sobre el régimen jurídico de los animales por el que dejan de ser considerados meras cosas y son reconocidos como seres vivos dotados de sensibilidad[482]. Con la reforma de 2021 y al reconocer a los animales como tal, este principio debe presidir, a partir de ese momento, la interpretación de todo el ordenamiento jurídico y, en consecuencia, los animales dejan de tener la condición de simples cosas o bienes[483]. No obstante, les podrá seguir siendo aplicable el régimen jurídico de los bienes y de las cosas en la medida en que sea compatible con su naturaleza o con aquellas disposiciones destinadas a su protección[484]. Además, los animales permanecen en la categoría "De los animales, de los bienes, de la propiedad y de sus modificaciones" en el Código Civil. Con anterioridad, en 2015, Francia tomó una decisión similar[485] a la de España al reconocer a los animales como seres sintientes en su Código Civil[486]. Esta disposición fue incluida en el *Livre II: Des biens et des différentes modifications de la propriété*[487]. Esto no significa que se haya creado un libro aparte específicamente para los animales en el Código Civil, los animales no tienen un registro separado en el sistema legal francés, sino que están incluidos dentro del marco legal existente que regula la propiedad y los derechos asociados. Lamentablemente, en Espa-

---

482 Artículo 333 bis. 1. "Los animales son seres vivos dotados de sensibilidad. Solo les será aplicable el régimen jurídico de los bienes y de las cosas en la medida en que sea compatible con su naturaleza o con las disposiciones destinadas a su protección".

483 Antiguos artículos 333 y 333 bis del Código Civil.

484 A pesar de este reconocimiento, los animales siguen estando sujetos al régimen de propiedad. En consecuencia, siguen siendo, por ejemplo, propiedad de los seres humanos.

485 MARGUÉNAUD, JP., La modernisation des dispositions du code civil relatives aux animaux: l'échappée belle: Commentaire de l'article 2 de la loi n° 2015-177 du 16 février 2015. Revue juridique de l'Environnement, n° 2. (2015), pp. 257-263; GIMÉNEZ-CANDELA, M., Una nueva Revolución Francesa: la modernización del Code civil. dA. Derecho Animal. Forum of Animal Law Studies. vol. 6, n° 1. (2015). GIMENEZ-CANDELA, M., Transición animal en España. (2020).

486 Légifrance. Code civil. Article. 515-14. Página web: *https://www.legifrance.gouv.fr/codes/article_lc/LEGIARTI000030250342*[Última consulta: 10 de enero de 2025].

487 Traducción propia: Libro II: De los bienes y de las diferentes modificaciones de la propriedad.

ña no se ha optado por una medida más avanzada, que implique la creación de una sección específica dentro del Código Civil dedicada exclusivamente a los animales.

La Ley 17/2021, de 15 de diciembre, de modificación del Código Civil, la Ley Hipotecaria y la Ley de Enjuiciamiento Civil sobre el Régimen Jurídico de los animales no solo ha modificado el Código Civil, sino también ha modificado la Ley de Enjuiciamiento Civil (LEC) y la Ley Hipotecaria. Dentro del contexto de las reformas hipotecarias, dos cambios significativos tienen el potencial de impactar en el trato y protección de los galgos. En primer lugar, según lo establecido en el artículo 111 de la Ley Hipotecaria: "Salvo pacto expreso o disposición legal en contrario, la hipoteca, cualquiera que sea la naturaleza y forma de la obligación que garantice, no comprenderá: Primero. Los animales colocados o destinados en una finca dedicada a la explotación ganadera, industrial o de recreo. No cabe el pacto de extensión de la hipoteca a los animales de compañía". La hipoteca, entendida como un derecho real de garantía sobre bienes, generalmente se asocia con propiedades como casas o terrenos. Sin embargo, hasta la reforma de 2021, los animales eran parte de esta ecuación, ya que estaban asociados a la finca, como una extensión de tierra con propósitos específicos, ya fuera para la explotación ganadera, industrial o de recreo. Por tanto, se podría haber hipotecado una finca galguera con galgos en una perrera. La reforma aborda la cuestión de la extensión de la hipoteca a los animales que forman parte de una finca dedicada a la explotación ganadera, industrial o de recreo. Sugiere que los animales no deben considerarse simplemente como propiedades susceptibles de ser incluidas en una hipoteca, sino que se reconoce su singularidad.

En segundo lugar, se declaran absolutamente inembargables los animales de compañía, mediante la modificación del artículo 605 de la Ley de Enjuiciamiento Civil. Significa que, desde el punto de vista jurídico, estos animales no pueden ser embargados como parte de un proceso de ejecución de deudas o cualquier otro tipo de medida que implique la confiscación de bienes. En otras palabras, los animales de compañía están protegidos de ser tomados como garantía o recurso para cubrir deudas o responsabilidades financieras. Refleja el reconocimiento de que los animales de compañía tienen un valor especial para sus dueños y se consideran más allá de simplemente ser propiedad susceptible de ser utilizada para saldar deudas. Esta protección legal busca preservar el bienestar de los animales y reconocer la relación emocional y afectiva que existe entre las personas y sus animales.

Los animales de compañía encuentran una buena protección en la Ley 17/2021, de 15 de diciembre, de modificación del Código Civil, la Ley Hipotecaria y la Ley de Enjuiciamiento Civil. Sin embargo, como se mencionó anteriormente, carecemos de una definición uniforme de lo que constituye un animal de compañía en España, y no siempre está claro si los galgos y otros perros de caza se consideran como tales. El estatus legal del galgo y del perro de caza es demasiado ambiguo y requiere de una mayor clarificación.

No obstante, hay que subrayar que estas reformas representan un avance significativo hacia la "descosificación" de los animales. Aunque, de momento, se trata de un primer paso, y al reconocer la sensibilidad de los animales sin desvincularlos por completo del régimen de los bienes, estas reformas indican una transformación en la percepción de los animales. Se avanza progresivamente hacia el reconocimiento de su autonomía y su valor, trascendiendo su mera utilidad económica. Sin embargo, para alcanzar una "descosificación" completa, será necesario continuar trabajando en la implementación de leyes y políticas que refuercen aún más los derechos de los animales. Como hemos observado, el Derecho Civil muestra una notable tendencia conservadora al preservar el legado de su pasado, lo cual contribuye a su progreso lento. Hasta la fecha se ha adoptado una "posición moderada"[488].

La Ley 17/2021, de 15 de diciembre, además de ser un cambio jurídico significativo, constituye un paso inicial esencial para impulsar avances en diversas áreas del Derecho. Nos encontramos en las primeras fases de un proceso en el que la sociedad está mostrando

---

488 CERDEIRA BRAVO DE MANSILLA, G., ¿Un nuevo Derecho civil para los animales?: Elogio (no exento de enmiendas) a la nueva Proposición de Ley sobre el régimen jurídico de los animales, en España, dA. Derecho Animal. Forum of Animal Law Studies 12/2 (2021). - DOI https://doi.org/10.5565/rev/da.573 P. 44.

un interés creciente en otorgar derechos efectivos a los animales, aunque queda mucho por hacer. Pensamos que los políticos y legisladores podrían participar en la mejora de la situación jurídica de los animales en el futuro. Más que "humanizar al animal y deshumanizar al hombre"[489], buscamos preservar los derechos fundamentales de los seres humanos que han sido una piedra angular en la evolución de sociedades justas, y expandir estos derechos para incluir a los seres animales. Hay que superar los obstáculos que persisten en el sistema jurídico, que sigue siendo bastante conservador, y avanzar hacia una concepción menos antropocéntrica del Derecho[490].

3. *La tutela penal de los animales. Especial referencia al maltrato*

El Derecho Penal, como rama del Derecho, tiene una importancia especial cuando se trata de la protección de los galgos. La aplicación de medidas punitivas en casos de maltrato animal tiene como objetivo establecer sanciones que se ajusten a la gravedad de las acciones perpetradas. La evolución de la legislación penal refleja un progresivo esfuerzo por abordar con mayor precisión y severidad los actos de crueldad contra los animales[491], reconociendo la imperativa necesidad de proteger su bienestar[492]. Este enfoque no solo busca disuadir comportamientos abusivos, sino también establecer un marco legal sólido que respalde la consideración ética hacia los animales en la sociedad contemporánea.

---

489 Intervenciones del parlamentario López Maraver (VOX). Según puede verse en: *https://www.congreso.es/public_oficiales/L14/CONG/DS/PL/DSCD-14-PL-96.PDF#page=26*[Última consulta: 10 de enero de 2025].

490 Rigel Vide, C., Personas, animales y derechos. Madrid. (2018), pp. 12 ss.; Giménez-Candela, M., Animal. Una aproximación biojurídica. DALPS (Derecho Animal-Animal Legal and Policy Studies), vol.1, (2023). P.20.

491 "Es público y notorio que la sociedad actual, especialmente en la cultura occidental, está evolucionando en pro de la defensa de los animales, llegando en ocasiones al extremo de reconocerles derechos", en: Rodríguez, JM., Los delitos de maltrato y abandono de animales en el Código Penal español. Derecho Animal. Forum of Animal Law Studies. Vol. 9. No. 2. (2018), pp. 67-68.

492 Havagarcía, E., La tutela penal del bienestar animal, en: Cuerda Arnau, L,M., De animales y normas. Protección animal y derecho sancionador. Tirant lo Blanch, Valencia. (2021), pp. 190-225.

3.1. Consideraciones antecedentes

La naturaleza del bien jurídico protegido en los delitos de maltrato animal y abandono de animales ha sido motivo de intensos debates en la doctrina penal[493]. En sus comienzos, la condena al maltrato de los animales tenía como propósito preservar la moral y el bienestar de los individuos más vulnerables de la sociedad humana[494], así como fomentar la moral pública y las buenas costumbres[495]. Otros argumentos se enfocaban en los sentimientos de amor y compasión hacia los animales[496]. En contraposición, algunos sectores de la doctrina y ciertos autores aún sostienen que el bien jurídico protegido es el medio ambiente[497]. Se puede añadir que en ciertos casos jurisprudenciales, se ha llegado a mencionar que el bien jurídico protegido se extiende a la dignidad de los animales[498]. En efecto, los animales

---

493 Ver BRAGE CENDÁN, S., Los delitos de maltrato y abandono de animales. (2017), pp. 47-59.

494 En España, el primer texto jurídico protectora de los animales del país fue la Ordenanza municipal de Palma de Mallorca (1877) que lleva en Título VIII, la protección relativa a perros. Su artículo 206 previa la prohibición de "maltratar a perro alguno con palos, piedras o de otro modo cualquiera". Unos años más tarde, nació el Código Penal de 1928 (Primo de Rivera) disponiendo en su artículo 810 n° 4 que los que "públicamente maltrataran a los animales domésticos o los obliguen a una fatiga excesiva" se exponían a una pena de multa de 50 a 500 pesetas. El texto tipificaba como delito los malos tratos, pero solo si eran públicos. Esto evidencia que, en última instancia, no se protege al animal en sí, sino que se resguarda la sensibilidad del público y de las personas en la calle, convirtiéndose así en una defensa de la moral pública. Este maltrato puede continuar fuera de la vista en el ámbito privado, lo que indica que el bien protegido es la moral y las buenas costumbres.

495 Posición doctrinal desarrollada en el Siglo XIX. Ver: GUZMÁN DALBORA, J.L., El delito de maltrato animal, en DÍEZ RIPOLLÉS, J.L., La ciencia del Derecho Penal ante el nuevo siglo. Libro homenaje al profesor doctor don CEREZO MIR, J. Tecnos. Madrid. (2002). PP.1324-1328.

496 HIGUERA GUIMERÁ, J.F. Los malos tratos crueles a los animales en el Código Penal de 1995, Actualidad Penal, n° 17, (1998), p. 8 y MUÑOS LORENTE, J. Protección penal de los animales domésticos frente al maltrato, La Ley Penal, Revista de Derecho Penal, Procesal y Penitenciario, n° 42, (2007), p. 16.

497 SERRANO TÁRRAGA, M.D., El maltrato de animales en el Código Penal. La Ley: Revista jurídica española de doctrina, jurisprudencia y bibliografía, n° 3. (2005), p. 3.

498 Sentencia del Juzgado de lo penal 1 de Badajoz de 4 de diciembre de 2014 establece que "el bien jurídico protegido es la dignidad del animal, como ser vivo,

son seres vivos y tienen la capacidad de experimentar emociones y sufrimientos, y poseen el derecho fundamental a ser tratados con dignidad[499] y a no sufrir maltratos[500].

En los últimos años, el bien jurídico protegido en casos de maltrato animal se ha consolidado en torno al bienestar de los animales, especialmente frente a actos de crueldad y sufrimiento innecesario[501]. La Ley Orgánica 3/2023, que modifica el Código Penal en relación con el maltrato animal, establece de manera explícita en su introducción el bien jurídico protegido en los delitos contra los animales[502] y según se expresa en su preámbulo, este bien jurídico abarca "su vida, salud e integridad, tanto física como psíquica".

Hoy en día, la singularidad del Derecho Animal represivo reside en el hecho de que las disposiciones penales garantizan directamente la seguridad y la protección de los animales por su propio interés. La protección penal de los animales no redunda en beneficio del ser humano y limita las prerrogativas del *Homo sapiens* sobre los animales. Los galgos, al igual que otros seres sintientes, merecen protección intrínseca, basada en su propia valía como individuos, en lugar de ser valorados únicamente por su utilidad instrumental para satisfacer las necesidades humanas. Esta postura posibilita gradualmente

---

que debe prevalecer."; Sentencia de la Audiencia Provincial de Barcelona, de 24 de octubre de 2007 recoge que "el bien jurídico protegido es la dignidad del animal como ser vivo que debe prevalecer, cuando no hay un beneficio legítimo en su menoscabo que justifique su sufrimiento gratuito." Ver también: la Sentencia núm. 287/2004 de la Audiencia Provincial de Madrid de 19 de abril de 2004, la Sentencia de la Audiencia Provincial de Lérida 93/2008, y la Sentencia de la Audiencia Provincial de Pontevedra 116/2008.

499 Giménez-Candela, M., Dignidad, Sintiencia, Personalidad: relación jurídica humano-animal. dA. Derecho Animal. Forum of Animal Law Studies. Vol. 9, n° 2. (2018).

500 Ríos Corbacho, J.M., Los animales como posibles sujetos de Derecho penal. Algunas referencias sobre los artículos 631 (suelta de animales feroces o dañinos) y 632 (malos tratos crueles) del Código Penal español. (1996), p. 12.

501 Hava García, E., LA protección del bienestar animal a través del Derecho Penal. Estudios penales y Criminológicos. Vol. 31. (2011), p. 290.

502 BOE. Núm. 75. Ley Orgánica 3/2023, de 28 de marzo, de modificación de la Ley Orgánica 10/1995, de 23 de noviembre, del Código Penal, en materia de maltrato animal. Página web: *https://www.boe.es/buscar/act.php?id=BOE-A-2023-7935* [Última consulta: 10 de enero de 2025].

abandonar la perspectiva antropocéntrica para adoptar un enfoque zoocéntrico[503].

La represión penal debe avanzar aún más para abordar de manera efectiva los desafíos de la sociedad y satisfacer las crecientes preocupaciones de los ciudadanos españoles. Sabemos que ocho de cada diez españoles se muestran preocupados por la protección de los animales[504].

Según los resultados de la encuesta de Ipsos sobre la Sensibilización de la Sociedad Española respecto a los Derechos de los Animales, publicada en julio de 2022[505], el 92% de la población cree que es esencial implementar legislación que proteja a los animales. A pesar de esta creciente conciencia, la encuesta revela una percepción crítica en cuanto a la eficacia de las leyes actuales en la penalización del maltrato animal y el abandono. Solo el 11% de la población considera que las leyes vigentes castigan adecuadamente el maltrato, mientras que un aún más reducido 9% opina lo mismo respecto al abandono animal.

Este fenómeno se manifiesta de manera palpable en la realidad. La Fiscalía General del Estado, a través de su Unidad Coordinadora de Medio Ambiente y Urbanismo, reconoce en su memoria que "las diligencias de investigación penal en malos tratos a animales domésticos siguen en aumento, como en años anteriores"[506]. La persisten-

---

503 BRAGE CENDÁN, S.B., Los delitos de maltrato animal y abandono de animales, Valencia, Tirant Lo Blanch, Valencia. (2017), p. 59.

504 IPSOS. Sensibilización de la sociedad española respecto a los Derechos de los animales. Ipsos. Informe de resultados. (Julio 2022). Página web: *https://www.mdsocialesa2030.gob.es/derechos-animales/docs/estudio-ley-encuesta.pdf* [Última consulta: 10 de enero de 2025].

505 *Ibidem.*

506 Fiscalía General del Estado Unidad Coordinadora Medio Ambiente y Urbanismo. Memoria 2020. *https://www.miteco.gob.es/content/dam/miteco/es/ceneam/grupos-de-trabajo-y-seminarios/fiscalias-de-medio-ambiente/memoria2020fiscaliacoordinadorademedioambiente_tcm30-537060.pdf* p. 42. [Última consulta: 10 de enero de 2025].En el año 2020, se iniciaron diligencias de investigación relacionadas con intervenciones en el medio ambiente, y de estas, 214 estaban vinculadas a casos de maltrato animal. En el ámbito de los procedimientos judiciales incoados, se registraron 1,020 casos de maltrato a animales domésticos durante el año 2020. En cuanto a los escritos de acusación, se presentaron 231 durante 2020 por

cia de situaciones de maltrato animal, como los incidentes sufridos por los galgos, enfatiza la urgencia de una aplicación rigurosa de las leyes penales existentes en este ámbito.

3.2. El interés tutelado

La elección de recurrir al Derecho Penal como medio de protección para los galgos y los animales en general, frente al maltrato continúa siendo motivo de debate. Este debate se sustenta en la influencia de una corriente doctrinal que defiende que la protección debería recaer en el ámbito del Derecho Administrativo, considerándolo lo suficientemente idóneo e incluso más eficaz que el Derecho Penal. Esta postura se fundamenta en el rechazo a otorgar protección penal a la vida o integridad física de los animales y en la negación de que los animales posean derechos subjetivos, dado que no son titulares de derechos.

No obstante, un segmento dentro del ámbito de la doctrina penal percibe que ha tenido lugar una transformación significativa en la concepción jurídica de los animales, pasando de considerarlos meros objetos a reconocerlos como titulares de derechos subjetivos[507]. De acuerdo con BRAGE, se vincula con los movimientos de liberación animal[508] que parten de la premisa de que los animales poseen dere-

---

maltrato a animales domésticos. En el ámbito de las sentencias condenatorias, el año 2020 vio la emisión de 197 fallos condenatorios por maltrato a animales domésticos. En lo que respecta a las sentencias absolutorias, se contabilizaron 47 en 2020 por maltrato a animales domésticos.

507 Zapico Barbeito, M., Los delitos relativos a la protección de la flora y la fauna y animales domésticos: art. 337 en Ordenación del territorio, patrimonio histórico y medio ambiente en el Código penal y la legislación especial. Faraldo Cabana, P., directora. Tirant lo Blanch Tratados. (2011); Gutíerrez Romero, F.M., Delitos relativos a la protección de la flora y fauna en el nuevo Código Penal: análisis de los nuevos tipos delictivos. La Ley, n° 6204, de 7 de marzo de 2005. (2005), p. 6.

508 Singer, P., Liberación animal: el clásico definitivo del movimiento animalista. Taurus, (2018).

chos subjetivos, son titulares de intereses jurídicos y, por ende, son considerados sujetos pasivos del delito de maltrato animal[509].

Hoy en día, varios autores siguen oponiéndose a la atribución de derechos subjetivos a los animales, destacando un obstáculo central: la incapacidad de los animales para ejercer estos derechos y presentar reclamaciones en caso de ser víctimas de maltrato[510]. Todavía hoy resulta difícil para algunos juristas aceptar por completo que los animales puedan tener derechos, lo que se debe en parte al legado de la teoría hohfeldiana, según la cual los derechos son el correlato de los deberes[511]. Sin embargo, hay que reconocer que en ocasiones se considera que esta doctrina ha quedado superada por la evolución del pensamiento jurídico y ético en el ámbito del derecho de los animales[512].

En este contexto, MUÑOZ LORENTE propone abordar este desafío a través de la representación por sustitución, una estrategia que puede ser implementada tanto por asociaciones de protección animal como por el Ministerio Fiscal. Como ya ocurre con seres humanos como los menores o mayores con graves discapacidades y, por tanto, representados. Según DEMOGUE, "el fin del derecho es la satisfacción y el placer, y cualquier ser vivo con facultades emocionales, y sólo eso, es capaz de ser sujeto de derecho, tanto si carece de razón permanente como temporalmente. Un niño o un loco[513] curable o

---

509 BRAGE CENDÁN, S. Los delitos de maltrato y abandono de animales, Tirant lo Blanch, Valencia. (2017), p. 54.

510 BAUCELLS LLADÓS, J., Comentarios a los delitos relativos a la ordenación del territorio y la protección del patrimonio histórico y del medio ambiente, en: Córdoba Roda, J., y M. García Arán, M., (dirs.), Comentarios al Código Penal. Parte especial. Tomo I, Marcial Pons. Madrid. (2004). p. 1468.

511 HOHFELD, W.N., Fundamental legal conceptions as applied in judicial reasoning. The Yale Law Journal 26.8 (1917). PP.710-770.

512 STUCKI, S., Towards a theory of legal animal rights: Simple and fundamental rights. Oxford Journal of Legal Studies. Vol. 40, n° 3 (2020). PP.533-560; PEZZETTA, S., ¿Pueden los animales tener derechos si no pueden contraer obligaciones? Animales sujetos y ciudadanos. Mutatis Mutandis. Revista internacional de Filosofía. Vol.20, n° 1. (2023). PP.33-46.

513 El uso de la palabra "loco" en el texto se contextualiza por la época de los años 1900. Se reconoce que en la actualidad esta palabra puede ser considerada peyorativa o estigmatizante, por lo que se sugiere evitar su uso y emplear términos más respetuosos y empáticos para referirse a cuestiones de salud mental.

incurable pueden ser sujetos de derecho, porque pueden sufrir. Incluso los animales pueden ser sujetos de derecho."[514] Esta propuesta busca superar la limitación intrínseca de los animales para hacer valer directamente sus derechos, al mismo tiempo que garantiza una representación eficaz a través de entidades debidamente capacitadas para actuar en nombre de los animales[515].

Aunque respaldamos esta perspectiva conceptual, la aplicación práctica se ve obstaculizada por dificultades inherentes. Legalmente, los animales están protegidos en el ámbito del Derecho Penal como bienes jurídicos, carecen de reconocimiento como sujetos de derecho y son considerados como propiedad y no como entidades con derechos propios. A pesar de reformas en el Código Civil que reconocen la sensibilidad de los animales, persisten como objetos susceptibles de apropiación y uso para obtener beneficios económicos o personales[516]. El Derecho Penal debería evolucionar de manera acorde a estas consideraciones para permitir que los galgos y los demás animales, aunque faltan de capacidad procesal y de actuar por sí mismos, sean reconocidos como víctimas y puedan ser representados por sus propios beneficios ante un juez de la jurisdicción penal.

3.3. Desarrollo legislativo de la Ley Orgánica 3/2023, de 28 de marzo, sobre modificación de la Ley Orgánica 10/1995, de 23 de noviembre, del Código Penal, en Relación con el Maltrato Animal y su aplicación a los galgos

El maltrato animal fue introducido en el Código Penal español de 1995 y desde entonces han tenido lugar tres importantes reformas en la materia, en los años 2003, 2010 y 2015 sucesivamente. En

---

514 Traducción propia de DEMOGUE R., en La notion de sujet de droit caractère et conséquences. Revue trimestrielle de Droit Civil nº 3. L. Larose & L. Tenin, (1909), p. 10.

515 Muñoz Lorente, J., La protección penal de los animales domésticos frente al maltrato. La ley penal: Revista de Derecho Penal, Procesal y Penitenciario, nº 42 (2007), p. 9.

516 "El animal sirve al hombre como objeto de comercio, de propiedad o de valor cultural", en Brage Cendán, S., Los delitos de maltrato y abandono de animales, Tirant lo Blanch, Valencia. (2017), p. 11.

origen, la respuesta penal era una multa, pero con el tiempo se optó por incrementar la pena de la multa e incorporar otras formas de penalización, como la pena de prisión, la pena de trabajo en beneficio de la comunidad y la pena de inhabilitación especial. A pesar de que estas reformas han representado un avance gradual en la tipificación y penalización del maltrato animal, aún queda un amplio espacio para mejorar la legislación penal con respecto a los delitos contra los animales.

Si bien es importante tener en cuenta que no todos los juristas, consideran el delito de maltrato animal como un bien jurídico que merezca protección penal, —ya que algunos creen que las sanciones administrativas son suficientes para garantizar el cuidado de los animales sin necesidad de recurrir al ámbito del Derecho Penal—[517], la práctica procesal revela la necesidad de seguir reformando el Código Penal para salvaguardar este bien jurídico.

En el preámbulo de la Ley Orgánica 3/2023, de 28 de marzo, de modificación de la Ley Orgánica 10/1995, de 23 de noviembre, del Código Penal, en materia de maltrato animal, el propio legislador afirma que es necesario reforzar la protección penal de los animales trabajando en una respuesta penal más eficaz a las distintas formas de violencia que pueden sufrir los animales[518]. También se puede leer en el preámbulo de la ley, aunque todas las antiguas reformas penales:

> "han supuesto un progresivo avance en la tipificación y sanción penal del maltrato animal, aún existe en los delitos de violencia contra los animales un amplio margen de mejora para adecuarlos a la realidad de las problemáticas que actualmente se plantean en este ámbito, así como al nuevo estatus jurídico de los animales como seres vivos dotados de sensibilidad reconocido por la Ley 17/2021, de 15 de diciembre, que como tal debe ser recogido también en el Código Penal atendiendo al bien jurídico a proteger en los delitos contra los

---

517 BRAGE CENDAN, S., Los delitos de maltrato animal y abandono de animales. Valencia. (2017), p. 48. Menciona diversos autores defensores de estas ideas como MARTÍNEZ-BUJÁN, C., BAUCELLS, J., DÍAZ-MAROTO, J. o FARALDO, P.

518 BOE. Núm. 75, de 29/03/2023. Ley Orgánica 3/2023, de 28 de marzo, de modificación de la Ley Orgánica 10/1995, de 23 de noviembre, del Código Penal, en materia de maltrato animal. Página web: *https://www.boe.es/buscar/act.php?id=BOE-A-2023-7935* [Última consulta: 10 de enero de 2025].

animales, que no es otro que su vida, salud e integridad, tanto física como psíquica"[519].

Desde diversos sectores de operadores jurídicos se percibía una sensación de impunidad en casos de maltrato animal, especialmente en casos de abuso contra los galgos. Las sanciones no reflejaban adecuadamente la gravedad de los delitos, y faltaban medidas efectivas para garantizar la protección completa de los animales durante todo el proceso legal y más allá de este[520]. Ante estos desafíos, el legislador ha revisado las disposiciones y mecanismos de protección animal establecidos en el marco del Código Penal, a través de la Ley Orgánica 3/2023, de 28 de marzo, de modificación de la Ley Orgánica 10/1995, de 23 de noviembre, del Código Penal, en materia de maltrato animal[521].

El 16 de marzo de 2023 el Pleno del Congreso de los Diputados ha aprobado esta la Ley Orgánica de modificación de la Ley Orgánica 10/1995, de 23 de noviembre, del Código Penal, en materia de maltrato animal. El texto se publicó en el BOE el 29 de marzo de 2023 para su posterior entrada en vigor el 18 de abril de 2023[522]. Con esta reforma, se suprimen los artículos 337 y 337 bis Código Penal modifi-

---

519 *Ibidem.*

520 Un informe del Consejo General del Poder Judicial (CGPJ) sobre el anteproyecto de Ley Orgánica de modificación de la Ley Orgánica 10/1995, de 23 de noviembre, del Código Penal, en materia de maltrato animal analizó (una versión anterior) del proyecto de reforma, han empezado a cuestionar la proporcionalidad de las penas, desde el Ministerio de Derechos Sociales y Agenda 2030 y abrió la puerta a la revisión de determinadas penas en el periodo de enmiendas. Página web: *https://www.poderjudicial.es/portal/site/cgpj/menuitem.65d2c4456b6ddb628e635fc1dc432ea0/?vgnextoid=6e069badcbea4810VgnVCM1000004648ac0aRCRD&vgnextchannel=3548f0433c33b510VgnVCM1000006f48ac0aRCRD&vgnextfmt=default&vgnextlocale=es_ES* [Última consulta: 10 de enero de 2025].

521 BOE. Núm. 75, de 29/03/2023. Ley Orgánica 3/2023, de 28 de marzo, de modificación de la Ley Orgánica 10/1995, de 23 de noviembre, del Código Penal, en materia de maltrato animal. Página web: *https://www.boe.es/buscar/act.php?id=BOE-A-2023-7935* [Última consulta: 10 de enero de 2025].

522 Congreso de los Diputados. Proyecto de Ley Orgánica de modificación de la Ley Orgánica 10/1995, de 23 de noviembre, del Código Penal, en materia de maltrato animal. Página web: *https://www.congreso.es/public_oficiales/L14/CONG/BOCG/A/BOCG-14-A-118-1.PDF*[Última consulta: 10 de enero de 2025].

cando la rúbrica del capítulo IV del título XVI del libro II, que queda redactada como "De los delitos contra la flora y fauna" y se añade en el libro II un nuevo título XVI bis "De los delitos contra los animales" que contiene cuatro nuevos artículos (340 *bis*, 340 *ter*, 340 *quater* y 340 *quinquies*) con el fin de regular el maltrato animal. Aunque, como se ha afirmado en párrafos anteriores, lamentamos que no se haya incluido un título específico para los animales en el Código Civil, nos alegramos de que sí se haya incluido en el Código Penal.

3.3.1. Un título en el Código Penal para la protección exclusiva de los animales

Dentro de las recientes modificaciones al Código Penal, se ha introducido un cambio significativo al crear un nuevo Título específico denominado "De los delitos contra los animales," conformado por cuatro artículos. En contraste con el antiguo título "De los delitos relativos a la protección de la flora, fauna y animales domésticos"[523], que agrupaba a animales y plantas bajo una misma categoría, la nueva legislación establece una distinción clara y específica para los delitos cometidos exclusivamente contra los animales. Un sector de la doctrina estaba a favor de este cambio para tener un título específico[524]. No menos relevante es la extensión de la protección a una variedad más amplia de especies animales. Desde la reforma, el Código Penal se refiere al término "animal vertebrado" para ampliar la lista de animales protegidos, incluyendo domésticos y silvestres[525].

---

523 L.O. 15/2003, de 25 de noviembre. *Op.cit.*

524 TORRES FERNANDEZ, E., Revisión crítica de los tipos dedicados al maltrato de animales en el Código Penal vigente, tras la LO 5/2010., en la Ley Penal: revista de Derecho Penal, Procesal y Penitenciario, n° 78. (2011), pp. 6 y 7; MUÑOZ LORENTE, J., Los delitos relativos a la flora, fauna y animales domésticos (o de cómo no legislar en Derecho penal y cómo no incurrir en despropósitos jurídicos), en Revista de Derecho penal y Criminología, n° 19, (2007), p. 341; MUÑOZ LORENTE, J., protección penal de los animales domésticos frente al maltrato. La Ley penal: revista de derecho penal, procesal y penitenciario, nº 42 (2007), p. 6.

525 Esta reforma incluye a los perros de caza, pero puede plantear el problema de no incluir ciertos animales invertebrados que también son propensos a sufrir y ser víctimas de malos tratos.

3.3.2. Contenido de los nuevos artículos

En esta sección se examinará el contenido de los nuevos artículos tras la reforma y su utilidad en la protección de los galgos. Dado que estos artículos son de reciente promulgación, aún no se dispone de jurisprudencia derivada de la reforma de 2023 para respaldarlos. Sin embargo, se ha llevado a cabo un análisis comparativo con jurisprudencia previa con el fin de brindar un enfoque práctico a la investigación y comprender cómo el Derecho Penal influye en la protección de los galgos.

(a) El artículo 340 *bis*

El artículo 340 *bis* regula el delito de maltrato animal. La conducta típica se configura al causar a un animal doméstico, amansado, domesticado o bajo control humano temporal o permanente, una lesión que requiera tratamiento veterinario para el restablecimiento de su salud[526]. Esta lesión debe haberse causado fuera de las actividades reguladas legalmente, excluyendo, por ejemplo, la caza[527]. No obstante, si un galgo se utiliza para la caza y su galguero lo maltrata, aun así, el cazador puede ser sancionado, dado que dicho comportamiento no se corresponde con las prácticas normales de la caza como actividad debidamente regulada.

El Código Penal establece explícitamente que la lesión puede ser ocasionada por cualquier medio y procedimiento. El maltrato con resultado de lesiones se configura como una modalidad de delito

---

526 El delito de maltrato animal, en su tipo básico, está regulado en el artículo 340 *bis*.1 del Código Penal.

527 Cada año, algunos perros de caza sufren lesiones graves como resultado de accidentes durante la caza, especialmente en el contexto de las modalidades de caza mayor. Ver la investigación de *Anima Naturalis* y CAS Internacional. Las imágenes mencionadas revelan la brutalidad de la caza con perros en España. Dichas imágenes fueron recopiladas durante el período comprendido entre 2021 y 2023, y provienen de 11 monterías en diversas provincias españolas, así como de un criadero, dos perreras de rehalas y una procesadora de carne de caza. En las imágenes se pueden observar perros malheridos, perros de caza agonizantes, cazadores realizando suturas en las heridas de sus perros sin supervisión veterinaria, e incluso el uso de medicamentos ilegales. Página web: *https://www.animanaturalis.org/n/46470/el-horror-de-la-caza-con-perros-a-la-espanola-al-descubierto* [Última consulta: 10 de enero de 2025].

de resultado. Aunque este artículo es reciente, lo cual dificulta una comprensión profunda, el artículo 340 *bis* conserva cierta similitud con la antigua versión del artículo, concretamente el artículo 337 del Código Penal, que contemplaba tanto las lesiones físicas como las psicológicas. Por ejemplo, someter a los animales a un considerable estrés podría enmarcarse en esta categoría[528], aunque la complejidad de comprender los efectos del maltrato en la psique del animal puede dificultar la aplicación efectiva de la normativa en tales casos[529].

Este delito conlleva una pena de prisión que oscila entre tres y dieciocho meses, o una multa que va de seis a doce meses. En todos los casos, se aplicará la pena de inhabilitación especial de uno a tres años para el ejercicio de profesiones, oficios o regencia de comercios relacionados con los animales, así como para la tenencia de animales. Además, en situaciones en las que se hayan empleado armas de fuego para cometer el delito, el juez tiene la facultad de imponer la pena de privación del derecho a la tenencia y porte de armas por un periodo de uno a cuatro años. Es una medida penal interesante porque la práctica de matar a los galgos mediante un disparo no es

---

528 *Vid.* HAVA GARCÍA, E., La protección del bienestar animal a través del Derecho penal. Estudios Penales y Criminológicos. Vol. 31. (2011), p. 299. La autora, ilustra como un ejemplo de maltrato, con el potencial de causar lesiones que afecten significativamente la salud mental del animal, la práctica de mantener a un perro confinado en una jaula durante extensos periodos que le impidan el movimiento; Ver también: FARALDO CABANA, P., Flora y fauna:(arts. 333, 334, 336, 337, 339 y 631). Comentarios a la reforma penal de 2010. Tirant lo Blanch, (2010), p. 405; BLANCO CORDERO, I., Artículo 337, en GÓMEZ, TOMILLO, M., (dir.) Comentarios Prácticos del Código Penal. T. IV. Thomson Reuters Aranzadi, Cizur Menor. (2015), p. 182; MARQUÉS I BANQUÉ, M., Delitos relativos a los animales domésticos, en: QUINTERO OLIVARES, G., (dir.). Comentario a la Reforma Penal de 2015. Thomson Reuters Aranzadi, Cizur Menor. (2011), p. 676; ZAPICO BARBEITO, M., Art. 337, en FARALDO CABANA, P., (dir.), Ordenación del territorio, patrimonio histórico y medio ambiente en el Código Penal y la legislación especial, Tirant lo Blanch, Valencia. (2011), p. 449.

529 TORRES FERNANDEZ, M. E., Revisión crítica de los tipos dedicados al maltrato de animales en el Código penal vigente, tras la LO 5/2010. En La Ley Penal, nº 78. (2011), pp. 21-22; DÍAZ-MAROTO Y VILLAREJO, J., El maltrato de animales domésticos o amansados. En: Estudios sobre las reformas del Código Penal (Operadas por las LO 5/2010, de 22 de junio, y 3/2011, de 28 de enero), obra colectiva dirigida por el mismo autor. Thomson Reuters Aranzadi, Cizur Menor. (2011), p. 501.

infrecuente entre algunos galgueros[530], como se ilustra en la película "Yo Galgo" de Yeray LÓPEZ[531]. En dicha obra, un galguero expresa que resulta más económico utilizar una bala de pistola en lugar de costear una inyección para el sacrificio del perro[532].

Además, el Código Penal contempla un tipo agravado del delito de maltrato animal, detallando una serie de circunstancias que llevan consigo una pena más severa. Estas circunstancias, detalladas en el artículo 340 *bis* 2, abarcan diversas formas de agravamiento en el delito de maltrato animal como el uso de armas, instrumentos, objetos, medios, métodos o formas que puedan poner en peligro la vida o salud del animal. Asimismo, se contempla la ejecución del acto con ensañamiento, causar al animal la pérdida o inutilidad de un sentido, órgano o miembro principal, y la perpetración por parte del propietario o quien tiene encomendado el cuidado del animal. Además, la presencia de menores de edad o personas especialmente vulnerables, la ejecución con fines lucrativos, el uso del maltrato para coaccionar o intimidar a personas vinculadas afectivamente, así como la realización del acto en eventos públicos o su difusión a través de tecnologías de la información, son factores que agravan la naturaleza del delito. También se incluye el uso de veneno, medios explosivos u otros instrumentos destructivos no selectivos. Estas disposiciones buscan abordar con rigor las circunstancias que agravan el maltrato animal, estableciendo medidas más severas para quienes incurran en estas conductas.

En estos casos, la pena aplicada será la correspondiente al delito según lo establecido en el apartado 1, pero en su mitad superior. Se configura otro tipo agravado del delito de maltrato animal cuando se

---

530 Caso referido en la prensa: Un hombre en Tierra del Pan fue detenido por la Guardia Civil por causar la muerte a un perro galgo con un disparo de escopeta, encontrado en el maletero de su vehículo (Fuente: *https://www.laopiniondezamora.es/comarcas/2013/11/28/detenido-matar-galgo-disparo-escopeta-1899757.html*) [Última consulta: 10 de enero de 2025].

531 "Yo galgo" es un documental de Yeray López sobre el más maltratado de los galgos. Una película que recorre la España profunda y analiza como la caza afectan a estos animales.

532 López Portillo, Y., (dir.), Yo Galgo. Película documental, 70 minutos. Skinny Dog Films ApS.

ocasiona la muerte de un animal doméstico, amansado, domesticado o que reside temporal o permanentemente bajo el control humano. En este escenario, se aplican sanciones más severas, con penas de prisión que oscilan entre doce y veinticuatro meses. Además, se establece la inhabilitación especial por un período de dos a cuatro años, afectando el ejercicio de profesiones, oficios o comercios vinculados con los animales, así como la tenencia de animales.

En cambio, si las lesiones causadas no requieren tratamiento veterinario o si el maltrato al animal es grave pero no llega a causarle lesiones, las sanciones para esta modalidad atenuada del delito de maltrato animal son una simple multa de uno a dos meses o trabajos en beneficio de la comunidad de uno a treinta días, junto con la inhabilitación especial por un periodo de tres meses a un año para el ejercicio de profesión, oficio o comercio vinculado con los animales y para la tenencia de animales. La novedad de la reforma penal de 2023[533] reside en la inclusión del tratamiento veterinario como requisito esencial para la configuración del delito de maltrato animal. Este tratamiento veterinario se equipará al tratamiento médico aplicado a los seres humanos[534], es decir, implica un acto médico más allá de la primera asistencia facultativa. En situaciones en las que el veterinario determine que no se requiere intervención médica y sugiera simplemente observar al animal en casa, sin detectar ninguna anomalía preocupante, se impondrá una pena rebajada. Según lo establecido en el Artículo 340 *bis* 4., "se impondrá una pena de multa de uno a dos meses o trabajos en beneficio de la comunidad de uno a treinta días. Asimismo, se impondrá la pena de inhabilitación especial de tres meses a un año para el ejercicio de profesión, oficio o comercio que tenga relación con los animales y para la tenencia de animales". Es esencial ejercer cautela al abordar este tema y asegurar la seguridad jurídica en la aplicación de esta tipificación de maltrato a los animales. En este sentido, consideramos que la determinación de las lesiones que menoscaban gravemente la salud del animal no debería basarse en un catálogo cerrado de lesiones de la praxis veterinaria.

---

533 L.O. 15/2003, de 25 de noviembre. *Op.cit.*

534 BRAGE, S. Los delitos de maltrato y abandono de animales, Tirant lo Blanch, Valencia. (2017), p. 80.

Más bien, abogamos por la aplicación de criterios objetivos y amplios para evaluar el daño sufrido por el animal[535].

Esta cuestión ya ha sido objeto de consideración por parte del Tribunal Supremo (TS). En una sentencia, el máximo órgano judicial absolvió a individuos que mantenían a cinco galgos recluidos en el interior de un recinto cerrado de unos veinte metros cuadrados, con deficiente atención a sus necesidades de agua y alimento y a sus necesidades higiénicas y sanitarias[536]. Los perros estaban extremadamente desnutridos y presentaban piodermas[537]. En relación con los hechos en cuestión, sabemos que la denuncia presentada por un individuo llevó a los agentes de la policía municipal de Madrid a verificar la reclusión de los perros en cuestión y las condiciones en las que se encontraban. Más adelante, se inició un proceso judicial de los autores por los actos cometidos. Los acusados apelaron después de la sentencia condenatoria de la Audiencia Provincial de Madrid, ya que consideraban que la aplicación del artículo 337.1 del Código Penal no se correspondía con los hechos ocurridos, alegando que las lesiones no ponían en peligro la vida de los animales.

El TS confirmó que la omisión de cuidados resultó en trastornos para los animales, como desnutrición e infecciones cutáneas, provocando un menoscabo en la salud de los animales. En efecto, en este

---

535 Higuera Guimerá, J. F., Los malos tratos crueles a los animales en el Código Penal de 1995. Actualidad Penal. N° 17. (1998), p. 10; Godoy Suárez, M., Breves apuntes sobre el maltrato de animales en el artículo 337 del Código penal, en *Derecho y justicia penal en el siglo XXI: liber amicorum en homenaje al profesor Antonio González-Cuéllar García.* Constitución y Leyes, Ed. Colex, Madrid. (2006), p. 551.

536 Tribunal Supremo de España. Sala de lo penal. Rol N° 40-2023. Sentencia 40/2023, de 26 de enero de 2023. Se puede leer en: Establece el TS que un estado de desnutrición de los animales no implica necesariamente la conducta del delito de maltrato animal. (2023). IUSTEL. Página web: *https://www.iustel.com/diario_del_derecho/noticia.asp?ref_iustel=1236837*[Última consulta: 10 de enero de 2025].

537 Es una enfermedad purulenta de la piel. Se puede leer en la sentencia que: “Los piodermas no tratados pueden tener consecuencias graves para la salud de los perros, como son el engrosamiento cutáneo, la aparición de heridas o úlceras, el prurito intenso, la necrosis en la punta de las orejas o zona distal de las extremidades, la inmunosupresión y las alteraciones de carácter derivadas de dolor y prurito intensos”.; *Vid.* Mayanz, V., Pioderma en el canino. REDVET. Revista Electrónica de Veterinaria, vol. 13, no 3. (2012).

caso, los hechos probados revelan que los demandados descuidaron las necesidades básicas de agua y comida de los animales domésticos de su propiedad, así como sus necesidades de higiene y salud, al mantenerlos en un recinto estrecho sin salida y con un acceso mínimo a la sombra para protegerlos del sol. Esta omisión provocó problemas de salud a los animales, lo que demuestra que los demandados habían puesto en peligro el bienestar y la salud de los galgos. A su vez, la sentencia recurrida, al calificar los hechos de la conducta prevista en el artículo 337.1, se refirió al resultado material de la desnutrición de los animales, considerando que tal condición constituía en sí misma el daño exigido por el precepto. Sin embargo, el TS declara que, aunque un estado de desnutrición puede ser preocupante para la salud de los animales, no todos los casos de desnutrición constituyen un menoscabo grave para su salud. Por lo tanto, en el caso específico analizado, el TS concluye que el daño sufrido por los animales no alcanzó un nivel de gravedad suficiente para ser considerado un grave menoscabo de su salud, lo que significa que el artículo 337.1 del Código Penal no es aplicable en este caso.

En efecto, el TS, señaló que el término "lesiones con menoscabo grave de su salud" (según la redacción anterior del Código Penal) debería equipararse al delito de lesiones en humanos, es decir, que exija tratamiento veterinario más allá de la primera asistencia facultativa. Para evaluar esto, se deben considerar factores como la intensidad de la intervención veterinaria requerida, la hospitalización, el riesgo vital, la capacidad de causar procesos degenerativos, el tiempo de incapacidad, y la presencia de secuelas o padecimientos permanentes. Se puede leer en la sentencia que:

> "Partiendo de tales premisas la lógica aconseja interpretar la modalidad básica del artículo 337.1 como proyección de su equivalente cuando del delito de lesiones se trata (artículo 147.1), con imprescindibles modulaciones. Tomando como referencia el que se erige como concepto normativo básico en el delito de lesiones, el tratamiento médico o quirúrgico, será necesario que el animal requiera para su curación tratamiento veterinario, más allá del que se agota en una primera asistencia. Ahora bien, ese único presupuesto abarcaría detrimentos de la salud que difícilmente soportarían el calificativo de graves, lo que exige un plus que dependerá de las circunstancias del caso. Este podrá venir determinado por diversos factores. Entre ellos, sin afán de fijar un catálogo exhaustivo, habrán de valorarse la intensidad de la intervención veterinaria requerida; si hubiera exigido o no hospi-

> talización; el riesgo vital generado por la herida o su potencialidad para acelerar significativamente procesos degenerativos; el periodo de tiempo durante el cual el animal haya estado imposibilitado para el desempeño de la actividad propia de su especie; y las secuelas o padecimientos permanentes. Sin olvidar que, si éstos últimos conllevan la pérdida de un sentido, órgano o miembro principal, necesariamente determinaran la imposición de la pena en su mitad superior (artículo 337.2)."

Esto sugiere que el Tribunal Supremo considera necesario evaluar la extensión de la atención veterinaria necesaria al juzgar los casos de maltrato animal y al aplicar las disposiciones del Código Penal. Como se establece en el punto 4 del artículo 340 *bis* del Código Penal, si las lesiones infligidas no requieren tratamiento veterinario o si se ha maltratado gravemente al animal sin causarle lesiones físicas, se aplicará una pena de multa que oscilará entre uno y dos meses, o en su defecto, trabajos en beneficio de la comunidad que pueden extenderse de uno a treinta días. Además, se impondrá la pena de inhabilitación especial que abarcará un periodo de tres meses a un año, restringiendo el ejercicio de profesiones, oficios o comercios relacionados con los animales, así como la tenencia de animales. Subrayamos que, en ciertos casos, como el de los galgos arrojados a pozos, no siempre se evidencian lesiones físicas, y muchos de estos animales sobreviven a las caídas. Sin mencionar el daño psicológico que pueden sufrir como consecuencia de la caída. En nuestra opinión, las sanciones previstas no son proporcionales a la gravedad de los hechos en estos casos.

Sin embargo, hoy en día, el artículo 340 *bis* se presenta como una herramienta valiosa para la protección de los galgos víctimas de maltratos[538]. En efecto, este es seguramente el texto más protector del ordenamiento jurídico español para ayudar a los galgos. Dado que este artículo es relativamente reciente y aún no contamos con jurisprudencia específica, podemos respaldarnos en algunos ejemplos de jurisprudencia basados en el artículo 337 del Código Penal, precursor del artículo 340 *bis*. Estos casos previos proporcionan una base

---

538 Como hemos explorado en el Capítulo I, los casos de maltrato animal hacia los galgos son abundantes y, en algunas instancias, extremadamente crueles, llegando incluso al fallecimiento de los animales.

para comprender y aplicar de manera efectiva la legislación destinada a salvaguardar el bienestar de los galgos y otros animales frente a actos de crueldad y negligencia.

Quiero poner de relieve que la protección jurídica a los galgos ha discurrido por dos vías: las reformas del legislador, a través del Código Penal y las sentencias de los jueces, que conforman un cuerpo normativo y doctrinal de gran interés. El caso jurídico más conocido sobre galgos es el de Iniesta y Bola[539]. En la localidad de Fuensalida, un cazador, al concluir la temporada de caza y al considerar que, según sus palabras textuales, sus dos galgos, Bola e Iniesta, "son sucios para la caza"[540], decide acabar con sus vidas mediante el ahorcamiento. Los dos galgos fueron hallados ahorcados junto a un tercer galgo, que no contaba con un chip de identificación. Sin este elemento, resulta imposible imputar responsabilidades al autor, quien permanece desconocido[541].

En el presente caso, el abogado de la defensa procuró solicitar agravantes como alevosía, abuso de superioridad y abuso de confianza, los cuales fueron rechazados en la sentencia. Aunque las circunstancias claramente cumplían con estos elementos, la desestimación se basó en la interpretación restrictiva del Código Penal, que limita la aplicación de dichos agravantes solo a personas[542].

Finalmente, la pena resuelta fue de siete meses y medio de prisión, con inhabilitación especial para el ejercicio del derecho de sufragio pasivo durante el tiempo de la condena. Además, se estableció

---

539 Sentencia 389/2013 de 15/10/2013, Juzgado de lo Penal nº1 de Toledo, Procedimiento abreviado nº9/2012. Magistrado: Ilmo. D. Carmelo Ordoñez Fernández. Para leer la sentencia: *https://derechoanimal.info/sites/default/files/legacyfiles/bbdd/Documentos/1264.pdf*[Última consulta: 10 de enero de 2025].

540 Expresión coloquial entre los galgueros. Los galgos sucios son aquellos que buscan ventaja en una carrera, es decir, aprenden técnicas para conseguir capturar a la liebre sin respetar las normas de caza.

541 Aunque, la similitud del acto y la ubicación donde se encontraron los galgos sugiere que el propietario de Bola e Iniesta podría ser el responsable.

542 GARCÍA-VALLE, S., Caso de los galgos ahorcados en Fuensalida, de nombre Iniesta y Bola, de 5 años y 22 meses. Sentencia 389/2013 de 15/10/2013, Juzgado de lo Penal nº 1 de Toledo, Procedimiento abreviado nº 9/2012. Magistrado: Ilmo. D Carmelo Ordoñez Fernández en dA. Derecho Animal. Forum of Animal Law Studies. (2013), pp. 3-4.

una inhabilitación especial por un período de dos años y un día para el ejercicio de la profesión, oficio o comercio relacionado con los animales. Dicha inhabilitación abarca la caza con galgos, la posesión y comercio de estos animales, y la participación en cualquier cargo directivo en asociaciones relacionadas con la caza con perros galgos durante dicho período. Además, se le impusieron las costas de la acusación popular[543].

Por mencionar un ejemplo más, consideremos el caso de Duna, que representa un acto de crueldad animal y ejemplifica de manera impactante la jurisprudencia más reciente hasta la fecha[544]. A pesar de que Duna había sido adoptada por una familia no cazadora, el 26 de noviembre de 2021, la pareja propietaria de la perra la llevó a una pista de monte para realizar actividades de adiestramiento con la ayuda de una especialista. De manera abrupta, la galga se separó de su familia y dejó de responder a las llamadas. Es el momento que ha elegido el acusado, hombre de treinta y cuatro años, para introducir la perra en su furgoneta con la intención exclusiva de acabar con su vida. Luego, la trasladó a su finca en Tajonar, en Navarra, y la colgó en un cobertizo utilizando una cuerda fuertemente atada al cuello, pasada por una viga y amarrada a una valla metálica. Se puede leer en la sentencia que "la muerte del animal fue agónica implicando un alto grado de sufrimiento."

En este caso, la galga Duna llevaba un dispositivo GPS en su collar que ha permitido conocer su geolocalización y encontrarla. Sin embargo, en general son hechos muy difíciles de probar. La sentencia no precisa si el acusado es un cazador, pero es una práctica anclada en las costumbres de los cazadores como es el caso en la sentencia de Bola e Iniesta.

Además de la prueba con el GPS, que se pudo leer con el teléfono móvil de la familia de Duna a través de una aplicación, el informe

---

543 Real Academia Española, Definición Acusador popular. "Persona que ejercita la acción penal con respecto a asuntos ajenos y aunque no haya sido ofendido por el delito. El ejercicio de la acción popular está reconocido en el artículo 125 de la Constitución Española".

544 Sentencia 264/2023 de fecha 14/12/2023. Juzgado de lo penal n° 3 de Pamplona. Procedimiento abreviado n° 235/2023.

elaborado por el SEPRONA de Navarra resultó determinante en este caso. También se llevó a cabo una necropsia en Duna. El examen ha revelado que la galga sufrió de "congestión en las conjunticas oculares, congestión en la musculatura lingual y gingival, fuerte congestión en los tejidos a base del cuello, aplastamiento del aparato hioideo, lesiones en anillos de la tráquea y gran cantidad de sangre extravasada de forma masiva y difusa acumulada en los órganos abdominales, lo que demuestra que había muerto suspendida por el cuello"[545].

El acusado fue condenado a la pena máxima que se lo podía imponer establecido por el antiguo artículo 337 del CP, ahora suprimido y remplazado por el artículo 340 *bis* del CP. El tribunal condenó al acusado a 18 meses de prisión por cometer un delito de maltrato animal con resultado de muerte. Además, se le inhabilitó durante 4 años para el ejercicio de profesiones, oficios o comercios relacionados con los animales y para la tenencia de animales. La sentencia también estableció una indemnización de 3.328,81 euros a los dueños de Duna por los gastos incurridos, así como una compensación de 4.000 euros por los daños morales causados. Además, se le condeno a pagar 2.000 euros de costes procesales.

Cabe destacar que, aunque la pena de prisión fue impuesta, el acusado solicitó una suspensión de pena de privación de libertad. Lo que podía hacer porque la pena no superaba los 2 años. Le fue concebida esta suspensión mediante un Auto de 23 de enero de 2024. Según el abogado de la acusación popular ejercida por la Asociación SOS GALGOS, esta decisión pone de relieve la importancia de incrementar las penas de prisión por los delitos de maltrato animal "considerando que, al no superar los dos años de prisión, rara vez los acusados y salvo que tengan antecedentes entran en prisión"[546].

Además, es importante señalar que la pena fue suspendida sin la imposición de un programa formativo sobre protección animal, aunque esto era una solicitud de las partes acusadoras. El tribunal recha-

---

545 Se puede leer en los "hechos probados" de la sentencia.

546 GARCÍA VALLE, S., Caso de la galga Duna ahorcada en Tajonar (Navarra). Sentencia 264/2023 de fecha 14/12/2023. Juzgado de lo penal n° 3 de Pamplona. Procedimiento abreviado n° 235/2023. DALPS (Derecho Animal-Animal Legal and Policy Studies). Vol. 2. (2024), p. 416.

zó esta petición al considerar que la sentencia se alcanzó por conformidad, ya que el acusado aceptó las penas máximas establecidas en el artículo 337.3 del Código Penal. Aunque los actos cometidos son sumamente graves, según el Juzgado, la conducta del acusado refleja una voluntad de reparar el daño y asumir la responsabilidad por sus acciones. Por lo tanto, la suspensión de la pena solo está condicionada a no cometer nuevos delitos.

Según el abogado de la acusación popular, "debería ser obligatorio y necesario" completar cursos de formación sobre protección animal para poder obtener la suspensión de las penas[547]. Estamos de acuerdo con este análisis. Si bien es posible que la pena de prisión no es la más adaptada, esta decisión no permite asegurar que el acusado haya entendido la gravedad de sus actos y da una sensación de impunidad como afirma el abogado GARCÍA VALLE[548].

Con el fin de dar otro ejemplo que ilustre la jurisprudencia sobre crueldad hacia perros de caza, nos encontramos con aquel que involucra la acción de estrangular a varios perros una vez finalizada la temporada de caza. La Audiencia Provincial de Valladolid, de 18 de abril de 2017, indicó que "el estrangulamiento de un animal para hacerle morir asfixiado es acto que sólo puede ser calificado como de maltrato y además injustificado, en el sentido de carente de razón atendible para cualquier persona"[549]. Por lo tanto, la Audiencia confirmó la condena de primera instancia para los responsables de los hechos, que implicaban el estrangulamiento de varios perros una vez concluida la temporada de caza.

A menudo, cuando varios perros son víctimas del mismo acto, se castiga al acusado por el delito de maltrato animal sin tener en cuenta el número de animales víctimas. En la práctica, los abogados deberían siempre solicitar que se tipifiquen los casos como un concurso real de delitos, lo que permitiría condenar al acusado por varios delitos de maltrato animal por cada uno de los perros maltratados, y no como un solo delito continuado de maltrato animal por todos

---

547 *Ibidem.*

548 *Ibidem.*

549 Sentencia de la Audiencia Provincial de Valladolid, de 18 de abril de 2017 (*Tol 6139597*), fundamento jurídico tercero.

los animales maltratados. Además, esto permitiría acumular penas de prisión, dando lugar a condenas de más de dos años y evitando así la suspensión casi automática de la condena del acusado.

(b) El articulo 340 *ter*

El artículo 340 *ter* regula el delito de abandono de animales vertebrados bajo la responsabilidad de una persona, estableciendo que aquel que abandone a un animal en condiciones que pongan en peligro su vida o integridad será sancionado. La pena establecida para este delito contempla la imposición de una multa que puede variar entre uno y seis meses, o en su defecto, la realización de trabajos en beneficio de la comunidad con una duración comprendida entre treinta y uno y noventa días. Adicionalmente, se aplicará la pena de inhabilitación especial, la cual abarca un periodo de uno a tres años. Esta inhabilitación afecta directamente al ejercicio de profesiones, oficios o comercios relacionados con los animales, así como a la tenencia de animales.

Un parte del sector doctrinal percibe el abandono de animales como un "maltrato por desinterés"[550] y se manifiesta como una acción deliberada, donde el individuo deja intencionadamente al animal en un lugar, con la clara intención de no recuperarlo. Por ejemplo, abandonar a un galgo en una carretera y marcharse, constituye una omisión que abarca diversas conductas negligentes. Dentro de este contexto, estas conductas omisivas pueden abarcar desde dejar que el animal muera de hambre hasta la falta de asistencia o tratamiento veterinario necesario.

> "El abandono se puede entender tanto la expulsión física del hábitat humano del animal con intención de desprenderse o de renunciar a él, poniendo fin a la relación entre el animal y su dueño o cuidador (abandono físico), como la inobservancia del cumplimiento de las

---

550 REQUEJO CONDE, C., La protección penal de la fauna: especial consideración del delito de maltrato a los animales. Editorial Comares, (2010), p. 75; HAVA GARCIA, E., La protección del bienestar animal a través del Derecho Penal. Estudios penales y Criminológicos. Vol. 31 (2011), p. 303.

> obligaciones que como poseedor —garante— se tiene respecto del animal (abandono funcional[551])"[552].

En este sentido se pronunció la Sentencia de la Audiencia Provincial de Segovia de 5 de marzo de 2007, al decir que:

> "el abandono puede entenderse tanto desde un punto de vista activo como omisivo, bastando con que la conducta cause desamparo del animal (...) | el abandono se puede producir tanto porque se deje el animal o porque se le coloque en situación de desamparo, tanto por la acción directa de expulsarle como por la omisiva de no acogerle cuando se sabe dónde se encuentra; puesto que la obligación moral y legal de todo propietario de un animal es cuidar del mismo, y darle la asistencia precisa para permitir sur vida e integridad. Y en el presente caso esa es la conducta que desarrolló la denunciada, que pese a que se le comunicó que habían visto a su perra, para que pudiese buscarla, manifestó de forma expresa que ya no la quería sin hacer nada por recuperarla, por lo que la dejó abandonada"[553].

En esencia, el artículo 340 *ter* CP busca proteger la vida e integridad de los animales, penalizando tanto acciones directas de abandono como la negligencia extrema que pueda poner en riesgo su bienestar[554]. En todo caso, el tipo delictivo requiere que el abandono

---

551 Sobre el abandono funcional: SAP de Madrid de 15 de febrero de 2011 (JUR 20111160212); SAP de Granada de 25 de abril de 2008 (JUR 2009 20696).

552 Brage, S. Los delitos de maltrato y abandono de animales, Tirant lo Blanch, Valencia. (2017), p. 111.

553 SAP de Segovia de 5 de marzo de 2007 (*Tol 1051741*); SAP de Madrid de 15 de febrero de 2011 (JUR 20110160212). La sentencia finalizó con la condena por el delito de abandono en el caso de una perra que presentaba un estado físico delgado y sucio, no contaba con las vacunas requeridas por la normativa, y residía en una terraza rodeada de desechos y orina, sin disponer de un refugio adecuado para resguardarse de las condiciones climáticas adversas.

554 Audiencia Provincial. Santa Cruz de Tenerife. Resolución Auto 000338/2019 (2019): "Dentro de las conductas omisivas que podrían incluirse en el tipo penal estarían dejarlo morir de hambre, no proporcionarle asistencia o tratamiento veterinario, someterlo a condiciones antihigiénicas, así como el abandono o no atender a las necesidades básicas. Es decir, casos de grave falta de atención y cuidado de los animales que deriven en situaciones que quepa calificar como deplorables, como mantener a los animales en condiciones de desnutrición y absoluta falta de salubridad e higiene": *https://www.poderjudicial.es/search/AN/openDocument/15668a086aeb1c51/20190806* [Última consulta: 10 de enero de 2025].

se lleve a cabo en condiciones que puedan hacer peligrar la vida del galgo o su integridad física.

En este sentido, el legislador ha decidido configurar un delito de peligro abstracto, es decir, potencial o hipotético, sin requerir la muerte o daño efectivo a la integridad del animal para su consumación[555]. Si consideramos, por ejemplo, el caso de un galgo cuyo propietario decide dejarlo encerrado, privándolo de alimento e intentando dañar intencionadamente su salud se configuraría claramente una tentativa de abandono sujeta a sanción. Afortunadamente, esta situación no se materializa debido a la intervención de personas ajenas que, al descubrir las condiciones en las que se encuentra el animal, logran poner fin a la situación de abuso y maltrato

Dado que se trata de un delito de peligro abstracto y de mera actividad, la consumación del delito se logra con el simple acto de abandonar al animal en condiciones que puedan poner en riesgo su vida o integridad. No es necesario que se materialice un resultado como la muerte o lesiones, ni que el peligro se concrete. Por lo tanto, consideramos que la tentativa no es admisible[556]. En este sentido, la Sentencia de la Audiencia Provincial de Segovia del 5 de marzo de 2007 sostiene que "el hecho típico se consuma cuando se coloca al animal en peligro, siendo irrelevante que, en última instancia, el riesgo existente no se materialice en un resultado debido a la intervención de terceros"[557].

En cambio, el abandono no necesariamente conlleva la generación de riesgo, dependiendo de las circunstancias de modo o lugar. Un ejemplo de esto sería el abandono realizado dejando al animal en el interior de las instalaciones de una sociedad protectora de ani-

---

555 SERRANO TÁRRAGA, M.D., El maltrato de animales en el Código Penal. La Ley: Revista jurídica española de doctrina, jurisprudencia y bibliografía, n° 3. (2005), p. 15; REQUEJO CONDE, C., La protección penal de la fauna: especial consideración del delito de maltrato a los animales. Editorial Comares. (2010), pp. 75-76; REQUEJO CONDE, C., El delito de maltrato a los animales tras la reforma del Código penal por la Ley Orgánica 1/2015, de 30 de marzo, Derecho animal. Vol. 6, n° 2. (2015).

556 BRAGE, S. Los delitos de maltrato y abandono de animales, Tirant lo Blanch, Valencia. (2017), p. 87.

557 SAP de Segovia de 5 de marzo de 2007 (*Tol 1051741*).

males[558]. En este contexto, no se aplicaría el delito de abandono. Este cambio de actitud se observa con frecuencia entre los propietarios de galgos, quienes, debido a un cambio de mentalidad, prefieren contactar con las protectoras en lugar de recurrir al abandono o sacrificio de sus animales cuando ya no desean hacerse cargo de ellos[559].

En cuanto a la determinación del autor del delito de abandono, solo puede ser el propietario, poseedor o persona a cargo de la tenencia del animal. La comisión de este delito requiere la presencia de estas condiciones, ya que únicamente estas personas tienen la capacidad de abandonar al animal[560]. La Audiencia Provincial (AP) de Cádiz respalda esta doctrina al afirmar que:

> "la acción típica descrita en dicha infracción consiste en el abandono de un animal doméstico, acción que entendemos sólo puede ser

---

558 Javato Martín, A. *et al.* Artículos 332 a 337 bis de los delitos relativos a la protección de la flora, fauna y animales domésticos, en: Gómez Tomillo, M., (dir.) Comentarios prácticos al Código Penal Tomo IV. Aranzadi, Cizur Menor. (2015), p. 193; Hava García, E., La protección del bienestar animal a través del Derecho Penal, Estudios Penales y Criminológicos, vol. 31. (2011), p. 303; Hava García, E., La tutela penal de los animales. Tirant lo Blanch, Valencia. (2009), pp. 139 y 140; Audiencia Provincial de Madrid, Sección 15. (14 de junio de 2023). Sentencia nº 298/2023. Roj: SAP M 10638/2023 - ECLI:ES: APM: 2023:10638. Id Cendoj: 28079370152023100299. Tipo de Resolución: Sentencia, nº de Recurso: 701/2023. Procedimiento: Recurso de apelación. Delitos leves. Ponente: Luis Carlos Pelluz Robles.

559 Durante mi experiencia de trabajo de campo, he podido comprobar en SOS GALGOS que los galgueros contactaban con la protectora para dejar a sus perros en las instalaciones de la protectora. Además, numerosos artículos de prensa dan cuenta de este aumento de abandonos. Por ejemplo, Público. Así malviven los perros de caza abandonados. (2023). Página web: *https://www.publico.es/politica/malviven-perros-caza-abandonados.html* [Última consulta: 10 de enero de 2025].

560 Serrano Tárraga, M.D., El maltrato de animales en el Código Penal. La Ley, Revista Jurídica Española de Doctrina, Jurisprudencia y Bibliografía, n° 3. (2005), p. 14; Ramón Ribas, E., Art. 631, en Faradldo Cabana, P., (dir.), Ordenación del territorio, patrimonio histórico y medio ambiente en el Código Penal y la legislación especial, Tirant lo Blanch, Valencia. (2011), p. 552; Javato Martín, A., *et al.* Artículos 332 a 337 bis de los delitos relativos a la protección de la flora, fauna y animales domésticos, en: Gómez Tomillo, M., (dir.) Comentarios prácticos al Código penal Tomo IV. Aranzadi, Cizur Menor. (2015), p. 191.

realizada por quien previamente ostente la posesión del animal en cuestión, posesión que implica el cuidado y disfrute del animal"[561].

Por otro lado, la Audiencia Provincial de Les Illes Balears indica que:

"el sujeto activo no se refiere a quien sea el propietario del animal sino a toda persona que abandone a un animal en condiciones de peligro para su vida o integridad"[562].

Además, la Audiencia Provincial de Valencia sostiene que:

"no es necesario haberlo adquirido, pagado por él o haber cumplido requisitos sanitarios o administrativos que lo acrediten como propietario, bastando haberlo encontrado en la calle y encargarse de él, asumiendo su cuidado, dado que esta infracción castiga el incumplimiento de las obligaciones voluntariamente asumidas hacia un animal doméstico al que se deja en condiciones expuestas de riesgo"[563].

La incorporación de sanciones por abandono en el Código Penal es una medida loable, especialmente al considerar la situación vulnerable de los galgos que, a menudo, son abandonados al concluir la temporada de caza.

No obstante, es frecuente una acusación por maltrato animal en lugar de abandono para obtener una mejor indemnización. Podemos verlo en el caso del galgo Ciro. En este caso gracias a voluntarios de SOS GALGOS, fue recogido en Madrid un perro de raza galgo que se encontraba abandonado y atado junto a unos contendedores de basura, tendido en el suelo, sin mantenerse en pie y con numerosas heridas y traumatismos, situación que hacía peligrar su vida. Se puede leer en la sentencia que "en el momento de su hallazgo el animal no disponía de agua ni alimento, se encontraba postrado, sin capacidad ambulatoria ni de mantenerse en pie, con erosiones y abrasiones en las cuatro extremidades, con inflamación y hematomas en zona del brazo izquierdo y fémur derecho, y con deshidratación

561 La AAP de Cádiz de 4 de octubre de 2011 (JUR 2012(27701).

562 SAP de Les Illes Balears de 10 de octubre de 2014 (Rec. núm. 191/2014).

563 SAP de Valencia de 8 de mayo de 2014 (JUR 20141200372).

marcada, todo ello a causa de haber sido dejado atado el animal en dicho lugar y sin ninguna atención por parte de su propietario"[564].

La asociación SOS GALGOS, actuando bajo la dirección jurídica del abogado Sergio GARCIA-VALLE, consiguió obtener la condena del acusado por el Juzgado de lo Penal nº 20 de Madrid que le condenó a una pena de prisión de tres meses y un día con la accesoria de inhabilitación especial para el derecho de sufragio pasivo durante el tiempo de la condena; e inhabilitación especial por tiempo de un año y un día para el ejercicio de profesión, oficio o comercio que tuviera relación con los animales y para la tenencia de animales; así como al pago de las costas procesales causadas por haber reconocido delito de maltrato animal.

Sin embargo, siendo un delito de menos de dos años, se concedió al acusado la suspensión de la ejecución de la pena privativa de libertad, haciéndole saber las obligaciones legales que le eran aplicables, en especial, el compromiso de pago de las responsabilidades civiles y la expresa advertencia de no delinquir durante el referido plazo con las consecuencias que de ello derivan. Aunque esta decisión precede a la reforma de 2023, ésta no altera la situación, dado que no incrementa la pena de prisión por encima de dos años. Por lo tanto, la posibilidad de suspender la pena aún se mantiene vigente.

En este caso, el galgo Circo fue encontrado con su chip, pero esto casi nunca ocurre, lo que significa que las condenas por abandono de galgos son extremadamente raras. Por lo tanto, es imposible medir la magnitud del problema únicamente en términos de jurisprudencia.

Las asociaciones animalistas y de rescate de animales estiman que alrededor de 50.000 galgos son abandonados, si bien esta cifra se ve afectada por la carencia de un seguimiento oficial de los perros recuperados por estas organizaciones y las perreras[565]. A pesar de la imprecisión de las estadísticas, la magnitud del problema resulta evidente al observar el gran número de galgos que llegan a los refugios

---

564 Juzgado de lo Penal nº 20 de Madrid. Sentencia n° 45/2019.

565 GARCÍA., V., ¿Cuántos perros de caza se abandonan en España? El Gobierno prepara una estadística ante el baile de cifras. Newtral. (2021). Página web: *https://www.newtral.es/abandono-perros-espana-galgos-podencos-cifras/20211026/* [Última consulta: 10 de enero de 2025].

cada semana. Según las asociaciones animalistas, se registra un notable aumento en el abandono de estos animales. Argumentan que algunos galgueros optan por deshacerse de aquellos perros que ya no son considerados útiles, ya sea a causa de lesiones sufridas durante la caza o por no haber alcanzado el rendimiento esperado.

El Ministerio de Derechos Sociales y la Dirección General de Derechos de los Animales en España han tomado conciencia de la ausencia de estadísticas oficiales que respalden la magnitud del problema del abandono de animales en España. En respuesta, en el año 2023 se creó un Registro de Entidades de Protección Animal[566]. El propósito de este registro es recopilar información sobre las entidades que realizan actividades relacionadas con la protección y el bienestar animal en todo el territorio nacional, con el objetivo de facilitar el proceso de adopción de animales de compañía con máximas garantías, conocer el número de animales dados en adopción, el estado de saturación de las entidades protectoras, así como su distribución geográfica, obteniendo así datos fiables de abandono animal. Sin embargo, el desafío radica en la falta de identificación de los galgos y de los perros en general[567], lo que ha generado escasa jurisprudencia. Esta limitación compromete la efectividad de las investigaciones y resalta la necesidad de establecer medidas más rigurosas para abordar el abandono y maltrato de galgos, garantizando una protección legal más robusta y un seguimiento adecuado para los casos.

(c) El articulo 340 *quater*

El artículo 340 *quater*, recién incorporado al Código Penal, establece la posibilidad de sancionar a las personas jurídicas que cometan delitos relacionados con los animales. Esta disposición legal significa que no solo las personas físicas, sino también las personas morales pueden ser consideradas responsables de acciones que impliquen maltrato o abandono animal.

566 Artículo 10. Naturaleza del Sistema Central de Registros para la Protección Animal. Ley 7/2023, de 28 de marzo, de Protección de los Derechos y el Bienestar de los Animales.

567 Como se ilustró en el Capítulo I.

Entre las sanciones previstas se encuentran multas de hasta tres años de duración, lo que implica un impacto económico considerable para la entidad. Sin embargo, las repercusiones van más allá de lo financiero, ya que la ley contempla medidas accesorias y, en ocasiones, más drásticas. Atendidas las reglas establecidas en el artículo 66 *bis*[568], en los supuestos de responsabilidad de personas jurídicas, los

---

568 Artículo 66 bis. CP "En la aplicación de las penas impuestas a las personas jurídicas se estará a lo dispuesto en las reglas 1.ª a 4.ª y 6.ª a 8.ª del primer número del artículo 66, así como a las siguientes: 1.ª En los supuestos en los que vengan establecidas por las disposiciones del Libro II, para decidir sobre la imposición y la extensión de las penas previstas en las letras b) a g) del apartado 7 del artículo 33 habrá de tenerse en cuenta:
a) Su necesidad para prevenir la continuidad de la actividad delictiva o de sus efectos.
b) Sus consecuencias económicas y sociales, y especialmente los efectos para los trabajadores.
c) El puesto que en la estructura de la persona jurídica ocupa la persona física u órgano que incumplió el deber de control.
2.ª Cuando las penas previstas en las letras c) a g) del apartado 7 del artículo 33 se impongan con una duración limitada, ésta no podrá exceder la duración máxima de la pena privativa de libertad prevista para el caso de que el delito fuera cometido por persona física. Para la imposición de las sanciones previstas en las letras c) a g) por un plazo superior a dos años será necesario que se dé alguna de las dos circunstancias siguientes:
a) Que la persona jurídica sea reincidente.
b) Que la persona jurídica se utilice instrumentalmente para la comisión de ilícitos penales. Se entenderá que se está ante este último supuesto siempre que la actividad legal de la persona jurídica sea menos relevante que su actividad ilegal.
Cuando la responsabilidad de la persona jurídica, en los casos previstos en la letra b) del apartado 1 del artículo 31 bis, derive de un incumplimiento de los deberes de supervisión, vigilancia y control que no tenga carácter grave, estas penas tendrán en todo caso una duración máxima de dos años. Para la imposición con carácter permanente de las sanciones previstas en las letras b) y e), y para la imposición por un plazo superior a cinco años de las previstas en las letras e) y f) del apartado 7 del artículo 33, será necesario que se dé alguna de las dos circunstancias siguientes:
a) Que se esté ante el supuesto de hecho previsto en la regla 5.ª del apartado 1 del artículo 66.
b) Que la persona jurídica se utilice instrumentalmente para la comisión de ilícitos penales. Se entenderá que se está ante este último supuesto siempre que la actividad legal de la persona jurídica sea menos relevante que su actividad ilegal".

jueces y tribunales podrán asimismo imponer las penas recogidas en el artículo 33.7, párrafos b) a g)[569]. Es posible prever la disolución de la persona jurídica, la suspensión de actividades o la clausura de sus locales o establecimientos, las cuales podrían aplicarse por un período de hasta cinco años.

Este artículo adquiere una relevancia significativa en el contexto de la protección de los galgos, dado que detrás de los delitos cometidos contra estos animales podrían estar involucradas entidades como las federaciones de caza o la federación de galgos. Al ser consideradas personas jurídicas, se enfrentan no solo a sanciones económicas considerables, sino también a medidas adicionales que pueden afectar a la entidad.

(l) El articulo 340 *quinquies*

De acuerdo con lo estipulado en el artículo 340 *quinquies*, el juez cuenta con la facultad de tomar, de manera motivada, cualquier medida cautelar que sea necesaria para garantizar los bienes protegidos en los delitos contra los animales.

Se incluye la posibilidad de implementar cambios provisionales en la titularidad y cuidado del animal afectado. Además, el Artículo 340 quinquies dispone que "cuando la pena de inhabilitación especial para el ejercicio de profesión, oficio o comercio que tenga relación con los animales y para la tenencia de animales recaiga sobre la persona que tuviera asignada la titularidad o cuidado del animal maltratado, el juez o tribunal, de oficio o a instancia de parte, adoptará las medidas pertinentes respecto a la titularidad y el cuidado del animal".

---

569 Artículo 33. 7. CP. "Las penas aplicables a las personas jurídicas, que tienen toda la consideración de graves, son las siguientes: b) Disolución de la persona jurídica. La disolución producirá la pérdida definitiva de su personalidad jurídica, así como la de su capacidad de actuar de cualquier modo en el tráfico jurídico, o llevar a cabo cualquier clase de actividad, aunque sea lícita. g) Intervención judicial para salvaguardar los derechos de los trabajadores o de los acreedores por el tiempo que se estime necesario, que no podrá exceder de cinco años".

Cabe señalar que "la prohibición de la tenencia de animales sólo afecta a dicho título jurídico"[570], excluyendo tanto la propiedad como la mera convivencia en el mismo domicilio. Este enfoque contradice la propuesta de ciertos expertos que abogaban por incluir la convivencia como parte de la prohibición, con el objetivo de impedir que la restricción legal de la tenencia como título jurídico coexista con mantener el contacto con el animal maltratado. Por ejemplo, BRAGE CENDAN ya sugirió que se estableciera una pena de privación definitiva del derecho de propiedad y/o posesión sobre el animal que ha sido objeto de maltrato. La adopción de esta pena, inspirada en la legislación penal inglesa[571] que aborda delitos de maltrato animal, debería considerarse como obligatoria en casos de extrema gravedad[572]. El objetivo es evitar que la restricción legal de la tenencia como título jurídico pudiera coexistir con el mantenimiento del contacto con el animal maltratado. En este contexto, se plantea la pertinencia de considerar la inclusión de la inhabilitación para cohabitar con animales en el mismo hogar como parte de la condena, con la intención de prevenir que una persona condenada y descalificada para tener animales pudiera evadir fácilmente esta pena al convivir con ellos mediante el simple registro a nombre de un familiar o pareja. Aunque esta situación puede tener consecuencias para otros miembros del entorno cercano o la familia, la prioridad es asegurar que el condenado no mantenga contacto directo con el animal.

El decomiso definitivo no está previsto en este artículo 340 *quinquies.* Significa que no se ha previsto medida que permita retirar permanentemente la custodia de un animal a una persona que ha sido condenada por maltrato, abandono u otras formas de negligencia. Es lamentable que, en este caso específico, la medida de decomiso definitivo no haya sido incorporada en la reforma de 2023 del Código

---

570 DONDERIS CERVELLÓ, V., La penalidad en los delitos de maltrato y abandono de animales, en: CUERDA ARNAU, M.L., (dir.) De animales y normas. Protección animal y derecho sancionador. Tirant lo Blanch, Valencia. (2021), p. 107.

571 UK Public General Acts. Animal Welfare Act, (2006), sección 33. Página web: *https://www.legislation.gov.uk/ukpga/2006/45/contents* [Última consulta: 10 de enero de 2025].

572 BRAGE CENDÁN, S., ¿Es necesaria una nueva reforma penal en el ámbito de los delitos de maltrato y abandono de animales? Diario la Ley 9187. (2018), p. 7.

Penal. La ausencia de esta disposición podría implicar que, después de cumplir su condena, una persona con antecedentes de maltrato animal pudiera, potencialmente, volver a tener animales. Por tanto, llegamos a la conclusión de que esta reforma es insuficiente pues no contempla la privación permanente del animal con el fin de evitar su recuperación después de cumplir la condena de inhabilitación[573]. Según MORATALLA MORATALLA de la Policía Local del Ayuntamiento de Castellón la Plana, "habría que meditar (...) a la implementación de órdenes de alejamiento físico de manera similar a lo que ocurre con los humanos"[574]. Consideramos que la aplicación de esta medida no debería ser generalizada, pero su consideración sería especialmente relevante en situaciones más graves, como aquellas en las que se utilizan galgos y son abandonados o matados de manera sistemática al concluir la temporada de caza. Frente a estos escenarios, se torna imperativo implementar medidas más drásticas.

Otro aspecto que queremos considerar es la relevancia de la pena de inhabilitación especial[575]. Desde la reforma de 2015, estas medidas permiten la restricción para desempeñar profesiones, oficios o comercios vinculados a los animales, así como la prohibición de tener animales. En el contexto de la protección de los galgos, podría implicar, por ejemplo, la prohibición de la cría de galgos o la participación en actividades de caza que involucren a estos animales o la prohibición de tener galgos.

La aplicación efectiva de la pena de inhabilitación especial plantea desafíos significativos para las fuerzas de seguridad, especialmente a nivel local. La falta de interconexión de las bases de datos de las

---

573 *Ibidem.*

574 MORATALLA MORATALLA, P.J., Policía local y protección animal: una visión práctica de la tarea policial, en CUERDA ARNAU, M.L., (dir.) De animales y normas. Protección animal y derecho sancionador. Tirant lo Blanch, Valencia. (2021), p. 320.

575 MUÑOZ LORENTE, J., La protección penal de los animales domésticos frente al maltrato. La Ley penal: Revista de Derecho Penal, Procesal y Penitenciario, nº 42 (2007), p. 34; ZAPICO BARBEITO, M., Los delitos relativos a la protección de la flora, fauna y animales domésticos: art. 337, en FARALDO-CABANA, P., PUENTE, ABA, L.M., (dir.) Ordenación del territorio, patrimonio histórico y medio ambiente en el Código Penal y la legislación especial. Tirant lo Blanch, Valencia. (2011), p. 454.

policías locales genera obstáculos para comunicar y hacer cumplir esta restricción de manera efectiva[576]. A pesar de los esfuerzos de la Ley de protección animal para fomentar la colaboración entre diversas entidades, como el Servicio de Protección de la Naturaleza de la Guardia Civil, los órganos competentes del Cuerpo de la Policía Nacional, las Policías autonómicas, y los agentes forestales y medioambientales[577], persisten desafíos en la implementación. El maltrato de los galgos suele ser común en áreas rurales remotas, ocurriendo fuera de la vista de las personas y en lugares donde las inspecciones son menos frecuentes o incluso inexistentes. Esta realidad presenta una complicación adicional para las autoridades encargadas de hacer cumplir la ley, ya que las zonas rurales dispersas y de difícil acceso dificultan la detección y prevención del maltrato animal. El desarrollo del artículo 340 *quinquies* del Código Penal, que aborda las medidas cautelares en casos de maltrato animal, podría beneficiarse de reformas adicionales y aumentar así su impacto y eficacia[578].

3.3.3. La reforma de la pena de prisión

Por un lado, la LO 3/2023 de reforma del CP en materia de maltrato animal ha aumentado las penas y contempla la posibilidad de imponer una condena de hasta dos años de prisión en casos donde el maltrato animal resulta en la muerte del animal. Por otro lado, con la reforma se ha introducido la posibilidad de imponer multas en lugar de la pena de prisión, excluyendo la opción de aplicar ambas penas de manera simultánea.

---

576 Moratalla, Moratalla, P.J., Policía local y protección animal: una visión práctica de la tarea policial, en: Cuerda Arnau, M.L., (dir.) De animales y normas. Protección animal y derecho sancionador. Tirant lo Blanch, Valencia. (2021), p. 319.

577 Artículo 20. Colaboración institucional. Ley 7/2023, de 28 de marzo, de Protección de los Derechos y el Bienestar de los Animales.

578 Para una comprensión más detallada y exhaustiva sobre las medidas coercitivas de carácter procesal en relación con los animales, se remite a la lectura de la obra de Fructuoso González, I., Los animales y las medidas coercitivas de carácter procesal, publicada en (2021).

Estas reformas han generado un intenso debate entre juristas y defensores de los derechos de los animales[579]. Uno de los puntos más conflictivos ha sido la inclusión de la multa como pena alternativa, ya que se argumenta que esto podría resultar en una mayor impunidad en los casos de maltrato animal y representar un retroceso en la protección de los derechos de los animales o que la multa puede no ser suficientemente disuasoria y que la amenaza de prisión tendría un impacto más significativo en la prevención del maltrato animal[580]. La falta de consenso en la aprobación de esta reforma resalta la complejidad y la sensibilidad del tema, ya que integra no solo la protección de los animales, sino también la búsqueda de un equilibrio adecuado entre la pena justa y la disuasión efectiva.

(a) Los beneficios del aumento de las penas de prisión y el encarcelamiento de los responsables de delitos de maltrato animal

A pesar del incremento que las sucesivas modificaciones legislativas han ocasionado gradualmente en las sanciones para los delitos de maltrato animal —llegando incluso a contemplar la posibilidad de penas privativas de libertad— el umbral penal no superaba los dos años, que casi siempre conducía a una suspensión de la pena. Esta situación generó un debate sobre la pertinencia de aplicar efectivamente las penas de prisión, teniendo en cuenta la gravedad de los

---

579 GUTIÉRREZ, JÁIMEZ, J., Reforma del Código Penal en materia de maltrato animal: así no, gracias. *Blog de Derecho de los Animales.* Abogacía Española. (2022). Página web: *https://www.abogacia.es/publicaciones/blogs/blog-de-derecho-de-los-animales/reforma-del-codigo-penal-en-materia-de-maltrato-animal-asi-no-gracias/* [Última consulta: 10 de enero de 2025]. CLAVIJO, M. V., Profesionales del Derecho y de la justicia, muy preocupados por la reforma del Código Penal y la Ley de Protección de los Derechos y el Bienestar de los Animales. *20minutos.es.* (2023). Recuperado de *https://www.20minutos.es/noticia/5101123/0/profesionales-del-derecho-y-de-la-justicia-muy-preocupados-por-la-reforma-del-codigo-penal-y-la-ley-de-proteccion-de-los-derechos-y-el-bienestar-de-los-animales/* [Última consulta: 10 de enero de 2025]..

580 "El propio Consejo Fiscal alertó de que esto puede mermar el efecto disuasorio de las penas por delitos contra los animales". Leer en: INTERCIDS. Profunda preocupación entre los operadores jurídicos por la reforma del Código Penal en materia de maltrato animal. (2023). Página web: *https://intercids.org/profunda-preocupacion-operadores-juridicos-reforma-codigo-penal-maltrato-animal/* [Última consulta: 10 de enero de 2025].

actos cometidos y la importancia de sensibilizar a la sociedad acerca del maltrato hacia los animales.

En los últimos años, en los casos de maltrato animal, se puede observar una tendencia judicial a denegar la suspensión de la ejecución de penas de prisión no superiores a dos años, basándose en criterios de prevención general. Los tribunales respaldan esta decisión utilizando argumentos que enfatizan la "alarma social" generada por estas conductas y la necesidad de que la sanción tenga un carácter ejemplarizante[581]. Se percibe la necesidad de fortalecer la sensibilización sobre el respeto hacia los animales[582].

La reciente reforma ha traído consigo un aumento en las penas de prisión asociadas a los delitos de maltrato animal. Sin embargo, a pesar de este incremento, la pena máxima actual se limita a un período de hasta dos años para los casos más graves. A pesar de lo indicado, la disposición del artículo 80 del Código Penal, establece la posibilidad de suspender la ejecución de penas privativas de libertad no superiores a dos años. Esta suspensión se otorgaría mediante una resolución motivada de los jueces o tribunales, siempre que se considerara razonable esperar que la ejecución de la pena no fuera necesaria para prevenir la comisión futura de nuevos delitos.

La actual reforma representa una oportunidad única para elevar las penas más allá de los dos años, especialmente en los casos más graves, con el propósito de asegurar que la condena no pudiera ser suspendida. Comparándolo con Francia, observamos que, desde la reforma del 30 de noviembre de 2021, la comisión de maltrato grave o actos de crueldad hacia animales domésticos, amansados o en cautividad, conlleva una pena de tres años de prisión y una multa de 45.000 euros y cuando los hechos conduzcan a la muerte del animal,

---

581 DONDERIS, CERVELLÓ, V., La penalidad en los delitos de maltrato y abandono de animales, en: Cuerda Arnau, M.L., (dir.) De animales y normas. Protección animal y derecho sancionador. Tirant lo Blanch, Valencia. (2021), pp. 98 y 102.

582 BERNUZ BENEITEZ, MJ., ¿Castigos (eficaces) para los delitos contra los animales? Repensando la respuesta al maltrato animal. En Dret 1, (2000), PP. 401-407.

las penas se incrementan a cinco años de prisión y multa de 75.000 euros[583].

Tal como se ha señalado previamente, otro punto destacado de esta reforma es la posibilidad de sustituir la pena de prisión por una multa directa[584], sin necesidad de que los jueces justifiquen exhaustivamente esta decisión mediante una resolución motivada. Tradicionalmente, la imposición de una pena de multa requería de una cuidadosa evaluación por parte de los jueces, considerando diversas variables como las circunstancias del delito, el perfil del infractor y su conducta posterior a los hechos. La falta de obligación de motivar la elección de una pena de multa podría dar lugar a decisiones arbitrarias o mal fundamentadas, afectando la transparencia y equidad del sistema judicial.

Además, la ampliación de la lista de agravantes y la posibilidad de imponer penas en la mitad superior en caso de su concurrencia añaden complejidad al proceso judicial. El aspecto más controvertido de la reforma es la facultad discrecional del juez para imponer una pena en un rango amplio, abarcando desde veinticuatro meses y un día en el límite inferior a treinta y seis meses en el límite superior. Esta amplia horquilla temporal tiene como resultado decisiones judiciales heterogéneas, dificultando la previsibilidad y consistencia del sistema penal. Incluso cuando se decide aplicar la pena superior, el cálculo de días de prisión plantea desafíos[585].

---

583 Légifrance. Loi n° 2021-1539 du 30 novembre 2021 visant à lutter contre la maltraitance animale et conforter le lien entre les animaux et les hommes (1). JORF n° 0279 du 1 décembre 2021. Página web: *https://www.legifrance.gouv.fr/jorf/id/JORFTEXT000044387560* [Última consulta: 10 de enero de 2025].

584 Salvo en el caso de muerte del animal.

585 "En caso de que se le aplicase la pena superior en grado tampoco esto garantiza una entrada en prisión ya que la pena inferior no llega a los dos años y un día porque las penas de prisión por meses se computan a razón de 30 días por mes, esto quiere decir que el límite inferior de esos 24 meses y un día arrojan una liquidación de condena de 721((24×30+1) días frente a los 731 (365+365+1) días que arrojan los dos años más 1 día". Leer en: GUTIÉRREZ, JÁIMEZ, J., Reforma del Código Penal en materia de maltrato animal: así no, gracias. Blog de Derecho de los Animales. Abogacía Española. (2022). Página web: *https://www.abogacia.es/publicaciones/blogs/blog-de-derecho-de-los-animales/reforma-del-codigo-penal-en-materia-de-maltrato-animal-asi-no-gracias/* [Última consulta: 10 de enero de 2025].

La pena de prisión y la dureza de las penas pueden tener su importancia para proteger a los animales. Observamos que la falta de conocimiento general sobre las penas, combinada con la percepción de impunidad derivada de una aplicación laxa de la ley, contribuye a que los autores del delito no sientan un temor efectivo ante las consecuencias penales. Como señala FEIJOO "la mayoría de los ciudadanos (a no ser que tengan experiencias delictivas previas o próximas) desconocen las penas que corresponden a los hechos delictivos"[586]. Esta falta de información contribuye a que aquellos que cometen un delito no sientan un temor real ante las posibles sanciones.

Adicionalmente, la percepción de la amenaza legal disminuye significativamente cuando el delito no se persigue con firmeza, raramente se traduce en castigo, de hecho, la pena se suspende de manera casi automática en los casos de maltrato animal. Las legislaciones percibidas como "simbólicas" pueden tener como resultado la reincidencia de comportamientos delictivos debido a la ausencia de una respuesta contundente por parte del sistema judicial[587].

Este vacío en la aplicación de la ley puede llevar a la percepción de irrelevancia en cuanto a la protección del bien que se busca preservar[588]. Un ejemplo concreto de esta falta de persecución legal puede observarse en el hecho de que los galgueros raramente enfrentan acciones legales ya que los hechos se realizan en la campiña profunda de manera aislada, lo que refuerza la idea de que el delito no se penaliza. Como explica BERNUZ, "son agresiones que se producen principalmente en el entorno familiar, en una intimidad donde no hay testigos directos que quieran o puedan testificar, o si los hay (vecinos, familiares, amigos, etc.) siguen entendiendo que el animal es una cosa que pertenece a su dueño, que puede disponer libremente

---

586 Feijoo, B., La legitimidad de la pena estatal. Un breve recorrido por las teorías de la pena, Madrid, Iustel. (2014), p. 46.

587 Brage Cendán, S., Los delitos de maltrato y abandono de animales. Tirant lo Blanch, Valencia. (2017), p. 48.

588 Bernuz Beneitez, M.J., Pensar respuestas eficaces y constructivas al maltrato animal, en: Bernuz Beneitez, M.J., Asamblea Antisspecitsa De Madrid, ¿Puede la cárcel defender a los animales? Ochodoscuatro Ediciones (2023), p. 66.

del animal"[589]. El problema es que, como se ha dicho, esta impunidad puede alentar la reincidencia y la perpetuación de conductas delictivas, ya que, en términos psicológicos, la disposición a cometer un delito está influenciada significativamente por la "probabilidad percibida" de ser castigado[590]. Si los individuos no perciben una alta probabilidad de enfrentarse a consecuencias legales, el motivo para abstenerse de actividades delictivas disminuye.

(m) Las desventajas del aumento de las penas de prisión y el encarcelamiento de los responsables de delitos de maltrato animal

Cuanto más duras son las penas, mayor reconocimiento tienen los delitos de maltrato animal, estableciendo un paralelismo con los homicidios contra seres humanos, que son delitos de gran repercusión en términos de respuesta penal. "De entrada, es comprensible la reacción airada de los movimientos animalistas cuando exigen y celebran las penas de cárcel y cuanto más largas mejor"[591]. Sin embargo, las penas de prisión no siempre son la mejor solución. Es lo que analizaremos en esta sección.

Para explorar la hipótesis de que las penas de prisión no siempre son la solución más adecuada, es útil contextualizar a las partes implicadas en el escenario del conflicto. Por un lado, se encuentra el juez, quien representa al Estado y tiene la responsabilidad de determinar si se ha cometido un delito, así como el castigo que le corresponde. Por otro lado, está el agresor, el individuo que ha perpetrado el delito y, finalmente, el o los animales afectados por la conducta delictiva. Estos últimos, deberían tener un papel central en la respuesta penal. Sin embargo, en caso de maltrato animal, la simple condena del agresor y su eventual encarcelamiento no garantizan la reparación del daño sufrido por el animal. Por ende, es esencial considerar enfoques complementarios que aborden la conciencia y responsabi-

---

589 *Ibidem*, p. 60.

590 VILAJOSANA, J.P., Las razones de la pena. Tirant lo Blanch, Valencia. (2015), p. 48.

591 BERNUZ BENEITEZ, M.J., Pensar respuestas eficaces y constructivas al maltrato animal, en: BERNUZ BENEITEZ, M.J., ASAMBLEA ANTIESPECISTA DE MADRID, ¿Puede la cárcel defender a los animales? Ochodoscuatro ediciones (2023), p. 46.

lidad del agresor, así como medidas efectivas para la rehabilitación y protección a largo plazo de los animales afectados[592].

Además, resulta ambiguo determinar si el agresor es consciente de la gravedad de sus actos. En el caso de los galgueros, que han crecido en un entorno donde el "uso" de galgos como herramientas de caza es común, es plausible que no entienden completamente hasta qué punto sus acciones son penalmente reprobables. Este desconocimiento, es frecuente cuando "el maltratador forme parte de un entorno familiar o social que no tiene apenas conocimientos, o los tiene equivocados, sobre las condiciones mínimas de bienestar animal"[593].

No existe solo el maltrato por maldad sino, entre otras situaciones, hay "maltrato por diversión", "maltrato por desidia" y "maltrato aprendido"[594]. Esto subraya la necesidad de un enfoque integral que no solo imponga sanciones, sino que se centre también en la responsabilidad y educación de aquellos que maltratan animales, con el objetivo de generar un cambio profundo en la sociedad en la percepción y comportamiento hacia el bienestar animal. Es fundamental analizar detalladamente las condiciones y contexto del agresor, permitiendo así una evaluación más completa de su responsabilidad y circunstancias personales. La imposición de penas acordes con la situación particular del delincuente puede contribuir a una justicia más equitativa y eficaz, donde la privación de libertad se reserve para situaciones donde otras medidas serían insuficientes o inadecuadas; aunque hoy en día, las cárceles son consideradas algo tan natural que es extremadamente difícil imaginar la vida sin ellas[595].

Además, la prisión resulta ser una opción económicamente insostenible para el contribuyente. En España, el gasto asociado a cada preso asciende a 2.000 euros al mes[596]. En este contexto, es poco

---

592 *Ibidem,* p. 44.

593 *Ibidem,* p. 60.

594 *Ibidem,* p. 55.

595 DAVIS, A., Democracia de la abolición. Prisiones, racismo y violencia. Trotta. (2016).

596 Ángel Luis Ortiz, quien ocupa el cargo de Secretario General de Instituciones Penitenciarias, proporcionó esta información según RECIO, E., España gasta en cada preso 2.000 euros al mes, un 45% más que el resto de la UE. *The Objective.*

realista que cualquier gobierno permita un aumento de la población penitenciaria, considerando la carga económica asociada. Por otro lado, las multas impuestas por casos de maltrato animal no solo cumplen con una función punitiva, sino que también contribuyen a incrementar los ingresos del Estado, brindando una opción más equilibrada desde el punto de vista financiero.

Ahora bien, las personas condenadas a prisión muestran tasas de reincidencia significativamente más elevadas en comparación con aquellas a quienes se les suspende la pena[597]. GONZÁLEZ SÁNCHEZ[598] destaca claramente la conexión directa entre el tiempo transcurrido en prisión y las tasas de reincidencia delictiva. La afirmación de que periodos más cortos de encarcelamiento muestran tasas del 66.70% de reincidencia, mientras que estancias más prolongadas, de cinco a seis años, indican una tasa del 80.60%, sugiere que la prisión no actúa como un factor siempre disuasorio y eficaz. Tanto es así, que puede contribuir a aumentar la probabilidad de que los individuos reincidan en actividades delictivas. Aunque estas cifras deben tomarse con cautela ya que se trata de casos de delincuencia grave[599] y no de maltrato animal. En resumen, además de su insostenibilidad económica, la prisión no aborda eficazmente el problema

---

(2022). Página web: *https://theobjective.com/espana/2022-04-12/espana-preso-euros-mes/* [Última consulta: 10 de enero de 2025].

597 CID MOLINÉ, J., ¿Es la prisión criminógena? Un análisis comparativo de reincidencia entre la pena de prisión y la suspensión de la pena", Revista de Derecho Penal y Criminología, 19, (2007), p. 447.

598 GONZÁLEZ SÁNCHEZ, I., Abolicionismo, cárceles e inseguridad ciudadana. Crítica, alternativas y tendencias. Revista de Derecho Penal y Criminología, 3a época, (1), (2009), Tabla en la página 304.

599 "A grandes rasgos, se considera delincuencia grave aquélla que afecta a los grandes derechos o bienes superiores del individuo (la vida, la libertad, etc.), la que incide de manera intensa sobre los valores que sustentan la convivencia (propiedad, ética, creencias, etc.) o la que ataca a los ámbitos o aspectos socialmente más sensibles (libertad sexual, víctimas sensibles o vulnerables, como los menores, etc.)". Leer en BOE. Núm. 46, de 22 de febrero de 2019. Orden PCI/161/2019, de 21 de febrero, por la que se publica el Acuerdo del Consejo de Seguridad Nacional, por el que se aprueba la Estrategia Nacional contra el Crimen Organizado y la Delincuencia Grave. Página web: *https://www.boe.es/diario_boe/txt.php?id=BOE-A-2019-2442#:~:text=A%20grandes%20rasgos%2C%20se%20considera,a%20los%20%C3%A1mbitos%20o%20aspectos* [Última consulta: 10 de enero de 2025].

de la reincidencia. Estos aspectos resaltan la necesidad urgente de considerar enfoques alternativos centrados en la rehabilitación y la reintegración social, particularmente en casos de maltrato animal.

(c) La suspensión de la ejecución de penas privativas de libertad

La suspensión de la ejecución de penas privativas de libertad se concibe como una medida destinada a evitar el encarcelamiento de infractores que carezcan de antecedentes penales o/y que hayan sido condenados a penas de corta duración. El artículo 80 del Código Penal regula minuciosamente esta facultad. En este contexto, el tribunal encargado de la decisión evaluará diversas variables, incluyendo las circunstancias específicas del delito, los aspectos personales del acusado, su historial delictivo, su comportamiento posterior a los hechos, y, de manera destacada, su compromiso en reparar el daño causado.

La Sentencia de la Audiencia Provincial de Cuenca n.º 4/2023, emitida el 12 de julio destaca la naturaleza discrecional de la suspensión de condena citando la jurisprudencia del Tribunal Supremo y el Tribunal Constitucional:

> "El Tribunal Supremo ya ha señalado que los requisitos legalmente establecidos para la suspensión de la condena son necesarios, pero no suficientes; calificando tal concesión de facultad motivadamente discrecional del Tribunal sentenciador"[600].

Se subraya que, aunque los requisitos legalmente establecidos son necesarios, su mera existencia no es suficiente, y se otorga al tribunal la facultad discrecional de conceder esta suspensión de manera motivada[601]. Este proceso de evaluación integral busca garantizar una respuesta penal proporcional y justa, considerando no solo la naturaleza del delito, sino también la posibilidad de reinserción y reparación por parte del infractor.

En efecto, la jurisprudencia presenta la suspensión de la ejecución de la pena como una manera de lograr la reinserción social del

---

600 Sentencia del T.C. 163/2002, de 16 de septiembre de 2002.

601 Sentencia de la Audiencia Provincial de Cuenca n.º 4/2023, 12 de julio, ECLI:ES:APCU:2023:290.

autor del delito. Por ejemplo, el Auto de la Audiencia Provincial de A Coruña n.° 202/2023, de 9 de marzo establece que el objetivo principal de esta suspensión es lograr la reinserción social del acusado, evitando los efectos perjudiciales asociados a la entrada en prisión, tanto a nivel personal y familiar como en términos de convivencia con otros reos y estigmatización social[602]. Por su parte, la Sentencia de la Audiencia Provincial de Guadalajara, resalta la necesidad de evitar la aplicación de penas privativas de libertad de corta duración, ya que no cumplen eficazmente con el fin primordial de la reinserción social. Se argumenta que las penas cortas de privación de libertad pueden tener un fuerte componente criminógeno y producir un efecto desocializador, impidiendo un tratamiento individualizado orientado a la reinserción social[603].

Según el artículo 83 del Código Penal, el juez o tribunal tienen la facultad de condicionar la suspensión de la pena al cumplimiento de ciertas prohibiciones y deberes cuando sea necesario para prevenir el peligro de comisión de nuevos delitos. De forma más concreta, el artículo 83. 6ª CP prevé la posibilidad de obligar el autor a participar en programas formativos de protección de animales como, por ejemplo, cursos de sensibilización sobre los derechos de los animales[604]. Al incorporar la participación en programas de formación sobre protección animal como condición para la suspensión de la pena, se busca no solo sancionar al infractor, sino también fomentar un cambio de actitud y conciencia en relación con el bienestar animal. Este enfoque refleja la consideración de los valores sociales asociados con el trato adecuado hacia los animales, al mismo tiempo que brinda una oportunidad para la rehabilitación y la prevención de conductas delictivas futuras.

El artículo 84 del Código Penal establece que el juez o tribunal tiene la facultad de condicionar la suspensión de la ejecución de la pena al cumplimiento de ciertas prestaciones o medidas. (1) El infractor

---

602 Auto de la Audiencia Provincial de A Coruña n.° 202/2023, de 9 de marzo, ECLI:ES: APC:2023: 162ª.

603 SAP de Guadalajara n.° 158/2023, de 27 de septiembre, ECLI:ES: APGU:2023:447.

604 GAVILÁN RUBIO, M., El delito de maltrato animal. Sus penas y ejecución de las mismas. Medidas de protección animal en el proceso penal, Anuario Jurídico y Económico Escurialense n° 50, (2017), p. 156.

puede estar obligado a cumplir con un acuerdo alcanzado por las partes mediante mediación; (2) El juez podrá imponer el pago de una multa, teniendo en cuenta las circunstancias del caso. La multa no podrá exceder el equivalente a dos cuotas de multa por cada día de prisión, sobre un límite máximo de dos tercios de la duración total de la pena privativa de libertad; (3) En situaciones en las que sea considerado apropiado como forma de reparación simbólica, el infractor puede ser requerido para realizar trabajos en beneficio de la comunidad. La duración de esta prestación se determinará según las circunstancias del caso, pero no podrá exceder el equivalente a un día de trabajos por cada día de prisión, sobre un límite máximo de dos tercios de la duración total de la pena. En el ámbito de las tareas de utilidad pública, se podría contemplar la posibilidad de llevar a cabo actividades en entidades de protección animal. Estas actividades podrían abarcar una variedad de contribuciones, como el cuidado y atención directa de los animales, la participación en campañas de concienciación sobre el bienestar animal, la colaboración en eventos de adopción, entre otras iniciativas que promueven la protección y el respeto hacia los animales. Esta propuesta refleja una perspectiva proactiva relacionada con el cuidado y respeto hacia los animales, fomentando así una participación ciudadana comprometida con la causa del bienestar animal; no obstante, en algunos casos, estas alternativas deberán estar acompañados por programas psicoterapéuticos.

En efecto, surge el interrogante acerca de la confianza en que un maltratador pueda interactuar con animales cuando la medida de inhabilitación para la tenencia de animales ha sido impuesta[605]. La respuesta a estas preguntas dependerá de las circunstancias específicas de cada caso. La precaución y la evaluación individualizada son fundamentales para considerar la inclusión de maltratadores en entornos con animales, y es necesario establecer medidas adicionales, como la formación especializada, para garantizar la seguridad y el bienestar tanto de los animales como del propio agresor. Cada situa-

---

605 Derrien, E., Proposition de réforme législative en lien avec le droit animalier. Diplôme d'Université en droit animalier (2018). Este trabajo no ha sido publicado.

ción deberá ser analizada con suficiente diligencia para determinar la idoneidad de esta medida en el contexto de la rehabilitación y la prevención de futuros actos delictivos.

La suspensión de la ejecución "no solo debe ser considerada como una muestra de impunidad"[606], ya que puede contribuir de manera más eficaz a los objetivos de reeducación y reinserción del autor, sin renunciar a su naturaleza punitiva. Estas medidas pueden favorecer la educación y sensibilización, convirtiéndose en herramientas más útiles y eficaces en la prevención de conductas delictivas[607]. Sin embargo, queremos explorar una alternativa que podría enriquecer aún más la responsabilidad del autor, centrándose especialmente en la reparación del daño infligido al animal: la justicia restaurativa.

3.4. La justicia restaurativa y el reconocimiento del animal como víctima en la respuesta penal

La justicia restaurativa[608] es un enfoque de justicia dentro del sistema penal que prioriza la atención en la víctima y busca la reparación del daño mediante la facilitación de la comunicación y la mediación[609]. Este enfoque emerge como un sistema valioso y eficaz para abordar delitos de maltrato a los animales, debido a la empatía y responsabilidad que puede generar hacia la causa animal[610]. GRUEN señala que *"when people are exposed to caring, empathetic ways of perceiving other animals, when they come to understand animals as sensitive, complex, relational beings who feel physical pain but also suffer when they are kept in*

---

606 DONDERIS CERVELLÓ, V., La penalidad en los delitos de maltrato y abandono de animales, en CUERDA ARNAU, M.L., (dir.) De animales y normas. Protección animal y Derecho Sancionador. Tirant lo Blanch, Valencia. (2021), p. 109.

607 BERNUZ BENEITEZ, MJ., ¿Castigos (eficaces) para los delitos contra los animales? Repensando la respuesta al maltrato animal. En Dret 1, (2000), p. 419.

608 El término "Justicia Restaurativa" fue oficialmente establecido durante el Congreso Internacional de Criminología que tuvo lugar en Budapest en el año 1993.

609 RÍOS MARTÍN *et al.* La mediación penal y penitenciaria. Experiencias de diálogo en el sistema penal para la reducción de la violencia y el sufrimiento humano. Madrid, Editorial Colex, (2008), pp. 31-32.

610 GRUEN, L., MARCEAU, J., (ed.). Carceral logics: Human incarceration and animal captivity. Cambridge University Press, (2022), p. 415.

cages or when their psychological well-being isn' t promoted, they change their attitudes'[611].

En situaciones de delito contra los animales, se pueden identificar dos perspectivas distintas sobre el funcionamiento de la justicia restaurativa. En primer lugar, cuando el animal ha sufrido actos de maltratos o incluso ha fallecido por culpa de un tercero que no es su propietario, como en el caso de la galga Duna que hemos analizado en este capítulo, los dueños del animal pueden asumir el papel de víctimas y buscar un diálogo para mediar con el autor del delito. Sin embargo, se plantea un problema cuando el maltratador o la persona responsable de la muerte del animal es el mismo propietario. Suele ser el caso de los perros de caza. En estos casos, no existe una víctima humana que pueda representar al animal en el proceso de justicia restaurativa. Esta falta de representación humana para el animal dificulta la aplicación efectiva de la justicia restaurativa en estos escenarios, dejando un vacío significativo en la búsqueda de soluciones y reparaciones adecuadas para los delitos contra los animales. Así, surge la pregunta: ¿sería más efectiva la justicia restaurativa si el animal fuera considerado oficialmente como víctima?

Hoy en día, los animales no son reconocidos como víctimas según la Ley 4/2015, de 27 de abril, del Estatuto de la Víctima del Delito[612]. Esta falta de reconocimiento legal impide que los animales sean considerados formalmente como víctimas de delitos, lo que dificulta la aplicación de medidas de justicia restaurativa en su nombre. En España, existe un sector de la doctrina que defiende la idea de reconocer a los animales como víctimas en el marco legal[613]. Si bien este punto de vista no ha sido adoptado universalmente por los juristas, repre-

---

611 *Ibidem.*

612 BOE. núm. 101, de 28/04/2015. Ley 4/2015, de 27 de abril, del Estatuto de la Víctima del Delito. Página web: *https://www.boe.es/buscar/act.php?id=BOE-A-2015-4606* [Última consulta: 10 de enero de 2025].

613 Varona, G., Victimidad y violencia medioambiental y contra los animales: Retos de la Victimología verde. Editorial Comares. (2020). En otros ordenamientos jurídicos, como es el caso en Argentina, el art. 1 de la Ley 14.346 de Argentina de 27 de octubre de 1954 estable penas para las personas que maltraten o hagan "víctimas" de actos de crueldad a los animales.

senta una perspectiva importante que sigue siendo objeto de debate y reflexión.

No es exclusivo de los animales el hecho de que la víctima no pueda representarse por sí misma en sede judicial debido a la falta de capacidad. De manera similar, existen otros grupos vulnerables que se enfrentan a limitaciones similares, como las personas con discapacidad, los menores de edad o incluso el *nasciturus.* A pesar de su incapacidad para actuar por sí mismos en procedimientos legales, estos grupos puedan ser representados por terceros que ostenten su representación legal. Del mismo modo que los menores son representados por sus tutores legales, los animales pueden ser protegidos y representados por organizaciones protectoras de animales, el Ministerio Fiscal u otros representantes legales designados para este fin[614].

Para concluir este apartado sobre el Derecho Penal aplicable a los galgos y demás animales utilizados durante la caza, si bien lleva aproximadamente treinta años presente en el Código Penal español, sigue siendo un área en desarrollo. Esta evolución se debe en gran medida al cambio de percepción de la sociedad, que cada vez valora más el bienestar de los animales y reconoce la necesidad de protegerlos. Los animales son objetos de propiedad en nuestro ordenamiento jurídico. Esto puede sugerir un punto de vista estrictamente antropocéntrico que conferiría a los animales un simple valor instrumental sin reconocimiento de derechos propios y supondría un privilegio de los intereses de los humanos sobre los suyos[615]. No obstante, se trata de una propiedad relativa, porque incluso los humanos que poseen animales tienen deberes para con ellos, lo que no ocurriría con un simple objeto como una silla. Por este motivo, "la tutela penal del maltrato animal supone sustituir la postura antropocentrista,

---

614 GARCÍA HAVA, E., La tutela penal del bienestar animal, en CUERDA ARNAU, M.L., (dir.) De animales y normas. Protección animal y Derecho Sancionador. Tirant lo Blanch, Valencia. (2021), p. 207; PUERTA, M. J. R., El derecho de las víctimas colectivas a participar en encuentros restaurativos: Un análisis a partir de algunos delitos económicos. Revista electrónica de Ciencia Penal y Criminología, Issue 22. (2022), p. 14.

615 DONDERIS CERVELLÓ, V., La penalidad en los delitos de maltrato y abandono de animales, en CUERDA ARNAU, M.L., (dir.) De animales y normas. Protección animal y Derecho Sancionador. Tirant lo Blanch, Valencia. (2021), pp. 84 y 85.

que cosifica a los animales como mero instrumento al servicio de los intereses humanos, por un biocentrismo moderado que reconoce derechos autónomos a la especie animal"[616].

Es fundamental que la pena cumpla con el delicado equilibrio entre la "gravedad del hecho, (el) reproche jurídico y (la) finalidad de la pena"[617], para determinar la pena más justa. Hemos observado que existe un riesgo real de dar prioridad a la prevención general, lo que podría llevar a justificar penas ejemplarizantes que no cumplen con el criterio de necesidad[618].A la vez, se deben considerar los efectos negativos que puede tener un exceso de automatismo en la suspensión de penas y que implica un sentimiento de impunidad. Es esencial reconocer la eficacia de medidas alternativas en la prevención de futuros delitos. Estas medidas, como los programas educativos o las actividades de utilidad pública relacionadas directamente con el delito cometido, pueden ser especialmente efectivas[619].

4. La tutela administrativa de los animales: especial referencia al galgo

Es principalmente el Derecho Público el que rige las relaciones entre humanos y animales[620]. El Derecho Administrativo desempeña un papel importante en la regulación de la interacción entre la Administración Pública y los animales, estableciendo un marco que intenta garantizar la protección y el bienestar de los animales. En este sentido, la caza está sujeta a una extensa regulación por parte

616 *Ibidem.*

617 *Ibidem.*

618 *Ibidem.*

619 Zapico Barbeito, M., Los delitos relativos a la protección de la flora, fauna y animales domésticos: art. 337, en Ordenación del territorio, patrimonio histórico y medio ambiente en el Código Penal y la legislación especial, PP. 438-456. Tirant lo Blanch, Valencia. (2011), p. 453.

620 Monguió Perez, J.M., Ruiz Rodríguez, L.R., Sánchez González, M.P., Los animales como agentes y víctimas de daños. Los animales como agentes y víctimas de daños. (2008), p. 212.

del Derecho Administrativo[621]. Sin embargo, en este epígrafe, nuestro enfoque estará dirigido hacia las normas de protección animal que regulan el bienestar de los animales utilizados en la caza, como los perros, en lugar de enfocarnos en las normas administrativas que rigen a los propios cazadores, o los requerimientos para el desarrollo de la actividad.

Con el fin de proteger a los animales, se han promulgado diferentes leyes y normativas específicas que abordan varios aspectos. Entre estos, se incluye la protección contra el maltrato, así como la regulación de actividades como la cría y la venta, transporte y sacrificio de animales. Las autoridades administrativas asumen la responsabilidad de cumplir e implementar estas normativas. Esto implica, por ejemplo, regular y supervisar prácticas como la cría de animales, investigar y sancionar casos de maltrato animal, y emitir permisos y licencias para actividades relacionadas con los animales.

Como ha destacado una parte de la doctrina[622], el desarrollo de la normativa administrativa estatal en el ámbito de la protección animal en España se impulsó principalmente por el Derecho derivado de la Unión Europea[623]. En efecto, durante la década de los ochenta, en España se promulgaron diversas normativas sectoriales con el objetivo de cumplir de manera efectiva los estándares establecidos a nivel europeo[624]. Es el caso, por ejemplo, de la Ley 8/2003, de 24 de abril, de Sanidad Animal o la Ley Orgánica 4/2015, de 30 de marzo, de Protección de la Seguridad Ciudadana, que contempla en su artículo

---

621 MESA GUTIÉRREZ, MJ., Marco penal y administrativo de la caza y responsabilidad civil en derecho español. Tesis Doctoral. Universidad Complutense de Madrid. (2017). Página web: *https://docta.ucm.es/rest/api/core/bitstreams/e383b774-9bf3-44c8-93a4-f12f13880612/content* [Última consulta: 10 de enero de 2025].

622 HAVA GARCÍA, E., La protección del bienestar animal a través del derecho penal. Estudios penales y Criminológicos. Vol. 31. (2011), p. 266.

623 *Ibidem*; CASTRO ÁLVARES, C., Los animales y su estatuto jurídico. Protección y utilización de los animales en el Derecho, Aranzadi, Cizur Menor, Navarra (2019), p. 33; CASADO, L., La protección del bienestar animal a través del ordenamiento jurídico-administrativo, en: De animales y normas. Protección animal y Derecho Sancionador. Tirant lo Blanch, Valencia. (2021), p. 27.

624 BRAGE, S., Los delitos de maltrato y abandono de animales, Tirant lo Blanch. (2017), p. 35

37.16[625] la infracción relacionada con el abandono de animales domésticos.

También se han creado normas autonómicas que regulan el ámbito de la protección animal, éstas complementan y refuerzan las disposiciones estatales a nivel regional.

> "Han sido fundamentales las legislaciones autonómicas" (...) "En los preámbulos de las distintas leyes autonómicas ya se ponía de manifiesto la creciente preocupación por el bienestar de los animales, así como un consenso social acerca de la necesidad de otórgales protección frente a los malos tratos y al sufrimiento innecesario del que ordinariamente son víctimas"[626].

Casi todas las Comunidades Autónomas de España[627] han establecido marcos normativos de protección animal bajo una u otra nomenclatura[628] para regular la defensa y la protección de los animales[629]. Estas leyes autonómicas son esenciales para adaptarse a las realidades y necesidades específicas de cada región.

Además, en España, cada uno de los 8.132 municipios cuenta con sus propias ordenanzas municipales en materia de animales. Estas ordenanzas, elaboradas en consonancia con las leyes de protección de la Comunidad y al amparo de la Ley, se ajustan y adecúan a las particularidades propias de cada municipio. Este enfoque descentralizado permite una mayor cercanía y adaptación a las necesidades locales, garantizando así una protección más efectiva y adecuada de los animales en el ámbito municipal[630].

---

625 "Son infracciones leves: (...) abandonar animales domésticos en condiciones en que pueda peligrar su vida."

626 Brage, S., Los delitos de maltrato y abandono de animales, Tirant lo Blanch, Valencia. (2017), p. 7.

627 La derogación de la Ley 6/2018, de 26 de noviembre, de Protección de los Animales en la Comunidad Autónoma de La Rioja, se llevó a cabo mediante la Ley 10/2023, de 7 de agosto, lo que ha dejado a La Rioja sin una ley específica de protección animal en la actualidad.

628 "Ley de Protección Animal"; "Ley Tenencia, Protección y Derechos de los Animales"; "Ley de Protección de los Animales que viven en el Entorno Humano"; "Ley de Bienestar, Protección y Defensa de los Animales"

629 Menos en La Rioja, lo que estudiaremos en el próximo apartado.

630 Requena, Marqués, A., Las entidades de protección de animales ante el maltrato: posibilidades y límites de actuación, en Cuerda Arnau, M.L., (dir.) De

Las leyes de protección de los animales en las diferentes Comunidades Autónomas tienen en común la inclusión de una estructura de sanciones, conocido en el ámbito del Derecho Administrativo como Derecho Sancionador. Esto plantea la pregunta de si estas leyes no estarían duplicando funciones con el Derecho Penal que hemos analizado en la sección anterior.

4.1. Relaciones entre el Derecho Penal y Derecho Administrativo sancionador en el ámbito del maltrato animal

En concordancia con lo expresado anteriormente, en la legislación española se aborda el maltrato animal, tanto en el ámbito del Código Penal como en la normativa administrativa. En este sentido, nos preguntamos qué vía resulta más eficaz para denunciar casos de maltrato a los galgos. Esta duda surge al observar que, en ciertos ámbitos doctrinales, el uso de la vía penal podría considerarse innecesario cuando existen sanciones administrativas disponibles, las cuales podrían ser más apropiadas para abordar casos de maltrato animal[631]. Aunque, *a priori*, la vía penal puede parecer más intimidatoria.

Se debe tomar en consideración que, en el ámbito administrativo, una vez presentada una denuncia sobre un acto de maltrato

---

animales y normas. Protección animal y Derecho Sancionador. Tirant lo Blanch, Valencia. (2021), p. 423.

631 MARTÍNEZ-BUJÁN PÉREZ, C., Delitos relativos a la protección de la flora, fauna y animales domésticos, en VIVE ANTÓN, T.S., *et al.*, Derecho Penal. Parte especial, Tirant lo Blanch, Valencia, (2004), P. 764; BAUCELLS I LLADOS, J., Comentarios a los delitos relativos a la ordenación del territorio y la protección del patrimonio histórico y del medio ambiente, en CÓRDOBA RODA, J., GARCÍA ARÁN, M., (dirs.), Comentarios al Código Penal. Parte Especial, Tomo I, Marcial Pons, Madrid, (2004), pp. 1466-1469; DELGADO GIL, A., Los animales domésticos y el Código Penal. La Ley Penal, n° 50, (2008), PP. 6 y 7; MARQUES I BANQUÉ, M., Comentario al artículo 337, y MORALES PRATS, F. (coord.), Comentarios a la Parte Especial del Derecho Penal, 5ª, Editorial Thomson-Aranzadi, Pamplona (2005), pp. 790 y 791; DÍAZ-MAROTO Y VILLAREJO, J., El maltrato de animales domésticos o amansados. Estudios sobre las reformas del Código Penal (Operadas por las LO 5/2010, de 22 de junio, y 3/2011, de 28 de enero), obra colectiva dirigida por el mismo autor. Thomson Reuters Aranzadi, Cizur Menor. (2011), pp. 496 y 497.

animal, el órgano local competente está obligado a iniciar acciones para perseguir la infracción señalada. Esto implica el inicio de un procedimiento administrativo de conformidad con la Ley 39/2015, de 1 de octubre, del Procedimiento Administrativo Común de las Administraciones Públicas, con el objetivo de investigar, evaluar y tomar las medidas apropiadas en el procedimiento administrativo sancionador en respuesta al presunto maltrato. La resolución final del procedimiento, atendiendo a la normativa aplicable a los supuestos de maltrato animal, puede incluir sanciones económicas u otras sanciones accesorias o medidas complementarias, como por ejemplo el decomiso de los galgos, la prohibición de tenerlos durante un periodo de tiempo determinado y/o la obligación de realizar un curso de formación en materia de bienestar animal[632]. En resumen, las leyes de protección animal a nivel administrativo no sólo prevén sanciones de carácter económico, sino también medidas de protección para los animales y medidas educativas para evitar que el autor vuelva a hacerlo. Cabe señalar, por último, que todo esto también está contemplado en el Derecho Penal. A pesar de la percepción inicial de que el sistema penal es más intimidatorio, en la práctica, las sanciones administrativas, especialmente en forma de multas pecuniarias sustanciales, suelen ejercer un impacto efectivo en la prevención de las infracciones hacia los animales.

Además, en la práctica, acudir a la vía administrativa, no implica automáticamente renunciar a la persecución de un posible delito penal. En cuanto la Administración tiene conocimiento de la presunta comisión de un acto delictivo, está obligada a comunicarlo con carácter inmediato a las autoridades judiciales competentes en la materia. Este enfoque permite una coordinación efectiva entre la esfera administrativa y la judicial, asegurando que la información relevante sobre posibles delitos llegue a manos de las autoridades correspondientes

---

632 Ver, por ejemplo: Artículo 44. Sanciones. y Artículo 45. Sanciones accesorias y medidas complementarias de la Ley 7/2020, de 31 de agosto, de Bienestar, Protección y Defensa de los Animales de Castilla-La Mancha. BOE. núm. 296, de 10 de noviembre de 2020. Página web: *https://www.boe.es/diario_boe/txt.php?id=BOE-A-2020-13916* [Última consulta: 10 de enero de 2025].

para su evaluación y consecuente actuación[633]. De esta manera, se garantiza una respuesta integral y eficiente ante conductas delictivas relacionadas con la protección animal.

Sin embargo, hay que evitar una duplicidad sancionadora. Por esta razón el principio *non bis in idem* limita el *ius puniendi* del Estado[634]. El artículo 25.3 de la Constitución Española aborda el ejercicio del *ius puniendi* por parte del Estado e indica que solo los delitos más graves justifican las penas más severas recogidas en el ordenamiento jurídico siguiendo el principio de legalidad. En este sentido, la aplicación del Derecho Penal se justifica únicamente cuando es necesario para la protección de bienes jurídicos específicos frente a agresiones graves[635].

Asimismo, el ciudadano debe contar con la seguridad y certeza —*lex certa*— de no enfrentarse a un nuevo procedimiento y recibir otra sanción por un acto que ya ha sido castigado[636]. La STC 77/1983 de 3 de octubre consolida esta idea en cuyo FJ 4 explicando que:

> "El principio *non bis in idem* determina una interdicción de la duplicidad de sanciones administrativas y penales respecto de unos mismos hechos, pero conduce también a la imposibilidad de que, cuando el ordenamiento permite una dualidad de procedimientos, y en cada uno de ellos ha de producirse un enjuiciamiento y una calificación de unos mismos hechos, el enjuiciamiento y la calificación que en el plano jurídico puedan producirse, se hagan con independencia, si resultan de la aplicación de normativas diferentes, pero que no pueda ocurrir lo mismo en lo que se refiere a la apreciación de los hechos, pues es claro que unos mismos hechos no pueden existir y dejar de existir para los órganos del Estado".

---

633 COLÁS TURÉGANO, M.A., La tutela penal de los animales y el principio *ne bis in idem*, en CUERDA ARNAU, M.L., (dir.) De animales y normas. Protección animal y Derecho Sancionador. Tirant lo Blanch, Valencia. (2021), p. 122.

634 *Ibidem*, p. 118

635 AMPARO REQUENA, M., Las entidades de protección de animales ante el maltrato: posibilidades y límites de actuación, en: CUERDA ARNAU, M.L., (dir.) De animales y normas. Protección animal y Derecho Sancionador. Tirant lo Blanch, Valencia. (2021), p. 421.

636 COLÁS TURÉGANO, M.A., La tutela penal de los animales y el principio *ne bis in idem*, en CUERDA ARNAU, M.L., (dir.) De animales y normas. Protección animal y Derecho Sancionador. Tirant lo Blanch, Valencia. (2021), p. 119.

La Ley de Protección Animal en la Comunidad Autónoma de Aragón[637] y la Ley de Protección y Bienestar de los Animales de Compañía en Galicia[638] incluyen este principio en su normativa. Ambas leyes establecen que no se deben sancionar los mismos hechos que ya hayan sido penal o administrativamente sancionados, siempre y cuando exista identidad de sujeto, hecho y fundamento.

La normativa autonómica ha establecido una regla de preferencia de la jurisdicción penal sobre la administrativa. Esta regla dicta que en casos donde se juzguen los mismos hechos, la jurisdicción penal debe tener prioridad[639]. Solo en aquellos casos donde los tribunales penales determinen que el acto no constituye un delito, la Administración puede pronunciarse sobre la posible infracción administrativa, así que la ley autonómica actuará de manera subsidiaria respecto a los tipos penales[640].

La prioridad de la jurisdicción penal garantiza que los casos más graves sean tratados adecuadamente en el ámbito judicial, reservando la normativa administrativa para sancionar conductas que no alcancen la gravedad suficiente para constituir un delito o que no

---

637 Ley 11/2003, de 19 de marzo, de Protección Animal en la Comunidad Autónoma de Aragón. Artículo 66. Infracciones administrativas. 2. No se sancionarán los hechos que lo hayan sido penal o administrativamente en los casos en que se aprecie identidad de sujeto, objeto y fundamento, si bien deberán exigirse las demás responsabilidades que puedan deducirse de otros hechos o infracciones concurrentes Y Artículo 86. Delitos y faltas. 1. Cuando una infracción pudiera revestir carácter de delito o falta, se dará traslado inmediato de la denuncia a la autoridad judicial, suspendiéndose la actuación administrativa hasta que la decisión penal sea firme. 2. La imposición de sanción penal excluirá la imposición de multa administrativa en los casos en que se aprecie identidad de sujeto, hecho y fundamento. 3. Teniendo en cuenta lo previsto en el apartado anterior, se continuará el procedimiento administrativo tomando como base los hechos declarados probados por el órgano judicial competente.

638 Ley 4/2017, de 3 de octubre, de Protección y Bienestar de los Animales de Compañía en Galicia. Artículo 36. Régimen sancionador. 4. No se sancionarán los hechos que ya hayan sido sancionados penal o administrativamente, en los casos en que se aprecie identidad de sujeto, hecho y fundamento.

639 Colás Turégano, M.A., La tutela penal de los animales y el principio *ne bis in idem*, en: Cuerda Arnau, M.L., (dir.) De animales y normas. Protección animal y Derecho Sancionador. Tirant lo Blanch, Valencia. (2021), pp. 121-122.

640 *Ibidem*, p. 115.

estén contempladas en el Código Penal. La prevalencia de la jurisdicción penal en casos de mayor gravedad asegura que aquellos actos de maltrato animal, por matar a los galgos o incluso por incumplimiento flagrante de las normativas de tenencia y cuidado de animales, sean tratados con la seriedad y rigor que requieren. Por otro lado, la normativa administrativa se puede reservar para casos en los que las conductas no alcanzan la gravedad suficiente para constituir un delito. Esta flexibilidad permite abordar una amplia gama de comportamientos que pueden afectar el bienestar y los derechos de los animales, con el fin de intentar que ningún acto de crueldad o negligencia quede impune. Un ejemplo concreto que resalta la relevancia de emplear la normativa administrativa es la obligación establecida por la ley de identificar a los perros. Aunque este requisito puede parecer de menor importancia en comparación con delitos más graves como el maltrato animal o el abandono, su cumplimiento es esencial para el control y la protección de los galgos. Facilita a las autoridades competentes la identificación de los propietarios de los animales.

No obstante, persiste un reto significativo en el ámbito de la legislación administrativa de protección animal: la marcada fragmentación normativa, que varía considerablemente entre las distintas Comunidades Autónomas de España. Esta disparidad en las regulaciones representa un obstáculo para la coherencia y eficacia del marco administrativo de protección animal en el país. "Las disparidades entre unas y otras son notorias, comenzando por su diferente ámbito de aplicación y siguiendo por su régimen sancionador pues una conducta que en un territorio constituye infracción muy grave,"[641] en otro presenta diferente clasificación y, por tanto, sanción. Las regiones donde la caza es especialmente popular, como Castilla La Mancha o Andalucía, pueden tener niveles menos estrictos de protección cuando se trata de perros de caza. Esta discrepancia en las leyes regionales crea incoherencias, como ocurre con el hecho de que algunas leyes de protección animal prohíben explícitamente que los perros corran detrás de un vehículo de motor, mientras que otras

---

641 CASTRO, ALVAREZ, C., La protección y la utilización de los animales en el derecho administrativo español: regulación actual y metas pendientes. Tesis de doctorado. Universidad de Zaragoza. (2018), p. 335.

no abordan específicamente esta práctica[642]. Así pues, la falta de armonización de las leyes de protección animal en España puede dar lugar a incoherencias y, en ocasiones, lagunas en la protección de los animales, creando problemas en el ámbito del bienestar animal. Esta es una de las razones por las que se aprobó la Ley estatal de Protección de los Animales en marzo de 2023. Sin embargo y a pesar de este gran avance, surge un interrogante: ¿Realmente esta ley ha logrado resolver el problema de proporcionar una mejor protección para los galgos utilizados en la caza? Es precisamente esta duda la que abordaremos en el siguiente apartado.

5. La Ley 7/2023, de 28 de marzo, de Protección de los Derechos y el Bienestar de los Animales y la exclusión de los perros de caza

La entrada en vigor de una ley estatal en materia de protección animal ha sido una demanda constante entre los juristas desde la década de los noventa en adelante[643]. Esta petición se ha reflejado en diferentes iniciativas presentadas en el Congreso de los Diputados[644], reflejando la necesidad de establecer "estándares mínimos de

---

642 Como lo hemos estudiado en el Cap. 1 Sección 2.

643 PÉREZ MONGUIÓ, J.M., Marco jurídico de la protección animal en España desde 1929 hasta 2015: el lento y firme trote del mastín. Revista Aranzadi de Derecho Ambiental, nº 32, (2015), p. 324.

644 Proposiciones de Leyes presentadas para su debate en Pleno: En primer lugar, la núm. 162/000316, de 15 de marzo de 2005, presentada por el Grupo Parlamentario Socialista del Congreso, sobre la protección de los derechos de los animales (Boletín Oficial de las Cortes Generales, Congreso de los Diputados, VIII Legislatura, Serie Di General, núm. 186, de 15 de abril de 2005, pp. 37-38). En segundo lugar, la núm. 162/000324, de 19 de abril de 2005, presentada por el Grupo Parlamentario Popular en el Congreso, relativa a la protección de animales (Boletín Oficial de las Cortes Generales, Congreso de los Diputados, VIII Legislatura, Serie D: General, núm. 190, de 22 de abril de 2005, pp. 37-38). En tercer lugar, la núm. 162/000350, de 23 de mayo de 2005, para la elaboración de una Ley de protección de los animales (Boletín Oficial de las Cortes Generales, Congreso de los Diputados, VIII Legislatura, Serie D: General, núm. 216, de 6 de junio de 2005, pp. 12-13). En cuarto lugar, la núm. 162/000944, de 29 de abril de 2014, presentada por el Grupo Parlamentario Unión Progreso y Democracia, sobre la creación de una Ley Marco sobre la protección de los animales de compañía (Boletín Oficial de las Cortes Generales, Congreso de los Diputados, X Legislatura, Serie D: General, núm. 455, de 9 de mayo de 2014,

protección en todo el territorio nacional"[645]. Se ha sostenido que, independientemente de la naturaleza jurídica del artículo 45 de la Constitución Española, que reconoce la protección del medio ambiente, el bienestar animal se considera de manera subordinada en el contexto de la legislación ambiental y que la promulgación de una ley estatal específica es necesaria para rectificar esta situación[646].

5.1. El proyecto inicial

La creación de la Dirección General de Derechos de los Animales (DGDA)[647] el 29 de enero de 2020 marcó un hito significativo en el

---

pp. 7-10). En quinto lugar, la núm. 162/000241, de 10 de noviembre de 2016, presentada por el Grupo Parlamentario Ciudadanos, relativa a la protección y tenencia de animales domésticos (Boletín Oficial de las Cortes Generales, Congreso de los Diputados, XII Legislatura, Serie D: General, núm. 58, de 25 de noviembre de 2016, pp. 16-18). Por último, la núm. 162/000323, de 23 de junio de 2020, presentada por el Grupo Parlamentario Ciudadanos, para la elaboración de una Ley marco de protección de animales domésticos (Boletín Oficial de las Cortes Generales, Congreso de los Diputados, XIV Legislatura, Serie D: General, núm. 121, de 17 de julio de 2020. PP.13-14.) Ver: CASADO, CASADO, L., La protección del bienestar animal a través del ordenamiento jurídico-administrativo, en CUERDA ARNAU, M.L., (dir.) De animales y normas. Protección animal y Derecho Sancionador. Tirant lo Blanch, Valencia. (2021) que ha listado las propuestas en su p. 44.

645 CASADO, CASADO, L., La protección del bienestar animal a través del ordenamiento jurídico-administrativo, en CUERDA ARNAU, M.L., (dir.) De animales y normas. Protección animal y Derecho Sancionador. Tirant lo Blanch, Valencia. (2021), p. 43.

646 CASTRO, ALVAREZ. C., La protección y la utilización de los animales en el derecho administrativo español: regulación actual y metas pendientes. Tesis doctoral. Universidad de Zaragoza, España. (2021), p. 333. Página web: *https://zaguan.unizar.es/record/98462/files/TESIS-2021-024.pdf* [Última consulta: 10 de enero de 2025].

647 Es el primero organismo público en toda la historia dedicado integralmente a la protección de los derechos de los animales. Ver: Real Decreto 452/2020, de 10 de marzo, por el que se desarrolla la estructura orgánica básica del Ministerio de Derechos Sociales y Agenda 2030, y se modifica el Real Decreto 139/2020, de 28 de enero, por el que se establece la estructura orgánica básica de los departamentos ministeriales. Jurisprudencia. Artículo 10. Dirección General de Derechos de los Animales. Sin perjuicio de las competencias atribuidas a otros departamentos, corresponde a la Dirección General de Derechos de los Animales, en el ámbito de las competencias constitucionalmente reservadas al

avance de las políticas gubernamentales relacionadas con los derechos y el bienestar de los animales en España. Esta entidad, adscrita a la Subsecretaría del Ministerio de Derechos Sociales y Agenda 2030, tiene como objetivo principal gestionar y promover las políticas del Gobierno de la Nación en materia de derechos de los animales.

Encabezada por el director general de Derechos de los Animales, Sergio Antonio GARCÍA TORRES, del partido Podemos, y reemplazado por José RAMÓN BECERRA, de Verdes Equo, el 27 de diciembre de 2023, la DGDA se ha convertido en un referente clave en la defensa de los derechos de los animales a nivel nacional. La creación de esta dirección ha representado un avance significativo a nivel gubernamental en relación con los animales, siendo la institución impulsora de la Ley de Bienestar Animal de carácter nacional[648].

La nueva legislación tiene como objetivo "regular el reconocimiento y la protección de la dignidad de los animales por parte de la sociedad", tal como se indica en el documento oficial del Boletín Oficial del Estado (BOE)[649]. Sin embargo, durante meses se ha debatido

---

Estado y en cooperación y coordinación con las comunidades autónomas, las siguientes funciones: a) La formulación de las políticas del Departamento en materia de protección de los derechos de los animales. b) El impulso de todas las medidas necesarias para incluir la protección de los derechos de los animales en el ordenamiento jurídico actual. c) El desarrollo de las medidas de difusión necesarias para que la sociedad conozca y respete los derechos de los animales y su protección. d) La coordinación tanto con las comunidades autónomas y entidades locales, fiscalía general del Estado, administraciones públicas y el resto de los entes del sector público estatal, como con los agentes sociales para que se reconozcan y se respeten los derechos de los animales y su protección. e) La cooperación con las restantes entidades públicas y privadas, nacionales e internacionales, en materia de derechos de los animales y su protección, sin perjuicio de las funciones de dirección y coordinación de la Subsecretaría del Departamento en el ámbito de la cooperación internacional. Página web: *https://www.boe.es/buscar/act.php?id=BOE-A-2020-3512* [Última consulta: 10 de enero de 2025].

648 En este libro, se emplea el término "Ley de Bienestar Animal" como sinónimo de la Ley 7/2023, de 28 de marzo, de Protección de los Derechos y el Bienestar de los Animales.

649 BOE. núm. 75, de 29 de marzo de 2023 Ley 7/2023, de 28 de marzo, de Protección de los Derechos y el Bienestar de los Animales. Página web: *https://www.boe.es/buscar/doc.php?id=BOE-A-2023-7936* [Última consulta: 10 de enero de 2025].

ampliamente sobre esta ley debido a la gran cantidad de polémicas que ha suscitado.

5.2. Tramitación e intervención política

La tramitación de la Ley española de bienestar animal ha sido un proceso complejo y riguroso que ha involucrado múltiples etapas y actores tanto dentro como fuera del ámbito del poder legislativo. En el proceso de elaboración y redacción de la ley, se contó con la participación de diversas figuras, entre los que se incluyeron expertos en bienestar y salud animal como veterinarios, juristas[650], organizaciones de la sociedad civil y otras entidades relevantes. Se estableció un diálogo colaborativo con asociaciones de protección animal, cuya experiencia y conocimientos fueron enriquecedores para la formulación de disposiciones efectivas en el borrador de la ley. Sin embargo, también se involucraron otros actores que representaban intereses diversos y, en algunos casos, contradictorios. Entre ellos se encontraban las federaciones de caza, cuyos miembros se veían potencialmente afectados por las disposiciones de la ley. A pesar de las posibles tensiones y discrepancias, se buscó mantener un diálogo abierto y constructivo con estas organizaciones para garantizar que sus preocupaciones fueran tenidas en cuenta y abordadas en el proceso legislativo. Además, durante la fase de redacción de la ley, se realizaron consultas públicas y se recopiló información y evidencia científica para fundamentar las disposiciones del borrador de la ley.

Una vez redactado el proyecto de ley el 12 de septiembre de 2022[651], fue sometido a debate y discusión en el Congreso de los Diputados y en el Senado, donde se realizaron enmiendas y modificaciones en función de las contribuciones y opiniones de los diferentes

650 Participamos en una reunión con el director general de Derechos de los Animales, y el ICALP (*International Center for Animal Law and Policy*). Durante la reunión, tuve la oportunidad de ofrecer consejos y compartir mi experiencia como doctoranda en Derecho especializada en el tema de los galgos, junto con la Dra. GIMÉNEZ-CANDELA.

651 121/000117 Proyecto de Ley de Protección, Derechos y Bienestar de los Animales. Página web: *https://www.congreso.es/public_oficiales/L14/CONG/BOCG/A/BOCG-14-A-117-1.PDF* [Última consulta: 10 de enero de 2025].

grupos parlamentarios[652]. Una de las enmiendas que han tenido más críticas fue la enmienda propuesta por el Grupo Parlamentario Socialista, la cual proponía modificar el artículo 1 del proyecto de ley con el propósito de establecer una distinción entre los animales de compañía y aquellos utilizados en actividades específicas o profesionales. Se proponía que los animales utilizados en actividades deportivas reconocidas por el Consejo Superior de Deportes, las aves de cetrería, los perros pastores y de guarda del ganado, así como aquellos empleados en actividades profesionales como los perros de rescate, los animales de compañía utilizados en intervenciones asistidas y los animales de las Fuerzas y Cuerpos de Seguridad o de las Fuerzas Armadas, los perros de caza, rehalas y animales auxiliares de caza, quedaran excluidos del ámbito de aplicación de la ley:

> Se propone adicionar una nueva letra e) al apartado 3 del artículo 1, con el siguiente tenor: "e) Los animales utilizados en actividades específicas (las deportivas reconocidas por el Consejo Superior de Deportes, las aves de cetrería, los perros pastores y de guarda del ganado) así como los utilizados en actividades profesionales (dedicados a una actividad o cometido concreto realizado conjuntamente con su responsable en un entorno profesional o laboral, como los perros de rescate, animales de compañía utilizados en intervenciones asistidas o los animales de las Fuerzas y Cuerpos de Seguridad o de las Fuerzas Armadas). No obstante, les será de aplicación lo establecido en el artículo 24 respecto de obligaciones generales y el artículo 27 relativo a las prohibiciones. Igualmente quedarán excluidos los perros de caza, rehalas y animales auxiliares de caza que contarán con una legislación propia según lo establecido en la Estrategia Nacional de Gestión Cinegética"[653].

La justificación para adoptar esta enmienda radicaba en la necesidad de separar la normativa de bienestar animal aplicable a los

---

652 Senado de España. Página web: *https://www.senado.es/web/actividadparlamentaria/iniciativas/detalleiniciativa/index.html?legis=14&id1=621&id2=000082* [Última consulta: 10 de enero de 2025].

653 Boletín oficial de las cortes generales. Congreso de los Diputados. XIV Legislatura. Enmiendas e índice de enmiendas al articulado. 121/000117 Proyecto de Ley de Protección, Derechos y Bienestar de los Animales. (28 de noviembre de 2022). Página web: *https://www.congreso.es/public_oficiales/L14/CONG/BOCG/A/BOCG-14-A-117-3.PDF* [Última consulta: 10 de enero de 2025].

animales de compañía de aquellos tradicionalmente considerados como de producción o vinculados a actividades profesionales. Se argumentaba que estos animales ya encontraban su protección en la normativa existente, como la Ley 32/2007 para el Cuidado de los Animales en su Explotación, Transporte, Experimentación y Sacrificio. Además, se señalaba que esta enmienda estaba alineada con la regulación de la Unión Europea y permitiría evitar distorsiones en la aplicación de la ley por parte de las Comunidades Autónomas, competentes en materia de protección animal. Además, añadieron que los perros de caza, rehalas y animales auxiliares de caza contarán con una legislación propia según lo establecido en la Estrategia Nacional de Gestión Cinegética.

5.3. La Estrategia Nacional de Gestión Cinegética

La decisión de excluir a los perros de caza de la ley de bienestar animal ha sido motivo de preocupación y desacuerdo, ya que estos animales son los que más sufren y necesitan una protección reforzada. A pesar de que la justificación dada por los políticos para aprobar esta enmienda se basa en la adopción de la Estrategia Nacional de Gestión Cinegética, es importante señalar que esta estrategia no proporciona la protección necesaria a los perros de caza. Es lo que trataremos de demostrar en esta sección.

El Ministerio de Agricultura, Pesca y Alimentación, en conjunto con las Comunidades Autónomas, aprobó el 7 de marzo de 2022 la Estrategia Nacional de Gestión Cinegética[654]. El principal objetivo de esta estrategia es servir como marco orientativo y de coordinación para la gestión cinegética a nivel estatal. Sin embargo, queremos destacar que las disposiciones de esta estrategia se pueden incorporar voluntariamente por las Administraciones competentes, esto implica que no existe una obligación legal de cumplimiento.

---

654 Ministerio de Agricultura, Pesca y Alimentación. Estrategia Nacional de Gestión Cinegética. (2022). Página web: *https://www.mapa.gob.es/fr/prensa/20220307_engc_definitivo_tcm36-614256.pdf* [Última consulta: 10 de enero de 2025].

En el texto de la Estrategia Nacional de Gestión Cinegética, resultó de reuniones entre los más altos representantes del sector y del apoyo del estudio del informe de diagnóstico del sector cinegético del año 2018 elaborado por el Ministerio[655]. La estrategia establece cinco objetivos estratégicos. El primer objetivo consiste en la defensa de un modelo de caza sostenible como contribución al desarrollo rural, combatiendo la despoblación y gestionando el medio natural de manera equilibrada con otras funciones y usos del entorno. El segundo objetivo busca establecer directrices de gestión de la actividad cinegética que permitan su ejercicio ordenado y sostenible, adaptado a las nuevas necesidades y retos de la gestión ambiental. El tercer objetivo se centra en la implementación de sistemas de información y monitorización de la caza basados en el conocimiento científico disponible, facilitando una gestión más informada y eficiente. El cuarto objetivo promueve la coordinación interadministrativa e intersectorial, integrando las demandas ambientales, sociales y económicas en la gestión cinegética. Por último, el quinto objetivo busca mejorar la imagen social de la caza y promover sus beneficios ambientales y socioeconómicos, así como la formación de los cazadores y el fomento de buenas prácticas en el sector. La intención de mejorar la imagen de la caza refleja el reconocimiento de que existe una percepción desfavorable hacia esta actividad en la sociedad española[656], y se busca modificar esta percepción a través de acciones que resalten los beneficios ambientales, socioeconómicos y culturales de la caza. En el caso específico de los galgueros, la imagen negativa puede ser aún más pronunciada debido a la asociación con prácticas como el maltrato animal, el abandono y la explotación de los galgos. En efecto, se puede observar que los españoles están en desacuerdo sobre el hecho de que los animales existen para ser utilizados por los seres

---

655 Documento pedido a la Oficina de Información y Atención a la Ciudadanía del Ministerio de agricultura, pesca y alimentación. Han contestado el 23/05/2023 que el documento "estará disponible próximamente en la web del MAPA, sección de gestión cinegética *https://www.mapa.gob.es/es/ganaderia/temas/gestion-cinegetica/*" pero nunca se ha publicado.

656 Statista Research Department. Porcentaje de la población que está a favor y en contra de la caza en España. (2020). Página web: *https://es.statista.com/estadisticas/1127210/porcentaje-de-la-poblacion-que-esta-a-favor-y-en-contra-de-la-caza-en-espana/* [Última consulta: 10 de enero de 2025].

humanos. También hay un amplio rechazo de los españoles cuando se trata de utilizar animales para la caza[657]. A la gran mayoría de la población, le resulta inaceptable el uso de animales para la caza deportiva, incluso más que cuando se trata de corridas de toros[658]. Esta percepción negativa ha llevado a una creciente presión pública, lo que puede explicar que el sector de la caza intenta revalorizar su imagen, enumerando sus beneficios para el medio ambiente y mostrando imágenes romantizadas y edulcoradas, especialmente hacia los perros de caza.

Se busca mejorar la imagen social de la caza mediante la promoción de esta actividad como un bien de interés cultural a preservar, resaltando su papel en la conservación de razas de perros autóctonas y modalidades de caza tradicionales[659]. Se propone enseñar buenas prácticas en las redes sociales y otros medios de comunicación, destacando el respeto hacia la fauna y el cuidado de los perros de caza[660]. Para ello, se pretende promover la formación ambiental, en bienestar y sanidad animal, así como las buenas prácticas de gestión en los temarios exigidos para la obtención de la licencia de caza, incluyendo aspectos relacionados con el cuidado y uso adecuado de los perros[661]. También se propone fomentar el mantenimiento y la recuperación de razas autóctonas de perros de caza, incluidos los perros de rehalas[662]. Esta iniciativa se centra principalmente en la conservación de las razas en sí mismas, sin abordar adecuadamente el bienestar animal de los perros involucrados. Este enfoque plantea ciertos paralelismos con la LC de 1970, que prioriza la conservación

---

657 IPSOS. Sensibilización de la sociedad española respecto a los Derechos de los animales. Ipsos. Informe de resultados. (Julio 2022). Página web: *https://www.mdsocialesa2030.gob.es/derechos-animales/docs/estudio-ley-encuesta.pdf* [Última consulta: 10 de enero de 2025].

658 Estudio Fundación BBVA. Visión y Actitudes hacia los Animales en la Sociedad Española. Departamento de Estudios Sociales y Opinión Pública. (enero de 2022) Pagina web: *https://www.fbbva.es/wp-content/uploads/2022/01/Presentacion-Estudio-de-Animales.pdf* [Última consulta: 10 de enero de 2025].

659 Ministerio de agricultura, pesca y alimentación. Estrategia Nacional de Gestión Cinegética. (2022), p. 134.

660 *Ibidem,* p. 135.

661 *Ibidem,* p. 136.

662 *Ibidem,* p. 138.

de especies cinegéticas, pero no considera el buen trato hacia los animales[663].

Si bien es cierto que el hecho de que la palabra "perros" aparezca 20 veces en la Estrategia Nacional de Gestión Cinegética refleja claramente la importancia y relevancia de estos animales en el ámbito de la caza. Sin embargo, a pesar de este importante número de citas, se observa una falta de protección específica para los perros de caza dentro del documento, incluso, en ocasiones, buscan simplificar las normas, lo que equivale a una menor protección[664].

En busca de mejorar la situación, se proponen diversas medidas destinadas a simplificar los requisitos normativos para los perros de caza y las rehalas, siempre y cuando se cumplan las condiciones apropiadas de higiene, salud y bienestar animal[665]. Además, se plantea el reconocimiento de la singularidad de los perros de caza mediante la formación de un grupo de trabajo encargado de analizar y definir criterios mínimos consensuados por todas las autoridades competentes. Se pretende así promover la redacción de una normativa propia que recoja las especificidades relacionadas con la actividad cinegética en la que se emplean los perros de caza y las rehalas[666].

Hasta la fecha, no se han publicado en una normativa propia estos criterios mínimos aparentemente consensuados por todas las autoridades competentes, teniendo en cuenta las directrices marcadas y la normativa vigente en cuanto a bienestar y sanidad animal. Aunque se espera que estos criterios sean definidos en el futuro, ya sabemos que no será suficiente. En la actualidad, no existe ningún texto legal que contenga disposiciones lo suficientemente firmes para proteger a los perros de caza, quienes requieren una protección muy sólida debido a su vulnerabilidad.

---

663 Como lo hemos estudiado en la sección 1 de este Capítulo.

664 Se puede leer: "Acción 1.3.1.2. Facilitar el ejercicio de la caza a los administrados. Reducción de la carga administrativa para aumentar la efectividad, reordenando y reduciendo esfuerzos mediante procedimientos simplificados". O "Acción 2.3.3.4. Regulación de las poblaciones de Jabalí (*Sus scrofa*). Simplificar los requisitos normativos de perros de caza y rehalas siempre que se cumplan las condiciones adecuadas higiénico-sanitarias y de bienestar animal".

665 Estrategia Nacional de Gestión Cinegética, p. 88.

666 *Ibidem*, p. 100.

Nos oponemos a la idea de separar a los perros de caza de otros perros de compañía, ya que todos merecen tener el mismo nivel de protección. Sin embargo, si se hace una distinción, no sería justo limitarse a recordar las reglas básicas que ya están en vigor, sino más bien, sería necesario crear un cuerpo de texto extremadamente estricto para proteger a estos animales. A la luz de lo expuesto, sólo podemos confirmar que es un grave error político excluir a los perros de caza de la Ley de Bienestar Animal.

5.4. Adopción de la Ley de Bienestar Animal con la exclusión de los perros de caza

La enmienda presentada por el Partido Socialista Obrero Español (PSOE) para excluir a los perros de caza de la ley de protección animal fue aprobada en diciembre de 2022 en la Comisión de Derechos Sociales, con el apoyo de los votos socialistas, del Partido Popular (PP), Vox, el Partido Nacionalista Vasco (PNV) y Ciudadanos. La Ley española de bienestar animal, promulgada por el Gobierno, se ha publicado en el BOE como resultado de esta aprobación, estableciendo un marco normativo estatal sobre el bienestar de los animales en el país[667].

Si bien esta ley representa un avance importante en el reconocimiento del bienestar de los animales, también es defectuosa debido a la exclusión de los perros de caza de su ámbito de aplicación. La adopción definitiva de la enmienda excluyendo a los perros de caza fue celebrada como una victoria por parte de la Real Federación de Caza. Según Manuel GALLARDO, presidente de a RFEC, “es un éxito sin paragón, no se puede tratar a todos los animales exactamente igual”[668]. El *lobby* de la caza se ha infiltrado en las instituciones polí-

---

667 Senado de España. Trámite parlamentario. Página web: *https://www.senado.es/web/actividadparlamentaria/iniciativas/detalleiniciativa/index.html?legis=14&id1=621&id2=000082* [Última consulta: 10 de enero de 2025].

668 Ver *RTVE Noticias.* Ley Bienestar Animal: ¿Qué pasa con los perros de caza? ¿Cómo te afecta si tienes mascota? | RTVE (YouTube). Página web: *https://www.youtube.com/watch?v=XMVsmbPo_dg* [Última consulta: 10 de enero de 2025].

ticas y ha conseguido imponer sus ideologías. Esta decisión es puramente política y carece de base jurídica.

5.5. Dificultad de interpretación

Uno de los problemas más significativos reside en la ausencia de una categoría jurídica precisa para definir qué es exactamente un perro de caza. Esta carencia podría provocar confusiones y obstáculos en la interpretación por parte de los jueces. ¿Cómo se determina exactamente qué se considera un perro de caza?

En este sentido, una posibilidad sería considerar un perro como tal cuando su dueño cuente con una licencia de caza vigente. Sin embargo, esta medida implicaría que la protección de un perro dependa del estatus de su propietario como cazador o no cazador. Esta perspectiva plantea interrogantes sobre la equidad y la justicia en la protección de los animales, ya que no debería estar condicionada por las actividades de caza de sus propietarios[669]. En este escenario, un mismo perro podría ser objeto de protección o desprotección según pase de manos de un cazador a un no cazador, lo cual carece de coherencia desde la perspectiva jurídica. Se vulnera el principio básico de igualdad ante la ley, en el que los seres humanos se consideran iguales sin importar su condición o circunstancia personal o social. En este caso, el cazador disfrutaría de ciertos privilegios al no estar sujeto a algunas obligaciones que impone la futura legislación. ¿Podría esto constituir una violación de la Constitución Española? El artículo 14 de la Norma Suprema[670] establece claramente que los españoles son iguales ante la ley, sin que pueda prevalecer discriminación alguna por diversas razones, incluyendo cualquier condición personal o social. Se plantea así la posibilidad de un recurso de inconstituciona-

---

669 JIMÉNEZ CARRERO, J.A., La Ley 7/2023, de 28 de marzo, de Protección de los Derechos y el Bienestar de los Animales: análisis y carencias. *UNED*, núm. 32, (2023), p. 221.

670 Derechos y libertades. Artículo 14. "Los españoles son iguales ante la ley, sin que pueda prevalecer discriminación alguna por razón de nacimiento, raza, sexo, religión, opinión o cualquier otra condición o circunstancia personal o social".

lidad ante el Tribunal Constitucional, ya que la exclusión basada en la condición de cazador carecería de justificación razonable[671].

5.6. Una base jurídica incierta

Desde la entrada en vigor de la Ley de Bienestar Animal, la regulación sobre este aspecto en España plantea un dilema respecto a la distribución de competencias entre el gobierno español y las Comunidades Autónomas. En principio, la responsabilidad de regular el bienestar animal recae en las Comunidades Autónomas, generando incertidumbre acerca de si el Gobierno tiene competencia para promulgar esta ley estatal sobre este tema, o si, por el contrario, la competencia pertenece exclusivamente a las Comunidades Autónomas, dejando al Estado sin capacidad para regular esta materia.

Para abordar esta cuestión, hay que referirse a la Constitución, la cual establece la distribución de competencias entre el Estado y las CCAA. Dentro de este reparto, el artículo 149 de la Constitución establece las áreas reservadas exclusivamente al Estado, denominadas competencias exclusivas, mientras que el artículo 148 CE recoge aquellas atribuidas a las Comunidades Autónomas. En las áreas donde el Estado español tiene competencia exclusiva, se puede promulgar una ley marco[672] que define los principios y directrices generales. Esto significa que el Estado tiene la autoridad principal para legislar sobre estos temas, pero permite cierta flexibilidad para que las regiones descentralizadas, es decir las Comunidades Autónomas, puedan

---

671 BAUTISTA GARRASTAZU, T., Las cuestiones más dudosas de la futura ley de derechos y bienestar de los animales. Abogacía española, Consejo General. (2023). Pagina web: *https://www.abogacia.es/publicaciones/blogs/blog-de-derecho-de-los-animales/las-cuestiones-mas-dudosas-de-la-futura-ley-de-derechos-y-bienestar-de-los-animales/* [Última consulta: 10 de enero de 2025].

672 RAE. Definición de la Ley marco. "Ley emanada de las Cortes Generales por la que, en materias de competencia estatal, se atribuye a todas o a alguna de las comunidades autónomas la facultad de dictar, para sí mismas, normas legislativas en el marco de los principios, bases y directrices fijados en aquella". Página web: *https://dpej.rae.es/lema/ley-marco* [Última consulta: 10 de enero de 2025].

también legislar en estas áreas, siempre y cuando respeten los principios y directrices establecidos por la ley marco nacional[673].

Además, existen áreas donde el Estado no tiene competencia exclusiva, pero puede aprobar una ley de armonización. Esta ley tiene como objetivo unificar las distintas normativas de las Comunidades Autónomas en estas áreas cuando sea necesario para salvaguardar el interés general del país. En otras palabras, la ley de armonización[674] busca garantizar la coherencia y la uniformidad en la regulación de ciertos aspectos que pueden variar entre las diferentes regiones autónomas. También, hay otro escenario en el que el Estado y las Comunidades Autónomas pueden legislar juntos en ciertas materias donde no existe una competencia exclusiva del Estado. En este caso, la ley puede ofrecer un texto de aplicación subsidiaria. También puede servir como inspiración para futuras leyes autonómicas, permitiendo que las Comunidades Autónomas se basen en ella para desarrollar su propia normativa en áreas donde el Estado y las CCAA tienen competencias compartidas. En este caso hablaríamos de una ley de mínimos, que establece un conjunto básico de normas o requisitos que deben cumplirse en todo el área de competencia de la ley, pero permite a las autoridades locales o regionales establecer normas más estrictas si así lo desean. En resumen, establecen un nivel mínimo de protección o requisitos que deben cumplirse, pero permiten mayores estándares si se considera necesario a nivel local o regional.

En el caso de la Ley de Bienestar Animal, la situación presenta cierta ambigüedad. A primera vista, no parece encajar claramente ni como una ley marco ni como una ley de armonización. En este contexto, una opción más adecuada podría ser concebirla como una ley

---

673 Art. 149.1. 23.ª CE. "El Estado tiene competencia exclusiva sobre las siguientes materias: ...Legislación básica sobre protección del medio ambiente, sin perjuicio de las facultades de las Comunidades Autónomas de establecer normas adicionales de protección. La legislación básica sobre montes, aprovechamientos forestales y vías pecuarias".

674 RAE. Definición de la Ley de armonización. "Ley dictada por el Estado para armonizar las disposiciones normativas de las comunidades autónomas, aun en el caso de materias atribuidas a la competencia de estas, cuando así lo exija el interés general. Corresponde a cada una de las Cámaras legislativas, por mayoría absoluta, la apreciación de esta necesidad". Página web: *https://dpej.rae.es/lema/ley-de-armonizaci%C3%B3n* [Última consulta: 10 de enero de 2025].

de mínimos, permitiendo al Estado legislar sobre el bienestar animal, siempre y cuando su alcance no sea más amplio ni preponderante que las regulaciones establecidas por las leyes autonómicas. En esta perspectiva, la ley estatal funcionaría como una normativa subsidiaria, aplicable únicamente en los aspectos no contemplados por las regulaciones autonómicas, o como una fuente de inspiración para la elaboración de futuras leyes por parte de las Comunidades Autónomas.

5.7. Consecuencias en otra legislación autonómica de protección animal

La reciente promulgación de la ley estatal de bienestar animal plantea algunos aspectos preocupantes. La exclusión deliberada de los perros de caza de esta legislación podría generar problemas adicionales pues quedaría establecido un precedente peligroso para futuras legislaciones. En efecto, existe ahora el riesgo de que las Comunidades Autónomas sigan el mismo camino y excluyan a los perros de caza y otros animales de actividades específicas de sus propias normativas de protección animal. Esta exclusión podría desencadenar un efecto dominó, exacerbando la falta de protección para estos perros utilizados para la caza.

Tras la aprobación de la Ley de Bienestar Animal, con la exclusión de los perros de caza, nos encontramos ante dos escenarios distintos. En primer lugar, es posible que algunas leyes de protección animal de las Comunidades Autónomas se planteen modificar sus disposiciones para excluir a los perros de caza de su marco de protección. Un ejemplo concreto de ello puede verse en la ley riojana. En efecto, el Parlamento riojano derogó la ley de protección animal de la comunidad a iniciativa del Partido Popular mediante la Ley 10/2023, de 7 de agosto, de derogación de la Ley 6/2018, de 26 de noviembre, de Protección de los Animales en la Comunidad Autónoma de La Rioja[675]. Argumentaron en la Exposición de Motivos que:

[675] Ley 10/2023, de 7 de agosto, de derogación de la Ley 6/2018, de 26 de noviembre, de Protección de los Animales en la Comunidad Autónoma de La Rioja.

"En la ley riojana no quedan excluidos los animales utilizados en actividades específicas (las deportivas reconocidas por el Consejo Superior de Deportes, las aves de cetrería, los perros pastores y de guarda del ganado), así como los utilizados en actividades profesionales (dedicados a una actividad o cometido concreto realizado conjuntamente con su responsable en un entorno profesional o laboral, como los perros de rescate, animales de compañía utilizados en intervenciones asistidas o los animales de las fuerzas y cuerpos de seguridad o de las Fuerzas Armadas)".

Existe un riesgo de que la exclusión de los perros de caza de la ley estatal de bienestar animal provoque un efecto de "bola de nieve", llevando a otras legislaciones a seguir el mismo camino y excluir a estos animales de sus marcos normativos.

Por otro lado, una alternativa concebible sería que las leyes de las Comunidades Autónomas mantuvieran la inclusión de los perros de caza en sus mecanismos de protección. En este contexto, las Comunidades Autónomas podrían desempeñan un papel significativo, ya que tienen la posibilidad de ejercer presión para preservar la protección de los perros de caza y mantenerlos dentro de su marco jurídico. Un ejemplo de este planteamiento lo ilustra la legislación valenciana, adoptada el mismo mes que la ley estatal de bienestar animal[676]. Si bien clasifica a los perros de caza como animales que hacen tareas o actividades específicas[677], la Ley 2/2023, de 13 de marzo, de Protec-

---

Página web: *https://www.boe.es/diario_boe/txt.php?id=BOE-A-2023-18413* [Última consulta: 10 de enero de 2025].

676 Ley 2/2023, de 13 de marzo, de Protección, Bienestar y Tenencia de Animales de Compañía y otras medidas de Bienestar Animal. Página web: *https://www.boe.es/buscar/doc.php?id=BOE-A-2023-7421* [Última consulta: 10 de enero de 2025].

677 Artículo 5. Definiciones a efectos de esta ley. "Animales que hacen tareas o actividades específicas: aquellos animales que, seleccionados por sus aptitudes físicas, de instinto y temperamentales, se adiestran para ayudar a las personas en una actividad reglada o cometido concreto, como los dedicados a la caza, trabajo, pastoreo, rescate, asistencia, con fines deportivos, utilizados por las fuerzas y cuerpos de seguridad así como animales guía, lazarillos o animales destinados a zooterapia que han sido adiestrados en centros o por personas profesionales especializadas para el acompañamiento, conducción y auxilio de personas con diversidades funcionales".

ción, Bienestar y Tenencia de Animales de Compañía y otras medidas de Bienestar Animal, no los excluyen del ámbito de la ley[678].

Para ilustrar el absurdo al que puede llevar esta situación, imaginemos que algunas leyes autonómicas de protección animal incluyen medidas específicas para la protección de los perros de caza y otras no, se podría producir un problema si, por ejemplo, un galgo se pierde durante una sesión de caza y cruza una frontera autonómica, encontrándose así desprotegido en otra Comunidad Autónoma. Esta situación pone de manifiesto que, a pesar de que la ley estatal prometía la coordinación y armonización de las leyes de protección animal entre las distintas Comunidades Autónomas, esto no se materializó debido a esta exclusión.

6. Derecho de la Unión Europea y la protección de los perros de caza

Tras la segunda guerra mundial surgió un contexto de urgente reconstrucción y búsqueda de estabilidad. En este ambiente, la idea de Unión Europea (UE) surgió rápidamente como un proyecto para evitar futuros conflictos y promover la prosperidad colectiva. Desde su creación, la Unión Europea se ha comprometido a definir una política común, y la protección de los animales se convirtió rápidamente en una preocupación. En efecto, "si existe un ámbito normativo en el que ha colaborado inusitado interés la preocupación por el bienestar animal, ese es sin duda el Derecho de la Unión Europea, fruto de esa creciente sensibilización internacional frente al maltrato animal"[679]. Sin embargo, a pesar de los progresos realizados, es innegable que la UE se enfrenta a retos y obstáculos para aplicar medidas eficaces en favor de los animales. Por ello, en este apartado se anali-

---

678 Artículo 4. "Exclusiones de la ley. Esta ley no es aplicable a: 1. Los animales utilizados en espectáculos taurinos y en festejos taurinos tradicionales autorizados. 2. La fauna silvestre, incluidos los animales salvajes que viven en su medio natural. 3. Los animales de producción, incluida la acuicultura, piscicultura y especies cinegéticas, y los que se emplean con fines experimentales, que se rigen por su legislación específica, excepto en los supuestos incluidos expresamente en el título VIII de esta ley".

679 BRAGE, S. Los delitos de maltrato y abandono de animales. Tirant lo Blanch, Valencia. (2017), p. 31.

zará la implicación de la Unión Europea en la protección de los animales, destacando tanto sus éxitos como las dificultades encontradas. Utilizando el ejemplo específico de los galgos en España, exploraremos los retos políticos, sociales y culturales que se interponen en el camino de decisiones valientes tanto a nivel nacional como europeo.

6.1. El marco jurídico de la protección de los animales en la Unión Europea: entre el Derecho primario y el Derecho derivado

En la Unión Europea, la protección del bienestar de los animales se basa en un complejo marco jurídico, compuesto tanto por el Derecho primario como el Derecho derivado, que establece normas y principios fundamentales en este ámbito. En primer lugar, el Derecho primario de la Unión Europea, que incluye los tratados fundacionales como el Tratado de Funcionamiento de la Unión Europea (TFUE), sienta las bases de la actuación de la UE en materia de protección de los animales; todo ello a través de los principios generales como la promoción de un alto nivel de bienestar animal, el reconocimiento de su sensibilidad y la inclusión de requisitos de bienestar en las políticas de la UE. Además, el Derecho derivado de la Unión Europea, compuesto por directivas, reglamentos y decisiones adoptadas por las instituciones europeas, es una buena herramienta para poner en práctica estos principios y objetivos generales y aplicarlos a sectores concretos, por ejemplo, el Reglamento relativo a la Protección de los Animales durante el Transporte y las Operaciones Conexas, regula el transporte de animales vertebrados vivos entre Estados miembros de la UE y establece controles de los animales que entran o salen para salvaguardar su bienestar animal y evitar lesiones o un sufrimiento innecesario[680].

680 Reglamento (CE) nº 1/2005 del Consejo, de 22 de diciembre de 2004, relativo a la protección de los animales durante el transporte y las operaciones conexas y por el que se modifican las Directivas 64/432/CEE y 93/119/CE y el Reglamento (CE) nº 1255/97. Página web: *https://eur-lex.europa.eu/legal-content/ES/TXT/?uri=celex%3A32005R0001* [Última consulta: 10 de enero de 2025].

6.2. Las competencias

La Unión Europea como entidad supranacional tiene las competencias que le confieren los Tratados. Estas competencias se definen en los artículos 2 a 6 del Tratado de Funcionamiento de la Unión Europea[681]. Por lo tanto, las competencias que los Tratados no confieren a la UE siguen estando en manos de los Estados miembros[682]. A pesar de que la Unión Europea no ostenta plena autoridad para regular las leyes relacionadas con la protección de los animales, a través de competencias como el medio ambiente y la agricultura, la UE ejerce un impacto significativo en las políticas que afectan a la vida y el trato de los animales.

Lamentablemente, en la actualidad no existe una competencia explícita en el marco jurídico de la Unión Europea para armonizar la protección de los animales en todos los países miembros. Esta ausencia se vuelve aún más significativa cuando consideramos el potencial que tiene la UE para establecer normativas que garanticen un nivel adecuado de bienestar animal[683]. La inclusión de una competencia específica para proteger a todos los animales, e incluso la consideración de estos como un objetivo explícito en el artículo 3 del TFUE, sería completamente congruente con los principios fundamentales de la Unión Europea, ya que el Tratado del Funcionamiento de la Unión Europea reconoce a los animales como seres sensibles o sintientes —en la versión anglosajón[684].

---

681 Tratado de Funcionamiento de la Unión Europea. (2012). Página web: *https://eur-lex.europa.eu/legal-content/ES/TXT/HTML/?uri=CELEX:12012E/TXT* [Última consulta: 10 de enero de 2025].

682 Versión consolidada del Tratado de la Unión Europea [2008] DO C115/13, artículo 5.

683 UE tiene algunos de los estándares de bienestar animal más altos del mundo según la página web del Parlamento Europeo. Ver *https://www.europarl.europa.eu/topics/es/article/20200624STO81911/proteccion-y-bienestar-animal-legislacion-europea-videos* [Última consulta: 10 de enero de 2025].

684 El traductor oficial del texto de los Tratados al español no ha utilizado el término "sentiente" en lugar de sensibles, como han hecho los ingleses e italianos. *Vid.* ALONSO GARCIA, E., El bienestar de los animales como seres sensibles-sentientes: su valor como principio general, de rango constitucional, en el Derecho Español. Diario La Ley (2018), p. 17.

La sentiencia designa la capacidad de sentir emociones y percibir el entorno de manera subjetiva, mientras que la sensibilidad se limita a la reacción ante estímulos externos, sin implicar necesariamente una conciencia de lo que se siente. Reconocer la sentiencia de los animales sigue siendo un tema de resistencia, a pesar de ser una realidad científica que debería integrarse plenamente en los textos jurídicos. Es aún más lamentable que, en los textos de la Unión Europea, las diferentes traducciones no estén armonizadas. Algunas pierden sustancia al utilizar el término "sensible" en lugar de "sintiente", debilitando así el reconocimiento de la conciencia animal[685].

Una vez aclarado esto, hay que reconocer que los galgos podrían quizás encontrar cierta protección en el ámbito de las normas de la Unión europea que protegen a los animales de compañía. Si bien España y algunos otros Estados miembros de la UE han ratificado el Convenio Europeo para la Protección de los Animales de Compañía[686], la falta de protección de los animales de compañía y de los galgos es una laguna importante de la legislación comunitaria[687]. Uno de los reglamentos a nivel europeo dedicados específicamente a los animales de compañía es el relativo a los desplazamientos de animales de compañía sin ánimo comercial. Sin embargo, esta normativa está concebida principalmente para garantizar el cumplimiento de las formalidades sanitarias más que para promover directamente el bienestar de los animales de compañía, aunque esto pueda percibirse de manera indirecta. En consecuencia, cuestiones como las condiciones de vida, los cuidados y la protección contra los malos

---

685 Ver los trabajos en semántico de GUILLAUME Astrid

686 BOE. núm. 245, de 11 de octubre de 2017. Instrumento de ratificación del Convenio Europeo sobre protección de animales de compañía, hecho en Estrasburgo el 13 de noviembre de 1987. Página web: *https://www.boe.es/diario_boe/txt.php?id=BOE-A-2017-11637* [Última consulta: 10 de enero de 2025].

687 El Convenio Europeo para la Protección de los Animales de Compañía está abierto a la firma de los Estados miembros del Consejo de Europa, pero es un tratado internacional del Consejo de Europa, no un texto de la Unión Europea. Además, como muchos instrumentos internacionales, se ve obstaculizada por una falta de eficacia debida, en particular, a la "esquizofrenia de los Estados, siempre dispuestos a afirmar principios generosos en la escena internacional, pero siempre dispuestos a retroceder en cuanto se trata de aplicarlos" *Vid.* DUBUS, O., MARGUÉNAUD, J.P., La protection internationale et européenne des animaux», Pouvoirs, 4.131, (2009), p. 114.

tratos pueden no estar plenamente contempladas en esta normativa específica. La doctrina sugiere la posibilidad de crear en el futuro un nuevo instrumento comunitario que podría, por ejemplo, exigir un certificado de aptitud para adoptar un animal de compañía, con el fin de garantizar que la persona responsable será, en particular, capaz de cuidarlo y de satisfacer sus necesidades fisiológicas y de comportamiento específicas[688].

Si bien la creación de una normativa sobre el uso de perros de caza en la Unión Europea presenta desafíos debido a que no es una competencia directa de la UE, sería interesante la entrada en vigor de una directiva que prohibiera la caza con perros de caza o galgos con el fin de proteger la biodiversidad. Un ejemplo notable se encuentra en Francia, donde se prohibió la caza con galgos debido al riesgo que representaba para la fauna silvestre[689]. Los galgos, con su velocidad y agilidad, tienen la capacidad de capturar presas de manera muy rápida, lo que puede resultar en la muerte de animales que no están en la lista de especies permitidas para la caza. Esta situación plantea un argumento sólido para prohibir la caza con perros de caza y galgos. Esta directiva podría proteger a los animales salvajes, y al mismo tiempo garantizar el bienestar de los perros de caza.

El problema es que como hemos visto, las competencias de la Unión Europea pueden resultar a veces limitadas cuando se trata de legislar a nivel europeo para proteger a los animales, sobre todo en el caso de los perros, que a menudo se consideran animales de compañía. Aunque la UE tiene ciertas competencias en materia de bienestar animal, éstas se ven a menudo restringidas por el principio de subsidiariedad, que da prioridad a los Estados miembros para legislar en este ámbito. Esta limitación puede obstaculizar la adopción de medidas a escala europea para garantizar la protección de los perros

---

688 BRELS, S., La protection du bien-être animal en droit communautaire : Avancées, limites et propositions futures, en Derecho Animal. Forum of Animal Law Studies, Vol. 3, No. 4. (2012), p. 7.

689 Article 8. Arrêté du 1 août 1986 relatif à divers procédés de chasse, de destruction des animaux nuisibles et à el reprise du gibier vivant dans un but de repeuplement. Pagina web: *https://www.legifrance.gouv.fr/loda/id/JORFTEXT000000862758/* [Última consulta: 10 de enero de 2025].

y otros animales de compañía, dejando una parte importante de la normativa a la discreción de las autoridades nacionales.

6.3. Los animales: seres sintientes en la Unión Europea

Si bien el Derecho Europeo consagra la protección de los animales, no llega a conferirles derechos "fuertes"[690] —o *rights approach*[691]. No obstante, ofrece una protección significativa a determinados animales sobre los que la UE tiene potestad legislativa y, sobre todo, reconoce que son animales sensibles/sintientes y consagra el concepto de bienestar animal.

La importancia del bienestar animal en la UE salió a la luz por primera vez en 1992, en una declaración anexa al Tratado de Maastricht por el que se creaba la UE[692], sin embargo, esta consagración del bienestar animal no era entonces más que una declaración de buena voluntad sin fuerza vinculante.

Hubo que esperar hasta la adopción del Protocolo anexo al Tratado de Ámsterdam en 1997 para que el bienestar de los animales quedara consagrado como un verdadero objetivo de la UE[693]. Cabe

---

690 Expresión utilizada por la autora para distinguir entre derechos fuertes y derechos débiles o simples. Estos últimos se refieren a protecciones menos restrictivas para los animales, que pueden consistir en normas o reglamentos de bienestar animal destinados a minimizar el sufrimiento evitable. Estos derechos suelen basarse en consideraciones utilitarias o pragmáticas, destinadas a conciliar los intereses de los animales con otros intereses sociales o económicos. Leer: STUCKI, S., Towards a theory of legal animal rights: Simple and fundamental rights. Oxford Journal of Legal Studies, vol.40, n° 3, (2020). PP.533-560.

691 Büschel, I., Azcárraga, J.M., Quelle protection juridique des animaux en Europe? - l'apport du Traité de Lisbonne à la lumière du droit comparé, Trajectoires 7. (2013). Página web: *https://doi.org/10.4000/trajectoires.1162* [Última consulta: 10 de enero de 2025].

692 Tratado de la Unión Europea - Declaración relativa a la protección de los animales. Diario Oficial n° C 191 de 1992: *https://eur-lex.europa.eu/legal-content/ES/TXT/PDF/?uri=OJ:C:1992:191:FULL&from=LV* [Última consulta: 10 de enero de 2025]..

693 Tratado de Ámsterdam por el que se modifican el Tratado de la Unión Europea, los Tratados constitutivos de las Comunidades Europeas y determinados actos conexos - Protocolos anejos al Tratado constitutivo de la Comunidad Europea - Protocolo sobre la protección y el bienestar de los animales. Diario Oficial

señalar, que el bienestar animal tenía una importancia secundaria en este Tratado, lo que se confirmó en la decisión de la Tribunal de Justicia de la Unión Europea (TJUE) de 2001[694] al confirmar que el objetivo del bienestar animal no constituía un principio general del Derecho Comunitario[695].

Por otro lado, las resoluciones del Parlamento Europeo acerca del Bienestar y el Estatuto de los Animales, de 21 de enero de 1994 y de 6 de junio de 1996[696], reconocieron que los animales tienen derechos y gozan de dignidad, por lo que solicitan a la "comunidad que prevea, tras la Unión, una nueva modificación de los Tratados, a fin de que los animales sean considerados como seres sensibles y que, en consecuencia, su bienestar y su protección jurídica sean incluidos entre los objetivos de la política en materia de medio ambiente".

En respuesta a tal demanda, se agregó un Protocolo sobre Protección y Bienestar de los Animales (Protocolo n° 33) al Tratado Constitutivo de la Comunidad Europea, que, si bien omitió hacer referencia alguna a los derechos de los animales, contenía la obligación de tener plenamente en cuenta las exigencias en materia de bienestar de los animales[697].

---

n° C 340 de 10/11/1997. Página web: *https://eur-lex.europa.eu/legal-content/ES/TXT/?uri=OJ:C:1997:340:TOC* [Última consulta: 10 de enero de 2025]..

694 TJUE Jippes, C-189/01, [ECR I-5689], (2001). Página web: *https://curia.europa.eu/juris/document/document.jsf?text=&docid=46530&pageIndex=0&doclang=ES&mode=lst&dir=&occ=first&part=1&cid=5234171* [Última consulta: 10 de enero de 2025]; Según la interpretación del TJCE, el bienestar de los animales, consagrado en el Protocolo, no es un principio general del Derecho comunitario. Además, este principio se considera inferior a imperativos de interés general como la seguridad sanitaria.

695 BRELS, S., Le droit du bien-être animal dans le monde. Évolution et universalisation. L'Harmattan, (2017), p. 197.

696 Resolución sobre la política relativa al bienestar de los animales (Diario Oficial n° C076, de 23 de marzo de 1987, P. 185) y Resolución sobre el Bienestar y el Estatuto de los Animales en la Comunidad (Diario Oficial n° C 044, de 14 de febrero de 1994, P. 206).

697 Protocolo sobre la Protección y el Bienestar de los Animales, publicado en el Diario Oficial n° C 340, de 10 de noviembre de 1997, P. 110, que dispone: "LAS ALTAS PARTES CONTRATANTES DESEANDO garantizar una mayor protección y un mayor respeto del bienestar de los animales como seres sensibles, HAN CONVENIDO en la disposición siguiente, que se incorporará como ane-

Con posterioridad, el contenido al que hacía referencia el mencionado protocolo fue recogido en el artículo 13 de la versión consolidada del Tratado de Funcionamiento de la Unión Europea[698], con los cambios que operó el Tratado de Lisboa[699]"[700]. El 1 de diciembre de 2009 entró en vigor en toda Europa el Tratado de Funcionamiento de la Unión Europea con su artículo 13 redactado de la siguiente manera:

> "Al formular y aplicar las políticas de la Unión en materia de agricultura, pesca, transporte, mercado interior, investigación y desarrollo tecnológico y espacio, la Unión y los Estados miembros tendrán plenamente en cuenta las exigencias en materia de bienestar de los animales como seres sensibles, respetando al mismo tiempo las disposiciones legales o administrativas y las costumbres de los Estados miembros relativas, en particular, a ritos religiosos, tradiciones culturales y patrimonio regional".

La lectura del artículo 13 del TFUE, nos permite percibir rápidamente el establecimiento de ciertas limitaciones. Aunque eleva el estatus de los animales al de seres sensibles, la protección de los animales sigue siendo limitada, teniendo que ceder a menudo ante la primacía de los intereses económicos, culturales y religiosos dentro de la Unión Europea. La protección jurídica de los animales en

---

xo al Tratado constitutivo de la Comunidad Europea: Al formular y aplicar las políticas comunitarias en materia de agricultura, transporte, mercado interior e investigación, la Comunidad y los Estados miembros tendrán plenamente en cuenta las exigencias en materia de bienestar de los animales, respetando al mismo tiempo las disposiciones legales o administrativas y las costumbres de los Estados miembros relativas, en particular, a ritos religiosos, tradiciones culturales y patrimonio regional". Sobre la tramitación de este protocolo, leer: De Lora, P., Justicia para los animales: la ética más allá de la humanidad. De Lora, P., Justicia para los animales: la ética más allá de la humanidad. Alianza Ensayo nº 221, Madrid. (2003), pp. 297 y ss.

698 Publicada en el Diario Oficial de la Unión Europea de 30 de marzo de 2010. El artículo 13 se halla recogido dentro del Título II del Tratado, denominado" disposiciones de aplicación general".

699 Diario Oficial de la Unión Europea, 2007/C 306/01, de 17 de diciembre de 2007. Comunicaciones e informaciones: Tratado de Lisboa por el que se modifican el Tratado.

700 Brage, S. Los delitos de maltrato y abandono de animales, Tirant lo Blanch, Valencia. (2017), p. 33.

Europa se basa en un enfoque antropocéntrico[701]. Este enfoque es "propio de los ordenamientos legales de occidente (y es un) reflejo de la normalización del uso de los animales no humanos legitima su disponibilidad como recursos"[702]. Así, aunque el tratado reconozca la sensibilidad de los animales, su bienestar puede verse comprometido por estas otras consideraciones, lo que limita su protección efectiva.

En el contexto de la caza con galgos, que se enmarca como una actividad deportiva con arraigo tradicional[703], existe una posible limitación. Esto se debe a que los Estados miembros no están legalmente obligados a considerar los estándares de bienestar animal en aquellos casos en que involucren prácticas arraigadas en costumbres o tradiciones culturales. Esto suscita la preocupación de que las prácticas tradicionales de caza puedan seguir comprometiendo el bienestar de los galgos, debido a su condición de tradición cultural, escapando así al artículo 13 del TFUE. Se puede establecer un paralelismo con otra práctica cultural fuerte en España, la de las corridas de toros.

De todas maneras, según el principio de subsidiariedad, la regulación de este tipo de actividades es, en principio, competencia de cada Estado miembro y no corresponde a la Unión Europea. Esto significa que las decisiones relativas a la regulación de la caza con galgos, al igual que las relativas a la tauromaquia, se dejan en gran medida a la discreción de los gobiernos nacionales. Sin embargo, a pesar de estos escollos, se han hecho esfuerzos a nivel de la UE para intentar proteger a los galgos. En las instituciones europeas se han propuesto y debatido mecanismos para garantizar un nivel mínimo de bienestar a los lebreles y otros perros de caza.

---

701 BÜSCHEL, I., AZCÁRRAGA, J.M., Quelle protection juridique des animaux en Europe? - l'apport du Traité de Lisbonne à la lumière du droit comparé, Trajectoires.7. (2013). Página web: *https://doi.org/10.4000/trajectoires.1162* [Última consulta: 10 de enero de 2025].

702 ABOGLIO, A.M., Análisis de dos sentencias relativas a la caza en Argentina. DALPS. Vol. 1. (2023).

703 Ver Capítulo I de este libro.

6.4. La hipotética protección de los perros de caza en el marco de la Unión Europea

Como hemos observado, la Unión Europea dispone de un sistema normativo en lo que respecta al bienestar animal. Su artículo 13 del Tratado de Funcionamiento de la Unión Europea establece que las exigencias relativas al bienestar de los animales como seres sensibles deben considerarse plenamente en las políticas europeas. Si bien es cierto que este artículo no hace mención explícita a los perros de caza, hemos observado diversos intentos por parte de organizaciones no gubernamentales y políticos que han buscado utilizar este artículo para impulsar la protección de los galgos en España.

Por ejemplo, uno de los actores que han intentado proteger a los galgos en España ha sido el Intergrupo sobre Bienestar y Conservación de los Animales[704]. Es un grupo multipartidista del Parlamento Europeo que se ocupa de cuestiones relacionadas con el bienestar y la conservación de los animales. Sirve de plataforma para que los diputados al Parlamento Europeo de diversas ideologías políticas se reúnan y aborden las preocupaciones relativas al trato y la protección de los animales. En marzo de 2021, enviaron una carta[705] al Gobierno español y a sus diez y siete Comunidades Autónomas para denunciar el trato que reciben los galgos españoles y otros perros de caza y enfatizar que es contrario a los valores europeos y, en particular, a la condición de "seres sintientes" de los galgos reconocido por el artículo 13 del TFUE[706].. Esta carta se envió tras la celebración del webinar sobre el bienestar de los galgos y los *greyhounds* (*The Welfare of Galgos and Greyhounds*)[707], en el que se expuso la preocupante situación de

---

704 *The Intergroup on the Welfare and Conservation of Animals*. Página web: *https://www.animalwelfareintergroup.eu/* [Última consulta: 10 de enero de 2025].

705 La autora de este libro ha participado en la elaboración de esta carta en calidad de colaboradora, contribuyendo con su experiencia y conocimientos sobre el tema abordado.

706 *MEPs Call on Spanish Authorities to Better Protect Hunting Dogs*. Página web: *https://www.animalwelfareintergroup.eu/news/meps-call-spanish-authorities-better-protect-hunting-dogs* [Última consulta: 10 de enero de 2025]..

707 *Eurogroup for Animals. The Welfare of Galgos and Greyhounds*. (2021). Youtube: *https://www.youtube.com/watch?v=aSeDp4EQ9Is* [Última consulta: 10 de enero de 2025].

los galgos en España y se acordó la necesidad de tomar medidas al respecto unas semanas antes.

En este sentido, han tenido lugar otras intervenciones a lo largo de la historia de la UE, en ocasiones a través de grupos de diputados europeos donde trataban de intervenir y abordar esta materia. Este fue el caso de Michèle Striffler en 2013, una antigua diputada que intentó defender a los galgos durante su mandato junto con Louis Michel, Dan Jørgensen, Raül Romeva i Rueda, Kartika Tamara Liotard, Santiago Fisas Ayxela, Sirpa Pietikäinen, Cristian Dan Preda, Iva Zanicchi, Sonia Alfano, Gianni Vattimo, Andrea Zanoni pero sus esfuerzos fueron en vano. Redactó una iniciativa pidiendo al Parlamento Europeo que adoptara la declaración escrita DC933037 "sobre el cese inmediato de la tortura y los malos tratos a los galgos en Europa" y que la aplicara como transposición normativa en todos los Estados miembros de la UE[708].

En esta misma línea, Laura Huhtasaari, miembro del Parlamento de Finlandia, registró una pregunta prioritaria[709] para respuesta escrita P-000675/2020 a la Comisión en 202045 y la respuesta dada por Stella Kyriakides en nombre de la Comisión Europea[710] decía que:

> *"The Commission is aware that the welfare situation of dogs —which lies under the responsibility of the Member States— may be problematic in some Member States and reminds that the Article 13 of the Treaty on the Functioning of the European Union states that, in 'formulating and implementing the Union' s agriculture, fisheries, transport, internal market, research and technological development and space policies the Union and the Member States shall, since animals are sentient beings, pay full regard to the welfare requirements of animals (...)".*

---

708 Declaración Escrita DC933037ES. (2013). Página web: *https://www.europarl.europa.eu/doceo/document/DCL-7-2013-0006_EN.pdf?redirect* [Última consulta: 10 de enero de 2025].

709 *Parliamentary question* - P-000675/2020(ASW). HUNTASAARI, L., Priority question for written answer P-000675/2020 to the Commission. Rule 138. Página web: *https://www.europarl.europa.eu/doceo/document/P-9-2020-000675_EN.html* [Última consulta: 10 de enero de 2025].

710 *Parliamentary question* - P-000675/2020(ASW). KYRIAKIDES, S., Answer. Página web: *https://www.europarl.europa.eu/doceo/document/P-9-2020-000675-ASW_EN.html* [Última consulta: 10 de enero de 2025].

Esta respuesta destaca la preocupación de la Comisión Europea sobre la situación del bienestar de los perros, resaltando que es responsabilidad de los Estados miembros de la Unión Europea de proteger los galgos y otros perros de caza, reconociendo su condición de seres sensibles.

Todos estos ejemplos demuestran que la UE es consciente de los problemas relacionados con la crueldad hacia los perros de caza. El galgo se utiliza a menudo como símbolo para hacer avanzar la causa de los perros de caza y encontrar una mejor protección y un mejor arsenal jurídico. Aunque la UE no es directamente competente en asuntos relacionados con los animales de compañía y los perros de caza, puede desempeñar un papel importante presionando a los Estados miembros y a la Comisión para que hagan todo lo que esté en su mano para garantizar la correcta aplicación de la legislación comunitaria sobre bienestar animal y recomendar medidas concretas que garanticen el cese inmediato de los actos de crueldad infligidos a los galgos.

Un ejemplo ilustrativo reciente destaca el papel fundamental que puede desempeñar la Unión Europea en su defensa y configuración de las normas de bienestar animal. Este ejemplo se evidencia a través de las acciones de la Autoridad Europea de Seguridad Alimentaria (EFSA), que el 14 de septiembre de 2023 publicó un informe científico exhaustivo dedicado a mejorar el bienestar de perros y gatos en establecimientos de cría comercial[711]. Este informe, destinado a respaldar posibles medidas legislativas para la protección de perros y gatos criados en establecimientos de cría comercial con fines deportivos, cinegéticos o de compañía, destaca que las condiciones de vida de los perros y, en particular, de los perros de caza deben ser buenas y que estos animales no deben permanecer permanentemente en cajas, jaulas y cajones. La EFSA evaluó determinadas prácticas de ci-

---

711 *European Food Safety Authority* (EFSA), CANDIANI, D., DREWE, J., FORKMAN, B., HERSKIN, M. S., VAN SOOM, A., ABOAGYE, G., ASHE, S., MOUNTRICHA, M., VAN DER STEDE, Y., FABRIS, C., (2023). Scientific and technical assistance on welfare aspects related to housing and health of cats and dogs in commercial breeding establishments. *EFSA Journal*, 21(9), e08213. (2023). Página web: *https://efsa.onlinelibrary.wiley.com/doi/full/10.2903/j.efsa.2023.8213*[Última consulta: 10 de enero de 2025].]

rugía estética y de conveniencia, como el corte de orejas, el corte de cola y la resección de las cuerdas vocales, y concluyó que no deben llevarse a cabo a menos que sean absolutamente necesarias para la salud del animal.

Sobre un punto más controvertido, la EFSA asegura que el corte de cola en perros de caza es eficaz para prevenir la posible aparición de lesiones en el futuro[712]. Las cirugías de corte de cola se realizan tradicionalmente en perros que viven en manada y tienen tendencia a morderse la cola, o en perros que viven en terrenos arbustivos, donde la cola se araña con facilidad porque está poco vascularizada y esta parte del cuerpo cicatriza mal. El Convenio Europeo para la Protección de los Animales de Compañía de 13 de noviembre de 1987, prohíbe en su artículo 10, entre otras cosas, la amputación de la cola de los perros por razones no médicas[713]. La observación del informe científico de la EFSA sobre el corte de la cola plantea interrogantes. Esta intervención puede ser muy dolorosa, pero también priva a los perros de un órgano de comunicación con sus congéneres, ya que los perros expresan el miedo, la alegría, el estrés y la excitación a través de los movimientos de la cola[714]. Una vez más, es importante señalar que los perros de caza son objeto de excepción, lo que ilustra su menor nivel de protección en comparación con otros perros.

Tengamos en cuenta que, a nivel de la UE, no parece que exista un derecho a la caza, a pesar de que la regulación de esta actividad se encuentra dentro de su competencia compartida con el medio ambiente[715].

---

712 5.2.3.3, *EFSA Report*.

713 BOE. núm. 245, de 11 de octubre de 2017. Instrumento de ratificación del Convenio Europeo sobre Protección de Animales de Compañía, hecho en Estrasburgo el 13 de noviembre de 1987. Página web: https://www.boe.es/diario_boe/txt.php?id=BOE-A-2017-11637 [Última consulta: 28 de febrero de 2024].

714 Pregunta con solicitud de respuesta escrita E-003650/2021 a la Comisión (2021). Página web: *https://www.europarl.europa.eu/doceo/document/E-9-2021-003650_FR.html* [Última consulta: 10 de enero de 2025].

715 Artículo 4, TFUE.

7. *Observaciones finales*

En conclusión, resulta que los galgos como otras razas de perros son seres sintientes dignos de protección, reconocidos como individuos únicos e irrepetibles en el espectro jurídico[716]. Como lo enfatiza Tom REGAN en su Teoría del Derecho de la Animales, los animales incluyendo a los galgos son sujetos de una vida. Un perro es alguien, no algo[717], es un ser al cual su vida le importa[718]. Como seres sintientes, los galgos tienen intereses.

Según resalta el filósofo Peter SINGER, "la capacidad para sufrir y disfrutar es un requisito para tener cualquier otro interés"[719]. La ley es, sin duda, el mejor instrumento para proteger los intereses propios de los galgos y debe garantizar que estos queden plenamente incluidos en su ámbito de protección.

A medida que evoluciona nuestra comprensión del bienestar animal, se observa un cambio gradual en el enfoque legal, pasando de simples consideraciones higiénico-sanitarias a una protección más amplia que reconoce a los animales como seres sensibles, similar a los seres humanos[720].

Reconocemos que hay una dualidad en juego con los galgos, ya que desempeñan roles tanto como animales de trabajo[721] como de

---

716 PÉREZ MONGUIÓ, J.M., Capítulo III. Los animales como agentes y victimas de daños en el Derecho administrativo, en PÉREZ MONGUIÓ, J.M., (coord.), Los animales como agentes y victimas de daños. Especial referencia a los animales que se encuentran bajo el dominio del hombre, Bosch, Barcelona, (2008), pp. 206-207.

717 GIMÉNEZ-CANDELA, M. Es alguien (no algo). DA. *Derecho Animal. Forum of Animal Law Studies*, vol 9, n.° 1. (2018), pp. 5-10.

718 ROCHA SANTANA, L., La teoría de los derechos animales de Tom Regan. Ampliando las fronteras de la comunidad moral y de los derechos más allá de lo humano, Valencia, Tirant lo Blanch (2018).

719 SINGER, P., Todos los animales son iguales, en *Liberación animal.* Madrid. Trotta. (1999), p. 44.

720 VIVAS TESÓN, I., Los animales en el ordenamiento jurídico español y la necesidad de una reforma, en *Revista Internacional de Doctrina y Jurisprudencia,* Vol. 21, diciembre de 2019, pp. 2 y 3.

721 NAVARRO SÁNCHEZ, D. *Los Perros de Trabajo: Marco Jurídico para su protección laboral,* Tirant Lo Blanch (2025).

compañía. Esto desafía las interpretaciones convencionales de lo que constituye un animal de compañía, resaltando la necesidad de una consideración específica en los marcos jurídicos.

La falta de claridad en las leyes de caza sobre el estatuto jurídico de los perros resalta la importancia de recurrir a textos legales más generales como los del Derecho Civil o del Derecho Penal que reconocen los galgos como perros sin distinción según su utilidad para el humano.

El reconocimiento de los galgos como seres sensibles en el Código Civil español, tras una reforma de descodificación en 2021, representa un hito significativo en la protección legal de estos animales. Por su parte, el Derecho Penal, tras su reciente reforma en 2023, sigue asegurando la protección de los galgos contra el maltrato y la muerte.

El ámbito más preocupante en relación con la reciente promulgación de la ley estatal de bienestar animal es, sin duda, el Derecho Administrativo. La exclusión deliberada de los perros de caza de esta legislación plantea serias preocupaciones, ya que podría sentar un precedente peligroso para futuras legislaciones en materia de protección animal. Esta exclusión, que parece ser el resultado de una decisión política en lugar de estar fundamentada en datos científicos, podría tener consecuencias graves. En los próximos meses y años, podríamos asistir a un resurgimiento de Comunidades Autónomas que, siguiendo el precedente sentado por el Gobierno español, decidan excluir a los perros de caza y otros animales de determinadas actividades contempladas en sus respectivas normativas de protección animal.

Para terminar, aunque el Derecho de la UE ofrece un marco legal protector para los animales, carece de competencia directa sobre los perros de caza y los galgos. Sin embargo, la legislación de la UE sigue siendo una vía prometedora para fortalecer las protecciones legales de estos animales en el futuro. En última instancia, la protección y el bienestar de los galgos requieren un enfoque holístico y coordinado que abarque tanto el ámbito nacional como el internacional.

Capítulo III

Impacto de la caza. Propuestas de futuro

I. HACIA LA PROTECCIÓN ÓPTIMA DEL GALGO

"El Derecho al igual que la moral mutan a lo largo del tiempo en función de diversas variables, como los problemas que nos confrontan, la información que vamos adquiriendo, o las transformaciones que se producen en nuestros sentimientos, valores, metas o intereses. De tal manera que si en otros tiempos la esclavitud gozaba de respaldo legal y moralmente era un hecho aceptable, hoy todos los ordenamientos jurídicos, pero también religiones y filosofías, la condenan sin paliativos."[722]

MOSTERÍN, J.

El Derecho es una ciencia viva concebida originalmente para servir a la humanidad y, entre otros muchos objetivos, impartir justicia. Sin embargo, se ha puesto de manifiesto que el Derecho se está adaptando gradualmente a los nuevos valores de la sociedad, prestando cada vez más atención a la naturaleza y a los animales con el fin de protegerlos. De hecho, la Ciencia Jurídica es dinámica y tiende a evolucionar de manera paralela a la propia sociedad[723].

Si bien es cierto que, tras el análisis de capítulos anteriores, hemos visto que la legislación ha evolucionado de manera destacada en materia de bienestar animal, otorgándoles una protección progresiva y reconociéndolos como seres sintientes en el Código Civil tras la reforma de 2021, aún queda camino por recorrer. Además, nos cuestionamos si la ley podría ir aún más lejos en la protección de los galgos en el futuro.

---

722 MOSTERÍN, J., en el prólogo de DE LORA, P., Justicia para los animales: la ética más allá de la humanidad DE LORA, P., Justicia para los animales: la ética más allá de la humanidad. Alianza Ensayo nº 221, Madrid. (2003).

723 *Vid.* BOISSEAU-SOWINSKI, L., THARAUD, D., Les liens entre éthiques et droit. L'exemple de la question animale. L'Harmattan, (2019).

El cambio social implica cambios en la ley[724]. Cuanto mayor sea la educación de la sociedad sobre el reconocimiento científico de los animales como seres sintientes, en particular galgos, otros perros de caza e incluso animales salvajes, como seres sintientes, mayores serán las posibilidades de cambiar las leyes y otorgar derechos efectivos a estos animales.

En este sentido, en el primer apartado, exploraremos el papel de la educación de los ciudadanos con el objetivo de que aprendan a tomar decisiones informadas sobre el trato procurado a los animales. A continuación, examinaremos cómo una mejor comprensión de la ética y el respeto por la vida animal puede ser una palanca que ayude a avanzar hacia un enfoque más ético de la caza en el marco legislativo. De esta manera, en el segundo apartado, analizaremos los avances hacia una teoría abolicionista de la caza recreativa, teniendo en cuenta la evolución de la sociedad desde una perspectiva local, nacional e internacional.

1. La educación

Jules Michelet dijo: "Un sistema legislativo es siempre impotente si no va acompañado de un sistema educativo"[725]. Por tanto, la educación tiene una función esencial con el fin de mejorar el *corpus* jurídico aplicable a los animales.

Cuanto antes se incorpore este enfoque en todos los centros educativos, más efectiva será la formación en una sociedad compasiva y consciente de la importancia de tratar a los animales con respeto y consideración. Los niños y jóvenes son más receptivos y nacen con un fuerte sentido de la empatía hacia los demás, especialmente hacia los animales, esta idea queda confirmada por un estudio publicado

---

724 *Vid.*, POMADE, A., La construction sociale du droit aujourd'hui : enjeux et modalités perspectives environnementales et au-delà. JURIS-Revista da Faculdade de Direito vol. 28, n°1 (2018), pp. 25-48 y RINGELHEIM, J., Droit, contexte et changement social. Revue Interdisciplinaire d'Études Juridiques vol.70, n°1 (2013), pp. 157-163.

725 MARGUÉNAUD, J-P., La création d'un premier diplôme universitaire de droit animalier en France. Revue semestrielle de droit animalier, Vol. 1, (2016), p. 16.

en *Psychological Science* que demuestra que los prejuicios especistas[726] se adquieren con la edad[727]. No cabe duda que la vida de un animal no tiene menos valor moral, pero la educación en general no guía hacia ese camino.

Con el fin de evitar que los niños pierdan la sensibilidad hacia los animales, los programas escolares deben seguir educando a los niños sobre el cuidado de los animales y su protección. En España, desde 2020, las nuevas generaciones de 3 a 16 años reciben formación en empatía con los animales como estrategia para prevenir comportamientos violentos en las escuelas infantiles, primarias y secundarias, gracias a la adopción de la Ley de Educación (LOMLOE), aprobada el 13 de diciembre de 2020[728].

Entre los fines del sistema educativo, se incluye la formación en valores que propicien "el respeto hacia los seres vivos y los derechos de los animales"[729]. Entre los propósitos en la educación infantil se contemplan "el descubrimiento del entorno y los seres vivos que en él conviven"[730]. Además, entre los objetivos de la educación primaria, se destaca la importancia para los alumnos de "conocer y valorar los animales más próximos al ser humano y adoptar modos de comportamiento que favorezcan la empatía y su cuidado"[731]. Finalmente, entre los objetivos de la enseñanza secundaria obligatoria (ESO) se

---

726 RAE. Definición especismo. "1. m. Discriminación de los animales por considerarlos especies inferiores. 2. m. Creencia según la cual el ser humano es superior al resto de los animales, y por ello puede utilizarlos en beneficio propio."

727 Wilks, M., Caviola, L., Kahane, G., Bloom, P., Children Prioritize Humans Over Animals Less Than Adults Do. Psychological Science, Vol. 32, Issue 1. (2021), pp. 27-38. Página web: *https://doi.org/10.1177/0956797620960398* [Última consulta: 10 de enero de 2025].

728 BOE. núm. 340, de 30/12/2020. Ley Orgánica 3/2020, de 29 de diciembre, por la que se modifica la Ley Orgánica 2/2006, de 3 de mayo, de Educación. Página web: *https://www.boe.es/buscar/act.php?id=BOE-A-2020-17264* [Última consulta: 10 de enero de 2025].

729 Art. 2.1 e) Ley de educación "La formación para la paz, el respeto a los derechos humanos, la vida en común, la cohesión social, la cooperación y solidaridad entre los pueblos, así como la adquisición de valores que propicien el respeto hacia los seres vivos y los derechos de los animales y el medio ambiente, en particular al valor de los espacios forestales y el desarrollo sostenible."

730 Art.14.3. Ley de Educación.

731 Art.17. I) Ley de Educación.

incluye "el cuidado, la empatía y el respeto hacia los seres vivos, especialmente los animales"[732]. Educar a los niños es tanto más importante ahora que sabemos, gracias a la ciencia, que existen vínculos entre el maltrato animal y el maltrato humano[733].

Consciente de la importancia de la educación de los niños, la asociación SOS GALGOS imparte talleres basados en la empatía y la compasión hacia los animales[734]. La protectora de galgos acoge a perros abandonados o rescatados de la caza, con la misión de encontrarles adoptantes. Al mismo tiempo, la asociación invita a las escuelas a visitar el centro, donde se han instalado aulas adaptadas a los niños dentro del propio refugio. Esta iniciativa permite cumplir los objetivos establecidos en la Ley de Educación, al tiempo que se centra específicamente en la situación de los galgos en España.

El sector cinegético también ha llegado a comprender que educar a las generaciones futuras tendrá un impacto considerable en la conservación de las prácticas y en los cambios de la sociedad. Por ello, en España hay algunos ejemplos de sociedades de cazadores que han acudido a los colegios para hablar con las generaciones más jóvenes. En Extremadura, por ejemplo, con una subvención de la Consejería de Cultura, Turismo y Deportes, la Federación Extremeña de Caza, se imparte talleres llamados "Caza y Naturaleza" en clases de primarias[735]. Este proyecto surgió a raíz de una caída del número de licen-

---

732 Art. 23 k) Ley de Educación.

733 MONSALVE, S., FERREIRA, F., GARCIA, R., The connection between animal abuse and interpersonal violence: A review from the veterinary perspective. Research in veterinary science. 114. (2017), pp. 18-26. Página web: *https://doi.org/10.1016/j.rvsc.2017.02.025* [Última consulta: 10 de enero de 2025]; TRENTHAM, C., HENSLEY, C., POLICASTRO, C., Recurrent childhood animal cruelty and its link to recurrent adult interpersonal violence, International Journal of Offender Therapy and Comparative Criminology. Vol. 62, n° 8. (2017), pp. 2345-2356. Página web : *https://doi.org/10.1177/0306624x17720175* [Última consulta: 10 de enero de 2025].

734 SOS GALGOS. Escuela SOS GALGOS (Castellano). YouTube. (2023). Página web: *https://www.youtube.com/watch?v=7ohIbkgM8p4&t=15s* [Última consulta: 10 de enero de 2025].

735 3.2.2. Fomentar la creación de programas deportivas para la promoción de la caza en los diferentes ámbitos de la sociedad en, Federación Extremeña de Caza y Junta de Extremadura. Consejería de Agricultura, Desarrollo Rural, Población y Territorio. Plan Estratégico del Sector Cinegético en Extremadura, 2024-2029.

cias en Extremadura[736]. En Andalucía existe un programa educativo similar elaborado por la Federación Andaluza de Caza (FAC). De nuevo se plantea aquí el argumento de la caída de las licencias de caza[737]. Los jóvenes pierden interés por la caza[738]. El informe "La caza en las autonomías"[739] subraya esto al afirmar que las licencias de caza descienden poco a poco en toda España por falta de relevo generacional[740].

2. *Responsabilidad ciudadana y avances hacia la teoría abolicionista de la caza*

Las nuevas generaciones son cada vez más conscientes del sufrimiento animal y reconocen la sensibilidad de los animales gracias a los avances científicos de las últimas décadas[741]. Esto se verá sin duda

---

(2024). Página web: *www.fedexcaza.com/wp-content/uploads/2023/06/Plan-Estrategico-del-Sector-Cinegetico-en-Extremadura_.pdf* [Última consulta: 10 de enero de 2025].

736 Manchado, S., Extremadura vuelve a promocionar la caza entre los alumnos de Primaria. El diario. (2021). Página web: *https://www.eldiario.es/extremadura/sociedad/extremadura-vuelve-promocionar-caza-alumnos-primaria_1_8368251.html* [Última consulta: 10 de enero de 2025].

737 Molina, J., La caza se introduce en las aulas andaluzas. El. Mundo. (2022). Página web: *www.elmundo.es/andalucia/2022/11/06/635cf8ecfdddff5f048b45c3.html* [Última consulta: 10 de enero de 2025].

738 *Ibidem.*

739 Trofeo, (2010).

740 Barceló, Adrover, A., Grimalt, Gelabert, M., Jaume, Binimelis, S., Análisis bibliométrico de los estudios geográficos de la caza en España (1978-2015). Boletín de la Asociación de Geógrafos Españoles, nº. 74, (2017). PP.302-303. Página web: *https://doi.org/10.21138/bage.2456* [Última consulta: 10 de enero de 2025].

741 "En etología y neurobiología, está bien establecido que los mamíferos, las aves, los peces y muchos invertebrados son sintientes, es decir, capaces de sentir placer, dolor y emociones. Estos animales son sujetos conscientes; tienen su propia visión del mundo que los rodea. De ello se deduce que tienen intereses". En: Declaración de Montréal sobre la explotación de los animales. (2022). Página web: *https://greea.ca/en/declaracion-de-montreal-sobre-la-explotacion-de-los-animales/* [Última consulta: 10 de enero de 2025]. "Hay evidencias convergentes que indican que los animales no humanos poseen los sustratos neuroanatómicos, neuroquímicos y neurofisiológicos de los estados de consciencia, así como la capacidad de exhibir comportamientos intencionales. Por consiguiente, el peso

reforzado como consecuencia de la ley, que estipula que los alumnos deben recibir educación sobre bienestar animal en las escuelas. En consecuencia, la caza será cada vez más cuestionada. En el plano político, es una tendencia que estamos viendo surgir[742].

Aunque este libro se centra en las posibles mejoras jurídicas para tener en cuenta el trato que reciben los galgos durante las actividades cinegéticas, no hay que olvidar que detrás de esta tradición los animales salvajes son también los grandes perdedores que entregan el último aliento con prácticas violentas que causan sufrimiento.

En esta sección estudiaremos las posibilidades políticas y jurídicas que se abren al legislador para regular la caza o incluso abolirla. Inicialmente, nos centraremos en la caza con galgos, y después estudiaremos la caza de forma más general a través del conocimiento de lo que ya se ha puesto en marcha en España y en otros lugares del mundo.

2.1. Prohibir la caza sin menoscabar derechos

Antes de plantearse prohibir una práctica como la caza, es importante asegurarse de que la prohibición no compromete ningún otro derecho. En España, prácticas como la caza pueden estar profundamente arraigadas en la tradición y la cultura y prohibir estas prácticas puede verse como un ataque a estos aspectos culturales y tradicionales. Así que nos preguntamos: ¿existe el derecho a cazar? ¿Representaría esto una restricción demasiado grande de la libertad individual?

---

de la evidencia indica que los seres humanos no son los únicos que poseen los sustratos neurológicos necesarios para generar consciencia". En: Declaración sobre la Consciencia de Cambridge. (2012). Página web: *https://philiplow.foundation/data/uploads/cambridge/CambridgeDeclarationOnConsciousness.pdf* [Última consulta: 10 de enero de 2025].

742 Público. Miles de personas se manifiestan en España para pedir el fin de la caza con perros. (2024). Página web: *https://www.publico.es/sociedad/miles-personas-manifiestan-espana-pedir-caza-perros.html* [Última consulta: 10 de enero de 2025].

En primer lugar, se puede reconocer que el Derecho a cazar no está reconocido en la Ley fundamental del Estado ya que "la Constitución española no contiene ningún precepto que reconozca un hipotético derecho a cazar (...), ni como derecho fundamental, ni como derecho subjetivo, ni siquiera como principio rector."[743] Aunque el artículo 45 de la Constitución conceda que "todos tienen el derecho a disfrutar de un medio ambiente adecuado para el desarrollo de la persona, así como el deber de conservarlo."[744] No existe un derecho constitucional a cazar, pero los ciudadanos tienen la obligación de conservar el medio ambiente.

La caza se considera cada vez más perjudicial para el medio ambiente. Puede provocar un descenso de las poblaciones de animales salvajes, incluidas algunas especies en peligro de extinción. Esto puede desequilibrar los ecosistemas y tener un impacto negativo en la biodiversidad[745]. Además, en el caso de la caza con armas, existe el inconveniente añadido de que la munición puede contaminar el suelo y el agua[746]. Por lo tanto, la Constitución no representa ningún obstáculo para regular drásticamente la caza o para abolirla. Al contrario, la Constitución sería incluso un texto sobre el que apoyarse.

---

743 Castro, Alvarez, C., La protección y la utilización de los animales en el Derecho Administrativo Español: regulación actual y metas pendientes. Tesis de doctorado. Universidad de Zaragoza. (2018), p. 228. Página web: *https://zaguan.unizar.es/record/98462/files/TESIS-2021-024.pdf* [Última consulta: 10 de enero de 2025].

744 BOE. núm. 311, de 29/12/1978. Constitución Española. Página web: *https://www.boe.es/buscar/act.php?id=BOE-A-1978-31229* [Última consulta: 10 de enero de 2025].

745 Parlamento europeo. Pérdida de biodiversidad: ¿por qué es una preocupación y cuáles son sus causas? Página web: *https://www.europarl.europa.eu/topics/es/article/20200109STO69929/perdida-de-biodiversidad-por-que-es-una-preocupacion-y-cuales-son-sus-causas* [Última consulta: 9 de marzo de 2024] ; TELLERÍA, JL., Pérdida de biodiversidad. Causas y consecuencias de la desaparición de las especies. Memorias de la Real Sociedad Española de Historia Natural. Núm 10. (2013), p. 15 ; RIGAUX, P., Pas de fusils dans la nature. La réponse aux chasseurs. Alpha. (2023), p. 261-278.

746 ECHA/PR/18/14. Página web : *https://echa.europa.eu/-/echa-identifies-risks-to-terrestrial-environment-from-lead-ammunition* [Última consulta: 10 de enero de 2025].

2.2. Hacia la prohibición de la caza con galgos

2.2.1. La caza furtiva: un peligro por los animales salvajes y la biodiversidad

La Guardia Civil es requerida a menudo para hacer frente a casos de caza furtiva en los que están implicados galgueros. Según la RAE, un cazador furtivo, es aquel individuo que practica la caza sin los permisos, autorizaciones o licencias requeridas, empleando métodos ilegales y capturando piezas de forma ilícita[747].

A nivel jurídico, el furtivismo es una infracción administrativa y es delito. Por buenas razones: la caza furtiva causa daños al medio ambiente porque se practica sin control. Como resultado, los cazadores furtivos tienden a capturar un número excesivo de animales, sin tener en cuenta las cuotas de caza establecidas para garantizar la sostenibilidad de las poblaciones animales. Esta práctica irresponsable puede llevar a la extinción local o incluso regional de determinadas especies, alterando los ecosistemas de los que forman parte. Es muy probable que estas conductas también sean sancionables porque causan un perjuicio económico a los propietarios de fincas privadas, donde las licencias de caza se venden en subasta o se alquilan y generan importantes ingresos. Los cotos de caza social también se ven afectados, por la caza furtiva, y son "especialmente castigados en la caza de liebre con galgos"[748].

La caza furtiva con galgos no es infrecuente. Los galgueros con licencia y afiliados se quejan de estos cazadores furtivos. Según ellos, son los cazadores furtivos los que les dan mala fama. De hecho, como estos cazadores no están registrados y lo hacen a la sombra de la ley, ciertamente no se molestan en cumplir normas administrativas como

---

747 RAE. Definición del cazador furtivo. "persona que caza sin la correspondiente habilitación, autorización o licencia o lo hace ilegalmente en métodos y piezas." Página web: *https://dpej.rae.es/lema/cazador-furtivo* [Última consulta: 10 de enero de 2025].

748 Fedexcaza. El furtismo es delito, igual que robar. (2024). Página web: *https://www.fedexcaza.com/el-furtivismo-es-delito-igual-que-robar/#:~:text=Dentro%20de%20los%20dispositivos%20de,con%20m%C3%A1s%20frecuencia%20e%20intensidad* [Última consulta: 10 de enero de 2025].

la identificación de los perros. Esto hace que sea más fácil deshacerse de ellos. La Federaciones de caza se desvincula de estos cazadores, que no son cazadores según la ley. Se puede ejemplificar con un caso del año 2020 en el que la Federación de Caza de Castilla-La Mancha actuó como acusación popular en un juicio penal contra dos individuos sorprendidos cazando liebres con tres perros galgos por un guarda rural y el Servicio de Protección de la Naturaleza (Seprona)[749].

Hemos descubierto que hay muchos casos de galgueros detenidos por caza furtiva, un hecho que a menudo destacan los medios de comunicación[750]. Sin embargo, es importante subrayar que estos casos representan probablemente sólo una fracción de los delitos cometidos. De hecho, muchos actos de caza furtiva cometidos por galgueros pasan desapercibidos y nunca se denuncian. La caza furtiva por parte de galgueros suele permanecer oculta en zonas rurales o remotas, escapando a la vigilancia de las autoridades. Estos actos ilegales suelen estar motivados por el deseo de capturar presas para competiciones ilegales de caza o simplemente por el placer de cazar, sin respetar las leyes de protección de la fauna ni del medio ambiente.

En diciembre de 2024, agentes de la Guardia Civil del Seprona de Azuaga y del Puesto de Campillo de Llerena y Valencia de las Torres fueron alertados por un ciudadano sobre la presencia de galgueros cazando liebres en un coto perteneciente a Llerena. Una vez que llegaron al lugar, los agentes descubrieron que los presuntos delincuentes iban en un vehículo todoterreno, cuyas placas de matrícula estaban ocultas por una lámina adhesiva, y habían soltado a los galgos que llevaban en el vehículo para cazar una liebre. Al parecer, uti-

---

749 Federación de caza de Castilla-La-Mancha. A juicio por cazar furtivamente con galgos en un coto de Albacete. (2020). Página web: *http://www.fccm.es/347-2020_05-10-2020.html* [Última consulta: 10 de enero de 2025].

750 Ejemplos: La crónica de Badajoz. La Guardia Civil investiga a tres personas por caza furtiva con galgos en Llerena. (2024). Página web: *https://lacronicadebadajoz.elperiodicoextremadura.com/la-cronica-de-badajoz/provincia-de-badajoz/2024/01/15/guardia-civil-investiga-tres-personas-96922667.html* [Última consulta: 10 de enero de 2025] ; La vanguardia. Cuatro detenidos y cinco galgos intervenidos por caza furtiva en Ávila. (2019). Página web: *https://www.lavanguardia.com/ocio/20190110/454064308188/cuatro-detenidos-y-cinco-galgos-intervenidos-por-caza-furtiva-en-avila.html* [Última consulta: 10 de enero de 2025].

lizaron monoculares térmicos para localizar a las liebres en sus camas con el fin de soltar a los galgos. según lo establecido en el Código Penal, se enfrentan a penas de multa de 4 a 8 meses e inhabilitación especial para el ejercicio del derecho a cazar por tiempo de 1 a 3 años.

Las diligencias instruidas en cada uno de los casos han sido entregadas en el Juzgado de Instrucción[751]. En febrero de 2023 ya se había producido un caso bastante similar, ya que la Guardia Civil había instruido diligencias como investigados a diez personas por cazar liebres con galgos sin autorización en los términos municipales de Llerena, Granja de Torrehermosa, Mérida y Los Santos de Maimona. Durante la inspección, las autoridades constataron que algunos de los galgos no contaban con la debida identificación ni con la documentación sanitaria correspondiente[752]. En diciembre de 2023, Guardia Civil de Madrid y la Unidad de protección de la naturaleza (UPRONA), había procedido a la investigación de siete personas como presuntos autores de delitos de caza furtiva. En el marco de la investigación se han incautado hasta siete perros de raza galgo que habrían sido utilizados en Paracuellos de Jarama y Algete[753]. En noviembre de 2023, la guardia civil ha investigado a un hombre en un todoterreno, haciendo paradas para observar, a través de instrumentos de ampliación de la visión, posibles liebres. Tenía en su coche cuatro galgos. El propietario de los animales no contaba con autorización para cazar, ni con permiso para el coto de caza donde se hallaban, ni para áreas colindantes, cerca de Segovia[754]. Además, se descubrió en el motor una

---

751 Hoy Llerena. Investigados tres vecinos de Mérida por caza furtiva con galgos en Llerena. (2024). Página web: *https://llerena.hoy.es/investigados-tres-vecinos-merida-caza-furtiva-galgos-20240116111346-nt.html?ref=https%3A%2F%2Fllerena.hoy.es%2Finvestigados-tres-vecinos-merida-caza-furtiva-galgos-20240116111346-nt.html* [Última consulta: 10 de enero de 2025].

752 El diario. Diez investigados por cazar liebres con galgos sin autorización en la provincia de Badajoz. (2023). Página web: *https://www.eldiario.es/extremadura/sociedad/diez-investigados-cazar-liebres-galgos-autorizacion-provincia-badajoz_1_9951377.html* [Última consulta: 10 de enero de 2025].

753 BEITIA, X., Siete perros incautados y siete investigados por episodios de caza furtiva en Paracuellos y Algete. (2023). Página web: *https://cadenaser.com/cmadrid/2023/12/07/siete-perros-incautados-y-siete-investigados-por-episodios-de-caza-furtiva-en-paracuellos-y-algete-ser-madrid-norte/* [Última consulta: 10 de enero de 2025].

754 El adelantado de Segovia. La Guardia Civil investiga a un hombre por caza furtiva de liebre. (2023). Página web: *https://www.eladelantado.com/segovia/la-guardia-*

liebre muerta. Esta lista no es exhaustiva, ya que es posible leer varios artículos de prensa al año sobre la caza furtiva con galgos en España.

Ante la ausencia de una base de datos oficial y centralizada que registre la mortalidad ilegal de fauna en España, en 2023 se lanzó el estudio más completo hasta la fecha sobre este tema. Esta investigación fue llevada a cabo por *World Wide Fund for Nature* (WWF) en colaboración con el Centro Internacional de Estudios de Derecho Ambiental (CIEDA-CIEMAT), la Universidad de Granada (UGR) y el Instituto de Estudios Sociales Avanzados (IESA-CSIC). La caza ilegal representa uno de los delitos más frecuentes, pero lamentablemente, existe un alto grado de impunidad en su persecución. Según los datos de este estudio, apenas un 0,84% de los casos de caza ilegal registrados acabaron en sentencia. Además, estas cifras, obtenidas de fuentes oficiales mediante solicitudes de información a las Comunidades Autónomas, solo muestran la superficie del problema, ya que la mayoría de los casos no llegan siquiera a ser detectados[755].

La caza está sujeta a una estricta regulación por parte del Derecho Administrativo, que abarca diversos aspectos como la prevención de la caza furtiva. Este marco normativo establece las áreas geográficas donde se permite la actividad cinegética, las especies que pueden ser cazadas, así como los métodos y herramientas permitidas, incluyendo armas, municiones y técnicas específicas. Además, estas normativas también establecen restricciones temporales, prohibiendo la caza durante ciertos períodos[756].

La LC prevé en su título VIII las infracciones y de las sanciones[757], aunque le faltan muchas modificaciones porque las sanciones toda-

---

civil-investiga-a-un-hombre-por-caza-furtiva-de-liebre/ [Última consulta: 10 de enero de 2025].

755 SWIPE. Los delitos contra las especies silvestres y su persecución en España. Dossier 2023. Página web: *https://wwfes.awsassets.panda.org/downloads/dossier_investigacion_swipe_2023_v3.pdf* [Última consulta: 10 de enero de 2025].

756 Vázquez Cañizares, J.c., Marco normativo autonómico de la caza furtiva. La Ley Digital. (2018). Página web: *https://parlamento-cantabria.es/sites/default/files/dossieres-legislativos/V%C3%A1zquez%20Ca%C3%B1izares.pdf* [Última consulta: 10 de enero de 2025].

757 TÍTULO VIII. De las infracciones y de las sanciones. Ley 1/1970, de 4 de abril, de Caza. *https://www.boe.es/buscar/doc.php?id=BOE-A-1970-369* [Última consulta:

vía están escritas en pesetas, a pesar de que esta moneda fue abandonada en favor del euro en la década de 2020, hace más de 20 años. En cualquier caso, la LC de 1970 ya establecía que la caza sin autorización constituía un delito contra la ley de caza.

Las leyes autonómicas, van en la misma dirección y buscan sancionar administrativamente estas acciones. Para ilustrar nuestro punto de vista, podemos ver por ejemplo que en la Ley 3/2015, de 5 de marzo, de Caza de Castilla-La Mancha. Esta ley menciona explícitamente la caza furtiva y afirma que "con el fin de evitar el furtivismo, se regula la documentación necesaria y dispositivos válidos para el traslado de piezas muertas procedentes del ejercicio de la caza, que, junto con otras medidas adoptadas en la ley, dará mayor seguridad jurídica a las infracciones cometidas por este hecho."[758] Además, esta ley prevé un régimen sancionador es su Título XI que permite sancionar los autores de caza furtiva. Otras leyes, como la Ley 4/2021, de 1 de julio, de Caza y de Gestión Sostenible de los Recursos Cinegéticos de Castilla y León, no menciona específicamente la caza furtiva, pero la prohíbe a través de su cuerpo de delitos y penas, que puede consultarse en el Título XI. Régimen sancionador[759]. Éste es también el caso de la Ley 8/2003, de 28 de octubre, de la Flora y la Fauna Silvestres, que prevé sanciones en el Capítulo II[760]. Estos son sólo algunos ejemplos no exhaustivos. Las leyes de caza y protección de la fauna de las Comunidades Autónomas contemplan un amplio abanico de infracciones y sanciones destinadas a evitar la caza sin autorización.

Sin embargo, el Derecho Administrativo no es el único que sanciona la caza furtiva. El 3 de noviembre de 2020 la sentencia núme-

---

10 de enero de 2025].

758 BOE. núm. 148, de 22/06/2015. Ley 3/2015, de 5 de marzo, de Caza de Castilla-La Mancha. *https://www.boe.es/buscar/act.php?id=BOE-A-2015-6877* [Última consulta: 10 de enero de 2025].

759 BOE. núm. 172, de 20 de julio de 2021. Ley 4/2021, de 1 de julio, de Caza y de Gestión Sostenible de los Recursos Cinegéticos de Castilla y León. *https://www.boe.es/buscar/doc.php?id=BOE-A-2021-12058* [Última consulta: 10 de enero de 2025].

760 BOE. núm. 288, de 02/12/2003. Ley 8/2003, de 28 de octubre, de la Flora y la Fauna Silvestres. *https://www.boe.es/buscar/act.php?id=BOE-A-2003-21941#:~:text=Es%20objeto%20de%20la%20presente,%2C%20cient%C3%ADfico%2C%20cultural%20y%20deportivo* [Última consulta: 10 de enero de 2025].

ro 570/2020 dictada por el Pleno jurisdiccional de la Sala Penal del Tribunal Supremo, ha establecido que el furtivismo, hasta la fecha calificado mayoritariamente como infracción administrativa, deberá ser calificado como delito[761]. En efecto, el CP también castiga la caza furtiva, de acuerdo con el capítulo IV. De los delitos contra la flora y fauna, del Código Penal[762]. Los artículos 334, 335, 336 del CP, sirven de base jurídica para sancionar la caza irregular.

Como hemos evidenciado, la caza con galgos a menudo se relaciona con prácticas furtivas, lo que la hace estar sujeta a la legislación española que la penaliza debido a su potencial para causar daños al medio ambiente. Surge entonces la pregunta de si la regulación actual de la caza con galgos es suficiente para mitigar su impacto en la fauna, o si en realidad debería ser prohibida en su totalidad, dada su posible nocividad para el ecosistema.

2.2.2. *La prohibición de cazar con galgos en Francia con el fin de proteger a la biodiversidad*

Los galgos, por su instinto y conformación, están especialmente indicados para la caza[763]. Como estos perros son tan buenos cazadores, Francia adoptó rápidamente medidas desde la ley de caza de 1844[764], para prohibir su utilización, salvo en interés público y para la destrucción de animales dañinos, e incluso entonces se requiere la autorización del Prefecto.

En cuanto esta ley entró en vigor, se prohibió formalmente la entrada de galgos en los bosques franceses. Esto se explicó porque los

---

761 STS 3566/2020 - ECLI:ES:TS:2020:3566 *https://www.poderjudicial.es/search/openDocument/ae0754f8dc232463* [Última consulta: 10 de enero de 2025].

762 Capítulo IV. De los delitos contra la flora y fauna, del Código Penal: *https://www.boe.es/buscar/act.php?id=BOE-A-1995-25444#a335* [Última consulta: 10 de enero de 2025].

763 Nicolin. La loi du 3 mai 1844 sur la police de la chasse : expliquée par la jurisprudence des Cours royales et de la Cour de cassation / par M. Nicolin. A. Leclere, Paris. (1846), p. 33. Página web: *https://gallica.bnf.fr/ark:/12148/bpt6k2067608/f40.item* [Última consulta: 10 de enero de 2025].

764 Loi du 3 mai 1844 sur la police de la chasse.

galgos se guían por el instinto, vagan por el campo y cazan[765]. En consecuencia, el propietario del perro será responsable siempre que haya contribuido voluntariamente a la persecución de la caza al no hacer nada para impedirlo.

Como resultado de esta ley, los tribunales franceses han tenido una gran discrecionalidad[766]. Por ejemplo, la *Cour Royal* (Tribunal Real) de Nancy condenó al dueño de un galgo que seguía la carretera en su coche mientras el perro vagaba por el campo. Según la sentencia, ello constituía un acto de caza del que era jurídicamente responsable el propietario del galgo que no lo impidió[767]. El Tribunal de Casación, por su parte, dictaminó que el dueño de un galgo que se quedó en casa mientras su perro vagaba por el campo debía ser absuelto, porque no hubo acto de su voluntad en las condiciones determinadas por la ley para que hubiera delito de caza[768]. Una sentencia de la *Cour Royal* de Douai sostiene que la ley no distingue entre lebreles de pura raza y lebreles cruzados. Según la *Cour* ambos perros están prohibidos para la caza. En consecuencia, la *Cour* impuso una multa de 50 francos a un cazador cuyo perro había sido reconocido por expertos caninos como producto de un lebrel y un perro de muestra[769].

Esta decisión se plasmó posteriormente a través del decreto de 1 de agosto de 1986. El artículo 8 estipula que se prohíbe el uso para la caza de lebreles de pura raza o cruzados, perros molosoides de pura raza o cruzados y perros clasificados como peligrosos por la reglamentación[770].

---

765 NICOLIN. La loi du 3 mai 1844 sur la police de la chasse : expliquée par la jurisprudence des Cours royales et de la Cour de cassation / par M. Nicolin. A. Leclere, Paris. (1846), p. 33. Página web: *https://gallica.bnf.fr/ark:/12148/bpt6k2067608/f40.item* [Última consulta: 10 de enero de 2025].

766 *Ibidem.*

767 Journal du Palais, année 1845, t.II, P. 416

768 Journal du Palais, année 1845, t.II, P. 721

769 Journal du Palais, année 1846, t.I, P. 479

770 Légifrance. Arrêté du 1 août 1986 relatif à divers procédés de chasse, de destruction des animaux nuisibles et à la reprise du gibier vivant dans un but de repeuplement. Página web: *https://www.legifrance.gouv.fr/loda/id/JORFTEXT000000862758/* [Última consulta: 10 de enero de 2025].

2.2.3. Prohibir la caza con galgos para salvar las liebres en España

Aunque los galgos puedan ser utilizados dentro del marco legal establecido en España y no estén empleados para la caza furtiva, aún pueden ocasionar daños a la biodiversidad. Máxime cuando en España, las liebres ibéricas están amenazadas y son cada vez menos numerosas, debido sobre todo al brote de mixomatosis que está afectando a la liebre ibérica (*Lepus granatensis*). La liebre es una especie endémica y que resulta clave para los ecosistemas[771], el aumento de este virus es preocupante para la supervivencia de la especie. En consecuencia, científicos y federaciones de caza de galgos buscan una solución a esta emergencia. Se están realizando investigaciones científicas para vacunar a las liebres y protegerlas de este virus[772].

Vacunar a las liebres para protegerlas contra las enfermedades parece una iniciativa loable. Sin embargo, para garantizar la eficacia de esta medida, creemos que sería aún mejor complementarla con el cese de la caza de liebres. Para evaluar adecuadamente las consecuencias de la caza con galgos, sería necesario realizar estudios en profundidad, ya que hemos detectado un vacío en la literatura científica. Dichas investigaciones podrían poner de manifiesto los impactos potenciales sobre la población de liebres y el ecosistema en su conjunto, proporcionando una base sólida para tomar decisiones informadas sobre la regulación de esta actividad.

Prohibir la caza de liebres con galgos podría reportar muchos beneficios para la fauna salvaje y para el tratamiento de los perros de caza, y estaría en consonancia con la normativa de otros países europeos, ya que la gran mayoría de los países de Europa prohíben la caza de liebres con galgos[773].

---

771 Alzaga, V., Villanúa, D., Cormenzana, A., Leránoz, I., Mateo-Moriones, A., Conocimientos científicos importantes para la conservación y gestión de las tres especies de liebre de la Península Ibérica: deficiencias y retos para el futuro. Ecosistemas, vol. 22, núm. 2, (2013), pp. 13-19.

772 Ramos, M., Jesús Crepo, M., Brito, R., Badiola, I., Avances en el desarrollo de una vacuna frente a la mixomatosis en la liebre ibérica. Revista de la Federación Española de Galgos (2022).

773 Por ejemplo: En el Reino Unido es ilegal cazar con perros como parte de un evento de caza de liebres, en el que se evalúan las habilidades de los perros para la caza de liebres vivas. También es ilegal participar o asistir a un evento de caza

2.3. Esbozando un cambio: Propuestas jurídicas y políticas para prohibir o reducir la caza

La convivencia entre la vida silvestre y las actividades humanas, especialmente en el sector agrícola, ha generado una gran tensión debido a los daños que los animales salvajes pueden causar en los cultivos. la resolución de estos conflictos ha recaído en los cazadores, cuya única respuesta ha sido la eliminación de los animales problemáticos. Sin embargo, cada vez se cuestiona más la caza como medio para regular las especies porque no ha logrado encontrar soluciones duraderas. Por eso se han tomado ciertas medidas para impedir la caza recreativa en algunos países, ya sea a nivel local, nacional o a través de decisiones de la Unión Europea.

A nivel local, convenimos en que los poderes de los alcaldes son bastante limitados en el ámbito de la caza, pero incluso con competencias limitadas es posible realizar acciones concretas. En Francia, tenemos un ejemplo bastante concreto de esto ya que el vicealcalde Eddine Ariztegui, delegado al bienestar de los animales y miembro del *Parti animaliste*[774], está en el origen de la decisión de rescindir los acuerdos de utilización de terrenos públicos con fines cinegéticos. Esta decisión, votada en el consejo municipal del 16 de diciembre de 2020, es una primicia para una gran ciudad de Francia[775]. Francia se ha dado cuenta de la importancia de la acción política local para cambiar mentalidades y mejorar el bienestar de los animales y la biodiversidad. *L' Association pour la Protection des Animaux Sauvages* (ASPAS)[776], asociación francesa muy implicada en la conservación de los animales salvajes, recibe regularmente preguntas sobre las prerrogativas de los alcaldes en materia de caza. En consecuencia, el

---

con liebre, o permitir el uso de su terreno para tales fines. Del mismo modo, es delito entrar en un terreno con la intención de perseguir liebres. Estas medidas se aplican para proteger la fauna y preservar el equilibrio ecológico. Ver: UK Public General Acts. Hunting Act 2004. Página web: *https://www.legislation.gov.uk/ukpga/2004/37/contents* [Última consulta: 10 de enero de 2025].

774 Parti animaliste: *https://parti-animaliste.fr/* [Última consulta: 10 de enero de 2025].

775 Ver Anexo 7.

776 ASPAS *https://www.aspas-maitre-renard.org/nos-actions/maires-et-chasse/* [Última consulta: 10 de enero de 2025].

departamento jurídico de ASPAS ha elaborado una guía exhaustiva para los representantes electos sobre las competencias locales para prohibir la caza en los municipios franceses. Es probable que la decisión de Montpellier se repita en otras ciudades en el futuro. De hecho, en España, en 2022, Rafa Mas, concejal del grupo municipal de Compromís y el gobierno de la Generalitat Valenciana, formado por PSOE, Compromís y Podemos, ha prohibido la caza en el Monte Orgegia de Alicante por razones de seguridad, ya que se produjo un accidente y un ciclista fue disparado[777]. Si la política local puede tener un papel que desempeñar en la regulación o prohibición de la caza para proteger la biodiversidad, también puede regular o prohibir el uso de perros de caza.

Si nos centramos más en las reformas que se pueden hacer para los perros de caza, a nivel regional, tenemos un ejemplo de un intento de reformar la protección de los perros de caza con la región de Cataluña en 2016. La reforma proponía desarrollar mecanismos efectivos de control sobre los perros de caza, creando un censo de perros de caza, en el que cada cazador o grupo de cazadores debería registrar los perros y denunciar las incidencias que se produzcan durante el desarrollo de la actividad, y también las enfermedades de los perros, hasta la muerte de los perros de caza. Por último, la reforma proponía que se inste al Gobierno del Estado a modificar el RD 137/1993, por el que se aprueba el Reglamento de Armas, para que las denuncias y antecedentes de maltrato animal sean motivo de no concesión de permiso y/o renovación de licencia de armas[778].

---

777 Maestre, A., Un aspirante a alcalde de Compromís se jacta de prohibir la caza. Es Diario, (2022). Página web : *https://www.esdiario.com/alicante/637449186/un-aspirante-a-alcalde-de-compromis-se-jacta-de-prohibir-la-caza.html* [Última consulta : 16 de marzo de 2024] ; Sancho, O., Los vecinos de Alicante piden que se amplíe la prohibición de la caza en zonas rurales cercanas a núcleos de población. Cadena Ser. (2022) Página web: *https://cadenaser.com/comunitat-valenciana/2022/09/27/los-vecinos-de-alicante-piden-que-se-amplie-la-prohibicion-de-la-caza-en-zonas-rurales-cercanas-a-nucleos-de-poblacion-radio-alicante/* [Última consulta: 10 de enero de 2025].

778 Butlletí oficial del parlament de Catalunya XI legislatura tercer període número 261 dimecres 16 de novembre de 2016. Moció subsegüent a la interpel·lació al Govern sobre polítiques agràries, ramaderes i forestals, 302-00084/11, GP CSP, Reg. 41741, 41945 / Admissió a tràmit: Mesa del Parlament, 15.11.2016. (2016).

El *Parlament de Catalunya* ha votado el 26 de enero de 2017 la aprobación de los nuevos mecanismos de control efectivo sobre los perros de caza que aumenten los requerimientos actuales para la concesión de permisos y la creación del censo de los perros de caza[779], pero han rechazado la propuesta de modificar el RD 137/1993 por el que se aprueba el Reglamento de armas para que las denuncias y antecedentes por maltrato animal sean motivo para la no concesión del permiso y/o renovación de la licencia de armas[780].

Tras observar que a nivel local o regional se disponen de herramientas legales para regular o incluso prohibir la caza, a nivel nacional también se encuentran acciones que apuntan al fin de esta actividad. Un ejemplo destacado es el fallo de la Corte Constitucional de Colombia, que ha declarado la caza recreativa como inconstitucional en 2019[781]. La decisión argumento que la caza deportiva es una forma de maltrato animal:

> "El sacrificio de la vida de un ser vivo por el hombre es una forma extrema de maltrato en cuanto elimina su existencia misma y es un acto de aniquilamiento. Cuando es injustificada, la muerte de un animal es un acto de crueldad pues supone entender que el animal es exclusivamente un recurso disponible para el ser humano. La caza deportiva, en fin, es un acto dañino en cuanto está dirigida a la captura de animales silvestres, ya sea dándoles muerte, mutilándolos o atrapándolos vivos."

Al basarse en argumentos éticos y de bienestar animal, el Tribunal ha sentado un precedente y es especialmente interesante porque rompe con la retórica tradicional de la caza y subraya que el bienestar de los animales es un valor superior que debe tenerse en cuenta. Esta decisión pone de manifiesto un cambio de paradigma en el que los intereses de los animales empiezan a primar sobre las prácticas cul-

---

Pagina web : *https://www.parlament.cat/document/bopc/180568.pdf#page=21* [Última consulta: 10 de enero de 2025].

779 "Aprovat: 117 vots a favor (JxSí, C's, CSQP, PPC i CUP) i 15 abstencions (PSC)."

780 "*Rebutjat: 37 vots a favor (C's i CSQP), 59 en contra (JxSí) i 36 abstencions (PSC, PPC i CUP).*"

781 Corte Constitucional. Republica de Columbia. Sentencia C-045/19:*https://www.corteconstitucional.gov.co/relatoria/2019/C-045-19htm#:~:text=C%2D045%2D19%20Corte%20Constitucional%20de%20Colombia&text=La%20armonizaci%C3%B3n%20del%20deber%20de,en%20el%20orden%20jur%C3%ADdico%20colombiano*[Última consulta: 10 de enero de 2025].

turales y recreativas humanas. Según la sentencia, la caza deportiva no puede justificarse por ninguna de las excepciones constitucionalmente aceptadas para el maltrato de animales. De hecho, el Tribunal Constitucional afirma que:

> "la caza deportiva no encuentra fundamento en ninguna de las excepciones reconocidas jurisprudencialmente a la prohibición del maltrato animal. La caza deportiva no es expresión de la libertad religiosa, no tiene como objetivo la alimentación, ni la experimentación médica o científica; tampoco el control de las especies; ni se trata de una manifestación cultural arraigada".

A lo largo de nuestro trabajo de investigación, nos percatamos de que la dificultad de tomar medidas ambiciosas para ayudar a los animales utilizados para la caza está relacionada con el carácter cultural y la tradición casi intocables que representa la caza. La incorporación del bienestar animal o los derechos de los animales a la Constitución española podría permitir a la nación española tomar medidas mucho más ambiciosas en este ámbito[782]. Necesitamos una reforma que trascienda la posición tradicional y mayoritaria, centrada en el antropocentrismo, hacia un enfoque de protección biocéntrica[783], que implicaría reconocer y salvaguardar los intereses intrínsecos de los animales por sí mismos, independientemente de su utilidad para los seres humanos o su estatus de especies en peligro de extinción.

En la misma línea, Costa Rica también ha legislado sobre la caza para proteger a los animales salvajes[784]. En 2012, la Asamblea Legislativa aprobó por unanimidad una revisión de la ley de conservación de la vida silvestre para prohibir todas las formas de caza recreativa[785]. La Ley de Biodiversidad N° 7788 de 23 abril 1998, es muy respe-

---

782 Para obtener un ejemplo detallado de un cambio constitucional posible que incluya disposiciones para la protección y consideración de los derechos de los animales, consulte el Anexo 8.

783 Le Bot, O., Droit constitutionnel de l'animal. (2018). PP.10-11.

784 Brels, S., Le droit du bien-être animal dans le monde. Évolution et universalisation. L'Harmattan. (2017), p. 108.

785 Ley de Conservacion de la Vida Silvestre, n° 7317. Artículo 14.- a) Caza. "Se prohíbe la caza de vida silvestre excepto en los casos en que, con base en los estudios técnico-científicos, esa práctica se requiera para el control de especies con altas densidades de población que atenten contra su propia especie, otras especies silvestres o la estabilidad misma del ecosistema que las soporta. La caza

tuosa con los animales, ya que afirma en sus principios generales que "todos los seres vivos tienen derecho a la vida, independientemente del valor económico, actual o potencial"[786].

Además, no sólo a escala local o nacional pueden introducirse normas de caza. A escala internacional, la Unión Europea también puede desempeñar un papel, ya que tiene competencias en materia de protección de la biodiversidad. La UE ya ha introducido varias prohibiciones de métodos de caza o de caza de determinadas especies en los Estados miembros.

La UE ha desarrollado numerosos programas e iniciativas para preservar la naturaleza y los ecosistemas, entre ellos la estrategia biodiversidad 2030. Esta estrategia contiene compromisos y acciones específicas que los Estados miembros deberán aplicar de aquí a 2030. Como parte de esta estrategia, la ambición de la Comisión Europea era crear nuevas áreas de protección de la naturaleza que cubrieran el 30% del territorio de la UE para 2030, el 10% de las cuales debían considerarse zonas de prohibición estricta de la caza. Sin embargo, los Estados miembros de la UE no se adhirieron a esta visión, por lo que la caza y la pesca deberían haberse prohibido en el 10% del territorio total de la Unión Europea[787]. No obstante, las políticas de la UE pueden actuar como garantes de las prácticas cinegéticas y establecer ciertos elementos disuasorios de la caza, en particular los destinados a proteger determinadas especies amenazadas o a preservar los hábi-

---

deportiva queda totalmente prohibida, únicamente será permitida la caza de control y la caza de subsistencia."

786 Ley de Biodiversidad N° 7788 de 23 abril 1998. Capítulo 1. Disposiciones generales. *9. Constituyen principios generales para los efectos de la aplicación de esta ley, entre otros, los siguientes: 1. Respeto a la vida en todas sus formas.*

787 European Commission. Commission staff working document. Criteria and guidance for protected areas designations. Brussels, (2022). Página web: *https://www.actu-environnement.com/media/pdf/news-39002-aires-protegees-document-orientation-commission-europeenne.pdf* [Última consulta: 10 de enero de 2025].

tats naturales. Es el caso, por ejemplo, de las Directivas sobre aves[788] y hábitats[789].

La UE también tiene la facultad de intervenir en casos donde considere que una práctica de caza es inapropiada. En tales casos, la decisión de la Unión Europea puede llegar a prevalecer incluso sobre el criterio de la tradición. Para ilustrar nuestra afirmación, conviene señalar que la Comisión Europea ha interpelado a Francia en tres ocasiones en relación con las técnicas de caza de aves con pegamento. Conocida como caza tradicional, la caza con pegamento es un método de captura de ciertas especies de zorzales y mirlos que solía practicarse en cinco departamentos franceses: Alpes de Alta Provenza, Alpes Marítimos, *Bouches-du-Rhône*, Var y Vaucluse. Se trata de recubrir unos *verguettes*, que son palos con pegamento y colocarlos en los árboles para atrapar zorzales y mirlos. Cuando los pájaros se posan en los palos, se quedan pegados. Según el anexo IV de la Directiva de Aves, la caza con pegamiento está prohibida, ya que se trata de un método de captura no selectivo que no garantiza que sólo se peguen determinadas especies de aves.

Sin embargo, los jueces franceses dictaminaron que este tipo de caza podía continuar[790]. En particular porque el artículo 9 de la Directiva permite excepciones a la prohibición[791]. Fue entonces cuan-

---

788 *Directive 2009/147/EC of the European Parliament and the Concil on the Conservation of Wild Birds*, (2009) *https://eur-lex.europa.eu/legal-content/EN/TXT/PDF/?uri=CELEX:32009L0147&from=EN* [Última consulta: 10 de enero de 2025].

789 *Council Directive 92/43/EEC, on the Conservation of Natural Habitats and of Wild Fauna and Flora.* (1992). *https://eur-lex.europa.eu/legal-content/EN/TXT/PDF/?uri=CELEX:31992L0043&from=EN* [Última consulta: 10 de enero de 2025].

790 CJCE, n° C-252/85, Arrêt de la Cour, 27 avril 1988: *https://www.doctrine.fr/d/CJUE/1988/CJUE61985CJ0252_SUM* [Última consulta: 10 de enero de 2025]; Conseil d'Etat, 6 / 2 SSR, du 16 novembre 1992, 110931 111136, mentionné aux tables du recueil Lebon: *https://www.legifrance.gouv.fr/ceta/id/CETATEXT000007820162/* [Última consulta: 10 de enero de 2025]; Conseil d'État, 6ème chambre, 28/12/2018, 419063, Inédit au recueil Lebon: *https://www.legifrance.gouv.fr/ceta/id/CETATEXT000037882303/* [Última consulta: 10 de enero de 2025].

791 Art. 9 : "Los Estados miembros podrán introducir excepciones a los artículos 5 a 8 si no hubiere otra solución satisfactoria.". *https://eur-lex.europa.eu/legal-content/ES/TXT/HTML/?uri=CELEX:32009L0147* [Última consulta: 10 de enero de 2025].

do la Comisión Europea emitió otro dictamen motivado, el 2 de julio de 2020, en el que consideraba que la excepción francesa que autorizaba la caza con pegamento no cumplía las condiciones establecidas por la Directiva, en particular la de selectividad. A continuación, pidió a Francia que adaptara su legislación a la Directiva en un plazo de tres meses[792]. Además, en marzo de 2021, el Tribunal de Justicia de la Unión Europea reitera que este tipo de caza no puede autorizarse en Francia[793]. En consecuencia, el 17 de julio de 2023, el Ministerio francés de Transición Ecológica derogó al decreto marco que databa de 1989 y que regulaba estas prácticas tradicionales de captura de aves silvestres, consideradas ilegales en virtud de la legislación europea[794]. No se ha demostrado que las demás aves capturadas accidentalmente con este método lo sean en pequeñas cantidades y sin consecuencias graves. Además, el hecho de que se trate de un método de caza "tradicional" no basta para justificar una excepción.

Ya sea por la decisión de la Corte Constitucional colombiana o por esta última decisión de la UE, que finalmente se ha plasmado en Francia, constatamos que la tradición de la caza, por muy fuerte que sea, no siempre puede ser un valor que prime sobre la actividad cinegética si están en juego otros valores o necesidades. En el caso de la prohibición de la caza con pegamento, lo que está en juego es la biodiversidad y, por tanto, permite prohibir una determinada práctica cinegética. En cuanto a la decisión de Colombia, lo que está en juego es el maltrato animal, ya que la caza recreativa es una fuente de sufrimiento para los animales.

---

792 *Commission européenne. Protection de la nature: la Commission demande à la FRANCE de mettre fin à la chasse illégale et de réexaminer ses méthodes de capture d'oiseaux.* (2020): *https://ec.europa.eu/commission/presscorner/detail/fr/inf_20_1212* [Última consulta: 10 de enero de 2025].

793 TJUE. Asunto C-900/19, One Voice et Ligue pour la protection des oiseaux (LPO)/Ministre de la Transition écologique et solidaire. 17 mars 2021. Leer la decisión: *https://curia.europa.eu/jcms/upload/docs/application/pdf/2021-03/cp210040fr.pdf* [Última consulta: 10 de enero de 2025].

794 Légifrance. Arrêté du 17 juillet 2023 portant abrogation de l›arrêté du 17 août 1989 relatif à l›emploi des gluaux pour la capture des grives et des merles destinés à servir d›appelants dans les départements des Alpes-de-Haute-Provence, des Alpes-Maritimes, des Bouches-du-Rhône, du Var et du Vaucluse. Página web: *https://www.legifrance.gouv.fr/jorf/id/JORFTEXT000047867408* [Última consulta: 10 de enero de 2025].

Constatamos que, incluso a nivel del derecho comunitario o del derecho internacional, las decisiones defienden firmemente los principios morales fundamentales y la importancia de respetar a los animales para no causarles sufrimiento. A pesar de la pasión y la tradición arraigadas en algunas actividades humanas, como la caza, el derecho ha adoptado medidas para proteger a los animales de posibles crueldades y abusos.

Para ilustrar este punto, tomemos la prohibición de la caza con perros en el Reino Unido. La prohibición de la caza con perros, que implicaba el acecho y muerte de mamíferos salvajes por parte de los perros, supuso el fin de una tradición muy importante para Inglaterra, Gales y Escocia[795].

Los defensores de este tipo de caza recurrieron entonces al Derecho internacional y presentaron un recurso ante los tribunales británicos alegando que esta prohibición habría infringido no sólo el Convenio Europeo de Derechos Humanos, en particular la protección de la propiedad privada, sino también el Derecho de la Unión Europea en la medida en que protege la libre circulación de bienes y mercancías[796]. Este recurso no fructificó y se enfrentó a la *House of Lords* en noviembre de 2007[797].

Como último recurso, decidieron recurrir al Tribunal Europeo de Derechos Humanos, que declaró inadmisible su demanda el 15 de diciembre de 2009[798]. La decisión de inadmisibilidad del Tribunal de Estrasburgo en el asunto *Friend and Countryside Alliance* contra Reino Unido, de 24 de noviembre de 2009, afirmaba claramente que la abolición de la caza con perros perseguía un objetivo legítimo de

---

795 Fue a través del *Hunting Act* adoptado en 2004 y que entró en vigor el 18 de febrero de 2005 que este tipo de caza con perros fue prohibido en Inglaterra y Gales.

796 FIORENTINO, A., La chasse en droit britannique et américain : approche historique et droit positif. *Revue Semestrielle de Droit Animalier* – RSDA 1/2015, p. 415.

797 R (on the application of Countryside Alliance and others) v Her Majesty's Attorney General and another [2007] UKHL 52 (28 de noviembre 2007). Pagina web: *http://www.publications.parliament.uk/pa/ld200708/ldjudgmt/jd071128/countr-1.htm*[Última consulta: 10 de enero de 2025].

798 Friend *v.* United Kingdom et Countryside Alliance and Others *v.* United Kingdom, req n° 16072/06 et 27809/08.

protección de la moral. Esta decisión se basó en la constatación de que pueden plantearse objeciones éticas y morales a una actividad que implica cazar y matar animales de una manera que inflige sufrimiento. La legislación europea sobre derechos humanos también hace hincapié en la importancia de la ética en este ámbito[799].

3. *Observaciones finales*

La caza con galgos es sin duda una tradición ancestral, pero también es una actividad marcada por el sufrimiento de las liebres[800], a veces incluso de los perros[801], y además representa una amenaza para la biodiversidad. Las liebres son importantes para el equilibrio de los ecosistemas y su agotamiento puede tener repercusiones nefastas. Ahora que las liebres se ven cada vez más afectadas por la mixomatosis, toda la atención debe centrarse en estos animales. Por tanto, la ley debe poder pasar por encima de la tradición para proteger otros valores que deben considerarse superiores.

La caza recreativa es un ejemplo perfecto de actividad humana que no entra en el ámbito de los derechos esenciales de los ciudadanos[802]. Esta práctica no tiene ninguna relación con un derecho fundamental en el sentido de los derechos humanos. Es un error considerar la caza como un derecho. Se trata simplemente de un permiso concedido a los seres humanos por ley, en forma de autorizaciones expedidas mediante una licencia de caza[803].

---

799 MARGUÉNAUD, J-P., Conclusions générales, en : BOISSEAU-SOWINSKI, L., THARAUD, D., (dir.) Les liens entre éthique et droit. L'exemple de la question animale. L'Hamattan. (2019), p. 166.

800 En 1839, el reverendo John Styles publicó un ensayo en el que criticaba este método de caza, destacando el sufrimiento padecido por las presas. *Vid.* ORENDI, D., The Debate about Fox-hunting. A Social and Cultural Analysis, Master thesis, Humboldt University (2004), p. 18. Ya en 1892, DIXIE describió la caza con liebre como una forma agravada de tortura. *Vid.* GATES, B.T., In Nature's Name: An Anthology of Women's Writing and Illustration, 1780-1930, University of Chicago Press, (2002), p. 121.

801 Como lo hemos en el Capítulo II.

802 *Vid.* SCHNAPPER, D., Qu'est-ce que la citoyenneté ? Gallimard, (France, 2000).

803 NOUËT, J-C., COULON, J-M., Les droits de l'animal. 2° ed. Dalloz. (2019), p. 81.

Según RIGAUX, Los cazadores practican su actividad en detrimento del interés general[804], ya que matan y hieren a seres que tienen derecho a no sufrir. No se trata aquí de una elección personal o de respetar la pasión de otros, sino del interés individual de las liebres, los perros de caza y otros animales que pueden ser atacados por los galgos. También se trata del interés general de los humanos en conservar un mundo habitable donde la biodiversidad sea rica y no esté compuesta únicamente por animales de granjas cinegéticas. Más allá del impacto directo sobre los animales, la caza también afecta a los ecosistemas en su conjunto. La biodiversidad es un elemento crucial para la estabilidad y la resiliencia de los entornos naturales. Cada especie desempeña un papel específico en su ecosistema, y la pérdida de biodiversidad puede tener consecuencias en cadena, afectando a muchas otras especies, incluidos los humanos. La preservación de la biodiversidad es, por lo tanto, esencial no solo para los animales, sino también para mantener ecosistemas saludables y equilibrados, capaces de proporcionar servicios ecosistémicos indispensables.

La caza, aunque a menudo se presenta como una tradición o una pasión, debe ser reconsiderada a la luz de su impacto negativo en los animales y los ecosistemas.

En las leyes de caza, no se habla de pasión, sino que la caza se define de manera sobria y somera:

> "Se considera acción de cazar la ejercida por el hombre mediante el uso de artes, armas o medios apropiados para buscar, atraer, perseguir o acosar a los animales definidos en esta Ley como piezas de caza, con el fin de darles muerte, apropiarse de ellos o de facilitar su captura por tercero"[805].

Esta definición subraya la naturaleza pragmática y funcional de la caza, dejando de lado cualquier consideración romántica o emocional que a menudo se asocia con esta actividad. La caza, tal como se describe legalmente, es un acto deliberado de dominación y control sobre la vida animal, llevado a cabo con el objetivo explícito de matar.

---

804 RIGAUX, P., Pas de fusils dans la nature. La réponse aux chasseurs. (2023), p. 12.

805 Artículo 2. De la acción de cazar. LD de 1970.

Es imprescindible mejorar la legislación para conseguir que mejore la situación de los galgos, de los perros de caza en general e incluso de los animales cazados. No existen barreras de índole legal para hacerlo. Sin embargo, para que se produzcan estas reformas, se necesita valentía política. Los intereses económicos, sociales y culturales que a menudo sustentan las prácticas de caza pueden ser poderosos, pero creemos que no deben primar sobre el bienestar animal, como como demuestra la decisión constitucional de Colombia y la decisión del Tribunal Europeo de Derechos Humanos.

Consideraciones Finales

Como conclusión general sobre el tema central del libro, creo que podemos mantener que esta investigación viene a llenar una importante laguna en la literatura relativa a la caza con galgos[806]. La carencia de dicha literatura, no sólo significa un vacío en el ámbito de una inexistente bibliografía académica —lo que ya en sí mismo justificaría haber emprendido esta investigación—, sino que, la ausencia de trabajos de investigación, serios y consistentes, sobre la caza con galgos, es la punta del iceberg que desvela de forma transparente, la falta de regulación normativa sobre esta práctica cinegética tan antigua y, al mismo tiempo, en la actualidad, tan arraigada en España tanto en el ámbito tanto rural como ciudadano. De dicha ausencia de estudios precedentes sobre el objeto de la investigación que hemos llevado a cabo, se deducen una serie de resultados que pasamos a exponer.

Articulamos, pues, a continuación, de forma analítica, los principales resultados a los que nos ha llevado nuestra investigación sobre el tema:

1) La estructura social y económica en torno a los galgos utilizados para la caza constituye un entramado bien consolidado. La práctica de la caza, especialmente la caza con galgos, está profundamente arraigada en la tradición. Históricamente, la caza con galgos ha sido una actividad practicada por individuos de diversas clases sociales, ya fueran ricos o pobres, aristócratas o jornaleros, utilizando sus propios galgos o tomando prestados los de otros. Con el tiempo, al mejorar las condiciones de vida de las poblaciones rurales y de los jornaleros durante el siglo XX, la práctica de la caza con galgos experimentó una importante evolución. De ser una actividad principalmente de

806 Este estudio ha permitido colmar una laguna en la literatura académica relativa a los galgos y el Derecho. No es que sea un tema menor, pero hasta ahora el mundo académico no le ha dado un tratamiento acorde a su importancia, a pesar de que la caza con galgos es una práctica extendida en España, lo que suscita una gran preocupación, entre otras cosas por el elevado número de abandonos que se producen cada año al final de la temporada de caza.

subsistencia, se ha convertido gradualmente en una actividad recreativa, deportiva y competitiva, por lo que requiere supervisión y reglamentación.

2) La caza con galgos, profundamente enraizada en la tradición cinegética española, se ha consolidado también como un deporte, sujeto a regulaciones deportivas, las cuales delegan la supervisión de las carreras de galgos en campo abierto a federaciones como la Federación Española de Galgos. Sin embargo, hemos detectado una laguna en la legislación nacional y en las normas deportivas de la FEG en lo que respecta a la protección de los galgos frente al maltrato o las desviaciones asociadas a esta actividad que utiliza animales vivos. Al igual que muchos otros deportes, la caza con galgos está sujeta a una serie de reglamentos y normativas destinadas a garantizar su correcto desarrollo y la seguridad de los participantes. Sin embargo, los galgos no se consideran equiparables a los participantes humanos en eventos deportivos y no son vistos como deportistas. Mientras que los humanos eligen libremente su participación en deportes, los galgos son animales que, en muchas ocasiones, carecen de la capacidad para decidir si desean participar y en qué condiciones lo hacen. Por lo tanto, la responsabilidad de velar por su bienestar recae totalmente en aquellos que organizan y regulan estas competiciones. Nuestro estudio ha examinado cómo se trata a los galgos españoles utilizados para la caza, abarcando una amplia gama de aspectos que van desde su crianza y condiciones desde el momento de su nacimiento, hasta su venta, entrenamiento y participación en actividades cinegéticas, así como el destino que les aguarda cuando ya no son considerados útiles para la caza. A través de esta investigación, hemos puesto al descubierto una serie de prácticas cuestionables que plantean serias dudas sobre el grado de respeto y bienestar que reciben estos animales.

Dichas prácticas, sumariamente enumeradas, son las siguientes:

a) En primer lugar, la cría intensiva de galgos españoles lleva a la producción masiva de cachorros, que son comercializados de manera incontrolada, a menudo a través de plataformas en línea como *Facebook*. Los animales se venden como mercancías o incluso a veces se intercambian por objetos inanimados.

b) En segundo lugar, el proceso de entrenamiento también plantea dilemas éticos, siendo común el uso de vehículos motorizados para entrenar a los animales. Entrenar a los perros para que corran detrás de un vehículo motorizado puede presentar serios riesgos para su salud. Esta práctica a veces está autorizada y a veces prohibida por las diferentes leyes de protección animal de las distintas Comunidades Autónomas, generando confusión sobre cómo abordar este problema.

c) En tercer lugar, una vez que los galgos usados en España en la actividad cinegética ya no son útiles para la caza, si no cazan eficazmente o incluso si son demasiado ingeniosos y se vuelven demasiado eficientes cazando liebres, a menudo se les considera "sucios". Esto puede llevar a su abandono o incluso, en los casos más trágicos, a su muerte en nombre de una antigua tradición no escrita.

La caza con galgos es, como se ha comentado, una tradición y las distintas generaciones tienden a aprender de las anteriores, de boca en boca y por educación práctica más que escrita. Las peores tradiciones, como el ahorcamiento de galgos, aunque existen —como demuestran las recientes sentencias de los tribunales— ya que encontramos perros ahorcados, son en realidad minoritarias en el mundo de los galgueros. Sin embargo, es importante destacar que estas prácticas extremadamente crueles continúan existiendo y no deben ser minimizadas. Afortunadamente, las mentalidades están evolucionando hacia una perspectiva más moderna, dejando atrás si bien el preocupante problema del abandono de galgos aún persiste y requiere una atención urgente[807].

3) Los galgos no pueden ser equiparados a objetos inanimados o herramientas de caza, como sería el caso de un arma. Son criaturas con autonomía de movimiento, capaces de sentir emociones y de experimentar tanto el placer como el sufrimiento. Ignorar esta realidad es pasar por alto una parte fundamental de nuestra responsabilidad. Ante esta situación, es necesario comprender *¿por qué las normativas que rigen la caza con galgos españoles no priorizan el bienestar animal? Es innegable que esta falta de enfoque en el bienestar animal constituye una grave carencia que debe ser subsanada con prontitud, especialmente a la luz de los abusos que se han registrado en el pasado y que continúan siendo una*

807 Estas costumbres pueden ser transmitidas de generación en generación dentro de la comunidad galguera, pero no están claramente definidas ni documentadas. Además, estas tradiciones son de naturaleza efímera y a menudo informal. Por lo expuesto, nos ha sido difícil realizar investigaciones en esta área y estudiar lo problemático de estas costumbres.

preocupación en la actualidad. La explotación, el maltrato y el abandono de galgos son realidades que no pueden ser ignoradas ni toleradas. Conviene recordar que el estatuto de los galgos de caza ha evolucionado con el tiempo. Estos animales han pasado de ser meras herramientas para conseguir comida, a desempeñar roles en el deporte y el ocio, y finalmente a ser considerados compañeros de vida. Por lo tanto, cambiar el estatuto del galgo, dejando atrás la categoría de "cosa", se ha convertido, en una necesidad en los últimos años. Se logró en 2021 con la reforma del Código Civil en España[808]. Ahora, si bien es cierto que el artículo 333 bis del CC —adoptado con esta reforma, no impide que los seres humanos posean y dispongan de animales, el reconocimiento de la sensibilidad de los animales reduce la dominación de los seres humanos sobre ellos. Esto se debe a que, aunque se aplique el régimen jurídico de la propiedad a los animales, este solo es *válido en la medida en que sea compatible con su naturaleza o con las disposiciones destinadas a protegerlos.* Además, cabe señalar que el Derecho Animal y el estatuto jurídico de los animales no se limita a una rama del Derecho Civil, sino que es un tema transversal que puede tener consecuencias para muchos *corpus* jurídicos, como el Derecho Administrativo y el Derecho Penal. En consecuencia, esta reforma del Derecho Civil podría servir de catalizador para impulsar otras reformas en los distintos cuerpos legislativos, con el fin de garantizar una protección adecuada a los galgos y a los demás animales[809].

4) El reconocimiento de los animales como seres sensibles es un avance significativo en la legislación, ya que implica un cambio pro-

---

808 BOE, núm. 300. Ley 17/2021, de 15 de diciembre, de modificación del Código Civil, la Ley Hipotecaria y la Ley de Enjuiciamiento Civil, sobre el régimen jurídico de los animales. Página web : *https://www.boe.es/buscar/doc.php?id=BOE-A-2021-20727* [Última consulta: 10 de enero de 2025].

809 La percepción jurídica de los animales, ya se trate de galgos o de presas como las liebres, no es una entidad fija en el tiempo y el espacio. Esta percepción ha evolucionado significativamente a lo largo de los años, y continúa adaptándose a los cambios sociales, culturales y éticos. Hoy en día, los animales ocupan una posición intermedia entre objetos y sujetos de derecho, reflejando un reconocimiento cada vez mayor de su sensibilidad y bienestar. Con la educación de las generaciones más jóvenes y la reducción gradual de la práctica de la caza, junto con el creciente interés de los ciudadanos españoles por el bienestar animal como muestran las encuestas de opinión—, es probable que la legislación evolucione para proteger mejor los intereses de los animales en los próximos años.

fundo en la manera en que se perciben y tratan los animales dentro del sistema jurídico. Este reconocimiento significa que las infracciones contra los animales, no se consideran únicamente en términos de su valor instrumental o comercial, sino que también se toma en cuenta su valor intrínseco. En otras palabras, los galgos son valorados por lo que son como seres vivos y sensibles, no solo por su utilidad o por el beneficio económico que puedan proporcionar. En el ámbito del Derecho Penal, las leyes reconocen a los animales como seres sensibles y permiten una respuesta más contundente y específica a los delitos cometidos contra ellos. El Código Penal se reformó en 2023 para adaptarse al nuevo estatus jurídico de los animales como seres vivos dotados de sensibilidad, reconocido por la Ley 17/2021 del 15 de diciembre[810]. Esta reforma tenía como objetivo incluirlos como tal en el Código Penal, teniendo en cuenta el bien jurídico a proteger en los delitos contra los animales, que no es otro que su vida, su salud y su integridad, tanto física como mental. Existía una necesidad de adecuar la respuesta penal a la gravedad de los comportamientos hacia los animales y preservar el bien jurídico protegido. La consideración y la reforma del Derecho Penal son especialmente importantes, sobre todo en el caso de los maltratos a los galgos. De hecho, el Derecho Penal parece ser la rama del derecho más relevante a tener en cuenta, ya que hasta la fecha es la rama jurídica que prevé la mayor cantidad de acciones posibles para disuadir los actos de maltrato y abandono, para castigar en caso necesario, y sobre todo para proteger al galgo si aún es posible colocarlo en un entorno libre de maltrato mediante medidas cautelares. Sin embargo, existe una flagrante falta de jurisprudencia entre el ingente número de casos de galgos abandonados y los casos de galgos matados encontrados. Si hay tan poca jurisprudencia, no es tanto fallo del Derecho Penal, que es relativamente protector, sino de la falta de control e identificación de los perros, porque sin identificación es imposible encontrar al dueño del perro y proceder a su identificación y castigo penal. No obstante, aunque el Derecho Penal es esencial en la protección

---

810 BOE, núm.75. Ley Orgánica 3/2023, de 28 de marzo, de modificación de la Ley Orgánica 10/1995, de 23 de noviembre, del Código Penal, en materia de maltrato animal. Pagina web: *https://www.boe.es/buscar/act.php?id=BOE-A-2023-7935* [Última consulta: 10 de enero de 2025].

de los animales y de los galgos, y este libro aporta elementos de reflexión sobre la idoneidad de la prisión como pena más adecuada. Si bien consideramos decisivo que el maltrato y el abandono de galgos sean sancionados por la vía penal, desde esta investigación animamos encarecidamente a que las políticas públicas exploren otras vías enfocadas a educar a los galgueros y hacerles conscientes del impacto de sus actos. La justicia penal, con sus sanciones como multas y penas de prisión, puede ciertamente disuadir a ciertos individuos de cometer actos de crueldad hacia los animales. Sin embargo, no resuelve necesariamente las causas profundas del problema[811].

5) El Derecho Administrativo, en complemento al Derecho Penal, establece normas y regulaciones que abordan cuestiones relacionadas con la protección de los animales. Las Comunidades Autónomas poseen la facultad de establecer sus propias leyes de protección animal, dado que es una competencia que les corresponde. Esto significa que tienen la autoridad para legislar sobre el bienestar y la protección de los animales dentro de su territorio. Esta descentralización permite adaptar las normativas a las particularidades y necesidades de cada región. Las leyes administrativas de protección animal son de gran importancia, porque regulan aspectos como la identificación obligatoria de los perros o las condiciones de vida adecuadas para los animales. Sin embargo, las diferentes leyes de protección animal en las Comunidades Autónomas varían considerablemente[812], tanto en lo que respecta a sus disposiciones, su nivel de protección, como en las definiciones establecidas para los animales domésticos. En ocasiones, los perros de caza son considerados dentro de estas definiciones, mientras que en otras ocasiones no lo son. Estas disparidades reflejan

---

811 Los propietarios de animales abusivos o negligentes suelen proceder de entornos de cazadores, que carecen de acceso a la educación sobre la sensibilidad de los animales. Los galgueros, como comunidad, habitualmente tienen tradiciones y prácticas que pueden estar profundamente arraigadas en su cultura. En lugar de limitarse a marginarlos o castigarlos, las políticas públicas deberían tratar de entablar con ellos un diálogo constructivo, ofreciéndoles alternativas e incentivos para que adopten prácticas éticas con los galgos. Por lo tanto, además del castigo penal, creemos que es importante invertir en programas de educación y concienciación destinados a cambiar el comportamiento y las actitudes hacia los animales.

812 Ver el Capítulo II, apartado 2. “Los perros de caza”.

mucho sobre el grado de protección otorgado a los perros en cada región. Por esta razón, la doctrina jurídica en España había abogado por la adopción de una ley administrativa nacional que garantizara la protección de los animales de manera homogénea. Este anhelo finalmente parecía estar cerca de hacerse realidad con el anuncio de la preparación de dicha ley. La noticia fue acogida con optimismo y esperanza, pero tras el periodo de enmiendas, desgraciadamente se votó que los perros de caza quedaran excluidos de la protección de esta ley nacional. La exclusión de los perros de caza de la ley nacional de protección de los animales en 2023 podría desencadenar un "efecto dominó" que resulte en la adopción de legislaciones progresivamente más restrictivas, especialmente a nivel regional. Esta tendencia podría conducir a la exclusión de los perros de caza en dichas legislaciones.

6) La Unión Europea cuenta, no obstante, con un importante instrumento, mandatorio, por lo demás para todos los Estados Miembros. En virtud del artículo 13 del Tratado de Funcionamiento de la Unión Europea (TFUE)[813], la Unión Europea, y por extensión sus Estados miembros, deben tener plenamente en cuenta las exigencias de bienestar de los animales como seres sensibles. Sin embargo, observamos que el artículo 13 prevé excepciones, sobre todo en casos de tradición. No obstante, constatamos que la UE no ha permanecido inactiva ante la situación de los perros de caza y los galgos en España. Tanto los eurodiputados como el Eurogrupo para los Animales —*Eurogroup for Animals*— han realizado intentos para poner fin a los problemas que existen en España con los galgos, haciendo hincapié en que el trato que reciben los galgos no se corresponde con los valores de la Unión Europea. Hasta ahora, los esfuerzos de la UE no han tenido éxito. No obstante, es una vía que debería privilegiarse y que podría dar resultados.

7) Por lo tanto, existen varias vías para proteger a los galgos utilizados para la caza, y nuestro estudio ha demostrado que la caza no

---

813 Diario Oficial de la Unión Europea. C 202/54. Versión consolidada del Tratado de Funcionamiento de la Unión Europea. Página web: *https://eur-lex.europa.eu/legal-content/ES/TXT/?uri=celex%3A12016E013* [Última consulta: 10 de enero de 2025].

es un derecho fundamental, sino más bien un concepto jurídico sujeto a revisión, como ha sido el caso en otros países. En Francia, por ejemplo, la caza con galgos está prohibida, mientras que, en Colombia, la caza recreativa está completamente prohibida. Estos ejemplos muestran que es posible reconsiderar completamente la práctica de la caza en el marco legislativo para responder a las evoluciones sociales y a las crecientes preocupaciones sobre el bienestar animal. Nuestro objetivo no ha sido ni es estigmatizar a los galgueros, sino al contrario, apoyarlos en su evolución. Las ideas expuestas en esta investigación se basan en argumentos sociológicos, científicos y jurídicos, destacando la necesidad de futuros cambios legislativos que tengan en cuenta los intereses de los galgos, así como cuestiones ecológicas, en particular tras la propagación de la mixomatosis en las liebres. Esta enfermedad podría poner en peligro la supervivencia de la especie y la caza está ejerciendo una presión adicional sobre las poblaciones de liebres.

8) Este libro, en suma, totalmente apegada a la realidad, pues se ha realizado en el marco de un Doctorado Industrial. Ha permitido identificar muchos fallos en el sistema actual, y esperamos que esto ayude a concienciar a la opinión pública de la importancia de tomar medidas para mejorar la condición de los galgos. Hoy en día, la protección de los galgos es un ámbito que necesita una nueva visión y un nuevo lenguaje tanto jurídico como social. Queda mucho por hacer para garantizar el bienestar y la seguridad de los galgos en España. Se hace necesario desarrollar nuevas estrategias y políticas que tengan en cuenta las necesidades específicas de estos animales y los protejan eficazmente de toda forma de maltrato y explotación. El objetivo de nuestra investigación es sentar las bases para revalorizar la relación entre humanos y galgos. Al poner esta primera piedra, estamos allanando el camino para una nueva forma de interactuar con estos perros. Es hora de trascender la vieja dinámica de competición y caza, en la que a menudo se utilizaba a los galgos para acechar presas vivas, causándoles sufrimiento y angustia. Proponemos una alternativa en la que primen la autonomía y los intereses de los perros. En lugar de utilizarlos como herramientas de caza, podemos desarrollar una relación basada en la amistad y el respeto mutuo. Juntos, podemos compartir momentos de alegría y asombro mientras exploramos la naturaleza, caminamos codo con codo y admiramos la velocidad de

estos extraordinarios perros mientras corren libres. Al adoptar este nuevo enfoque, abrimos la puerta a una conexión más profunda y significativa con los galgos. Este cambio de paradigma puede lograrse mediante la labor de las asociaciones de protección de galgos[814].

[814] Las protectoras desempeñan un papel importante con la ayuda a los galgos, especialmente al acogerlos y cuidarlos una vez abandonados por los cazadores. Se establece una verdadera cadena de solidaridad para apoyar a los galgos españoles, ya que actualmente los refugios del país se ven abrumados cada año por un número tan elevado de estos perros que las adopciones locales no son suficientes para encontrarles un hogar. Por lo tanto, muchos refugios se ven obligados a enviar los perros a hogares de acogida en el extranjero, ya sea en países vecinos como Francia o incluso más lejos, hasta América del Norte. Sin embargo, la carga del abandono masivo de galgos en España recae pesadamente sobre los hombros de estos refugios, que a menudo no reciben financiamiento adecuado y sobreviven únicamente gracias a donaciones. No parece pertinente, que las asociaciones de protección animal se vean obligados a asumir la responsabilidad de la irresponsabilidad de algunos galgueros. También debemos añadir que salvar a los galgos no constituye una solución sostenible a largo plazo. Para abordar verdaderamente el problema de la explotación y el maltrato de los galgos, se requiere un cambio legislativo y el Estado tiene un papel fundamental que desempeñar para poner fin a estas prácticas y mejorar la situación de los galgos en el país.

Anexos

1. ANEXO 1. FCI. Standard Galgo español

FEDERATION CYNOLOGIQUE INTERNATIONALE (AISBL)
SECRETARIAT GENERAL: 13, Place Albert 1er B - 6530 Thuin (Belgique)

03.06.1998/ ES

Estándar-FCI N° 285

GALGO ESPAÑOL

Fuente: Nomenclatura de las razas de la FCI. Fecha de publicación del estándar oficial válido: 26/05/1982. Recuperado de: *https://fci.be/es/nomenclature/GALGO-ESPANOL-285.html*

2

ORIGEN: España.

FECHA DE PUBLICACIÓN DEL ESTÁNDAR OFICIAL VÁLIDO: 26.05.1982.

UTILIZACIÓN: Perro de caza de liebres a la carrera, en rápida persecución y guiándose a la vista. Igualmente ha sido empleado y puede acosar otras piezas de pelo como conejos, zorros e incluso jabalíes; pero la primordial utilización de la raza ha sido y es la caza de liebres a la carrera.

CLASIFICACIÓN: Grupo 10 Lebreles
Sección 3 Lebreles con pelo corto
Sin prueba de trabajo.

BREVE RESUMEN HISTÓRICO: El galgo español es conocido ya en la Edad Antigua por los Romanos, aunque hemos de suponer que su llegada e implantación en la Península sea muy anterior. Descendiente de los antiguos lebreles asiáticos, se ha adaptado a nuestras diferentes zonas de estepas y llanuras. Se ha exportado en grandes cantidades a otros países como Irlanda e Inglaterra, durante los siglos XVI, XVII y XVIII, siendo nuestro galgo uno de los padres del galgo inglés que presenta con el galgo español las similitudes proprias de la raza que le sirvió de base antes de su posterior selección y aclimatación. Cabe destacar, entre las numerosas citas de autores clásicos, aquella del Arcipreste de Hita que dice: "A la liebre que sale, luego, le echa la galga...", demostrando así la principal y ancestral función de la raza.

APARIENCIA GENERAL: Perro Lebrel de buen tamaño, eumétrico, subconvexo, sublonguilíneo y dolicocéfalo. De esqueleto compacto, cabeza larga y estrecha, tórax de amplia capacidad, vientre muy retraído, y cola muy larga. Tren trasero bien aplomado y musculado. Pelo fino y corto o duro y semilargo.

FCI-St. N° 285 / 03.06.1998

3

__PROPORCIONES IMPORTANTES__: Estructura sublonguilínea; diámetro longitudinal brevemente superior a la alzada a la cruz. Deben buscarse la proporcionalidad y la armonía funcional, tanto en estática como en movimiento.

__COMPORTAMIENTO / TEMPERAMENTO__: De carácter serio y retraído en ocasiones, aunque en la caza demuestra una gran energía y vivacidad.

__CABEZA__: Proporcionada con el resto del cuerpo, larga, enjuta y seca. La relación cráneo-hocico es 5/6: longitud del cráneo 5, longitud del hocico 6. Líneas cráneo-faciales divergentes. El conjunto cráneo-hocico visto desde arriba ha de ser muy alargado y uniforme; con hocico largo, estrecho.

REGIÓN CRANEAL:
__Cráneo__: De escasa anchura y perfil subconvexo. La anchura del cráneo no alcanzará la medida de su longitud. El cráneo está recorrido por un surco central bien marcado en sus dos primeros tercios; los senos frontales y la cresta occipital son simplemente marcados.
Depresión naso-frontal (Stop): Suave, muy poco acentuada.

REGIÓN FACIAL:
__Trufa__: Pequeña, húmeda y de mucosas negras.
Hocio: Largo, de perfil subconvexo, con ligero acameramiento del borde superior hacia la trufa. Caña nasal estrecha.
Labios: Muy enjutos. El superior cubrirá justamente al inferior. El inferior no presentará comisura labial marcada. Finos, tensos y de mucosas oscuras.
__Mandíbulas/Dientes__: Dientes fuertes, blancos y sanos. Mordida en tijera. Caninos muy desarrollados. Existen todos los premolares.
__Paladar__: Del color de las mucosas con crestas muy marcadas.

4

<u>**OJOS**</u>: Pequeños, oblicuos, almendrados; preferiblemente oscuros, de color avellana. De mirada tranquila, dulce y reservada.
Párpados: De piel fina y mucosas oscuras. Muy pegados al globo ocular.

<u>**OREJAS**</u>: De ancha base, triangulares, carnosas en su primer tercio y más delgadas y finas hacia el final que será en punta redonda. De implantación alta. En atención semi erectas en su primer tercio con las puntas dobladas hacia los laterales. En reposo en rosa, pegadas al cráneo. Ejerciendo tracción llegarán muy próximas a la comisura de ambos labios.

<u>**CUELLO**</u>: Largo, de sección ovalada, plano, esbelto, fuerte y flexible. Estrecho en la parte de la cabeza, continuando con ligero ensanchamiento hacia el tronco. Borde superior ligeramente cóncavo. Borde inferior casi recto con ligera convexidad central.

<u>**CUERPO**</u>
Visto de conjunto: Rectangular, fuerte y flexible, dando sensación de fortaleza, agilidad y resistencia. De pecho ampliamente desarrollado, vientre muy recogido.
<u>Línea superior</u>: Con ligera concavidad sobre el dorso y convexidad sobre el lomo. Sin interrupciones bruscas y sin oscilaciones durante el movimiento, dando sensación de gran elasticidad.
Cruz: Simplemente marcada.
<u>Dorso</u>: Recto, largo y bien definido.
Lomo: Largo, fuerte, no muy ancho y de borde superior arqueado con compacta y larga musculatura, dando sensación de elasticidad y fortaleza. La altura del lomo en su parte central puede sobrepasar la alzada a la cruz.
Grupa: Larga, poderosa y en pupitre. Su inclinación es superior a los 45° con respecto a la línea horizontal.
Pecho: Poderoso, aunque no muy ancho; profundo sin alcanzar el codo y muy largo hasta las costillas flotantes. Punta del esternón marcada.

Costillas: Las costillas con amplios espacios intercostales y aplanadas. El costillar ha de ser bien visible y marcado. El perímetro torácico será ligeramente superior a la alzada a la cruz.
Vientre y flancos: Vientre bruscamente recogido desde el esternón; agalgado. Ijares cortos y secos; flancos bien desarrollados.

COLA: De nacimiento fuerte e inserción baja, discurre pegada entre piernas afinándose progresivamente hasta terminar en punta muy fina.
Flexible y muy larga; sobrepasa ampliamente el corvejón. En reposo caída en forma de hoz con gancho final muy acusado y lateralmente inclinado. Remetida entre piernas con gancho final que casi roza el suelo por delante de los miembros posteriores; es una de las posturas que más tipicidad confieren a la raza.

EXTREMIDADES

MIEMBROS ANTERIORES:
Apariencia general: Perfectamente aplomados, finos, rectos y paralelos; metacarpos cortos y finos; pies de liebre.
Espalda: Seca, corta e inclinada. La escápula ha de ser sensiblemente más corta que el brazo.
Brazo: Largo, de mayor longitud que la escápula, muy musculado, con codos libres aunque pegados al tronco.
Antebrazo: Muy largo; recto y paralelo, huesos bien definidos, con tendones bien marcados. Almohadillas carpianas muy desarrolladas.
Metacarpo: Ligeramente inclinado, fino y corto.
Pies anteriores: De liebre. Dedos apretados y altos. Falanges fuertes y largas. Tubérculos y almohadillas duros y de buen desarrollo. Membrana interdigital moderada y uñas bien desarrolladas.
Angulaciones: Ángulo escápulo-humeral: 110°.
Ángulo húmero-radial: 130°.

6

MIEMBROS POSTERIORES:

Apariencia general: Potentes, huesos bien definidos, musculosos de musculatura larga y bien desarrollada. Perfectamente aplomados y de correctas angulaciones.
Corvejones bien marcados; metatarsos cortos y perpendiculares al suelo; pies de liebre con dedos altos.
Los miembros posteriores dan sensación de potencia y agilidad en el impulso.
Muslos: Muy fuertes, largos, musculados y tensos. El fémur lo más perpendicular posible. Vistos desde atrás presentarán una musculatura muy marcada a simple vista; larga, plana y potente, su longitud es 3/4 de la de la pierna.
Pierna: Muy larga, de hueso marcado y fino. Musculada en su parte superior; menos en la zona inferior, con clara apreciación de venas y tendones.
Corvejones: Bien marcados con nítida apreciación del tendón que estará muy desarrollado.
Metatarso: Fino, corto y perpendicular al suelo.
Pies posteriores: De liebre, al igual que en los miembros anteriores.
Angulaciones: Ángulo coxo-femoral: 110°
Ángulo femoro-tibial: 130°
Ángulo del corvejón: superior a los 140°

MOVIMIENTO: El movimiento típico es naturalmente el galope. El trote ha de ser largo, rasante a tierra, elástico y potente. Sin tendencia a la lateralidad y sin ambladura.

PIEL: Muy pegada al cuerpo en todas sus zonas, fuerte y flexible; de color rosado. Las mucosas han de ser oscuras.

MANTO

Pelo: Tupido, muy fino, corto, liso; repartido por todo el cuerpo hasta los espacios interdigitales. Ligeramente más largo en la parte posterior de los muslos.

FCI-St. N° 285 / 03.06.1998

La variedad de pelo duro semilargo presenta mayor aspereza y longitud de pelo, que puede ser variable; aunque siempre repartido uniformemente por todo el cuerpo llega a presentar una barba y bigotes en la cara, sobrecejas y tupé en la cabeza.

Color: Indeterminado. Se consideran como colores más típicos y por orden de preferencia los siguientes:

- Barcinos y atigrados más o menos oscuros y de buenas pigmentaciones.
- Negros.
- Barquillos oscuros y claros.
- Tostados.
- Canelas.
- Amarillos.
- Rojos.
- Blancos.
- Berrendos y pios.

TAMAÑO: Alzada a la cruz: Machos de 62 a 70 cm
Hembras de 60 a 68 cm
Se admite sobre la alzada un margen de 2 cm para ejemplares de proporciones excelentes.

FALTAS: Cualquier desviación de los criterios antes mencionados se considera como falta y la gravedad de ésta se considera al grado de la desviación al estándar y de sus consecuencias sobre la salud y el bienestar del perro.

FALTAS LEVES:

- Cabeza ligeramente ancha o poco cincelada.
- Perfil del hocico recto, hocico puntiagudo.
- Parietales acusados.
- Ausencia de algún premolar.
- Mordida de pinza.

8

- Cola ligeramente corta, sobrepasando pobremente el corvejón.
- Cicatrices, heridas y excoriaciones durante la temporada de caza.

FALTAS GRAVES:

- Cabeza grande.
- Cráneo excesivamente ancho y hocico puntiagudo.
- Depresión naso-frontal muy marcada.
- Ejes cráneo-faciales paralelos.
- Belfos y papada marcada.
- Prognatismo superior moderado.
- Ausencia de caninos no debidos a traumatismos.
- Ojos claros, redondos, saltones o prominentes.
- Ectropión, entropión.
- Orejas cortas, erectas o pequeñas.
- Cuello corto y redondo.
- Línea dorso-lumbar ensillada.
- Alzada al riñón inferior a la alzada a la cruz.
- Grupa corta, redonda o poco inclinada.
- Perímetro torácico escaso.
- Costillas en tonel.
- Flancos cortos.
- Musculatura muy globulosa, redonda y poco alargada.
- Aplomos incorrectos, dedos separados, corvejones de vaca.
- Almohadillas débiles.
- Cola y orejas amputadas.
- Aspecto de líneas fuerte, pesado o poco flexible.
- Carácter desequilibrado.

FALTAS DESCALIFICANTES:

- Agresividad o extrema timidez.
- Cualquier perro mostrando claras señales de anormalidades físicas o de comportamiento.
- Ausencia de tipicidad.

FCI-St. N° 285 / 03.06.1998

- Nariz partida.
- Prognatismo superior pronunciado o prognatismo inferior.
- Línea dorso-lumbar muy ancha, plana y recta.
- Pecho que sobrepase ampliamente el codo.
- Cualquier otro signo de tipicidad que recuerde o que indique mestizaje.
- Albinismo.

N.B.:

- Los machos deben tener dos testículos de apariencia normal completamente descendidos en el escroto.
- Sólo los perros funcional y clínicamente saludables, con la conformación típica de la raza, deberán usarse para la crianza.

Rasgos anatómicos

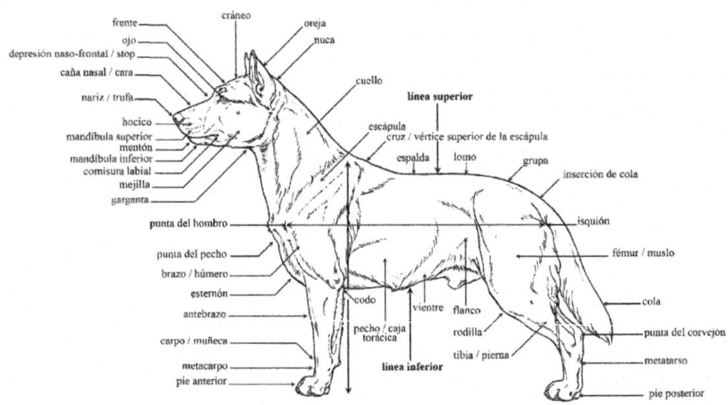

Fuente: Nomenclatura de las razas de la FCI. Fecha de publicación del estándar oficial válido: 26/05/1982. Recuperado de : https://fci.be/es/nomenclature/GALGO-ESPANOL-285.html

2. *ANEXO 2. Ventas de liebres para repoblar cotos*

Fuente: Página Web Mil anuncios Fecha: 16 otubre de 2023.
Captura de pantalla de la pagina web.

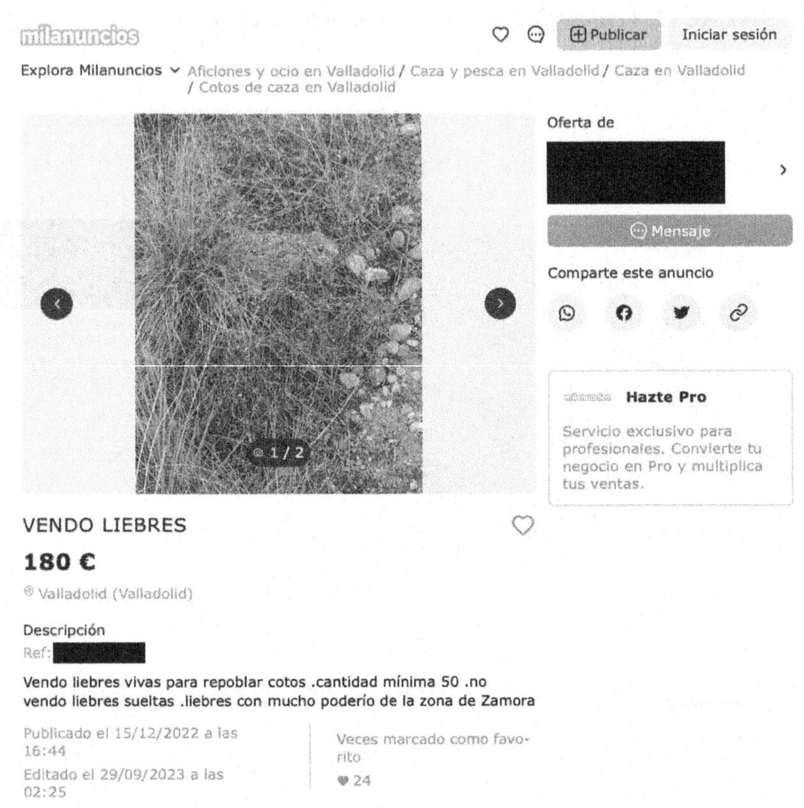

Fuente: Página Web Mil anuncios Fecha: 16 otubre de 2023. Captura de pantalla de la página web.

Fuente: Página Web Mil anuncios Fecha: 16 otubre de 2023.
Captura de pantalla de la página web.

3. ANEXO 3. El cerebro de los perros y la genética

Variación neuroanatómica en perros domésticos. Imágenes de IRM y reconstrucciones 3D del modelo deformado de 10 perros seleccionados de diferentes razas.

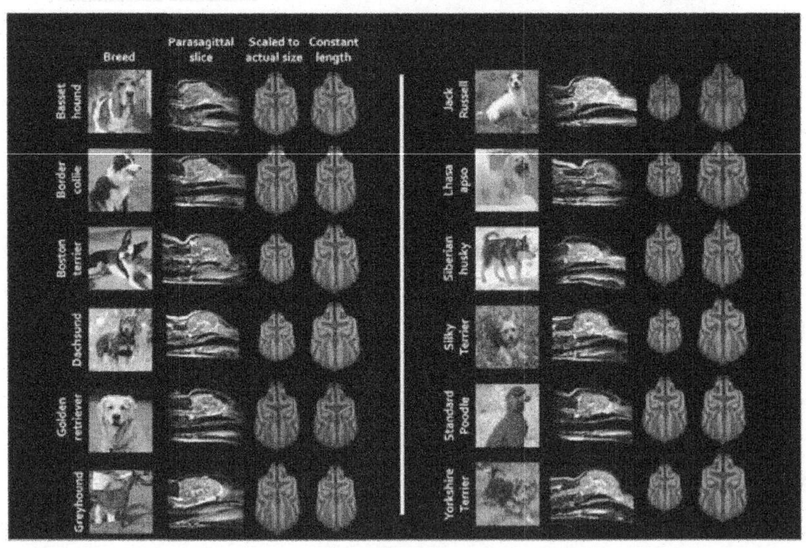

Fuente: Imagen recuperada en el artículo de: HECHT, E., SMAERS, JB., DUNN, WD., KENT, M., PREUSS, T.M., GUTMAN, D.A. *Journal of Neuroscience*, 39 (39) 7748-7758; *https://doi.org/10.1523/JNEUROSCI.0303-19.2019* (2019). Imagen bajo una licencia de Creative Commons Reconocimiento 4.0 Internacional (CC-BY).

4. *ANEXO 4. Las normas de Mil anuncios.com que regulan la venta de animales*

— 2021 —

Para publicar tres (3) o más anuncios de mascotas, debe realizarse a través de nuestra herramienta para profesionales "MILANUNCIOS PRO", cuyo uso lleva un coste asociado que deberá abonar.

Se debe aportar determinada documentación del anunciante para poder publicar en esta categoría (como por ejemplo el CIF – NIF; núcleo zoológico, entre otros) para el control del fraude y seguridad en las transacciones.

Hay datos agregados y estadísticos (en ningún caso datos personales identificativos) relativos a los anuncios de esta categoría que podrán ser compartidos con organismos y autoridades públicas con el objetivo de garantizar los derechos de los animales.

El Portal se reserva la facultad de poder bloquear y/o borrar tus anuncios de la categoría de mascotas si no se cumple cualquiera de estas normas específicas de la categoría.

La posesión, adquisición, venta y/o captura de muchas especies de animales está sujeta a leyes o normas del ordenamiento jurídico específicos. A título enunciativo, y en ningún caso limitativo o excluyente, queremos llamar atención a las siguientes normas con las que tiene que cumplir el anunciante:

- Real Decreto 139/2011, de 4 de febrero, para el desarrollo del Listado de Especies Silvestres en Régimen de Protección Especial y del Catálogo Español de Especies Amenazadas.
- Real Decreto 630/2013, de 2 de agosto, por el que se regula el Catálogo español de especies exóticas invasoras.
- Ley 8/2003, de 28 de octubre, de la Flora y la Fauna Silvestre.
- Decreto Legislativo 2/2008, de 15 de abril, por el que se aprueba el Texto refundido de la Ley de Protección de los Animales.
- Real Decreto 287/2002, del 22 de marzo por el que se desarrolla la Ley 50/1999, de 23 de diciembre, sobre el régimen jurídico de la tenencia de animales potencialmente peligrosos.

- También hay que tener en cuenta que puedan existir leyes y normativas específicas a nivel de las comunidades autónomas que hay que cumplir, como por ejemplo la orden de 28 de noviembre de 1988, de creación del Registro de Núcleos Zoológicos de Cataluña (DOGC 1087 de 30/12/1988) o el Decreto 158/1996, de 13 de agosto, del Consell, en el que se creó el Registro de Núcleos Zoológicos de la Comunitat Valenciana como instrumento para la declaración como núcleo zoológico de los establecimientos considerados como tal.

En este sentido, en algunas Comunidades Autónomas, como el caso de Cataluña o la Comunidad Valenciana, para vender o realizar donaciones de animales por medio de revistas de reclamo o publicaciones asimiladas, debe incluirse el número de registro de núcleo zoológico.

— 2023 —

En Milanuncios solo se permite que publiquen anuncios de venta de mascotas aquellos vendedores que sean centros autorizados y registrados de acuerdo con la normativa legal vigente. Además, en las categorías que lo requieran se debe disponer del correspondiente número de núcleo zoológico y la publicación de anuncios deberá realizarse a través de la herramienta de MA PRO.

Se debe aportar determinada documentación del anunciante para poder publicar en esta categoría (como por ejemplo el CIF – NIF; núcleo zoológico, entre otros) para dar cumplimiento a la ley 7/2023, de 28 de marzo, de protección de los derechos y el bienestar de los animales para el control del fraude y seguridad en las transacciones.

Hay datos agregados y estadísticos (en ningún caso datos personales identificativos) relativos a los anuncios de esta categoría que podrán ser compartidos con organismos y autoridades públicas con el objetivo de garantizar los derechos de los animales.

El Portal se reserva la facultad de poder bloquear y/o borrar tus anuncios de la categoría de mascotas si no se cumple cualquiera de estas normas específicas de la categoría. En tal caso, serán de aplicación las regulaciones contenidas en la Condiciones Específicas aplicables a Clientes considerados usuario profesional, en el sentido de que se notificará el bloqueo y/o borrado de anuncios y las causas que lo justifican.

La posesión, adquisición, venta y/o captura de muchas especies de animales está sujeta a leyes o normas del ordenamiento jurídico específicos. A título enunciativo, y en ningún caso limitativo o excluyente, queremos llamar atención a las siguientes normas con las que tiene que cumplir el anunciante:

- Real Decreto 139/2011, de 4 de febrero, para el desarrollo del Listado de Especies Silvestres en Régimen de Protección Especial y del Catálogo Español de Especies Amenazadas.
- Real Decreto 630/2013, de 2 de agosto, por el que se regula el Catálogo español de especies exóticas invasoras.
- Ley 8/2003, de 28 de octubre, de la Flora y la Fauna Silvestre.
- Decreto Legislativo 2/2008, de 15 de abril, por el que se aprueba el Texto refundido de la Ley de Protección de los Animales.
- Real Decreto 287/2002, del 22 de marzo por el que se desarrolla la Ley 50/1999, de 23 de diciembre, sobre el régimen jurídico de la tenencia de animales potencialmente peligrosos.
- También hay que tener en cuenta que puedan existir leyes y normativas específicas a nivel de las comunidades autónomas que hay que cumplir, como por ejemplo la orden de 28 de noviembre de 1988, de creación del Registro de Núcleos Zoológicos de Cataluña (DOGC 1087 de 30/12/1988) o el Decreto 158/1996, de 13 de agosto, del Consell, en el que se creó el Registro de Núcleos Zoológicos de la Comunitat Valenciana como instrumento para la declaración como núcleo zoológico de los establecimientos considerados como tal.

En este sentido, en algunas Comunidades Autónomas, como el caso de Cataluña o la Comunidad Valenciana, para vender o realizar donaciones de animales por medio de revistas de reclamo o publicaciones asimiladas, debe incluirse el número de registro de núcleo zoológico. Infórmate *aquí* sobre cómo publicar de forma responsable. En Milanuncios solo se permite que publiquen anuncios en la categoría de "Adopciones" aquellos vendedores que sean protectoras y/o organizaciones autorizadas y registrados de acuerdo con la normativa legal vigente.

5. ANEXO 5. Ofertas de galgos en Facebook

Oferta Facebook. Grupo Galgueros de España. Este anuncio, publicado en un grupo de Facebook[815], muestra cómo se regala un galgo porque está herido. Un galgo herido ya no sirve para cazar. El anuncio afirma que el perro es de "muy buena raza", quizá para dar esperanzas al comprador de que podrá cazar con él más adelante. También dice que está "sin registrar". Es una forma fácil de deshacerse de perros. En estas transacciones, no se proporciona información sobre la personalidad del perro, tratándolo simplemente como un objeto intercambiable sin considerar sus características individuales.

815 Búsqueda hecha el 21/10/2023.

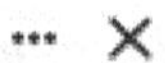

Oferta Facebook. Grupo Galgueros de España. En este anuncio encontrado entre cientos otros[816], destaca la oferta de dos perros de un galguero que busca desprenderse de ellos debido a su estado de celo. El anuncio enfatiza que no se consideran "desechos", lo que sugiere que esto sucede en el mundo Galguero. Además, se presenta la posibilidad de un intercambio por una motocicleta. En este contexto, el enfoque no se centra en las características individuales del animal, como su personalidad, sino que la transacción parece ser principalmente de naturaleza financiera.

---

816 Búsqueda hecha 04/11/2023.

6. ANEXO 6. Reglamento de entrenamientos de galgos usando vehículos a motor

REGLAMENTO DE ENTRENAMIENTOS DE GALGOS USANDO VEHICULOS A MOTOR.

El entrenamiento de galgos durante el periodo previo a la actividad cinegética es realizado por los preparadores usando en la mayoría de los casos la ayuda de un vehiculo a motor, entrenamiento que se viene realizando como practica adquirida pero carente de rigor técnico o científico. Para tratar de paliar esta situación la Federación Andaluza de Galgos encargó a la Cátedra de Recursos Cinegéticos y Piscícolas de la Universidad de Córdoba un estudio científico sobre el impacto de este tipo de entrenamiento de los galgos que llegaría a una serie de conclusiones que dieran rigor científico a esta práctica y en virtud de ello permitiera su regularización y normalización.

El estudio ha sido realizado por la Cátedra de Recursos Cinegéticos y Piscícolas sobre dos grupos de animales estudiando diversas variables que esta entidad de reconocido prestigio, ha considerado oportunas (edad del galgo , distancia de entrenamiento, velocidad de entrenamiento, temperatura ambiental ...), llegando por su parte a una serie de conclusiones y recomendaciones que podríamos resumir fundamentalmente en que el entrenamiento normalizado y regularizado no tiene porque representar un problema en si mismo y puede ser aceptable desde el punto de vista del bienestar animal, siempre que se tengan en consideración unos límites dentro de los cuales los animales puedan encontrarse en condiciones adecuadas.

Estas consideraciones se encuadran en las siguientes consideraciones a seguir para poder realizar este entrenamiento de galgos usando vehículos a motor.

TIPO DE VEHICULO Y SITUACION DEL GALGO CON RESPECTO AL MISMO

Los vehículos autorizados para el entrenamiento de galgos serán el ciclomotor, motocicleta, quad y análogos, situando al galgo en posición segura con respecto al mismo , los cuales serian la parte anterior y lateral de dichos vehiculos , no debiéndose situar al galgo en la zona de proyección de salida de los gases del tubo de escape del vehículo usado y gravilla expulsada por las ruedas.

SUELO ADECUADO

El lugar por el que se entrenen los galgos será un suelo adecuado a las características del galgo, cuidándose por parte del entrenador que no se produzcan lesiones abrasivas en los pulpejos de los galgos a consecuencia del entrenamiento en suelos inadecuados.

Se podrá realizar el entrenamiento en caminos rurales, cordeles y veredas no pedregosas ni excesivamente polvorientas, no pudiéndose realizar el entrenamiento en terrenos asfaltados, pero permitiéndose la salida y regreso a los municipios por terreno asfaltado a velocidad inferior a 10 Km/h. hasta alcanzar o regresar del campo de entrenamiento.

VELOCIDAD DE ENTRENAMIENTO

La velocidad a la que debe circular el vehiculo a motor siempre será como máximo aquella en la que nunca se traccione a los animales a los cuales se entrena, es decir, aquella velocidad que permite al galgo acompañar al vehículo al que va atado sin poder ser arrastrado en ningún momento por este, comenzando a una velocidad de 10Km/h. para cachorros de hasta 8 meses de edad y tras un periodo progresivo de adaptación alcanzar como máximo 15 km/h. , no pudiéndose sobrepasar esta velocidad en cualquier circunstancia.

EDAD DEL GALGO

La edad mínima permitida para el entrenamiento de galgos usando vehículos a motor será de 6 meses de edad. Una vez alcanzada la edad de 6 meses el nivel de entrenamiento se incrementara de forma paulatina hasta poder alcanzar la velocidad máxima permitida de 15 km/h. a partir de los 12 meses de edad.

CONDICIONES AMBIENTALES

Las condiciones ambientales marcaran el horario en que se puede realizar el entrenamiento siendo este permitido durante todo el dia en el semestre comprendado entre el 1 de Octubre del año en curso y el 31 de Marzo del año siguiente.

En el semestre comprendido entre el 1 de Abril y el 31 de Septiembre solo estará permitido el entrenamiento a primeras horas de la mañana hasta las 11.00 horas o al atardecer a partir de las 19.00 horas, por tanto, no se podrá realizar el entrenamiento de galgos usando vehículos a motor entre las 11.00 horas y 19.00 horas en el periodo comprendido entre el 1 de Abril y el 31 de Septiembre.

No podrá realizarse el entrenamiento en condiciones de temperatura por encima de los 32ºC ni en dias de lluvia.

UNION DEL GALGO AL VEHICULO A MOTOR

El galgo deberá ir sujeto al vehículo que dirige el entrenador usando siempre una cuerda, no usando cadenas, situando al animal respetando la situación del galgo con respecto al vehículo a motor.

Esta cuerda tendrá una longitud mínima de 1,5 metros que impida lesiones al animal mientras sea entrenado debiendo estar en todo momento comba. No podrán usarse cadenas o collares que pudieran disminuir su diámetro a la tracción y oprimieran el cuello del animal o collares que aun no disminuyendo su diámetro provocaran erosiones en el cuello del animal.

NUMERO DE ANIMALES A ENTRENAR

El número de animales a entrenar será como máximo de dos si se utiliza un ciclomotor, motocicleta o análogo, debiendo situarse en el lateral contrario al tubo de escape.

En el caso de vehículos en los que los perros pueden situarse de forma segura en la parte anterior del mismo, se podrá entrenar hasta un máximo de cuatro animales al mismo tiempo. Estos animales podrán ser de igual o de distinta edad pero siempre adaptando la velocidad al animal de menor edad, en el caso de que éste tuviese menos de 12 meses de vida.

DISTANCIA Y VELOCIDAD

La velocidad maxima permitida en todo caso nunca sobrepasara los 15 Km/h. y del mismo modo derivado del estudio realizado por la catedra de recursos cinegéticos y piscícolas de la Universidad de Córdoba, la distancia nunca será superior a los 8 Km.

CONDICIONES SANITARIAS Y DE IDENTIFICACION DE LOS PERROS

No se puede realizar el entrenamiento de animales enfermos, desnutridos, con signos evidentes de mala condición física y hembras en estado de gestación.

Los galgos estarán identificados según lo dispuesto en la Orden de 14 de Junio de 2006 por la que se desarrolla el Decreto 92/2005 de 29 de Marzo por el que se regula la identificación y los registros de determinados animales de compañía en la Comunidad Autónoma de Andalucía, vacunados de rabia según lo dispuesto en la Orden de 19 de Abril de 2010 por la que se establecen los tratamientos obligatorios de los animales de compañía, y desparasitados según esta misma Orden, e irán acompañados durante el entrenamiento de su correspondiente cartilla sanitaria.

7. *ANEXO 7. Décision relative à la résiliation de la convention portant sur l'exercice du droit de chasse consenti au bénéfice du Syndicat de Chasse La Méjanelle sur les communes de Montpellier et Lattes*

Décision relative à la résiliation de la convention portant sur l'exercice du droit de chasse consenti au bénéfice du Syndicat de Chasse La Méjanelle sur les communes de Montpellier et Lattes

Décision n° MD2021-512

Direction de l'Action Foncière et Immobilière

Service Foncier Espaces publics

Extrait du registre des Décisions de Montpellier Méditerranée Métropole

Décision relative à la résiliation de la convention portant sur l'exercice du droit de chasse consenti au bénéfice du Syndicat de Chasse La Méjanelle sur les communes de Montpellier et Lattes Monsieur le Président de Montpellier Méditerranée Métropole,

- VU l'article L.5211-10 du Code général des collectivités territoriales;
- VU la délibération relative à l'élection de Monsieur Michaël DELAFOSSE en qualité de Président le 15 juillet 2020;
- VU la délibération relative à l'élection de Madame Coralie MANTION, en qualité de Vice-Présidente le 15 juillet 2020;
- VU l'arrêté portant délégation de fonction à Madame Coralie MANTION dans les domaines de l'aménagement durable du territoire, de l'urbanisme et de la maîtrise foncière;
- VU les délégations permanentes accordées au Président par le Conseil de Métropole et notamment celles d'autoriser la prise de possession anticipée et les conventions temporaires d'occupation de terrains publics et privés ou constituant une servitude;
- VU les délégations permanentes accordées au Président par le Conseil de Métropole et notamment celles de décider de la conclusion et de la révision du louage de choses pour une

durée n'excédant pas douze ans, que la chose louée soit prise ou donnée à bail, et de décider de la résiliation anticipée ou de la non reconduction de l'occupation en matière d'occupation du domaine privé;

- VU la convention en date des 16 et 24 février 2014 et ses avenants n° 1 et n° 2, par lesquels Montpellier Méditerranée Métropole a consenti au Syndicat de Chasse La Méjanelle, représenté par son Président Monsieur Alain Ferreres, la possibilité d'exercer le droit de chasse sur une partie de ses propriétés, situées sur les communes de Montpellier et Lattes;
- CONSIDERANT les motifs d'intérêt général justifiant la résiliation anticipée du droit de chasse sur les terrains propriété de la Métropole, dans une zone en pleine mutation urbaine, dans le cadre de l'opération d'aménagement Cambacérès, depuis plusieurs années, sur les communes de Montpellier et Lattes, notamment:
  - la réalisation de nombreux travaux et aménagements au droit du château de la Mogère, du domaine de Comolet et la mise en sécurité des allées septentrionales des Domaines,
  - la mise en exploitation progressive des différents ouvrages hydrauliques, qui permettront une gestion dynamique des crues, avec des phases «tests» durant le dernier trimestre de l'année 2021,
  - les travaux de viabilité dans le secteur lycée Pierre Mendès France – Gare – château de la Mogère,
  - l'engagement à venir du chantier autoroutier de la société des Autoroutes du Sud de la France sur l'ouvrage d'art de l'A 709 puis du tramway,
  - la mise en place de plusieurs zones de plantation avec des expériences sur les espèces en lien avec l'école supérieure d'agronomie Supagro,
  - le développement du réseau viaire pour la desserte de Lattes, et la desserte du parc d'activités du Font de la Banquière;

- CONSIDÉRANT que l'exercice du droit de chasse n'est pas compatible avec une zone d'aménagement et d'activité dans laquelle les espaces «libres» sont très limités et que la cohabitation est impossible avec les flux générés, notamment ceux liés à la gare Sud de France et les salariés du parc d'activité, en toute sécurité,

DECIDE

Article 1.– Montpellier Méditerranée Métropole procède à la résiliation de la convention relative à l'exercice du droit de chasse et de ses avenants n° 1 et n° 2 consenti au bénéfice du Syndicat de Chasse La Méjanelle sur les communes de Montpellier et Lattes, à compter du 1 er octobre 2021, pour des motifs d'intérêt général.

Article 2.– La présente décision sera notifiée au Président du Syndicat de Chasse La Méjanelle par courrier recommandé avec accusé réception.

Article 3.–Toute personne ayant reçu par le Président de Montpellier Méditerranée Métropole délégation à cet effet, est autorisée à signer tout document relatif à cette affaire, conformément à l'arrêté portant délégation de fonction.

Article 4.– Monsieur le Directeur Général des Services de Montpellier Méditerranée Métropole et Monsieur le Trésorier Principal Municipal sont chargés, chacun en ce qui le concerne, de l'exéution de la présente.

Montpellier, le 16 sept. 2021
Madame la Vice-Présidente
Signé.
Coralie MANTION

Publiée le: 17 sept. 2021
Accusé de réception – Ministère de l'intérieur
034-243400017-20210104-169821-AU-1-1
Acte certifié exécutoire
Envoi Préfecture: 17 sept. 2021
Réception en Préfecture: 17 sept. 2021

Liste des annexes transmises en préfecture:

Monsieur le Président certifie sous sa responsabilité le caractère exécutoire de cet acte et informe que le présent arrêté peut faire l'objet d'un recours gracieux dans un délai de deux mois adressé au Président ou d'un recours contentieux devant le tribunal administratif de Montpellier dans un délai de deux mois à compter de sa publication ou notification.

8. ANEXO 8. Proposición de reforma de la Constitución para añadir a los animales

Se insertaría en la Constitución española el Título I. De los derechos y deberes fundamentales, después del actual art 13, un artículo 14 sobre Estatuto jurídico de los animales.

Art 14.– *Derechos universales de los animales*

Todos los animales deben ser considerados como individuos, y sus intereses individuales deben ser respetados.

Los derechos de los animales son inherentes e iguales para todos.

La personalidad jurídica de los animales y sus derechos están reconocidos.

Todo animal tiene derecho a vivir libremente en su entorno natural. La privación prolongada de libertad, la caza y la pesca recreativa, así como cualquier uso inadecuado de los animales, son estrictamente contrarios a la Constitución.

El actual artículo 14 pasará a ser el artículo 15.

Se crearía un nuevo artículo 16.

Art 16.– *La primacía del interés común*

Los intereses de las personas y los animales deben tener siempre prioridad frente a otros valores.

En el Titulo IV. Del Gobierno y de la Administración se añade un artículo sobre: Representación en organismos gubernamentales

Para garantizar que los derechos de los animales se defienden y salvaguardan eficazmente, se integran en los organismos gubernamentales representantes dedicados a la protección de los animales.

Los animales tienen interés en actuar, representados en su nombre por uno o varios portavoces habilitados por asociaciones protectoras acreditadas.

Esta propuesta se ha redactado inspirada en las propuestas de la Declaración de Toulon, proclamada oficialmente el 29 de marzo de 2019 durante la sesión solemne de un coloquio sobre la personalidad jurídica de los animales, celebrado en la Facultad de Derecho de la Universidad de Toulon en Francia. Este evento contó con la participación destacada de Louis Balmond, Caroline Regad y Cédric Riot. Asimismo, se ha tomado como referencia la Declaración Universal de los Derechos del Animal, co-redactada por la LFDA, que fue solemnemente proclamada en París el 15 de octubre de 1978 en la Maison de l'Unesco.

Bibliografía

a) Libros y capítulos de libros

ABELLA POBLET, M., Manuel del derecho de caza. Abella, Madrid. (1973).

ALVARADO CORRALES, E., Socioeconomía de la caza.: El ejemplo extremeño, en: Manual de ordenación y gestión cinegética. IFEBA, (1991).

AMPARO, REQUENA, M., Las entidades de protección de animales ante el maltrato: posibilidades y límites de actuación, en: CUERDA ARNAU, ML., (dir.) De animales y normas. Protección animal y derecho sancionador. Tirant lo Blanch, Valencia. (2021).

ARRIANO, F., [s. II a. c.] Cynegeticus. Traducido por Beatriz Seral Aranda con título: Tratado de la caza. Colección el Mirlo Blanco, Madrid. (1965).

BAUCELLS I LLADOS, J., Comentarios a los delitos relativos a la ordenación del territorio y la protección del patrimonio histórico y del medio ambiente, en: CÓRDOBA RODA, J., GARCÍA ARÁN, M., (dirs.), Comentarios al Código Penal. Parte Especial, Tomo I, Marcial Pons, Madrid. (2004).

BERNUZ BENEITEZ, M.J., Pensar respuestas eficaces y constructivas al maltrato animal, en: BERNUZ BENEITEZ, M.J., ASAMBLEA ANTISSPECITSA DE MADRID, ¿Puede la cárcel defender a los animales? Ochodoscuatro ediciones (2023).

BLANCO CORDERO, I., Artículo 337, en: GÓMEZ, TOMILLO, M., (dir.) Comentarios Prácticos del Código penal. T.IV. Thomson Reuters Aranzadi, Cizur Menor. (2015).

BOISSEAU-SOWINSKI, L., THARAUD, D., Les liens entre éthiques et droit. L' exemple de la question animale. L' Harmattan, Paris. (2019).

BRAGE CENDÁN, S.B., Los delitos de maltrato animal y abandono de animales, Valencia, Tirant Lo Blanch, Valencia. (2017).

BRELS, S., Le droit du bien-être animal dans le monde. Évolution et universalisation. L' Harmattan, Paris. (2017).

CASADO, CASADO, L., La protección del bienestar animal a través del ordenamiento jurídico-administrativo, en: Cuerda Arnau, ML., (dir.) De animales y normas. Protección animal y derecho sancionador. Tirant lo Blanch, Valencia. (2021).

CASTRO ÁLVARES, C., Los animales y su estatuto jurídico. Protección y utilización de los animales en el Derecho, Aranzadi, Cizur Menor, Navarra. (2019).

Cerro Ramírez, J., La villa de Fuentes (1578-1800). Fuentes de Andalucía, Sevilla. Ayuntamiento de Fuentes de Andalucía. (2011).

Chapman, A., Bluck, W.J., La España Agreste. Ediciones Giner, Madrid. (1893).

Clutton Brock, J., Los animales silvestres y domésticos en el pasado y el presente. En Relaciones hombre-fauna. Una zona interdisciplinaria de estudio, coordinado por Joaquín Arroyo Cabrales y Eduardo Corona. Plaza y Valdés, Instituto Nacional de Antropología e Historia. (2002).

Coca J.L., Alvarez P., Hernández J.M., El turismo cinegético como recurso económico de primer orden para el desarrollo sostenible de Extremadura: modalidades de montería y ojeos de perdiz, en: Hernández R., Postigo V., (eds.). Competencia sin fronteras. La empresa familiar. Ediciones La Coria, Trujillo. (2007).

Colás Turégano, M.A., La tutela penal de los animales y el principio *ne bis in idem*, en: Cuerda Arnau, ML., (dir.) De animales y normas. Protección animal y derecho sancionador. Tirant lo Blanch, Valencia. (2021).

Conde De Yebes., Cazadores extranjeros en España. En La hora del lubricán. Al Ándalus Ediciones. Sevilla. (2000).

Cuéllar Montes, T., El Derecho de Caza. Análisis y consideraciones desde la óptica del derecho civil. Universidad de Extremadura, Servicio de Publicaciones, Extremadura. (2018).

Davis, A, Democracia de la abolición. Prisiones, racismo y violencia. Trotta. (2016).

De Lora, P., Justicia para los animales: la ética más allá de la humanidad. Alianza Ensayo nº 221, Madrid. (2003).

De Palma Del Teso, A., El principio de culpabilidad en el Derecho Administrativo Sancionador. Tecnos, Madrid. (1996).

Díaz-Maroto Y Villarejo, J., El maltrato de animales domésticos o amansados. Estudios sobre las reformas del Código Penal (Operadas por las LO 5/2010, de 22 de junio, y 3/2011, de 28 de enero), obra colectiva dirigida por el mismo autor. Thomson Reuters Aranzadi, Cizur Menor. (2011).

Donderis, Cervelló, V., La penalidad en los delitos de maltrato y abandono de animales, en: Cuerda Arnau, ML., (dir.) De animales y normas. Protección animal y derecho sancionador. Tirant lo Blanch, Valencia. (2021).

Faraldo Cabana, P., Flora y fauna: (arts. 333, 334, 336, 337, 339 y 631), en: Álvarez, García, F.J., (dir.), González Cussac, J.L., (dir.) Comentarios a la reforma penal de 2010. Tirant lo Blanch, Valencia. (2010).

Francione, G., Introduction to animal rights: Your child or the dog? Temple University Press, U.S. (2010).

Francione, G.L. Animals Property & The Law. Temple University Press, U.S. (1995).

García Romero, C., Rodríguez González JP., Rodríguez González JI., Cuena Boy, A., Manual del cazador. Cazar para conservar. Régimen jurídico y especies cinegéticas adaptado a las leyes autonómicas de caza. Marcial Pons, Madrid. (2002).

Garrido Falla, F., Tratado de Derecho Administrativo. Vol. II, 10°. Tecnos, Madrid. (1992).

Garrido Falla, Tratado de Derecho Administrativo. Instituto de Estudios Políticos, vol. I, n° 416. (1964).

Gates, B.t., In Nature' s Name: An Anthology of Women' s Writing and Illustration, 1780–1930, University of Chicago Press. (2002).

Gayo, Instituciones, II, 8 y III, 9, De Abellán Velasco, M, Arias Bonet, J.a., Iglesias Redondo, J., Roset Esteve, J., dir. por Hernández Tejero, F., Civitas, Madrid, (1985).

Godoy Suárez, M., Breves apuntes sobre el maltrato de animales en el artículo 337 del Código penal, en: González-Cuéllar García, A., Derecho y justicia penal en el siglo XXI: liber amicorum en homenaje al Profesor Antonio González-Cuéllar García. Constitución y Leyes, Editorial Colex, Madrid. (2006).

Goltzberg, S., 100 principes juridiques. 2° ed. Puf, Bruselas. (2018).

Gruen, L., Marceau, J., (ed.). Carceral logics: Human incarceration and animal captivity. Cambridge University Press, (2022).

Guzmán Dalbora, J.L., El delito de maltrato animal, en: Díez Ripollés, J.L., La ciencia del derecho penal ante el nuevo siglo. Libro homenaje al profesor doctor don Cerezo Mir, J. Tecnos, Madrid. (2002).

Harris, M., Antropología cultural. Alianza editorial, Madrid. (2000).

Hidalgo, C. Y Gutierrez, A., Tratado de caza. Imprenta de D. Manuel Álvarez, Madrid. (1845).

Javato Martín, A., *et al.* Artículos 332 a 337 bis de los delitos relativos a la protección de la flora, fauna y animales domésticos, en: Gómez Tomillo, M., (dir.) Comentarios prácticos al Código penal Tomo IV. Aranzadi, Cizur Menor. (2015).

Karlin O' Sullivan, C., Ought Sweden to Protect Animals by the Constitution? A Comparative Constitutional Animal Law Study. En Dalpane, F., Baideldinova, M., Animal Law Worldwide: Key Issues and Main Trends Across 27 Jurisdictions (2024).

LAGUNA DE PAZ, J.C., Libertad y Propriedad en el Derecho de la Caza. Marcial Pons. (1997).

LE BOT, O., Droit constitutionnel de l' animal. (2018).

LESMES, SERRANO, C., et al. Derecho Penal administrativo. Ordenación del territorio, patrimonio histórico y medio ambiente. Editorial Comares, Granada. (1997).

LOPEZ RAMON, F., La protección de la fauna en el Derecho español. Instituto García Oviedo, Sevilla. (1980).

MARQUÉS I BANQUÉ, M., Delitos relativos a los animales domésticos, en: QUINTERO OLIVARES, G., (dir.). Comentario a la Reforma Penal de 2015. Thomson Reuters Aranzadi, Cizur Menor. (2011).

MEDEM SANJUAN, R. Tras la estrella más alta. Agualarga Editores, Madrid. (2002).

MONGUIÓ PEREZ, J.M., RUIZ RODRÍGUEZ, L.R., SÁNCHEZ GONZÁLEZ, M.P., Los animales como agentes y víctimas de daños. Los animales como agentes y víctimas de daños. Bosch. (2008).

MORTALLA, MORTALLA, P.J., Policía local y protección animal: una visión práctica de la tarea policial, en: CUERDA ARNAU, ML., (dir.) De animales y normas. Protección animal y derecho sancionador. Tirant lo Blanch, Valencia. (2021).

NARD, J., Liebres y conejos. Caza, vida y costumbres. Pulide, Barcelona. (1980).

NAVARRO SÁNCHEZ, D., *De la res romana al pleno reconocimiento de la personalidad jurídica: el avance imparable del derecho animal*, en: Falcon, M., Milani, M., A New Role for Roman Taxonomies in the Future of Goods? Atti del convegno di Padova (2022).

NOUËT, J-C., COULON, J-M., Les droits de l' animal. 2° ed. Dalloz, Paros. (2019).

ORTEGA Y GASSET, J., La caza y los toros. Espasa-Calpe, Madrid. (1962).

ORTEGA Y GASSET, J., Prólogo, en CONDE DE YEBES. Veinte Años de Caza Mayor. Plus Ultra, Madrid. (1965)

PALOMAR OLMEDA, A., Las federaciones deportivas, en PALOMAR OLMEDA, A., (dir.) Manual de gestion de federaciones deportivas. Aranzadi, Navarra. (2006).

PANTALEÓN PRIETO, F., Art. 612, en: Albaladejo, Manuel (dir.), Comentarios al Código Civil y compilaciones forales. Edersa. Tomo VIII, vol. 1. Comentarios al Código Civil y a las Compilaciones Forales. (1987).

Pazos Baró, J., La codificación del derecho civil en España, 1808-1889. Vol. 4. Ed. Universidad de Cantabria, (1993).

Peters, A., Rights of Human and Nonhuman Animals: Complementing the Universal Declaration of Human Rights. AJIL Unbound. (2018).

Pellisé, Prats, B., Caza. Enciclopedia Jurídica Seix, Tomo III. Barcelona. (1951).

Pérez Monguió, J.m., Capítulo III. Los animales como agentes y victimas de daños en el Derecho administrativo, en: Pérez Monguió, J.M., (coord.), Los animales como agentes y victimas de daños. Especial referencia a los animales que se encuentran bajo el dominio del hombre, Bosch, Barcelona. (2008).

Pons Grandau, S., La liebre, el conejo y otras cazas de pelo. Sintes, Barcelona. (1961).

Ramón Ribas, E., Art. 631. En: Faradldo Cabana, P., (dir.), Ordenación del territorio, patrimonio histórico y medio ambiente en el Código penal y la legislación especial. Tirant lo Blanch, Valencia. (2011).

Remedios, M., Gálves, C., El derecho de caza en España. Editorial Colmares, Granada. (2006).

Requejo Conde, C., La protección penal de la fauna: especial consideración del delito de maltrato a los animales. Editorial Comares, Granada. (2010).

Requena, Marqués, A., Las entidades de protección de animales ante el maltrato: posibilidades y límites de actuación, en Cuerda Arnau, ML., (dir.) De animales y normas. Protección animal y derecho sancionador. Tirant lo Blanch, Valencia. (2021).

Rigaux, P., Pas de fusils dans la nature. La réponse aux chasseurs. Alpha, Paris. (2023).

Ríos Martín *et. al.* La mediación penal y penitenciaria. Experiencias de diálogo en el sistema penal para la reducción de la violencia y el sufrimiento humano. Editorial Colex, Madrid. (2008).

Riqueni Barrios, J., Días de caza menor. Vida y caza de la liebre. Tertulias cinegéticas y añoranzas. Espuela de Plata, Sevilla. (2012).

Rocha Santana, L., La teoría de los derechos animales de Tom Regan. Ampliando las fronteras de la comunidad moral y de los derechos más allá de lo humano, Valencia, Tirant lo Blanch (2018).

Romero, A., El gran libro de los galgos. Editorial Almuzara. (2010).

Romero, A., Los siete galgueros de Écija. Carmen Morillo, Málaga. (2011).

SALAMANCA, F., Cosas de galgos, en ROMERO, A., El gran libro de los galgos. Editorial Almuzara. (2010).

SÁNCHEZ GASCÓN, A. Leyes históricas de caza (recopilación). Tratado del derecho de caza en las Comunidades Autónomas: leyes históricas de caza en las Comunidas Autónomas. Ex-libris. (2007).

SCHNAPPER, D., Qu' est-ce que la citoyenneté? Gallimard, Paris. (2000).

SEBASTIÁN CALLEJÓN, Presidente de la Federación Andaluza de Galgos, en el Prólogo de ROMERO, A., Los siete galgueros de Écija, Malaga. (2011).

SEIRUL-LO SOARES, F., Cincuenta años corriendo liebres; prólogo de Marcelo Carlos de Onís. Salamanca. (1964).

SEIRUL-LO SOARES, F., Galgos y liebres. Su caza, espectáculo de llanura. Imprenta Núñez. Salamanca. (1978).

SINGER, P., Liberación animal: el clásico definitivo del movimiento animalista. Taurus, Barcelona. (2018).

TEROL GÓMEZ, R., Los Animales en el Deporte. Revista Aranzadi de Derecho de Deporte y Entretenimiento. Thomson Reuters Aranzadi. (2010).

V.V.A.A. Tesoro de los perros de caza: o sea Arte de conocer las razas de perros, elección de los de caza, modo de criarlos, enseñarlos, adiestrarlos y curar sus enfermedades, con los secretos y recetas para el pronto alivio de sus males. Imprenta de D. Ramón Campuzano, Madrid. (1858).

VILAJOSANA, J.P., Las razones de la pena, Valencia, Tirant lo Blanch, Valencia. (2015).

VIVE ANTÓN, T.S., Derecho penal. Parte especial, Tirant lo Blanch, Valencia. (2004).

VV.AA. Manual de Ordenación y gestión cinegética. IFEBA, Badajoz. (1991).

WATSON, A., Legal Transplant. An approach to Comparative Law, Arthens, The University of Georgia. Press, U.S. (1974).

ZAPICO BARBEITO, M., Los delitos relativos a la protección de la flora y la fauna y animales domésticos: art. 337, en FARALDO CABANA, P., (dir.) Ordenación del territorio, patrimonio histórico y medio ambiente en el Código penal y la legislación especial. Tirant lo Blanch Tratados, Valencia. (2011)

b) Artículos en revistas

ABOGLIO, A.M., Análisis de dos sentencias relativas a la caza en Argentina. DALPS. Análisis de dos sentencias relativas a la caza en Argentina.

DALPS (Derecho Animal-Animal Legal and Policy Studies), 1. https://doi.org/10.36151/DALPS.010

Aláez Corral, B., Algunas claves de la futura reforma del Estatuto Jurídico civil del animal en España, en dA. Derecho Animal (Forum of Animal Law Studies) 9/3. (2018).

Alonso Garcia, E., El bienestar de los animales como seres sensibles-sentientes: su valor como principio general, de rango constitucional, en el derecho español. Diario La Ley (2018).

Alzaga, V., Villanúa, D., Cormenzana, A., Leránoz, I., Mateo-Moriones, A., Conocimientos científicos importantes para la conservación y gestión de las tres especies de liebre de la Península Ibérica: deficiencias y retos para el futuro. Ecosistemas, vol. 22, núm. 2. (2013).

Arana García, E., Animales de compañía y administración local. Derecho del Medio Ambiente y Administracion local. (2005).

Barceló, Adrover, A., Grimalt, Gelabert, M., Jaume, Binimelis, S., Análisis bibliométrico de los estudios geográficos de la caza en España (1978-2015). Boletín de La Asociación de Geógrafos Españoles, n° 74, (2017).

Bernet Kempers E., Estrellita and the possibility of nature-based animal rights. The Global Journal of Animal Law vol. 12, n° 4 (2024)

Bernuz Beneitez, MJ., ¿Castigos (eficaces) para los delitos contra los animales? Repensando la respuesta al maltrato animal. En Dret vol. 1. (2000).

Besançon, Y., L' hégémonie anachronique du PIB, Idées économiques et sociales, 2013/3, núm. 173. (2013).

Billat, L. V., Interval training for performance: a scientific and empirical practice special recommendations for middle- and long-distance running. Part II: Anaerobic Interval Training. Sports Medicine, vol.31, n° 2. (2001)

Boquera Olivier, J.M., Aspectos administrativos de la Ley de Caza. Revista de Estudios de la Administración Local y Autonómica. núm. 177. (1973).

Brage Cendán, S., ¿Es necesaria una nueva reforma penal en el ámbito de los delitos de maltrato y abandono de animales? Diario la Ley. núm. 9187. (2018).

Brels, S., La protection du bien-être animal en droit communautaire: Avancées, limites et propositions futures. dA. Derecho Animal. Forum of Animal Law Studies. vol. 3, n° 4. (2012).

Büschel, I., Azcárraga, J.M., Quelle protection juridique des animaux en Europe? - l' apport du Traité de Lisbonne à la lumière du droit comparé, Trajectoires. núm.7. (2013).

CARTER, A., *et al.* Canine collars: an investigation of collar type and the forces applied to a simulated neck model, Veterinary Record. (2020).

CERDEIRA BRAVO DE MANSILLA, G., ¿Un nuevo Derecho civil para los animales?: Elogio (no exento de enmiendas) a la nueva Proposición de Ley sobre el régimen jurídico de los animales, en España, dA. Derecho Animal (Forum of Animal Law Studies) 12/2. (2021).

CID MOLINÉ, J., ¿Es la prisión criminógena? Un análisis comparativo de reincidencia entre la pena de prisión y la suspensión de la pena. Revista de Derecho penal y criminología. núm. 19. (2007).

COOK, P. F., PRICHARD, A., SPIVAK, M., et al. Awake canine fMRI predicts dogs' preference for praise vs food. Social Cognitive and Affective Neuroscience. Vol. 11, n° 12. (2016).

CURIEL, BRUFAO, P., La influencia del régimen jurídico del bienestar y la sanidad animal en la caza y en la pesca comercial y recreativa. Revista Catalana de Dret Ambiental Vol. 5, n° 1. (2014).

DALLA BERNARDINA, S., Una persona no completamente como las demás. El animal y su estatuto. Gazeta de Antropología. núm. 16. (2000).

DE LOS MOZOS, J.L., Precedentes históricos y aspectos civiles del Derecho de Caza. Revista de derecho privado. Vol. 56, n°4. (1972).

DE ROJAS MARTÍNEZ-PARETS, F., La protección de los animales domésticos y en cautividad en las normativas autonómicas. Revista Aranzadi de derecho ambiental. núm.8. (2005).

DELGADO GIL, A., Los animales domésticos y el Código penal. La Ley Penal, n° 50. (2008).

DELGADO, L., GALLEGO, J., SÁNCHEZ MARTÍN, J., El turista cinegético. Una aproximación a su perfil en la comunidad autónoma de Extremadura. Investigaciones turísticas. núm. 18. (2019).

DEMOGUE R., La notion de sujet de droit caractère et conséquences. Revue trimestrielle de droit civil n. 3. L. Larose & L. Tenin, Paris. (1909).

DUBUS, O., MARGUÉNAUD, J.P., La protection internationale et européenne des animaux, Pouvoirs, Vol. 4, n° 131. (2009).

EISEN, J., Animals in the constitutional state. International Journal of Constitutional Law. (2017).

EISEN, J., Liberating Animal Law: Breaking Free from Human-Use Typologies, Animal Law (2010).

FADER, F., Entrenamiento de Intervalos de Alta Intensidad (HIIT) en Corredores: Consideraciones Generales. PubliCE Standard. (2013).

FEIJOO, B., La legitimidad de la pena estatal. Un breve recorrido por las teorías de la pena. Iustel. (2014).

FERNANDEZ GRAU, S., El actual derecho de caza en España. Revista de estudios agrosociales, núm. 85. (1973).

FIORENTINO, A., La chasse en droit britannique et américain: approche historique et droit positif. Revue Semestrielle de Droit Animalier – RSDA 1/2015 (2015).

FLYNN, C., Hunting and Illegal Violence Against Humans and Other Animals: Exploring the Relationship. Society & Animals. Vol 10, n° 2. (2002).

FRANCIONE, G., Animales ¿propiedad o personas? Teoría & Derecho. Revista de pensamiento jurídico. Núm. 6. (2009).

GAMUZ, P., CHAMORRO, P., La caza de liebres con galgos en Andalucía: Desde el conflicto a la patrimonialización. Revista Andaluza de Antropología 21. (2021).

GARCÍA VALLE, S., Caso de la galga Duna ahorcada en Tajonar (Navarra). Sentencia 264/2023 de fecha 14/12/2023. Juzgado de lo penal n° 3 de Pamplona. Procedimiento abreviado n°235/2023. DALPS (Derecho Animal-Animal Legal and Policy Studies). Vol. 2. (2024).

GARCÍA-VALLE, S., Caso de los galgos ahorcados en Fuensalida, de nombre Iniesta y Bola, de 5 años y 22 meses. Sentencia 389/2013 de 15/10/2013, Juzgado de lo Penal nº 1 de Toledo, Procedimiento abreviado nº 9/2012. Magistrado: Ilmo. D Carmelo Ordoñez Fernández. dA. Derecho Animal. Forum of Animal Law Studies. (2013).

GARRIDO FALLA. F., Tratado de Derecho Administrativo. Instituto de Estudios Políticos. Vol. I, n° 416. (1966).

GAVILÁN RUBIO, M., El delito de maltrato animal. Sus penas y ejecución de las mismas. Medidas de protección animal en el proceso penal, Anuario jurídico y económico escurialense n° 50. (2017).

GIMÉNEZ CANDELA, M., Estatuto jurídico de los animales en el Código civil. La esperada descosificación animal. dA Derecho Animal: Forum of Animal Law Studies. Vol. 12, n° 2. (2021).

GIMÉNEZ-CANDELA, M., Animales en el Código civil español: una reforma interrumpida, dA. Derecho Animal (Forum of Animal Law Studies) 10/2 (2019).

GIMÉNEZ-CANDELA, M., Dignidad, Sentiencia, Personalidad: relación jurídica humano-animal. dA. Derecho Animal. Forum of Animal Law Studies. Vol. 9, n° 2. (2018).

GIMÉNEZ-CANDELA, M., La descosificación de los animales. Revista Eletrônica do Curso de Direito da UFSM Vol.12, n°1. (2017).

GIMÉNEZ-CANDELA, T., Galgos. Derecho Animal. Forum of animal law studies. Vol. 5. No.1. (2014).

GISIE, L., Comentario jurídico de la Ley 7/2020, de 31 de agosto, de Bienestar, Protección y Defensa de los Animales de Castilla-La Mancha. [2020/6154] - Diario Oficial de Castilla-La Mancha de 07-09-2020, en dA. Derecho Animal (Forum of Animal Law Studies) 12/1. (2021).

GISIE, L., Uncovering the legal vulnerability of hunting dogs in France and Spain. Global Journal of Animal Law (2024) – *Pediente de publicación.*

GÓMEZ PELLÓN, E., Los problemas del patrimonio inmaterial: uso y abuso de los animales en España. Revista de Antropología Iberoamericana. Vol. 12, n° 2. (2017).

GÓMEZ, L., Digard, Jean-Pierre: L' homme et les animaux domestiques. Anthropologie d' une passion. Disparidades. Revista de Antropología. Vol. 46, n° 1. (1990).

GONZÁLEZ SÁNCHEZ, I., Abolicionismo, cárceles e inseguridad ciudadana. Crítica, alternativas y tendencias. Revista de derecho penal y criminología, 3a época. (2009).

GUTÍERREZ ROMERO, F.M., Delitos relativos a la protección de la flora y fauna en el nuevo Código Penal: análisis de los nuevos tipos delictivos. La Ley, n° 6204. (2005).

HAVA GARCÍA, E., Hacia dónde va la política criminal española sobre maltrato animal? Luces y sombras tras 25 años de reformas penales. Revista electrónica de ciencia penal y criminología Vol.25, n° 23. (2023).

HAVA GARCÍA, E., La protección del bienestar animal a través del derecho penal. Estudios penales y Criminológicos. Vol. 31. (2011).

HECHT, E., SMAERS, J., DUNN, W., KENT, M., PREUSS, T., GUTMAN, D., Significant Neuroanatomical Variation Among Domestic Dog Breeds. Journal of Neuroscience. Vol 39. (2019).

HERVOUËT, F., Sensibilité animale et droit de l' Union européenne, Sensibilité animale: perspectives juridiques, CNRS éditions, (2015).

HIGUERA GUIMERÁ, J.F. Los malos tratos crueles a los animales en el Código penal de 1995. Actualidad Penal, n° 17. (1998).

HOHFELD, W.N., Fundamental legal conceptions as applied in judicial reasoning. The Yale Law Journal. Vol.26, n° 8. (1917).

JIMÉNEZ, CARRERO, J.A., La Ley 7/2023, de 28 de marzo, de protección de los derechos y el bienestar de los animales: análisis y carencias. UNED. núm.32. (2023).

KUHL, G., Human-sled dog relations: what can we learn from the stories and experiences of mushers? Society & Animals. Vol. 19, n° 1. (2011).

LAURSEN, P. B., JENKINS, D. G., The Scientific Basis for High-Intensity Interval Training. Optimizin Training Programmes and Maximising Preformance in Highly Trained Endurance Athletes. Sports Medicine. Vol. 32, n° 1. (2002).

LEACH, E., Anthropological aspects of language: animal categories and verbal abuse. Anthrozoös: a multidisciplinary journal of the interactions of people and animals. Vol. 2, n° 3. (1989).

LÓPEZ ONTIVEROS, A., Algunos aspectos de la evolución de la caza en España. Agricultura y Sociedad. Vol. 58. (1991).

LÓPEZ ONTIVEROS, A., Caza, actividad agraria y geografía de España. Documents d' analisi Geográfica, N° 24. (1994).

MARGUÉNAUD, J-P., La création d' un premier diplôme universitaire de droit animalier en France. Revue semestrielle de droit animalier. Vol. 1. (2016).

MARTÍNEZ GARRIDO, E., Visiones territoriales del Boom cinegético español. 1970-1989. Boletín de la A.G.E. N° 51. (2009).

MARVIN, G., MARTIN, DABEZIES, J., Perspectivas antropologicas sobre el estudio de la caza recreativa: consideraciones generales e introductorias. Revista Andaluza de Antropologia. Numéro 21. (2021).

MONSALVE, S., FERREIRA, F., GARCIA, R., The connection between animal abuse and interpersonal violence: A review from the veterinary perspective. Research in Veterinary Science. Núm 114. (2017).

MULERO MENDIGORRI, A., Turismo y Caza en España. Estado de la cuestión. Agricultura y sociedad. N° 58. (1991).

MUÑOZ LORENTE, J., La protección penal de los animales domésticos frente al maltrato. La ley penal: revista de derecho penal, procesal y penitenciario. Núm. 42 (2007).

MUÑOZ LORENTE, J., Los delitos relativos a la flora, fauna y animales domésticos (o de cómo no legislar en Derecho penal y cómo no incurrir en despropósitos jurídicos), en Revista de Derecho penal y Criminología. Núm. 19, (2007).

NAGASAWA, M., MITSUI, S., EN, S., *et al.* Oxytocin-gaze positive loop and the coevolution of human-dog bonds. Science. Vol. 348, n° 6232. (2015).

NICOLIN. La loi du 3 mai 1844 sur la police de la chasse: expliquée par la jurisprudence des Cours royales et de la Cour de cassation / par M. Nicolin. A. Leclere, Paris. (1846).

NOGUERAS, J. D. R., CARIDAD, J. M., GÁLVEZ, J. C. P., El perfil del turista cinegético: un estudio de caso para Córdoba (España). International journal of scientific management and tourism, Vol. 3, n° 4. (2017).

PALACIOS, F., MEJIDE, M., Distribución geográfica y hábitat de las liebres en la Península Ibérica. Revista Naturalia Hispanica. núm.19. (1979).

PEDRAJA CHAPARRO, F. y SUÁRES PANDIELLO, J. La arquitectura del sistema descentralizado en España: Comunidades Autónomas y Corporaciones Locales, en Papeles de economía española. núm. 143. (2015).

PÉREZ GAMUZ, H., et PALENZUELA CHAMORRO, P., La caza de liebres con galgos en Andalucía: Desde el conflicto a la patrimonialización. Revista Andaluza de Antropología, (21), 8-44. (2021).

PÉREZ LÓPEZ, A., VALADÉS CERRATO, D., BUJÁN VARELA, J., Sedentarismo y actividad física. Revista de Investigación y Educación en Ciencias de la Salud (RIECS). Vol. 2, n° 1. (2017).

PÉREZ MONGUIÓ, J.M., El concepto de animal de compañía: un necesario replanteamiento, en Revista Aragonesa de Administración Pública. núm. 51. (2018).

PÉREZ MONGUIÓ, J.M., Marco jurídico de la protección animal en España desde 1929 hasta 2015: el lento y firme trote del mastín. Revista Aranzadi de derecho ambiental. núm 32. (2015).

PÉREZ, CARMONA, E.C., ZAPATA, PUERTA, M., LÓPEZ PULGARÍN, S.E., Familia multiespecie, significados e influencia de la mascota en la familia. Revista Palobra, palabra que obra. Vol. 19, n° 1. (2019).

PÉREZ, VICENTE, I., Consideraciones jurídico-administrativas sobre la actividad cinegética. Revista andaluza de administración pública. núm. 45. (2002).

PESET, M., Los antecedentes de la unión de la tutela y la curatela en el Código civil español. Revista Crítica de Derecho Inmobiliario. núm. 483. (1971).

PEZZETTA, S., ¿Pueden los animales tener derechos si no pueden contraer obligaciones? Animales sujetos y ciudadanos. Mutatis Mutandis. Revista internación de Filosofía. Vol. 20, n° 1. (2023).

POMADE, A., La construction sociale du droit aujourd' hui: enjeux et modalités perspectives environnementales et au-delà. JURIS-Revista da Faculdade de Direito. Vol. 28, n° 1. (2018).

PUERTA, M. J. R., El derecho de las víctimas colectivas a participar en encuentros restaurativos: Un análisis a partir de algunos delitos económicos. Revista electrónica de Ciencia Penal y Criminología, Issue 22. (2022).

KYMLICKA, W., Membership Rights for Animals. Royal Institute of Philosophy Supplements 91 (2022).

RAMOS, M., JESÚS CREPO, M., BRITO, R., BADIOLA, I., Avances en el desarrollo de una vacuna frente a la mixomatosis en la liebre ibérica. Revista de la federación española de galgos (2022).

RENGIFO GALLEGO, J. I., La oferta de caza en España en el contexto del turismo cinegético internacional: las especies de caza mayor. Ería. 78. (2009).

RENGIFO GALLEGO, J., CAMPESINO FERNÁNDEZ, A., SÁNCHEZ MARTÍN, J., et al. La caza mayor como actividad económica sostenible en el proceso de despoblación del medio rural de Extremadura. Anales de Geografía de la Universidad Complutense. Vol. 42, n° 1. (2022).

REQUEJO CONDE, C., El delito de maltrato a los animales tras la reforma del Código penal por la Ley Orgánica 1/2015, de 30 de marzo, Derecho animal. Vol. 6, n° 2. (2015).

RÍOS CORBACHO, J.M., Los animales como posibles sujetos de Derecho penal. Algunas referencias sobre los artículos 631 (suelta de animales feroces o dañinos) y 632 (malos tratos crueles) del Código Penal español. (1996).

RITVO, H., On the Animal Turn. En Daedalus. Journal of the American Academy of Arts & Sciences. Daedalus. Vol.136, n° 4. (2007).

RINGELHEIM, J., Droit, contexte et changement social. Revue interdisciplinaire d' études juridiques Vol. 70, n° 1. (2013).

ROBINSON, L., WATKINSON, J., Galgos and Podencos in Spain: A Rescue' s Perspective. Journal of Applied Animal Ethics Research. Vol, n° 1. (2020).

SATZ, A., Animals as Vulnerable Subjects: Beyond Interest-Convergence, Hierarchy, and Property, Animal Law. Vol. 16. (2009).

SÁEZ-OLMOS, J., CARAVACA LLAMAS, C., MOLINA CANO, J., La familia multiespecie: cuestión y reto multidisciplinar. Aposta. núm. 97. (2023).

SÁNCHEZ GARCÍA ABAD, C., ALONSO DE LA VARGA, E., PRIETO MARTÍN, R., GONZÁLEZ EGUREN, V., GAUDIOSO LACASA, V.R., Una visión sobre la avicultura para la producción de caza en España. Información técnica económica agraria. Vol. 105, n.° 3 (2009).

SÁNCHEZ GARRIDO, R,. De caza y cazadores. Las construcciones teóricas sobre la actividad cinegética actual a partir de los discursos de sus actores. Gazeta de Antropología. (2006).

SÁNCHEZ GASCÓN, A., Análisis y comentarios sobre la ley de caza. Mundo Ganadero. n° 11. (1992).

SÁNCHEZ-GARCÍA, C., PÉREZ, J.A., ARMENTEROS, J.A., *et al.* Survival, spatial behaviour and resting place selection of translocated Iberian hares Lepus granatensis in Northwestern Spain. European Journal of Wildlife Research. Vol. 67. (2021).

Sánchez-Garcia, C., Urda, V., Lambarri, M., Prieto, I., Andueza, A., Vullanueva, L., Evaluation of the economics of sport hunting in Spain through regional surveys, International Journal of Environmental Studies. Vol. 78, n° 3. (2021).

Schapper, A., Cebuan, B., Transforming our world? Strengthening animal rights and animal welfare at the United Nations. International Relations 37, n° 3 (2023).

Serrano Tárraga, M.d., El maltrato de animales en el Código Penal. La Ley: Revista jurídica española de doctrina, jurisprudencia y bibliografía, n° 3. (2005).

Stucki, S., Towards a theory of legal animal rights: Simple and fundamental rights. Oxford Journal of Legal Studies. Vol. 40, n° 3. (2020).

Sherman, B, L., Mills, D., Canine anxieties and phobias: an update on separation anxiety and noise aversions. Veterinary Clinics of North America: Small Animal Practice. Vol. 38, n° 5. (2008).

Tellería, JL., Pérdida de biodiversidad. Causas y consecuencias de la desaparición de las especies. Memorias de la Real Sociedad Española de Historia Natural. Núm 10. (2013).

Torres Fernandez, E., Revisión crítica de los tipos dedicados al maltrato de animales en el Codigo Penal vigente, tras la LO 5/2010. En la Ley penal: revista de derecho penal, procesal y penitenciario. n° 78. (2011).

Trentham, C., Hensley, C., Policastro, C., Recurrent childhood animal cruelty and its link to recurrent adult interpersonal violence International Journal of Offender Therapy and Comparative Criminology. Vol. 68, n° 8. (2017).

Truyenque Condoy, M., An Analysis of the Estrellita Constitutional Case from an Animal Rights Perspective" Animal & Nat. Resource L. Rev. 19 (2023).

Valdés Rocha, J.d., Sintiencia animal: Necesidad de un reconocimiento jurídico material, y sus implicaciones teóricas y prácticas, dA. Derecho Animal (Forum of Animal Law Studies) 12/3. (2021).

Vargas, J. M., Farfán, M. A., Guerrero, J. C., et al. Caracterización de los aprovechamientos cinegéticos a escala macroespacial: un ejemplo aplicado a la provincia de Granada (sur de España). Ecología. Vol. 18. (2004).

Vázquez Cañizares, J.c., Marco normativo autonómico de la caza furtiva. La ley digital. (2018).

VILÀ, C., SAVOLAINEN, P., MALDONADO, J., AMORIM, I., RICE, J., HONEYCUTT, R., CRANDALL, K., LUNDEBERG, J., WAYNE, R., Multiple and ancient origin of the domestic dog. Science. núm. 276. (1997).

VIVAS TESÓN, I., Los animales en el ordenamiento jurídico español y la necesidad de una reforma. Revista Internacional de Doctrina y Jurisprudencia. Vol. 21, (2019).

WARD, N., Foxing the nation: The economic (in) significance of hunting with hounds in Britain. Journal of Rural Studies. Vol.15, n° 4. (1999).

WILKS, M., CAVIOLA, L., KAHANE, G., BLOOM, P., Children Prioritize Humans Over Animals Less Than Adults Do. Psychological Science, Volume 32, Issue 1. (2021).

c) Tésis/Trabajos finales de Máster

CASTRO, ÁLVAREZ, C., La protección y la utilización de los animales en el derecho administrativo español: regulación actual y metas pendientes. Tesis Doctoral. Universidad de Zaragoza. (2018).

CRUZADA, SANTIAGO, M., Encuentros de vida y muerte. Antropología Transespecie y mundos ampliados entre cazadores y animales en el suroeste extremeño. Tesis Doctoral. Universidad Pablo de Olavide. Sevilla. (2019).

DERRIEN, E., Proposition de réforme législative en lien avec le droit animalier. Diplôme d' Université en droit animalier (2018). Treabajo de Fin de Master –no publicado– Université de Limoges.

SÁNCHEZ, GARRIDO, R., Actividad Humana y naturaleza. La práctica cinegética y los usos del medio natural. El caso del parque natural de la sierra del carrascal de la Font Roja. Tesis Doctoral. Universidad de Murcia. (2007).

GAMUZ, H., Etnografía de las relaciones humano-animales en el contexto de la caza de liebres con galgos en Fuentes de Andalucía. Trabajo de Fin de Máster. Universidad de Sevilla. (2021).

GANDIA SORIANO, F., RODRIGUEZ DE LIÉBANA PRESA, P., URBÓN LÓPEZ DE LINARES, L. El mundo de los galgos. Deontología veterinaria 5° curso (2011/2012).

LUÑO MUNIESA, I., Problemas de comportamiento en la especie canina y actuación por parte de los propietarios. Trabajo de Fin de Máster. Facultad de Veterinaria, Universidad de Zaragoza. (2012).

Mesa Gutiérrez, MJ., Marco penal y administrativo de la caza y responsabilidad civil en derecho español. Tesis Doctoral. Universidad Complutense de Madrid. (2017).

Orendi, D., The Debate about Fox-hunting. A Social and Cultural Analysis. Trabajo de Fin de Master. Humboldt University. (2004).

Fuentes

a) Reglamentos deportivos

FEG. Reglamento control antidopaje: *https://www.fedegalgos.com/wp-content/uploads/2015/10/FEG-reglamento-antidopaje.pdf*

FEG. Reglamento de carreras de galgos en campo con liebre mecánica: *https://www.fedegalgos.com/wp-content/uploads/2015/10/FEG-reglamento-carreras-galgo-liebre-mecanica.pdf*

FEG. Reglamento de carreras de galgos en campo: *https://www.fedegalgos.com/wp-content/uploads/2015/10/FEG-reglamento-carreras-galgo-en-Campo.pdf*

FEG. Reglamento de carreras de galgos en pista: *https://www.fedegalgos.com/wp-content/uploads/2015/10/FEG-reglamento-carreras-galgo-en-pista.pdf*

FEG. Reglamento de Disciplina Deportiva: *https://www.fedegalgos.com/wp-content/uploads/2020/11/REGLAMENTO-DE-DISCIPLINA-DEPORTIVA-DE-LA-FEDERACION-ESPANOLA-DE-GALGOS-2019.pdf*

FEG. Reglamento de Régimen Interno de Cargos Técnicos: *https://www.fedegalgos.com/wp-content/uploads/2018/11/REGLAMENTO-DE-REGIMEN-INTERNO-CARGOS-T%C3%89CNICOS.pdf*

FEG. Reglamento del LRO: *https://www.fedegalgos.com/wp-content/uploads/2021/09/REGLAMENTO-DEL-LRO-FEG.pdf*

FEG. Estatutos de la Federacion Espanola de Galgos: *https://www.fedegalgos.com/wp-content/uploads/2020/11/ESTATUTOS-2019-1-DE-LA-FEDERACIO%CC%81N-ESPAN%CC%83OLA-DE-GALGOS.pdf*

b) Legislativas

Constitución

BOE. núm. 311, de 29/12/1978. Constitución Española. *https://www.boe.es/buscar/act.php?id=BOE-A-1978-31229*

Leyes

España

Ley de caza de 10 de enero de 1879.

Ley de caza de 1902.

Ley del 25 de junio de 1935.

BOE. Núm.82. Ley 1/1970, de 4 de abril, de caza. *https://www.boe.es/buscar/doc.php?id=BOE-A-1970-369*

BOE. núm. 74, de 28 de marzo de 1989. Ley 4/1989, de 27 de marzo, de Conservación de los Espacios Naturales y de la Flora y Fauna Silvestres. [Disposición derogada] *https://www.boe.es/buscar/doc.php?id=BOE-A-1989-6881*

BOE. núm. 249, de 17/10/1990. Ley 10/1990, de 15 de octubre, del Deporte. [disposición derogada]. Página web:

https://www.boe.es/buscar/act.php?id=BOE-A-1990-25037

BOE. núm. 35, de 26 de marzo de 2003. Ley 11/2003, de 19 de marzo, de Protección Animal en la Comunidad Autónoma de Aragón: *https://www.boe.es/buscar/pdf/2003/BOE-A-2003-8225-consolidado.pdf*

BOE. núm. 288, de 02/12/2003. Ley 8/2003, de 28 de octubre, de la Flora y la Fauna Silvestres. *https://www.boe.es/buscar/act.php?id=BOE-A-2003-21941#:~:text=Es%20objeto%20de%20la%20presente,%2C%20cient%C3%ADfico%2C%20cultural%20y%20deportivo*

BOE. núm. 303. Ley 11/2003, de 24 de noviembre, de Protección de los Animales de Andalucía. Página web:

https://www.boe.es/buscar/doc.php?id=BOE-A-2003-23292

BOE. núm. 303, de 19 de diciembre de 2003. Ley 11/2003, de 24 de noviembre, de protección de los animales. Página web: *https://www.boe.es/buscar/pdf/2003/BOE-A-2003-23292-consolidado.pdf*

BOE. Núm 314. Ley 14/2010, de 9 de diciembre, de caza de Extremadura. Pagina web: *https://www.boe.es/buscar/pdf/2010/BOE-A-2010-19851-consolidado.pdf*

BOE, núm. 25, Ley 13/2013, de 23 de diciembre, de caza de Galicia. Página web: *https://www.boe.es/buscar/pdf/2014/BOE-A-2014-887-consolidado.pdf*

BOE. núm. 148, de 22/06/2015. Ley 3/2015, de 5 de marzo, de Caza de Castilla-La Mancha.

https://www.boe.es/buscar/act.php?id=BOE-A-2015-6877

BOE. Núm. 148. Ley 3/2015, de 5 de marzo, de Caza de Castilla-La Mancha. Pagina web:

https://www.boe.es/buscar/act.php?id=BOE-A-2015-6877

BOE. núm. 101, de 28/04/2015. Ley 4/2015, de 27 de abril, del Estatuto de la víctima del delito. Pagina web: *https://www.boe.es/buscar/act.php?id=BOE-A-2015-4606*

BOE. núm. 263, de 30/10/2017. Ley 4/2017, de 3 de octubre, de protección y bienestar de los animales de compañía en Galicia: *https://www.boe.es/buscar/act.php?id=BOE-A-2017-12357*

BOE. núm. 245, de 11 de octubre de 2017. Instrumento de ratificación del Convenio Europeo sobre protección de animales de compañía, hecho en Estrasburgo el 13 de noviembre de 1987. Página web: *https://www.boe.es/diario_boe/txt.php?id=BOE-A-2017-11637*

BOE. núm. 296. Ley 7/2020, de 31 de agosto, de Bienestar, Protección y Defensa de los Animales de Castilla-La Mancha.BOE. núm. 296, de 10 de noviembre de 2020. Página web: https://www.boe.es/diario_boe/txt.php?id=BOE-A-2020-13916

BOE. núm. 296, de 10 de noviembre de 2020. Ley 7/2020, de 31 de agosto, de Bienestar, Protección y Defensa de los Animales de Castilla-La Mancha. Pagina web: *https://www.boe.es/diario_boe/txt.php?id=BOE-A-2020-13916*

BOE. núm. 340, de 30/12/2020. Ley Orgánica 3/2020, de 29 de diciembre, por la que se modifica la Ley Orgánica 2/2006, de 3 de mayo, de Educación. Página web: *https://www.boe.es/buscar/act.php?id=BOE-A-2020-17264*

BOE. núm. 172, de 20 de julio de 2021. Ley 4/2021, de 1 de julio, de Caza y de Gestión Sostenible de los Recursos Cinegéticos de Castilla y León. *https://www.boe.es/buscar/doc.php?id=BOE-A-2021-12058*

BOE. núm. 15, de 18 de enero de 2022. Ley 10/2021, de 28 de diciembre de Tasas y Precios públicos de la Comunidad autónoma de Andalucía. *https://www.boe.es/buscar/doc.php?id=BOE-A-2022-758*

BOE. núm. 15, de 18 de enero de 2022. Ley 10/2021, de 28 de diciembre de Tasas y Precios públicos de la Comunidad autónoma de Andalucía. *https://www.boe.es/buscar/doc.php?id=BOE-A-2022-758*

BOE, núm. 314, de 31/12/2022. Ley 39/2022, de 30 de diciembre, del Deporte. Página web: *https://www.boe.es/buscar/act.php?id=BOE-A-2022-24430*

BOE. núm. 69. Ley 2/2023, de 13 de marzo, de Protección, Bienestar y Tenencia de animales de compañía y otras medidas de bienestar animal. Página web: https://www.boe.es/buscar/doc.php?id=BOE-A-2023-7421

BOE. núm. 75, de 29/03/2023. Ley Orgánica 3/2023, de 28 de marzo, de modificación de la Ley Orgánica 10/1995, de 23 de noviembre, del Código Penal, en materia de maltrato animal.

https://www.boe.es/buscar/act.php?id=BOE-A-2023-7935

BOE. núm. 75, de 29 de marzo de 2023 Ley 7/2023, de 28 de marzo, de protección de los derechos y el bienestar de los animales. Pagina web: *https://www.boe.es/buscar/doc.php?id=BOE-A-2023-7936*

BOE. num. 194. Ley 10/2023, de 7 de agosto, de derogación de la Ley 6/2018, de 26 de noviembre, de protección de los animales en la Comunidad Autónoma de La Rioja. Pagina web: https://www.boe.es/diario_boe/txt.php?id=BOE-A-2023-18413

Francia

Loi du 3 mai 1844 sur la police de la chasse.

Légifrance. Loi n° 2021-1539 du 30 novembre 2021 visant à lutter contre la maltraitance animale et conforter le lien entre les animaux et les hommes (1). JORF n° 0279 du 1 décembre 2021.Pagina web: https://www.legifrance.gouv.fr/jorf/id/JORFTEXT000044387560

UK

UK Public General Acts. Animal Welfare Act, (2006), sección 33. Página web: https://www.legislation.gov.uk/ukpga/2006/45/contents

UK Public General Acts. Hunting Act, (2004). Pagina web: https://www.legislation.gov.uk/ukpga/2004/37/contents

Costa Rica

Ley de Biodiversidad N° 7788 de 23 abril 1998. Costa Rica: *http://www.registronacional.go.cr/propiedad_industrial/documentos/pi_normativa/leyes/Ley%20biodiversidad.pdf*

Ley de Conservacion de la Vida Silvestre, n° 7317. Costa Rica: *https://faolex.fao.org/docs/pdf/cos3964.pdf*

Proyectos de leyes y trámites

162/000316, de 15 de marzo de 2005, presentada por el Grupo Parlamentario Socialista del Congreso, sobre la protección de los derechos de los animales. Boletín Oficial de las Cortes Generales, Congreso de los Diputados, VIII Legislatura, Serie Di General, núm. 186, de 15 de abril de 2005.

162/000324, de 19 de abril de 2005, presentada por el Grupo Parlamentario Popular en el Congreso, relativa a la protección de animales. Boletín Oficial de las Cortes Generales, Congreso de los Diputados, VIII Legislatura, Serie D: General, núm. 190, de 22 de abril de 2005.

162/000350, de 23 de mayo de 2005, para la elaboración de una Ley de prorección de los animales. Boletín Oficial de las Cortes Generales, Congreso de los Diputados, VIII Legislatura, Serie D: General, núm. 216, de 6 de junio de 2005.

162/000944, de 29 de abril de 2014, presentada por el Grupo Parlamentario Unión Progreso y Democracia, sobre la creación de una Ley Marco sobre la protección de los animales de compañía. Boletín Oficial de las Cortes Generales, Congreso de los Diputados, X Legislatura, Serie D: General, núm. 455, de 9 de mayo de 2014.

162/001036, de 26 de septiembre de 2014. Congreso de los Diputados, serie D, número 524, de 26 de septiembre de 2014. Proposición no de ley. (Número de expediente 162/001036).

Cortes générales. Diario de sesiones del congreso de los diputados. DS. Congreso de los Diputados, Pleno y Dip. Perm., núm. 243, de 25/11/2014. (DSCD-10-PL-243.CODI.)

162/000241, de 10 de noviembre de 2016, presentada por el Grupo Parlamentario Ciudadanos, relativa a la protección y tenencia de animales domésticos. Boletín Oficial de las Cortes Generales, Congreso de los Diputados, XII Legislatura, Serie D: General, núm. 58, de 25 de noviembre de 2016.

162/000200. Diario de Sesiones del Congreso de los Diputados, pleno y diputación permanente, Año 2017, Nº 29, XII Legislatura, sesión plenaria Nº 27, martes, 14 de febrero de 2017.

122/000134. Proposición de Ley de modificación del Código Civil, la Ley Hipotecaria y la Ley de Enjuiciamiento Civil, sobre el régimen jurídico de los animales. 06 de octubre 2017.

162/000323, de 23 de junio de 2020, presentada por el Grupo Parlamentario Ciudadanos, para la elaboración de una Ley marco de protección de animales domésticos. Boletín Oficial de las Cortes Generales, Congreso de los Diputados, XIV Legislatura, Serie D: General, núm. 121, de 17 de julio de 2020.

121/000117 Proyecto de Ley de protección, derechos y bienestar de los animales. 28 de noviembre de 2022.

121/000118. Congreso de los Diputados. Proyecto de Ley Orgánica de modificación de la Ley Orgánica 10/1995, de 23 de noviembre, del Código Penal, en materia de maltrato animal. 12 de septiembre de 2022.

Senado de España. Proyecto de Ley de protección de los derechos y el bienestar de los animales. XIV Legislatura Trámite parlamentario. 17 de febrero de 2023.

Decretos y Real Decretos

España

Decreto del 22 de noviembre de 1912.

Real Decreto del 4 de marzo de 1913.

Real Decreto del 13 de junio de 1924.

Decreto del 9 de abril de 1931.

Decreto 505/1971, de 25 de marzo por el que se aprueba el Reglamento para la ejecución de la Ley de Caza de 4 de abril de 1970: *https://www.boe.es/buscar/act.php?id=BOE-A-1971-444*

Decreto 126/2017, de 25 de julio, por el que se aprueba el Reglamento de Ordenación de la Caza en Andalucía: *https://www.juntadeandalucia.es/boja/2017/149/5*

Real Decreto 452/2020, de 10 de marzo, por el que se desarrolla la estructura orgánica básica del Ministerio de Derechos Sociales y Agenda 2030, y se modifica el Real Decreto 139/2020, de 28 de enero, por el que se establece la estructura orgánica básica de los departamentos ministeriales: *https://www.boe.es/diario_boe/txt.php?id=BOE-A-2020-3512*

Francia

Légifrance. Arrêté du 1 août 1986 relatif à divers procédés de chasse, de destruction des animaux nuisibles et à la reprise du gibier vivant dans un but de repeuplement. Pagina web: *https://www.legifrance.gouv.fr/loda/id/JORFTEXT000000862758/*

Légifrance. Arrêté du 17 juillet 2023 portant abrogation de l' arrêté du 17 août 1989 relatif à l' emploi des gluaux pour la capture des grives et des merles destinés à servir d' appelants dans les départements des Alpes-de-Haute-Provence, des Alpes-Maritimes, des Bouches-du-Rhône, du Var et du Vaucluse. Pagina web: *https://www.legifrance.gouv.fr/jorf/id/JORFTEXT000047867408*

Légifrance. Arrêté du 1 août 1986 relatif à divers procédés de chasse, de destruction des animaux nuisibles et à la reprise du gibier vivant dans un but de repeuplement. Pagina web: *https://www.legifrance.gouv.fr/loda/id/JORFTEXT000000862758/*

Ordenanzas

Ordenanza municipal de Palma de Mallorca (1877)

Ordenes

BOE. Núm. 46, de 22 de febrero de 2019. Orden PCI/161/2019, de 21 de febrero, por la que se publica el Acuerdo del Consejo de Seguridad Nacional, por el que se aprueba la Estrategia Nacional contra el Crimen Organizado y la Delincuencia Grave. Página web: *https://www.boe.es/diario_boe/txt.php?id=BOE-A-2019-2442#:~:text=A%20grandes%20rasgos%2C%20se%20considera, a%20los%20%C3%A1mbitos%20o%20aspectos*

Orden MAV/440/2023, de 30 de marzo, por la que se convoca el examen del cazador y se determinan los aspectos para su desarrollo para el año 2023 en la CA de Castilla y León.

Protocolo

Protocolo sobre la Protección y el Bienestar de los Animales, publicado en el Diario Oficial n° C 340, de 10 de noviembre de 1997.

Resoluciones

Resolución sobre la política relativa al bienestar de los animales. Diario Oficial n° C076, de 23 de marzo de 1987.

BOE, núm. 238. Resolución de 16 de septiembre de 1993, de la Secretaría de Estado-Presidencia del Consejo Superior de Deportes, por la que se dispone la publicación en el Boletín Oficial del Estado de los Estatutos de la Federación Española de Galgos: *https://www.boe.es/buscar/doc.php?id=BOE-A-1993-24309*

Resolución sobre el bienestar y el estatuto de los animales en la Comunidad. Diario Oficial n° C 044, de 14 de febrero de 1994.

Fuente de la Unión Europea:

Tratados

Tratado de la Unión Europea - Declaración relativa a la protección de los animales. Diario Oficial n° C 191 de 1992, (1992): *https://eur-lex.europa.eu/legal-content/ES/TXT/PDF/?uri=OJ:C:1992:191:FULL&from=LV*

Tratado de Amsterdam por el que se modifican el Tratado de la Unión Europea, los Tratados constitutivos de las Comunidades Europeas y determinados actos conexos - Protocolos anejos al Tratado constitutivo de la Comunidad Europea - Protocolo sobre la protección y el bienestar de los animales. Diario Oficial n° C 340 de 10/11/1997, (1997). Página web: *https://eur-lex.europa.eu/legal-content/ES/TXT/?uri=OJ:C:1997:340:TOC*

Diario Oficial de la Unión Europea, 2007/C 306/01, de 17 de diciembre de 2007. Comunicaciones e informaciones: Tratado de Lisboa por el que se modifican el Tratado.

Versión consolidada del Tratado de la Unión Europea. DO C115/13. (2008).

Tratado de Funcionamiento de la Unión Europea. (2012). Página web: *https://eur-lex.europa.eu/legal-content/ES/TXT/HTML/?uri=CELEX:12012E/TXT*

Directivas

Council directive 92/43/EEC, on the conservation of natural habitats and of wild fauna and flora. (1992). *https://eur-lex.europa.eu/legal-content/EN/TXT/PDF/?uri=CELEX:31992L0043&from=EN*

Directive 2009/147/EC of the European Parliament and the Concil on the conservation of wild birds, (2009) *https://eur-lex.europa.eu/legal-content/EN/TXT/PDF/?uri=CELEX:32009L0147&from=EN*

Reglamentos

Reglamento (CE) n° 1255/97. Página web: *https://eur-lex.europa.eu/legal-content/ES/TXT/?uri=celex%3A32005R0001*

Reglamento (CE) n° 1/2005 del Consejo, de 22 de diciembre de 2004, relativo a la protección de los animales durante el transporte y las operaciones conexas y por el que se modifican las Directivas 64/432/CEE y 93/119/CE

Comunicacion escrita - preguntas y respuetas

Declaración Escrita DC933037ES. (2013). Disponible en: https://www.europarl.europa.eu/doceo/document/DCL-7-2013-0006_EN.pdf?redirect

Parliamentary question - P-000675/2020 (ASW). Huntasaari, L., Priority question for written answer P-000675/2020 to the Commission. Rule 138. Disponible en: https://www.europarl.europa.eu/doceo/document/P-9-2020-000675_EN.html

Parliamentary question - P-000675/2020 (ASW). Kyriakides, S., Answer. Disponible en: https://www.europarl.europa.eu/doceo/document/P-9-2020-000675-ASW_EN.html

Pregunta con solicitud de respuesta escrita E-003650/2021 a la Comisión. Disponible en: https://www.europarl.europa.eu/doceo/document/E-9-2021-003650_FR.html

c) Jurisprudencia

España

Boletín Oficial de las Cortes Españolas. Numéro 1.065, de 8 octobre 1969.

AAP de Cádiz de 4 de octubre de 2011. JUR 2012. (27701).

AAP de A Coruña n.° 202/2023, de 9 de marzo, ECLI:ES: APC:2023: 162ª.

SAP de Madrid. Sentencia núm. 287/2004 de la Audiencia Provincial de Madrid de 19 de abril de 2004.

SAP de Barcelona, de 24 de octubre de 2007.

SAP de Segovia de 5 de marzo de 2007 (*Tol 1051741*).

SAP de Pontevedra 116/2008.

SAP de Lérida 93/2008.

SAP de Granada de 25 de abril de 2008 (JUR 2009 20696).

SAP de Madrid de 15 de febrero de 2011 (JUR 20111160212).

SAP de Valencia de 8 de mayo de 2014 (JUR 20141200372).

SAP de Les Illes Balears de 10 de octubre de 2014 (Rec. núm. 191/2014).

SAP. Santa Cruz de Tenerife. Resolución Auto 000338/2019 (2019).

SAP CR 1338/2020 - ECLI:ES:APCR:2020:1338 (2020).

SAP de Cuenca n.º 4/2023, 12 de julio, ECLI:ES: APCU:2023:290.

SAP de Guadalajara n.º 158/2023, de 27 de septiembre, ECLI:ES: APGU:2023:447.

SAP de Madrid, Sección 15. (14 de junio de 2023). Sentencia Nº 298/2023. Roj: SAP M 10638/2023 - ECLI:ES: APM: 2023:10638. Id Cendoj: 28079370152023100299. Tipo de Resolución: Sentencia. Nº de Recurso: 701/2023. Procedimiento: Recurso de apelación. Delitos leves. Ponente: Luis Carlos Pelluz Robles.

Sentencia 389/2013 de 15/10/2013, Juzgado de lo Penal nº 1 de Toledo, Procedimiento abreviado nº 9/2012. Magistrado: Ilmo. D. Carmelo Ordoñez Fernández.

Sentencia del Juzgado de lo penal 1 de Badajoz de 4 de diciembre de 2014.

Juzgado de lo Penal nº 20 de Madrid. Sentencia n° 45/2019.

Sentencia 40/2023, de 26 de enero de 2023.

Sentencia 264/2023 de fecha 14/12/2023. Juzgado de lo penal n° 3 de Pamplona. Procedimiento abreviado n° 235/2023.

STC 147/1991, de 4 de julio de 1991.

STC 329/1993, de 12 de noviembre de 1993.

STC 102/1995, de 26 de junio de 1995.

STC 163/2002, de 16 de septiembre de 2002.

STS 3566/2020 - ECLI:ES:TS:2020:3566 (2020).

STS. Sala de lo penal. Rol N° 40-2023.

Colombia

Corte Constitucional. Republica de Columbia. Sentencia C-045/19: *https://www.corteconstitucional.gov.co/relatoria/2019/C-045-19.htm#:~:text=C%2D045%2D19%20Corte%20Constitucional%20de%20Colombia&text=La%20armonizaci%C3%B3n%20del%20deber%20de,en%20el%20orden%20jur%C3%ADdico%20colombiano*

Bogotá

Tribunal Superior de Bogotá. 10013-103027-2023-00229-00 (0327). (2023).

Francia

Journal du Palais, année 1845, t.II, P.416.

Journal du Palais, année 1845, t.II, P.721

Journal du Palais, année 1846, t.I, P.479

Conseil d' Etat, 6 / 2 SSR, du 16 novembre 1992, 110931 111136, mentionné aux tables du recueil Lebon: *https://www.legifrance.gouv.fr/ceta/id/CETATEXT000007820162/*

Conseil d' État, 6ème chambre, 28/12/2018, 419063, Inédit au recueil Lebon: *https://www.legifrance.gouv.fr/ceta/id/CETATEXT000037882303/*

UK

Judgments - R (on the application of Countryside Alliance and others and others (Appellants)) v Her Majesty' s Attorney General and another (Respondents) R (on the application of Countryside Alliance and others (Appellants) and others) v Her Majesty' s Attorney General and another (Respondents): Pagina web: *http://www.publications.parliament.uk/pa/ld200708/ldjudgmt/jd071128/countr-1.html*

Friend v. United Kingdom et Countryside Alliance and Others v. United Kingdom, req n° 16072/06 et 27809/08.

Union Europea

CJCE, n° C-252/85, Arrêt de la Cour, 27 avril 1988: *https://www.doctrine.fr/d/CJUE/1988/CJUE61985CJ0252_SUM*

CJCE, H.Jippes, C-189/01, [ECR I-5689], (2001). Pagina web: *https://curia.europa.eu/juris/document/document.jsf?text=&docid=46530&pageIndex=0&doclang=ES&mode=lst&dir=&occ=first&part=1&cid=5234171*

TJUE. Asunto C-900/19, One Voice et Ligue pour la protection des oiseaux (LPO) /Ministre de la

Transition écologique et solidaire. 17 mars 2021. *https://curia.europa.eu/jcms/upload/docs/application/pdf/2021-03/cp210040fr.pdf*

ECHA/PR/18/14. Pagina web: *https://echa.europa.eu/-/echa-identifies-risks-to-terrestrial-environment-from-lead-ammunition*

d) Documentos técnicos, informes y encuestas

ANDUEZA, A., LAMBARRI, M., URDA, V., PRIETO, I., VILLANUEVA, L.F., SANCHEZ-GARCÍA, C. Evaluación del impacto económico y social de la caza en España. Ciudad Real, Fundación Artemisan. (2018).

Anuario de Estadística agraria. Instituto Nacional de Conservación de la Naturaleza. Serie histórica del número de licencias de caza expedidas. Capítulo 25. Caza y pesca. (1975). Página web: *https://www.mapa.gob.es/ministerio/pags/Biblioteca/Revistas/pdf_AEA%2F1471-1979_27.pdf*

BARREDO G., PLAZA J.P., Importancia de la caza para el sector turístico. Eurocaza 2000. I Jornadas Europeas sobre Caza, Empresa y Desarrollo: [Azuaga, 24 y 26 de febrero de 2000]: [ponencias y comunicaciones]. Centro de Desarrollo Rural Campiña Sur. (2001).

COCA J.L., ALVAREZ P., HERNANDEZ, J.M., Turismo cinegético: un recurso económico de primer orden para el desarrollo turístico sostenible de muchos territorios. VII Encontro Hispano-Luso de economia empresarial: compendio da investigaçâo apresentada. Escola Superior de Gestão, Hotelaria e Turismo, (2005). Página Web: *https://www.researchgate.net/profile/Jose-Santos-9/publication/358187628_VII_Encontro_Hispano-Luso_de_Economia_Empresarial_Compendio_da_Investigacao_Apresentada/links/61f414b44393577abef79a08/VII-Encontro-Hispano-Luso-de-Economia-Empresarial-Compendio-da-Investigacao-Apresentada.pdf#page=182*

CRUZADA, M. S., PALENZUELA CHAMORRO, P., PÉREZ GAMUZ, H., La caza de liebres con galgos en Andalucía. Informe para registro en el Atlas del Patrimonio Inmaterial de Andalucía. Sevilla: Federación Andaluza de Galgos e Instituto Andaluz de Patrimonio Histórico. (2021).

Estadística de deporte federado de 2022. Página Web: *https://www.culturaydeporte.gob.es/dam/jcr:6b7e9a1a-e3e5-4b45-8ae5-6f187b50235f/estadistica-de-deporte-federado.pdf*

Estudio "El nunca lo haría" de la Fundación Affinity sobre el abandono, la pérdida y la adopción de animales de compañía en España 2023: *https://static.fundacion-affinity.org/cdn/farfuture/B2NkLYrE3PO5U7V_o8zsDP67WuJqvssaF_xGDZL7sjc/mtime:1686214884/sites/default/files/white-paper-abandono-2023.pdf*

Estudio Fundación BBVA. Visión y Actitudes hacia los Animales en la Sociedad Española. Departamento de Estudios Sociales y Opinión Pública. (enero de 2022) Pagina web: *http://cea.unizar.es/TRANSPARENCIA/BBVA%20Estudio%20Vision%20y%20actitudes%20hacia%20los%20animales%20en%20la%20Sociedad%20Espa%F1ola%202022.pdf*

European Commission. Commission staff working document. Criteria and guidance for protected areas designations. Brussels, (2022). Pagina web: *https://www.actu-environnement.com/media/pdf/news-39002-aires-protegees-document-orientation-commission-europeenne.pdf*

European Food Safety Authority (EFSA), Candiani, D., Drewe, J., Forkman, B., Herskin, M. S., Van Soom, A., Aboagye, G., Ashe, S., Mountricha, M., Van Der Stede, Y., Fabris, C., (2023). Scientific and technical assistance on welfare aspects related to housing and health of cats and dogs in commercial breeding establishments. EFSA Journal, Vol. 2, n° 9. e08213. (2023). Página web: *https://efsa.onlinelibrary.wiley.com/doi/full/10.2903/j.efsa.2023.8213*

FAES, La caza. Sector económico.. Valoración por subsectores. FEDENCA-EEC, Madrid, 24 pp. (2007). Pagina web: *http://federacionarmera.com/wp-content/uploads/2018/05/Estudio-Economico-de-la-Caza-FAES-2002-1.pdf*

Fiscalía General del Estado Unidad Coordinadora Medio Ambiente y Urbanismo. Memoria 2020. *https://www.miteco.gob.es/content/dam/miteco/es/ceneam/grupos-de-trabajo-y-seminarios/fiscalias-de-medio-ambiente/memoria2020fiscaliacoordinadorademedioambiente_tcm30-537060.pdf*

Garrido, J.L., La Caza. Sector Económico. Valoración por subsectores. (2012). Pagina web: *http://federacionarmera.com/wp-content/uploads/2018/05/informe-sector-caza-4.-JL-Garrido-Fedenca-2012.pdf*

Gobierno de Navarra. Manual preparatorio del examen del cazador en Navarra. (2013).

Informe del Consejo General del Poder Judicial (CGPJ) sobre el anteproyecto de Ley Orgánica de modificación de la Ley Orgánica 10/1995, de 23 de noviembre, del Código Penal, en materia de maltrato animal analizó (una versión anterior) del proyecto de reforma, han empezado a cuestionar la proporcionalidad de las penas, desde el Ministerio de Derechos Sociales y Agenda 2030 y abrió la puerta a la revisión de determinadas penas en el periodo de enmiendas. Pagina web: *https://www.poderjudicial.es/portal/site/cgpj/menuitem.65d2c4456b6ddb628e635fc1dc432ea0/?vgnextoid=6e069badcbea4810VgnVCM1000004648ac0aRCRD&vgnextchannel=3548f0433c33b510VgnVCM1000006f48ac0aRCRD&vgnextfmt=default&vgnextlocale=es_ES*

Informe del Seprona sobre actuaciones en 2020.

Instituto Nacional de Estadística. Página web:https://www.ine.es/dyngs/INEbase/es/operacion.htm?c=Estadistica_C&cid=1254736177095&menu=ultiDatos&idp=1254735572981 (Sept 2023).

IPSOS. Sensibilización de la sociedad española respecto a los Derechos de los animales. Ipsos. Informe de resultados. (Julio 2022). Página web:

https://www.mdsocialesa2030.gob.es/derechos-animales/docs/estudio-ley-encuesta.pdf

MCUD. Anuario de Estadísticas Deportivas 2023. Deporte federado. En: *https://www.culturaydeporte.gob.es/dam/jcr:68eb569f-ed5b-413f-b8ad-0e9071f320a2/anuario-de-estadisticas-deportivas-2023.pdf*

METRA SEIS. Turismo cinegético en España. Madrid, Secretaría General de Turismo. (1985).

MIDDLETON, A., The economics of hunting in Europe. Towards a conceptual framework. Final report. Brussels, European Federation for Hunting and Conservation, FACE. (2014). Pagina web: *https://face.eu/sites/default/files/attachments/framework_for_assessing_the_economics_of_hunting_final_.en_.pdf*

Ministerio de Agricultura, Alimentación y Medio Ambiente. Estadística anual de caza. Memoria. Página web: *https://www.mapa.gob.es/es/desarrollo-rural/estadisticas/5016%20Estad%C3%ADstica%20Anual%20de%20Caza_METODOLOGÍA_tcm30-287472.pdf*

Ministerio de Agricultura, Pesca y Alimentación. Estadística Anual de Caza. Pagina web: *https://www.mapa.gob.es/es/desarrollo-rural/estadisticas/Est_Anual_Caza.aspx*

Ministerio de agricultura, pesca y alimentación. Estrategia Nacional de Gestión Cinegética. (2022). Pagina web: *https://www.mapa.gob.es/fr/prensa/20220307_engc_definitivo_tcm36-614256.pdf*

Ministerio Para la Transición Ecológica y el Reto Demográfico. Jornada "Afrontando los retos de la despoblación: Fortaleza y Oportunidades". 2 y 3 de febrero de 2021. Fuente. Página web: *https://www.miteco.gob.es/content/dam/miteco/es/reto-demografico/formacion/afrontando_retos_despoblacion_tcm30-522202.pdf*

OIE (2018). Manual Terrestre, Sección 3.6 Lagomorpha, capítulo 3.6.1 Mixomatosis. Página web: *www.oie.int/es/enfermedad/mixomatosis/*

Recomendación 85117, de 23 de septiembre de 1985, del Comité de Ministros del Consejo de Europa, relativa a la formación de los cazadores.

Statista Research Department. Porcentaje de la población que está a favor y en contra de la caza en España. (2020). Página web: *https://es.statista.com/estadisticas/1127210/porcentaje-de-la-poblacion-que-esta-a-favor-y-en-contra-de-la-caza-en-espana/#:~:text=Seg%C3%BAn%20una%20encuesta%20realizada%20por, no%20sabe%2Fno%20contesta%22*

e) Recursos electrónicos

ABC. La caza, motor económico de la España rural. (2019). Pagina web: https://www.abc.es/deportes/caza/abci-importancia-economica-caza-espana-201903221430_noticia.html?ref=https%3A%2F%2Fwww.google.com%2F

Anima Naturalis. Salvemos a los galgos. Pagina web: *https://www.animanaturalis.org/n/46005/Salvemos-a-los-galgos*

ASPAS. Les pouvoirs du marie sur la chasse. Pagina web: *https://www.aspas-maitre-renard.org/nos-actions/maires-et-chasse/*

Bautista Garrastazu, T., Las cuestiones más dudosas de la futura ley de derechos y bienestar de los animales. Abogacía española, Consejo General. (2023) Pagina web: *https://www.abogacia.es/publicaciones/blogs/blog-de-derecho-de-los-animales/las-cuestiones-mas-dudosas-de-la-futura-ley-de-derechos-y-bienestar-de-los-animales/*

Bautista Garrastazu, T., Las cuestiones más dudosas de la futura ley de derechos y bienestar de los animales. Abogacía española, Consejo General. (2023) Pagina web: *https://www.abogacia.es/publicaciones/blogs/blog-de-derecho-de-los-animales/las-cuestiones-mas-dudosas-de-la-futura-ley-de-derechos-y-bienestar-de-los-animales/*

Beitia, X., Siete perros incautados y siete investigados por episodios de caza furtiva en Paracuellos y Algete. (2023). Pagina web: *https://cadenaser.com/cmadrid/2023/12/07/siete-perros-incautados-y-siete-investigados-por-episodios-de-caza-furtiva-en-paracuellos-y-algete-ser-madrid-norte/*

Blánquez, I. Febrero. El miedo de los galgos. Waggingtale Films. (2013). Pagina web: *https://vimeo.com/74956745*

Butlletí oficial del parlament de Catalunya XI legislatura · tercer període · número 261 · dimecres 16 de novembre de 2016. Moció subsegüent a la interpel·lació al Govern sobre polítiques agràries, ramaderes i forestals, 302-00084/11, GP CSP, Reg. 41741, 41945 / Admissió a tràmit: Mesa del Parlament, 15.11.2016. (2016). Pagina web: *https://www.parlament.cat/document/bopc/180568.pdf#page=21*

Clavijo, M. V., Profesionales del derecho y de la justicia, muy preocupados por la reforma del Código Penal y la Ley de Protección de los Derechos y el Bienestar de los Animales. 20minutos.es. (2023). Pagina web: *https://www.20minutos.es/noticia/5101123/0/profesionales-del-derecho-y-de-la-justicia-muy-preocupados-por-la-reforma-del-codigo-penal-y-la-ley-de-proteccion-de-los-derechos-y-el-bienestar-de-los-animales/*

Club de Caza. La realidad que envuelve a los robos de galgos (2018). Pagina Web: *https://www.club-caza.com/article/art/18663*

Commission européenne. Protection de la nature: la Commission demande à la FRANCE de mettre fin à la chasse illégale et de réexaminer ses méthodes de capture d' oiseaux. (2020): *https://ec.europa.eu/commission/presscorner/detail/fr/inf_20_1212*

Comunicado de la FEG que agradece el trabajo de los cazadores para la implantación de esta medida. Página web: *https://www.fedegalgos.com/la-ley-de-bienestar-animal-castellano-manchega-permite-el-entrenamiento-de-galgos-con-vehiculos-a-motor/*

Declaración de Montréal sobre la explotación de los animales. (2022). Página web: *https://greea.ca/en/declaracion-de-montreal-sobre-la-explotacion-de-los-animales/*

Declaración sobre la Consciencia de Cambridge. (2012). Página web: *https://philiplow.foundation/data/uploads/cambridge/CambridgeDeclarationOnConsciousness.pdf*

Delibes, M., La caza con galgos. La Vanguardia. (1989). Pagina web: *https://hemeroteca-paginas.lavanguardia.com/LVE08/HEM/1989/04/22/LVG19890422-006.pdf*

El adelantando de Segovia. La Guardia Civil investiga a un hombre por caza furtiva de liebre. (2023). Pagina web: *https://www.eladelantado.com/segovia/la-guardia-civil-investiga-a-un-hombre-por-caza-furtiva-de-liebre/*

El Diario. 20 de marzo de 2022. Basta ya de chulearnos: El mundo rural presiona en la calle, con los cazadores acaparando protagonismo: *https://www.eldiario.es/economia/basta-chulearnos-mundo-rural-presiona-calle-defensa-campo-caza-tradiciones_1_8844802.html*

El diario. Diez investigados por cazar liebres con galgos sin autorización en la provincia de Badajoz. (2023). Página web: *https://www.eldiario.es/extremadura/sociedad/diez-investigados-cazar-liebres-galgos-autorizacion-provincia-badajoz_1_9951377.html*

El País. El Congreso apoya por unanimidad considerar a los animales seres vivos y no cosas. (2017). Pagina web: *https://elpais.com/politica/2017/12/12/actualidad/1513066545_704063.html*

Eurogroup for Animals. The Welfare of Galgos and Greyhounds. (2021). (Youtube). Pagina web: *https://www.youtube.com/watch?v=aSeDp4EQ9Is*

FCI Pagina Web: *https://www.fci.be/es/Nomenclature/*

Federación de Asociaciones de Cazadores de la Unión Europea: *https://www.face.eu/*

Federación de caza de Castilla-la-mancha. A juicio por cazar furtivamente con galgos en un coto de Albacete. (2020). Página web: *http://www.fccm.es/347-2020_05-10-2020.html*

Federación Extremeña de Caza y Junta de Extremadura. Consejería de Agricultura, Desarrollo Rural, Población y Territorio. Plan Estratégico Del Sector Cinegético En Extremadura, 2024-2029. (2024). Página web: *www.fedexcaza.com/wp-content/uploads/2023/06/Plan-Estrategico-del-Sector-Cinegetico-en-Extremadura_.pdf*

Fedexcaza. El furtismo es delito, igual que robar. (2024). Página web: *https://www.fedexcaza.com/el-furtivismo-es-delito-igual-que-robar/#:~:text=Dentro%20de%20los%20dispositivos%20de, con%20m%C3%A1s%20frecuencia%20e%20intensidad*

FEG. El mundo del galgo. Selección genetica en el galgo de campo. Pagina web: *https://www.fedegalgos.com/el-mundo-del-galgo/seleccion-genetica-en-el-galgo-de-campo/*

FEG. Ranking de sementales del LRO de la FEG. (2022). Pagina web: *https://www.fedegalgos.com/ranking-de-sementales-del-lro-de-la-feg/*

FEG. Ranking reproductoras 2021/2022. Pagina web::https://www.fedegalgos.com/ranking-reproductoras-2021-22/Galgos sans famille: *https://www.galgossansfamille.com/*

GARCÍA., V., ¿Cuántos perros de caza se abandonan en España? El Gobierno prepara una estadística ante el baile de cifras. Newtral. (2021). Página web: *https://www.newtral.es/abandono-perros-espana-galgos-podencos-cifras/20211026/*

GUTIÉRREZ, JÁIMEZ, J., Reforma del Código Penal en materia de maltrato animal: así no, gracias. Blog de Derecho de los Animales. Abogacía Española. (2022). Recuperado de *https://www.abogacia.es/publicaciones/blogs/blog-de-derecho-de-los-animales/reforma-del-codigo-penal-en-materia-de-maltrato-animal-asi-no-gracias/*

Hoy Llerena. Investigados tres vecinos de Mérida por caza furtiva con galgos en Llerena. (2024). Página web: *https://llerena.hoy.es/investigados-tres-vecinos-merida-caza-furtiva-galgos-20240116111346-nt.html?ref=https%3A%2F%2Fllerena.hoy.es%2Finvestigados-tres-vecinos-merida-caza-furtiva-galgos-20240116111346-nt.html*

INTERCIDS. Profunda preocupación entre los operadores jurídicos por la reforma del Código Penal en materia de maltrato animal. (2023). Página web: *https://intercids.org/profunda-preocupacion-operadores-juridicos-reforma-codigo-penal-maltrato-animal/*

Intervenciones del parlamentario López Maraver (VOX). Según puede verse en: *https://www.congreso.es/public_oficiales/L14/CONG/DS/PL/DSCD-14-PL-96.PDF#page=26*

La crónica de Badajoz. La Guardia Civil investiga a tres personas por caza furtiva con galgos en Llerena. (2024). Pagina web: *https://lacronicadeba-*

dajoz.elperiodicoextremadura.com/la-cronica-de-badajoz/provincia-de-badajoz/2024/01/15/guardia-civil-investiga-tres-personas-96922667.html

La vanguardia. Cuatro detenidos y cinco galgos intervenidos por caza furtiva en Ávila. (2019). Pagina web: *https://www.lavanguardia.com/ocio/20190110/454064308188/cuatro-detenidos-y-cinco-galgos-intervenidos-por-caza-furtiva-en-avila.html*

López Espada, A., Detenido el cabecilla de un grupo criminal que robaba galgos. Club de caza (2021). Pagina web: *https://www.club-caza.com/actualidad/actualver.asp?nn=12903*

López Portillo, Y. (dir)., Yo Galgo. Película documental, 70 minutos. Skinny Dog Films ApS.

Maestre, A., Un aspirante a alcalde de Compromís se jacta de prohibir la caza. ES Diario, (2022). Pagina web: *https://www.esdiario.com/alicante/637449186/un-aspirante-a-alcalde-de-compromis-se-jacta-de-prohibir-la-caza.html*

Manchado, S., Extremadura vuelve a promocionar la caza entre los alumnos de Primaria. El diario. (2021). Pagina web: *https://www.eldiario.es/extremadura/sociedad/extremadura-vuelve-promocionar-caza-alumnos-primaria_1_8368251.html*

MEPs Call on Spanish Authorities to Better Protect Hunting Dogs. Pagina web: https://www.animalwelfareintergroup.eu/news/meps-call-spanish-authorities-better-protect-hunting-dogs

Molina, J., La caza se introduce en las aulas andaluzas." El. Mundo. (2022). Página web: *www.elmundo.es/andalucia/2022/11/06/635cf8ecfdddff5f048b45c3.html*

Moonleaks. Galgos Mass Grave. (2018): https://www.youtube.com/watch?v=x–c9BmKBAA

Parlamento europeo. Pérdida de biodiversidad: ¿por qué es una preocupación y cuáles son sus causas? Pagina web: *https://www.europarl.europa.eu/topics/es/article/20200109STO69929/perdida-de-biodiversidad-por-que-es-una-preocupacion-y-cuales-son-sus-causas*

Parti animaliste: *https://parti-animaliste.fr/*

Pet now: *https://petnow.io/*

Publico. El 40% de los perros que sufren maltrato, abandono o robo son perros de caza. (2017). Pagina Web: *https://www.publico.es/sociedad/maltrato-animal-40-perros-sufren-maltrato-abandono-robo-son-perros-caza.html*

Publico. La vergüenza ajena por los galgos españoles (2017). Pagina Web: *https://www.publico.es/sociedad/maltrato-animal-vergueenza-galgos-espanoles.html*

Publico. Miles de personas se manifiestan en España para pedir el fin de la caza con perros. (2024). Pagina web: *https://www.publico.es/sociedad/miles-personas-manifiestan-espana-pedir-caza-perros.html*

Ramírez, R., El número de galgos ahorcados se triplicó en 2014. Elmundo. es. (Actualizado en 2015): *https://www.elmundo.es/espana/2015/02/28/54f08f33268e3eb36b8b4575.html*

Real Federación Española de Caza. Iniciándose en la caza menor con perro, a los 14 años y con su padre, así es el perfil del joven cazador en España. (2024). Pagina web: *https://fecaza.com/iniciandose-en-la-caza-menor-con-perro-a-los-14-anos-y-con-su-padre-asi-es-el-perfil-del-joven-cazador-en-espana/*

Recio, E., España gasta en cada preso 2.000 euros al mes, un 45% más que el resto de la UE. The Objective. (2022). Pagina web: *https://theobjective.com/espana/2022-04-12/espana-preso-euros-mes/*

Rivera, A., La inflación afecta también a la comida de perros y gatos. La vanguardia. (2023). Pagina web: *https://www.lavanguardia.com/mascotas/20230417/8895049/inflacion-afecta-comida-perros-gatos-pvlv.html*

RTVE Noticias. Ley Bienestar Animal: ¿Qué pasa con los perros de caza? ¿Cómo te afecta si tienes mascota? | RTVE (YouTube). Página web: *https://www.youtube.com/watch?v=XMVsmbPo_dg*

RTVE. (2011). Synopsis: Finaliza la temporada de caza y proliferan los robos de galgos adiestrados. Pueden llegar a venderse hasta por cincuenta mil euros. Por eso, Sergio y Eugenio han construido auténticos búnkeres para guardar a sus perros. Disponible en: *https://www.rtve.es/play/videos/espana-directo/espana-directo-bunker-para-galgos/1027705/*

Sancho, O., Los vecinos de Alicante piden que se amplíe la prohibición de la caza en zonas rurales cercanas a núcleos de población. Cadena Ser. (2022) Pagina web: *https://cadenaser.com/comunitat-valenciana/2022/09/27/los-vecinos-de-alicante-piden-que-se-amplie-la-prohibicion-de-la-caza-en-zonas-rurales-cercanas-a-nucleos-de-poblacion-radio-alicante/*

Sede electronica de Casyilla y León. Licencias de caza y pesca. Página web: *https://www.tramitacastillayleon.jcyl.es/web/jcyl/AdministracionElectronica/es/Plantilla100Detalle/1251181050732/Tramite/1230983945808/Tramite*

SOS GALGOS. Escuela SOS GALGOS (Castellano). YouTube. (2023). Pagina web: *https://www.youtube.com/watch?v=7ohIbkgM8p4&t=15s*

Stilmann, D., Implicancia de la caza en el desarrollo humano. Pagina web: *http://ciervos.idoneos.com/353864/*

SWIPE. Los delitos contra las especies silvestres y su persecución en España. Dossier 2023. Pagina web: *https://wwfes.awsassets.panda.org/downloads/dossier_investigacion_swipe_2023_v3.pdf*

The Intergroup on the Welfare and Conservation of Animals. Pagina web: *https://www.animalwelfareintergroup.eu/*

Twitter. Guardia Civil. 1 de febrero de 2021: *https://twitter.com/guardiacivil/status/1356195596625829889?ref_src=twsrc%5Etfw%7Ctwcamp%5Etweetembed%7Ctwterm%5E1356195596625829889%7Ctwgr%5E%7Ctwcon%5Es1_&ref_url=https%3A%2F%2Frevistajaraysedal.es%2Fguardia-civil-perros-robados-espana-galgos%2F*

UNESCO. Patrimonio Cultural Inmaterial. La cetrería, un patrimonio humano vivo. Pagina web: *https://ich.unesco.org/es/RL/la-cetreria-un-patrimonio-humano-vivo-01708*

Iniciasport. Carreras de galgos en campo 8. Preparación física del galgo. (2013). (YouTube). Pagina web: *https://www.youtube.com/watch?v=9jkKf9kymio*

f) Varios

VV.AA. I Jornadas Nacionales de turismo cinegético. Madrid, Dirección General de Empresas y Actividades Turísticas. (1983).

Moreno De Arteaga, I Algunos aspectos de la economía de la caza en España. En: Actas de las I Jornadas Nacionales de Turismo Cinegético. Almagro. (1983).

Medem Sanjuan, R., La promoción del turismo cinegético. En: I Jornadas Nacionales de Turismo Cinégético. Almagro. (1983).

VV.AA. II Jornadas de Turismo Cinegético. Madrid, Dirección General de Empresas y Actividades Turísticas. (1985).

VV. AA. La caza en Extremadura. Comunicaciones con motivo del I Congreso Internacional de la Caza en Extremadura. Cáceres, Diputación Provincial de Cáceres. (1987).

Palomar Olmeda, A. Las aportaciones del derecho al deporte federado o asociativo el S XXI. Aportaciones del Derecho al Deporte del S.XXI. Jornadas de derecho deportivo 'ciudad de valencia' (2011): *https://www.iustel.com/diario_del_derecho/noticia.asp?ref_iustel=1045048*

Péres, Henares, A., No os calléis. En Federación Andaluza de Galgos (ed.), Un siglo de galgos. Catálogo de la Exposición Conmemorativa del Centenario de la Copa La Ina. Altagrafics. (2012).

ROMERO, A., Cien años de deporte galguero en nuestra tierra. En Federación Andaluza de Galgos (ed.), Un siglo de galgos. Catálogo de la Exposición Conmemorativa del Centenario de la Copa La Ina. Altagrafics. (2014).

CABALLERO BONALD, J. M., Belleza y destreza del galgo. En Federación Andaluza de Galgos (ed.), Un siglo de galgos. Catálogo de la Exposición Conmemorativa del Centenario de la Copa La Ina. Altagrafics. (2014)

GAÑAN MEDINA, C., La Ina, el comienzo de un sueño. En Federación Andaluza de Galgos (ed.), Un siglo de galgos. Catálogo de la Exposición Conmemorativa del Centenario de la Copa La Ina. Altagrafics. (2014).

DEL POZO, R., La secta del galgo. En Federación Andaluza de Galgos (ed.), Un siglo de galgos. Catálogo de la Exposición Conmemorativa del Centenario de la Copa La Ina. Altagrafics. (2014).

SANZ LARRUGA, J., BARRIO GARCÍA, G., La regulación de la caza y la pesca deportiva y su dimensión ambiental. V Jornadas Nacionales de Derecho Deportivo. (2001).

Índice Tópico

—A—

—B—

—C—

— D —

— E —

—F—

—G—

—H—

—I—

—J—

— K —

— L —

—M—

— N —

— O —

— P —

— R —

— S —

—T—

— U —

— V —

— W —

— Z —

tirant
PRIME

Inteligencia jurídica
en expansión

Trabajamos para
mejorar el día a día
del **operador jurídico**

Adéntrese en el universo
de **soluciones jurídicas**

96 369 17 28

atencionalcliente@tirantonline.com

prime.tirant.com/es/